INNOVATIVE FINANCIAL MODES

AND

THE DEVELOPMENT OF

GUANGDONG HONG KONG MACAO

GREAT BAY AREA

金融新业态与粤港澳大湾区发展

雍和明 ◎ 主编

东北财经大学出版社
Dongbei University of Finance & Economics Press | 大连

图书在版编目（CIP）数据

金融新业态与粤港澳大湾区发展 / 雍和明主编. —大连：东北财经大学出版社，2018.8

ISBN 978-7-5654-3213-2

Ⅰ. 金… Ⅱ. 雍… Ⅲ. 金融业-中国-文集 Ⅳ. F832-53

中国版本图书馆CIP数据核字（2018）第135307号

东北财经大学出版社出版

(大连市黑石礁尖山街217号 邮政编码 116025)

网 址：http：//www.dufep.cn

读者信箱：dufep@dufe.edu.cn

大连永盛印业有限公司印刷 东北财经大学出版社发行

幅面尺寸：170mm×240mm 字数：379千字 印张：20.75

2018年8月第1版 2018年8月第1次印刷

责任编辑：李 丹 石建华 张晓鹏 曲以欢 郭海雷 王 丽

责任校对：王 娟 孟 鑫 王昭元 徐 群

封面设计：冀贵收 版式设计：钟福建

定价：78.00元

教学支持 售后服务 联系电话：（0411）84710309

如有印装质量问题，请联系营销部：（0411）84710711

序　言

在以习近平同志为核心的党中央的领导下，我国的经济社会发展取得了举世瞩目的历史性成就，中国特色社会主义新时代踏上新征程，但我们仍需清醒地看到在中国经济社会发展新时代的大背景下，经济领域也凸显出一些问题。民间投资大幅下降，债务水平整体高企，企业转型升级动力不足，外需提振仍然严峻，产能过剩依旧严重，资产价格巨幅波动，环境改善进展缓慢，区域发展仍然不平衡。经济领域的问题有其自身的原因，但在这些问题的背后，金融的影子时隐时现。党的“十九大报告”指出，新时期我国主要矛盾已经转化为人民日益增长的美好生活需求和不平衡不充分的发展之间的矛盾。这种不平衡不充分发展的问题在金融领域存在着诸多表现，例如刚性兑付难以打破，利润的信号作用严重失真，金融歧视普遍存在，民营企业的融资愈加困难，金融开放力度不够，金融改革和创新的动力稍显不足。银行主导的金融体系已不能完全适应我国当前社会经济发展的需要。大型金融机构为主的金融体系难以实现对中小微企业的全覆盖。科技金融、绿色金融、普惠金融制度的建设滞后，致使科技企业、绿色产业中的小微企业、“三农”以及城市弱势群体难以获得有效融资。金融领域的这些不平衡不充分发展正是导致上述问题的重要根源。

2017年全国金融工作会议强调金融要服务实体经济，而要使金融更好地服务实体经济，就需要重塑金融服务体系，提高金融服务实体经济的能力。想要达到这一目标，就需要平衡好正规金融和民间金融、传统金融和普惠金融、线下金融和线上金融、商业性金融与政策性金融、直接融资和间接融资、股权融资和债权融资、顶层资本市场和底层资本市场、大型金融和小微金融之间的关系，并处理好银证保等运用影子银行进行金融监管和金融创新的货币政策以及宏观审慎金融开放和金融安全之间的平衡。这既是一门科学，也是一门实务，需要集众人之智慧，取各家之所长。2017年4月，习近平总书记对广东工作做出了重要指示，提出了四个全面、三个支撑、两个走在前列的总体要求。之后，李克强总理首次在政府工作报告中指出要推动内地与港澳的深度合作，研究制定粤港澳大湾区城市群发展规划，发挥港澳独特的优势，提升其在国家经济发展和对外开放中的地位和功能。国家将粤港澳大湾区建设写入政府工作报告，上升为国家战略，这既是对广东和港澳合作的各项前期工作的肯定，也标志着粤港澳合作进入了一个新的发展阶段。纵观世界三大湾区的发展历程，旧金山湾区、东京湾区、纽约湾区都依托特色优势，通过增长极的集聚，不断拓展区域边界，最终实现湾区的形成。

在粤港澳大湾区内，内地与港澳地区特色明显，香港拥有金融服务的传统优势，深圳与广州拥有科技创新的集聚优势。珠三角其他七个地市拥有完整产业体系的配套优势，都处在工业经济、港口经济、服务经济向创新经济的转型阶段，如何凝聚共识实现体制、机制的创新，整合三地要素禀赋优势，触发两种制度互补的“化学反应”，把粤港澳大湾区建设成为世界第四大湾区是摆在我们面前的一个巨大的理论课题和实践挑战。世界三大湾区建设的历史经验告诉我们，湾区的发展离不开金融的有效支撑。一方面，我们要紧紧把握住国家宏观金融政策的战略机遇期，深化粤港澳金融合作内涵，提高粤港澳大湾区的外资金融机构准入的便捷程度，拓展业务范围，提高外资的业务参与度，增强投资粤港澳大湾区的信心，加速内地与港澳金融市场要素双向开放和联通，强化粤港澳大湾区的金融枢纽功能，从而形成中国参与全球竞争的重要空间载体；另一方面，通过粤港澳大湾区建设的金融创新实践，特别是在三个自贸区内试点，加快金融业对外开放步伐，强化国内金融市场竞争，增强金融机构、金融市场的韧性和稳健性，提高金融市场配置资源的效率和金融服务实体经济的能力，为中国金融业改革探索出可复制推广的“底层经验”，为实现现代金融体系建设目标和粤港澳大湾区发展目标的良性互动创造有竞争力的集成优势。

金融创新的道路是曲折的，前途是光明的，我们有理由相信，在现代金融体系下，粤港澳大湾区一定会有美好的未来。

雍和明（广东金融学院校长、教授）

2018年5月

目　录

第一部分：金融新业态

服务新时代，承担新任务，推动新金融发展

马德伦

金融机构如何更好地服务于新时代、承担新任务，一是应不断增强金融服务实体经济的能力，这是金融的根本目标，也是发展最厚实的基础；二是应牢牢守住不发生系统性金融风险的底线，对每个业务的环节、每个产品乃至每项业务都从制度设计入手来管控风险；三是在深化改革中不断提升管理能力，提升对市场流动性、政策走向、市场预期的把握能力，从而更好地把握利率变化的趋势；四是接受国际化的考验，引进先进的技术、制度，使运行机制、管理制度等方面都实现提升，以全面提升中国的金融业发展水平。金融支持“一带一路”的倡议也让金融的发展有了新空间、新机会。

金融部门如何更好地服务于这个新时代，承担新的任务，如何推动新金融发展，主要表现在以下四个方面。

一、不断增强金融服务实体经济的能力

习近平总书记在党的“十九大”报告中指出要深化金融体制改革，增强金融服务实体经济的能力。这是新时代金融改革和金融体系现代化建设的方向。金融与实体经济共生共荣的关系在过去39年的改革开放过程中已经得到了印证。39年来，中国经济的高速发展为金融业的大发展提供了机遇。回过头来看1978年底之前的中国金融，资产规模小得可怜，业务形式极其单一，金融机构也只有一家。但是，现在中国的金融和39年前已不可同日而语了。

对于2008年国际金融危机爆发前的美国，金融如果脱离实体经济会是怎样的一个结果，美国纽约证券交易所集团前副总裁乔治·乌杜博士在他所撰写的《金融的背叛》一书中这样写道：当下金融家对金融的背叛已是毋庸置疑。为了追求自身薪酬、利益最大化，他们早已与自己的核心业务渐行渐远，多数金融机构都因涉足自身交易而充斥着大量的投机泡沫。由于金融家的背叛，金融自身成了目的而不再关乎其理应发挥的金融与经济作用。更有甚者，金融家已经全然不记得这个行业的全称，实际上他把金融保留了两次，却将服务抛诸脑后。乌杜博

士的这段话深刻地揭示了美国引发的全球金融危机的根本原因，很值得人们深思和警惕。

由此可见，金融服务实体经济、支持实体经济的发展是金融的根本目标，也是我们发展的最厚实的基础。当前，中国要从世界制造大国走向制造强国，要实现最终建设社会主义强国的目标，金融在发展上也必须坚持创新、协调、绿色、开放、共享的发展理念。

我们的创新发展呼唤金融的支持，满足人民日益增长的美好生活需要，解决发展的不平衡不充分问题；我们的协调发展呼唤金融的支持，要推进社会生态文明建设、创造美丽和谐的环境，只有绿色的债券是不够的，我们在信贷中必须坚持赤道原则；中国经济要“走出去”，参与国际竞争，必须要引进先进的管理制度和高新技术，开放经济，呼唤金融的支持；而要实现发展成果共享、支持精准脱贫，就必须要大力推进普惠金融。在新的发展理念下，金融支持的关键点在“善于发现”，这就需要眼光、战略、勇气和科技支持。很多PE的投资方向其实是值得学习的。另外一个就是传统的信贷原则。过去只要求有市场、有效益，现在是时候制定新的、更高的标准了。比如说地条钢，它有市场、有效益，但是从国家发展角度讲，从和谐的理念、绿色的理念等方面来衡量，它是要被淘汰的。

二、牢牢守住不发生系统性金融风险的底线

党的“十九大”报告明确指出，健全金融监管体系，守住不发生系统性金融风险的底线是对我国金融工作提出的具体要求和目标。今年以来，监管部门针对表外业务、理财产品通道、互联网金融第三方支付等方面采取了强监管的一系列政策措施。人民银行也把宏观审慎政策和货币政策作为宏观调控的双支架。一切市场行为都纳入监管的框架之内。值得注意的是，这种强监管的措施是长期的，也是常态化的，是防范风险的必然的保障；要守住不发生系统性风险的底线，就要对每个业务的环节、每个产品乃至每项业务都从制度设计入手来管控风险。

中国人民在富起来的过程中，对金融需求的第一点便是安全。截至1978年底，中国人的个人金融资产只有两种：一是现金，二是存款。当时的现金是210亿（人民币，下同），但其中85%都在个人手里（190亿），存款是206亿。所以按照当时的人口计算，1978年底中国人的人均资产只有40.09元，非常少。那个时候大部分家庭是没有存款也没有现金的。但是到2016年底，按照现有的人民银行的统计计算，包括存款、现金、理财产品、股票等，中国的人均金融资产已经比1978年底增长了1 740多倍，达到了人均7万元，这还不包括黄金和国债。人们把这么多的资产交给金融机构，由此金融机构就承担了重大的责任。客观地说，目前中国的金融业并没有真正地经历过风险。历史上出现的不良资产的比例过大，如城商行信用社的亏损和支付困难等都是由于历史的原因，但可能正是这

样，容易让我们忽视风险。

在中国，人们对金融是信任的，因为人们认为金融背后都有国家背书。所以这也让我们在追求规模和效益的同时忽略了对风险的防范。另外，利差的收窄，银行在利息方面的收入下降，也是一个不争的事实。所以，在这种情况下，如何强化管理、严格控制成本，以及在内部考核机制中如何防范道德风险，也是我们防范风险的应有之义。接下来刚性兑付打破后，投资人对金融产品的安全性要求会更高。而对于金融从业者在销售产品时如何避免诱导性宣传的问题，富国银行的例子已经证明了道德风险对金融机构信誉的侵害，因此我们都应该从中吸取教训，以获取自己发展的经验。

三、在深化改革中不断提升管理

金融改革的深化已经形成了市场化的经营环境。市场主体的多元化、产品的多样化促进了金融竞争。但市场在资源配置中起主导性作用，利率市场化汇率形成机制改革赋予了金融机构更多地参与市场定价的权利。在利率市场化完成后，报价就要依据报价行对利率趋势的分析和判断。从这个意义来说，金融机构要提升对市场流动性、对政策走向、对市场预期的把握能力，从而更好地把握利率变化的趋势。

从利率走廊的建设来说，央行希望给市场一定的空间，使不同金融机构依据自身经营和需求来决定利率水平。考虑到不同的市场主体在利率定价权上的影响力不同，特别是中国的中小银行的利率易于率先撞击利率走廊，所以央行特别创造了常备借贷便利这样的政策性的工具。当中小银行的利率突破利率走廊的上限时，央行可以给予其资金的支持，从而使小银行的利率回归到利率走廊的范围内。

央行的常备借贷便利就是利率走廊的上限，央行的超额准备金的利率就是利率走廊的下限。因此，央行对于中期的利率还创造了一个中期借贷便利的工具来解决金融机构中期的投资与需求。这些是央行顺应市场而调节市场的举措，是央行货币政策操作的一个着眼点。

四、接受国际化的考验

改革和开放相伴相生，中国经济实力日益壮大，给了人民币走出国门的条件和机会。人民币加入SDR成为国际货币，使人民币有了广阔的国际舞台，但这对央行的考验也是多方面的。

人民币离岸市场的存在使得人们对人民币的估值有了不同预期，这要求央行的宏观视野不仅要关注在岸，还要关注离岸；不仅要关注外汇的跨境，还要关注人民币的跨境；不仅要关注本币的流出，还要关注本币的回流；不仅要关注本地的利率和汇率，也要关注国际市场上主要货币的利率和汇率的变化以及货币政策的变化等。这对央行宏观调控能力的考验是多重的，对于中国的国际收支预警体系的建设，对它的完善度和灵敏度的要求也就更高了。而对于金融机构来说，我们虽然走出了国门，在海外有了一些机构和业务，但对国际金融市场参与的广度和深度还不够。金融的强壮不仅在于规模，还在于素质和竞争力，不仅在于国内，还在于国际。因此，不仅要“走出去”，还要引进先进的技术、制度，使运行机制、管理制度、管理理念、管理水平等多方面都实现提升，从而全面提升中国的金融业，使之成为国家的核心竞争力。

从这方面来看，粤港澳大湾区应该给全国树立一个典范。我们的金融毗邻港澳，如何更好地学习他们的经验，使我们的金融在运行的机制、管理的理念、管理的能力和水平等方面能够不断地提升，这也是粤港澳大湾区建设的任务之一。另一个方面，各国经济的互联互通、联动发展已成为世界经济面对的新形势。金融支持一带一路的倡议，金融的新发展因此有了很多新的空间，有了很多新的机会，我们应该抓住和把握这样一个机遇，在更广阔的空间里，通过合作促进我们自身的成长和成熟。

（作者单位：中国人民银行）

绿色金融、环境变化及经济增长

——基于中国西北地区环境变化面板联立方程的估计

刘莎　刘明

以中国西北地区2000—2015年的数据为样本，构建基于投入产出模型、EKC假说等理论的面板联立模型，并运用绿色环保概念上市公司子样本作为绿色金融总体代理变量，构建环境综合指数系统反映和判断绿色金融与环境变化以及经济增长的关系，同时参考《巴黎协定》——国家层面的CO_2减排，预测西北地区以及分省区环境综合指数达到峰值（拐点）的时间。研究结果表明：经济增长、环境质量与绿色金融之间存在交互作用，绿色金融对环境质量的正向效应已经显现但作用有限。经预测，在绿色金融等因素共同作用下西北地区环境综合指数变动趋势除宁夏外符合EKC倒“N”型曲线，比照中国在《巴黎协定》中的承诺，即在2030年达到CO_2排放峰值的减排承诺，亦可在同一时间节点以前达到环境综合指数峰值，从而出现向低环境污染转换的趋势。建议西北地区进一步创新绿色金融体系，发挥绿色金融的规模效应，改善绿色金融服务供给，以债券、基金等绿色金融工具和手段引导社会资本进入绿色投资领域。

一、引言

经过近四十年的改革开放，中国经济高速增长的态势令人瞩目，但始料未及的是，几乎同所有国家一样，中国面临着生态环境恶化、自然资本下降的趋势。资源约束趋紧，生态系统退化，环境的承载力已趋于极限，未来需要支付巨额的环境修复成本。要扭转这种趋势，必须促使更多资金流向绿色经济实体，加快经济趋向可持续发展的步伐。绿色金融作为一种制度安排或市场机制设计，都可在促进环境保护和生态建设方面起到至关重要的作用，但由于绿色金融内在的收益滞后特征，投资者和金融机构介入绿色领域的行为动机不足，导致主要依赖市场机制条件的绿色金融规模有限，难以满足维护社会生态系统的潜在需求。就西北地区而论，金融组织体系与金融市场发展相对落后，如何避免绿色金融的困境，最大程度调动社会资源转向绿色领域，以应对日益严峻的环境变化，无疑是理论与政策层面亟需深入探讨的问题。

基于对绿色金融的测度，本文选取西北地区为分析单元，通过构建含滞后项的面板数据联立方程，综合考察经济增长、环境质量与绿色金融的交互影响关系以及区域绿色金融作用于经济、环境所并存的关联特征；引入绿色金融范畴从而对传统的环境库兹涅茨曲线（EKC，Environmental Kuznets Curve）理论进行拓广，构建综合化环境质量综合指数，重新精炼传统库兹涅茨曲线中作为环境质量单指标的CO_2排放量，据以测算绿色金融规模趋势并预测西北地区的环境库兹涅茨曲线形状及污染排放峰值。这不仅蕴含着区域绿色金融、环境变化与经济发展的关系，也将为中国应对环境变化的生态文明建设和进一步推动绿色金融发展提供经验证据。

二、文献综述

相关研究始于对经济增长与环境变化关系的探讨。“增长极限说”（Meadows et al.，1972[1]）提出因增长方式不同，人口、经济的指数式增长受其所依赖资源的算术式增长限制必将面临增长的极限，这一结论并未得到经验验证。格罗斯曼和库兹涅茨发现并提出环境污染物与人均收入间的非线性关系——即倒“U”型关系（Grossman and Krueger，1991[2]），为经济与环境关系提供了经验基础，这一关系后被命名为环境库兹涅茨曲线（后文简称EKC）（Panayotou，1993[3]）。20世纪90年代以来，很多学者对EKC展开各种经验分析，但不同研究结论存在较大分歧。对EKC提出质疑的学者发现经济增长与环境的关系曲线存在多种形态，包括与倒“U”型完全相反的“U”型（Dinda et al.，2000[4]）、“N”型（Friedl and Getzner，2003[5]）、单调上升曲线（Holtz-Eakin and Selden，1995[6]）和正向线性关系（胡宗义、刘奕文和唐李伟，2013[7]）等认为人均收入并非影响环境的唯一因素，在运用EKC假说所构建的回归模型分析中，还需加入其他重要的解释变量。基于此，一些研究揭示出，除经济增长外，城市化水平（Mariano et al.，1998[8]）、贸易和外商直接投资（Stern et al.，1996[9]）及金融发展（Tamazian，2009[10]）等均为影响环境的重要解释变量。上述不同EKC经验分析结果的差异部分原因在于统计方法、指标选取以及数据样本不同。

早在1980年，联合国大会就向世界呼吁要以自然、经济、社会生态和谐的方式发展，1987年，世界环境与发展委员会《我们共同的未来》出版，绿色经济、环境问题引起全世界的日益关注，在此背景之下“绿色金融”概念诞生。1992年联合国环境与发展大会通过了《里约环境与发展宣言》和《21世纪议程》两个文件，促使环境可持续的绿色金融得以较快推广，围绕金融与环境的相关研究也日益引起学术界重视。部分学者将金融作为“生产/消费—自然环境—生产/

消费”循环的外生变量，认为金融对环境不产生影响（Sadorsky，2010[11]），或是认为金融资源向生产体系大量投放是造成排放污染物的重要影响因素（Zhang，2011[12]）。事实上，在一定条件下金融与环境之间存在长期的均衡关系（Shahbaz et al.，2013[13]），绿色金融投放更能够促进技术创新（Gantman，2012[14]），增加与环境保护相关的投资（Lee et al.，2015[15]），进而改善环境质量。更有学者指出，环境质量下降通过影响人类健康水平对经济增长产生负的外部性，绿色金融则有助于减少污染物排放（Omri，2015[16]），是决定区域环境质量的重要因素，即在绿色金融充分发挥作用的条件下，一国或地区金融发展程度越高，环境质量水平也更高（Tamazian，2009）。综上所述，绿色金融对环境产生何种效应，关键是绿色金融作为“绿化”环境的必要初始条件，是否能够实现预期目标，仍取决于对其作用路径和后续环节的控制。

为揭示绿色金融发展的动态趋势和规律，相关研究从不同视角对绿色金融进行测度。宏观视角一般考量区域的绿色综合发展水平，Marcel Jeuchen（2001）[17]通过对典型金融机构开展调查问卷的方式构建绿色金融指标体系，对区域绿色金融发展水平进行评估；OECD（2007）[18]通过采集EECCA①统计部门和环境部门2001年、2005年数据，评估不同资金来源对各类环境领域的投资水平，相较Marcel Jeuchen开展调研问卷的方式，OECD采集相关部门的数据涵盖范围更大，对统计数据的要求更高。微观视角一般测度金融机构开展绿色金融的行为效果，国际金融业环境绩效评价体系（EPI Financc2000）选择从绿色信贷的规模与数量、环境收益以及绿色金融产品数量等方面对不同类型金融机构在环保领域的实施效果进行评估。

综合已有文献可以发现，绿色金融已日渐成为影响经济增长和生态环境和谐均衡发展的重要因素。但迄今为止，对绿色金融的测度方法仍需要进一步构建，对绿色金融的实现途径、政府介入绿色金融的机制、手段与工具仍需要进行深入的理论探索。

三、理论模型设计

绿色金融作用于经济—环境的传导机制具有阶段性特征。第一，在本部分的理论模型中，经济规模扩大引起污染物作为产出副产物增加，且可能对绿色金融的发展提供更多的资金支持，推动绿色金融规模扩大；第二，在经济发展初期，资源、污染的产权尚不明确，市场交易机制尚不完善，污染具有负外部性，产生污染相关的要素投入以及相关“粗放”的技术成为经济增长的重要推力；第三，当经济发展到一定阶段，由于环境政策的制定与实施，迫使企业的运作必须依照

① EECCA：East Europe，Caucasus and Central Asia（东欧、高加索和中亚地区）。

环境法规规定的工艺及排污标准，环境成本内部化的结果将会使企业生产成本增加，从而不得不缩小生产规模，而绿色金融发展意味着将更多资源转向治理环境并构建远期甚至人类若干代人的良好生态条件，从而在当代或当期可能会引起对经济增长的抑制作用，但从长期观察无疑有利于环境质量向好的方向变化。基于上述传导机制可以建立有关经济增长、环境质量与绿色金融的联立方程模型。①

（一）扩展的Cobb-Douglas生产函数

近年来改进的经济增长理论主张将“绿色资本”或“自然资源资本”因素引入增长模型，而绿色金融恰好有益于此类资本的积累。②根据Omri（2014）[19]的研究思路，此处采用Cobb-Douglas生产函数作为建立模型的基础。该生产函数认为经济增长依赖于资本和劳动力输入，也取决于能源消耗，这直接关系到环境中污染物的排放量（Ang，2008[20]；Stern，2000[21]）。文中使用扩展的Cobb-Douglas生产函数，具体如下：

$$Y = AK^{\alpha}E^{\lambda}L^{\beta}\varepsilon^{u} \tag{1}$$

其中，Y表示实际GDP；E、K和L分别表示生产过程中的能源消耗、投入的资本存量和劳动力；A是由技术决定的全要素生产率，ε为误差项；α、λ、和β分别是资本存量、能源消耗与劳动力的弹性系数。当Cobb-Douglas生产函数的技术水平受到限制时（$\alpha+\lambda+\beta=1$），得到规模报酬不变的生产函数。在给定的技术水平上，能源消费量（E）和环境污染物排放量（P）之间存在直接的线性关系（Pereira和Pereira，2010）[22]：$E = bP$，将其代入式（1），随之得出：

$$GDP = b^{\lambda}AK^{\alpha}P^{\lambda}L^{\beta}e^{u} \tag{2}$$

在式（2）中，允许技术因素对贸易及绿色金融发展产生内在影响，这一观点在扩展的Cobb-Douglas生产函数（Shahbaz and Lean，2012[13]）中也被提及。绿色金融发展促进外商直接投资及优质技术转让，通过资本形成带动经济增长，使其得以有效利用。外商直接投资有助于技术进步和扩散，由此进一步得出：

$$A(t) = \gamma GF(t)^{\alpha}FDI(t)^{\beta} \tag{3}$$

其中，γ为常数，GF和FDI分别表示绿色金融发展和外商直接投资。将式（3）转换成式（2）形式：

$$GDP(t) = \gamma P(t)^{\lambda_1}GF(t)^{\lambda_2}FDI(t)^{\lambda_3}K(t)^{\alpha}L(T)^{\beta} \tag{4}$$

---

① 若考虑到以下因素，绿色金融发展可能对“经济增长”产生向上的引力：第一，绿色金融投向生产领域，且在当期或当代人所处时代产生经济效益，而且所运用的资金原本是闲置的或者在虚拟市场运作；第二，对绿色金融投资项目的未来远期收益进行折现并计入当期产值，引起未来更趋“绿色”经济增长的现值增加；第三，由于绿色金融投资的环境改善效果节约了未来环境成本，实际亦可折现为当期产值；第四，绿色金融发展的环境质量绩效在维护生命体（包括人与一般生物）健康上产生的作用将减少人力资本的环境损耗以及产生收益。相关分析实际源于绿色GDP理念，即根据当期经济活动产生的环境代价（或收益），应对依据传统方法计算的GDP予以扣减（或增加）；第五，就环境质量变化对经济增长以及绿色金融发展关系论，假定环境质量严重恶化，在理性社会中必会拉动绿色金融发展，即“需求创造供给”。这时在短期可能会对经济增长产生向下的压力，从未来观察，经济增长的生态环境改善，后续的环境治理成本投入下降，人力资本与自然资源条件普遍改善，对环境质量提升是一种助力。

② 此处“绿色资本”或“自然资源资本”的主要思想是将自然资源资本独立于生产性资本，作为另一种基本的生产要素纳入经济增长的模型框架，构成经济增长的必要性或限制性因素。

为使问题简化，本文不考虑人口增长，给式（4）两边除以劳动力投入L，将人口规模标准化为1，获得式中各变量的人均值。考虑到量化方便，得到线性生产函数如下：

$$\ln GDP_t = \alpha_0 + \alpha_1 \ln P_t + \alpha_2 \ln GF_t + \alpha_3 \ln FDI_t + \alpha_4 \ln K_t + \varepsilon_t \quad (5)$$

由于本文研究基于西北五省区的面板数据，式（5）可以写作：

$$\ln GDP_{it} = \alpha_0 + \alpha_1 P_{it} + \alpha_2 \ln GF_{it} + \alpha_3 \ln FDI_{it} + \alpha_4 \ln K_{it} + \varepsilon_{it} \quad (6)$$

其中，下标i和t分别表示地区及时间，ε是误差项。

（二）引入绿色金融变量的EKC扩展模型

以往有关EKC的研究文献主要考察人均收入与环境质量的关系，除经济增长外，还有文献在回归模型构建中引入人口、贸易等其他变量为解释变量，将绿色金融作为影响因素的研究较少。若将绿色金融活动纳入环境治理因素并做计量验证，借鉴相关结果分析绿色金融作用机制以及效果有助于通过调节绿色金融投放力度、投向等促进生态环境与经济和谐发展。综上所述，引入绿色金融这一在“绿色”经济增长中愈益重要的特征变量，模型如下：

$$P_{it} = \beta_0 + \beta_1 GDP_{it} + \beta_2 (GDP_{it})^2 + \beta_3 (GDP_{it})^3 + \beta_4 GF_{it} + \beta_5 Control_{it} + \mu_{it} \quad (7)$$

为避免存在遗漏变量而导致计量结果的偏差，在模型引入可能影响环境质量的控制变量Control：

城镇化水平UR。城镇化因处于不同阶段对环境是否产生影响，影响程度如何存在差异，现阶段中国城镇化的“扩张效应”占主导地位，“质量效应”的CO_2减排作用仍不明显（孙叶飞，2016[23]）。

工业化水平Indus。通常在工业化发展初期，工业化进程的加快会造成污染物排放量的剧增，而在后期，工业化进程将对环境质量产生积极影响。

为消除数据的异方差现象，对各指标进行对数变换，P、UR、Indus及R均为百分比值，不需要对此进行处理。纳入控制变量的模型扩展为：

$$P_{it} = \beta_0 + \beta_1 \ln GDP_{it} + \beta_2 (\ln GDP_{it})^2 + \beta_3 (\ln GDP_{it})^3 + \beta_4 \ln GF_{it} + \beta_5 UR_{it} + \beta_6 Indus_{it} + \beta_7 R_{it} + \mu_{it} \quad (8)$$

（三）绿色金融的环境治理诱发模型

经济社会发展中的环境治理作为一个系统，应包括治理的制度设计与经济架构、社会经济结构调整、资金资源介入“绿色”部门机制等子系统。资金介入机制又包含财政、金融手段。绿色金融对环境质量的影响机理在于：第一，绿色金融投放短期改变生产要素投入、生产的技术条件、经济结构以及生产的环境条件，从而直接降低污染物排放量；第二，由绿色金融投入而形成治理能力后污染物持续降低。正因为绿色金融具有内在的对环境治理的积极效应，所以就有必要探讨绿色金融的发生学机制，即哪些因素诱发绿色金融发生以及规模扩大。可纳入三种外生因素：其一，外生的可能性因素，即经济增长（GDP）因素带来的收入部分地向绿色金融的转变；其二，外生化倒逼因素，即由于环境污染物排放危及人类生存产生的对绿色金融的需求；其三，环境治理规制对金融部门产生的“绿色”投放压力。内生因素即指绿色金融一旦被动发生，由于其效果逐渐彰显而产生续发的自我规模扩张效应。根据以上，设计方程如下（各符号指代意义同前）：

$$\ln GF_{it} = \gamma_0 + \gamma_1 \ln GDP_{it} + \gamma_2 P_{it} + \gamma_3 \ln GF_{it-1} + \gamma_4 R_{it} + \pi_{it} \tag{9}$$

（四）联立方程的构建

以往关于经济—环境—金融关系的研究主要基于预设的理论模型，采用普通的单方程进行检验，变量间可能存在的内生性会带来模型的解释变量与误差项相关等问题，最好的解决方法就是工具变量法。而联立方程模型本身就会对变量间的内生关系做出响应，不需要如单一方程那样去寻找其他的工具变量以解决内生问题。为此，本文通过构建包括经济增长、环境质量及绿色金融的联立方程模型以考察绿色金融如何影响经济增长、绿色金融对环境污染治理的作用效果以及影响路径。借鉴 Dean（1998）[24] 的思想，同时考虑其他相关变量，设定联立方程如下：

$$\ln GDP_{it} = \alpha_0 + \alpha_1 P_{it} + \alpha_2 \ln GF_{it} + \alpha_3 \ln FDI_{it} + \alpha_4 \ln K_{it} + \varepsilon_{it} \tag{10}$$

$$P_{it} = \beta_0 + \beta_1 \ln GDP_{it} + \beta_2 (\ln GDP_{it})^2 + \beta_3 (\ln GDP_{it})^3 + \beta_4 \ln GF_{it} + \beta_5 UR_{it} + \beta_6 Indus_{it} + \beta_7 R_{it} + \mu_{it} \tag{11}$$

$$\ln GF_{it} = \gamma_0 + \gamma_1 \ln GDP_{it} + \gamma_2 P_{it} + \gamma_3 \ln GF_{it-1} + \gamma_4 R_{it} + \pi_{it} \tag{12}$$

其中，式（10）为生产函数，式（11）为环境污染排放函数，式（12）为环境污染治理的绿色金融函数。考虑到可能存在的内生性等问题，选取必要工具变量以保证估计结果的有效性。

四、指标与数据选取

（一）环境质量综合指标构建与测度

绿色金融作用于环境变化不仅在于 CO_2 排放减少，也在于抑制产生废水、粉尘、固体废物等有害污染物，因此应构建环境质量综合指数，以修正传统环境库兹涅茨曲线，由之计量验证绿色金融对环境质量的正向效果。考虑到需甄选不同的环境污染物指标进行综合度量，本文利用因子分析法，即在避免丢失信息的前提下，根据原始变量的信息进行重新组合，找出影响变量的共同因子，将众多原始变量浓缩成少数几个因子变量，化简数据，由之形成测算环境污染的综合指标，最大程度满足环境质量指标的特性，使最终选取指标具有代表性。假定 x_{ij} 为第 i 个省区的第 j 个指标的数值，X 为其标准化向量，$(\lambda_1, \lambda_2, \cdots, \lambda_p)$ 表示 X 的相关系数矩阵 ρ 的特征根，式中 $w_i = \lambda_i / \sum_{i=1}^{n} \lambda_i$ 作为权重表示第 k 个主因子的方差贡献率，则用 F 表示的综合得分为：

$$F = (w_1F_1 + w_2F_2 + \cdots + w_kF_k) / \sum w_i \qquad (13)$$

为充分考虑各种环境污染物的信息，本文依据数据可得性选取六种环境污染物，包括废水总量、废水中化学需氧量、废气总量、二氧化硫、烟粉尘、固体废物，①运用因子分析法测算污染物排放量作为坏产出指标，综合反映环境质量指标。该指标数值越大（小），表示环境质量越差（优）。

（二）绿色金融指标的测度

学术界对绿色金融概念尚未形成一致认可的定义，也自然缺少统一的测度标准。《美国传统英语词典》[25]将绿色金融称之为“环境金融（Enviromental Finance）”或“可持续融资（Sustainable Financing）”。其基本内涵为如何使用多样化的金融工具保护生态环境和生物多样性。就中国绿色金融发展现状来看，中国人民银行等七部委2016年发布的《关于构建绿色金融体系的指导意见》将绿色金融定义为支持环境改善、应对气候变化和资源节约高效利用的经济活动，即对环保、节能、清洁能源、绿色交通、绿色建筑等领域的项目投融资、项目运营、风险管理等金融服务。并且旨在通过绿色信贷、绿色债券等相关金融产品支持经济向绿色化转型的制度安排。在这一转型过程中，支持环境改善、应对环境变化和资源节约高效利用的绿色金融资金主要来源于政府环保部门的相关补助、商业银行的信贷投入及企业的自有资金。②依据环保部发布的八大绿色工程体系，③选取西北地区A股上市公司中属于绿色行业或进行绿色投资的上市公司的投融资数据，数据范围包括上市公司为绿色投资发行新股、增发及配股所募集的所有已到账资金。这些上市公司的绿色投融资仅包含绿色信贷的一部分，及非信贷的绿色投入，数值小于绿色金融的实际投放量，但可以合理地推断其在整体规模和增长趋势上与绿色金融投放量较为一致，具有很强的代表性。由于国家、地区层面总体绿色金融数据缺失，将具有绿色投资概念的上市公司的投融资作为绿色金融指标的代理变量，具有其内在的合理性。

1.经济增长。用地区生产总值（GDP）与人口的比值衡量，即地区人均GDP，反映消除人口因素后区域的生活水平、经济规模以及经济增长情况。GDP用GDP价格指数进行修正，从而消除通货膨胀的影响。

2.影响产出的要素投入。选用就业人数表示生产过程中投入的劳动力数量；根据要素禀赋假说，资本密集型产业主要为高耗能、高排放产业，而劳动密集型

① 烟尘排放和粉尘排放从2011年开始合并为粉尘排放，之前年份的粉尘排放量以烟尘排放量与粉尘排放量之和表示。自2011年起，工业固体废物分为一般工业固体废物和危险固体废物，故从2011年开始将两者合并起来计算工业固体废物。

② 中国银行业监督管理委员会2012年下发《绿色信贷指引》，其后开始收集、发布绿色信贷数据，为保证数据的可获性和连贯性。为了对绿色金融的环境效果做计量检验，此处选用绿色行业的上市公司投融资数据作为绿色金融总体规模的代理变量。这也是本文的一个重要尝试。

③ 环保部于2015年9月9日发布的《新常态下环保对经济的影响分析》报告中指出，绿色清洁能源、大气污染防治、水污染防治、土壤环境保护、固体废物资源化、农村环境综合整治、生态保护与建设工程、“智慧环保”为八大绿色产业重大工程。

产业相对低碳。取资本存量与劳动投入之比衡量要素禀赋，其中资本存量用全社会固定资产投资表征，一般用各地区全社会固定资产投资金额表示。对资本存量使用永续盘存法计算，以K表示资本存量，I表示固定资本形成额。计算公式为 $K_t = (1-\delta)K_{t-1} + I_t$，即当年的物质资本存量等于上年度累积资本的折现值和当年固定资本形成之和，选择基期为2000年，δ为折旧率并取固定值9.6%。①

3.外商直接投资以人均外商直接投资额（以当年兑美元的汇率换算为人民币）度量。

4.影响环境质量的控制变量。(1) 城镇化水平，以城镇人口占总人口的比重衡量。选取2000年及以后城乡人口为人口普查和人口变动抽样调查推算数。(2) 工业化水平，即工业发展状况，确切地反映工业生产的规模和速度。这一指标用工业增加值占GDP的比重表征。

以西北五省区为分析单元，数据观测周期为2000—2015年。主要数据来源于绿色金融锐思（RESSET）数据库，环境质量及环境规制使用的污染物排放量来自于《中国环境统计年鉴》，其余数据均来源于《中国城市统计年鉴》。涉及价格的变量均调整到1978年不变价格。

五、环境质量、经济增长与绿色金融动态的面板联立方程估计

（一）模型估计方法与模型检验

1.估计方法选择。联立方程模型由经济增长、环境质量与绿色金融分别为被解释变量的决定方程（式10~式12）构成，估计方法一般为单方程和系统方程两种。在方程估计过程中，单方程估计法需满足联立方程组可识别性与各方程扰动项不相关性假设；而相较逐一对方程进行估计，将全部方程视作一个整体的方法（即系统估计法）更为有效，可同时估计全部结构方程且得到其参数估计量。由于此处联立方程引入滞后期的被解释变量，可能造成解释变量与扰动项相关，使估计结果是无效和有偏的以及面板数据中无法观测到的截面特点，亦有可能带来较为严重的内生性问题，故采取系统估计法作为文中的估计方法。系统估计法处理联立方程组时，常用三阶段最小二乘法（3SLS，Three Stages Least Squares）及广义矩阵估计法（GMM，Generalized Mothod of Moments）。为提供较为可信的稳健性支持，本文运用GMM和3SLS两种方法估计，并比较两者的优越性。

2.模型检验。在对模型的总体参数进行估计前，需要先判断联立方程模型的可识别性。对结构参数施加“排斥变量”的约束，检验上述联立方程模型中各式的阶条件和秩条件，发现三式判定条件成立，均为过度识别。

为验证工具变量的选择是否对参数估计有效，本文对所有模型进行Hansen

① 对这一方法的解释和计算过程参考张军（2003）[26]。

检验，检验结果显示不能拒绝原假设（“所有工具变量均有效”），则得知模型设定有效，所选估计法适用。

3.平稳性检验。为了确保估计结果的有效性，避免出现伪回归现象，先对变量进行平稳性检验。此处采取LLC与IPS方法对各变量进行单位根检验，结果见表1。由表1中的结果可得知，所有变量的一阶差分值均拒绝存在单位根的原假设，说明变量是平稳的。

表1　**面板数据联立方程的单位根检验结果**

变量＼方法	水平序列值		一阶差分序列值	
	LLC	IPS	LLC	IPS
GDP	2.8481	4.7672	-1.6604**	-1.6436**
P	-0.0177	1.6622	-5.3941***	-3.2425***
K	-1.0472	0.5591	-3.5891***	-3.8701***
GF	-1.6532**	-0.5798	-11.9758***	-11.1253***
UR	0.3781	2.1513	-4.8197***	-4.0713***
Indus	0.2268	-0.2941	-8.0486***	-6.1352***
FDI	-0.4581	1.6040	-8.4475***	-7.3761***

注：*、**和***分别表示在1%、5%和10%的水平显著。

（二）全样本估计结果及相关分析

表2结果显示，3SLS和GMM估计的参数系数差异不大，但运用后者的参数估计值较为显著，也更合乎实际。由此可见，采用GMM法能较好地处理内生性等问题。

1.环境质量与经济增长的相对变动关系。（1）环境综合指数（P）。环境综合指数升高，表明污染物排放量加剧，计量结果表明生产生活体系的污染物排放与经济增长呈现同向变动关系。表2显示，污染强度每增加1%，经济增长0.0747个百分点。污染强度的变化相对经济增长效应较弱，说明西北地区经济增长存在高投入、高能耗和高污染特征以及由产业、行业结构与技术水平决定的生产投入品组合有“环境非友好”趋向，投入能源等生产投入品的利用效率较低。结合模型Ⅰ，可知经济增长对环境污染物排放强度存在反向影响且较强，说明环境中污染物的排放包含着未来经济增长的相关信息，经济增长受到“节能减排”措施的显著冲击（Soytas and Sari，2009[27]）。（2）要素禀赋（K）。要素禀赋值对经济增长的影响为正，即人均GDP随着单位劳动力产出效率的改变而发生同向变化，具体表现为人均固定资本形成额每增加一个百分点，人均GDP提高0.2075个百分

表2　西北地区经济增长、环境污染与绿色金融的全样本估计结果

估计方法 / 变量	模型Ⅰ 经济增长方程		模型Ⅱ 环境污染方程		模型Ⅲ 绿色金融效应方程	
	3SLS	GMM	3SLS	GMM	3SLS	GMM
Constant	10.0387*	10.0573*				
P	0.1363**	0.0747*			1.5890	2.0984*
ln GF	0.0075**	0.0050**	-0.0073	-0.0079**		
ln FDI	0.0042	0.0064***				
ln K	0.2097*	0.2075*				
ln GDP			-1.0780	-2.1287*	0.1898*	0.2015*
$(\ln GDP)^2$			0. 2529***	0.5346*		
$(\ln GDP)^3$			-0.0146**	-0.0324*		
Indus			0.7437**	0.8624*		
UR			-0.4916	-0.3412		
GF(-1)					0.4902*	0.4946*
R^2	0.9955	0.9958	0.9457	0.9460	0.8471	0.8729
AR（1）	0.9606*	0.9613*	0.9266*	0.9126*		
曲线形状			倒“N”型	倒“N”型		

注：*、**和***分别表示在1%、5%和10%的水平显著；AR（1）的原假设为方程扰动项不存在1阶自相关。

点，与Omri（2013）[28]的结果基本一致，表明物质与人力资本投入对经济增长的推动作用较为稳健。（3）绿色金融（GF）。计量结果显示，绿色金融投放对经济增长的正向影响显著。一方面，绿色金融受国家资本市场及信贷政策支持，在降低上市公司绿色融资成本的同时提升绿色资金的流动性，有利于社会扩大再生产，进一步促进经济增长；另一方面，绿色金融发展会促进绿色产业发展，进而吸引外商直接投资，拉动国内经济增长。但绿色金融在经济增长中发挥的作用相对有限（弹性系数为0.0050），潜在原因可能在于绿色金融主要投向有环境治理表征的绿色行业，“生产性”绿色金融投资不足，以及绿色融资总量仍较为有限，没有体现出绿色金融投资的规模收益效应。（4）外商直接投资（FDI）。估计结果表明，外商直接投资对经济增长有正向显著影响，表明FDI通常以国际技术溢出和资本流入的模式拉动区域经济增长，现阶段西北地区FDI流入产业仍以

加工制造业为主，外商的进入可使企业生产成本得以降低。然而随着生产要素价格逐步攀升，尤其是劳动力成本的上涨，比较优势逐步削弱，从而抑制FDI流入东道国，甚至会由于相应产业集群在演化过程中的“路径依赖”诱发投资所在地资源的扭曲。FDI流入每增加1%，仅引起经济增长幅度上升0.0064个百分点，影响力较小。①

2.污染物排放与产出间的统计关系。（1）经济增长（GDP）。由回归结果可知，lnGDP、$(\ln GDP)^2$、$(\ln GDP)^3$的系数均通过了显著性检验，且有$\beta_1<0$、$\beta_2>0$、$\beta_3<0$。根据抛物线性质判断，西北地区污染物排放强度与人均GDP之间为倒“N”型曲线关系，与EKC假说不完全一致。EKC假说是基于发达国家及新兴工业化国家在工业化向服务型经济转型阶段提出的（世界银行，1992[29]），而中国目前正处于工业化初、中期阶段，特别是西北地区工业化发展程度依然很低。EKC解释了环境质量在经济发展水平超越了一定临界值之后将得到持续改善，然而对于发展中国家而言，人均收入并未达到相应的临界水平，其环境质量与经济增长的关系具有不确定性（彭水军，2006[30]）。②（2）绿色金融（GF）。在模型Ⅱ中，绿色金融对环境质量综合指数的影响系数显著为负，表明绿色金融规模扩大有利于降低环境污染物排放。虽然绿色金融对环境污染的抑制作用（弹性系数为-0.0079）显现但仍处于低水平。中国指导绿色金融发展的《绿色信贷指引》已发布4年，③然而银监会数据显示，截至2016年6月末商业银行的绿色信贷余额规模依然较小，仅占各项贷款的9%；绿色金融产品创新不足，还主要停留在绿色信贷层次，涉足产业领域多在中下游环节。绿色债券、绿色基金市场尚未形成，具有绿色概念的上市公司数量占资本市场上市公司之比较小(13.42%)。综合各种因素，说明绿色金融投放未形成规模经济效应。④（3）工业化水平（Indus）。工业化水平对环境污染物排放产生显著的正向刺激作用。工业增加值占GDP的比重越大，环境污染物排放强度越大，环境质量随之恶化。这一结论与国内外学者的研究结论基本一致。西北地区尚处于工业化中期阶段，这一时期环境压力较大，工业化进程极易加剧环境污染。与此同时，地方政府在评价其管理政绩时赋予经济增长的权重被极端地放大，导致各省区出现以牺牲环境来推高经济增长的现象。（4）城镇化水平（UR）。计量结果显示，城镇化水平未能体现出对环境质量的显著影响。但在类似文献中显示，若纳入空间因素，城镇化水平可显著缓解环境污染的压力（高峰，2016[31]）。

① 潜在的原因是，在国际市场竞争日趋激烈的情况下，外商直接投资由于国际市场“收缩”而一定程度转向国内市场，所以外商投资在中国国内市场需求限定下对国内投资产生挤出效应。

② 部分原因也在于，本文修正EKC是基于所构造环境综合指数与人均GDP的关系，传统EKC是基于CO_2排放与人均GDP的关系。

③ 中国银监会于2012年2月24日下发《绿色信贷指引》，明确了绿色信贷支持方向和重点领域，要求银行业金融机构通过差别化信贷政策开展绿色信贷。

④ 本文选用上市公司作为代理变量，也基本反映了企业中绿色金融总量偏低的问题。

3.绿色金融效应。(1)环境质量(P)。较其他变量而言，环境污染强度对绿色金融产生的拉动（“倒逼”）作用最为显著。体现为前者每上升1个百分点，后者随之增加2.0984个百分点。当环境污染恶化时，绿色金融将受到国家绿色环保政策的支持，这有助于上市企业降低绿色融资成本，增加融资渠道，分散经营风险，优化资产负债结构，企业、金融机构将追加绿色金融的投入。(2)绿色金融滞后一期（GF(-1)）。该指标估计系数显著为正，表明增加一单位的绿色金融投放对当期与滞后一期的环境质量改善同样具有减排效力，当期绿色金融投放对滞后一期的减排效力高于对当期的减排效力。潜在因素是当期绿色金融对环境质量发挥减排效力后形成环境治理能力。前者表现为资金的审计和资金的到位需要时间，后者表现为治理能力的形成到充分发挥作用需要时间，两期绿色金融存在一定的时间差，类似于宏观经济变量的时滞效力。

4.稳健性检验。为确保估计结果及分析结论的可靠性，在上述分析的同时，本文采用3SLS估计经济增长、环境质量与绿色金融构成的面板数据联立方程，检验了西北五省区相关变量间的逻辑关系（表2），估计结果显示与文中基本分析结论一致，具有较好的稳健性。

（三）西北五省区间的省际差异

西北五省区环境变化与经济增长、绿色金融之间的关系未必一致，因此将样本总体分为陕西、甘肃、青海、宁夏和新疆五个子样本，分别对联立方程进行估计。计量过程发现，对子样本运用GMM法，模型出现“Near singular matrix”(奇异矩阵)，即子样本较总体样本呈现样本数量少而工具变量多的情况，故子样本的面板联立模型回归不能选用GMM法，此处选取3SLS法对子样本进行处理(见表3~表5)。

表3　**西北五省区经济增长、环境质量与绿色金融回归结果（1）**

模型选择	模型Ⅰ：经济增长方程				
省区	陕西	甘肃	青海	宁夏	新疆
Constant	2.0721*	2.1928*	2.1021*	2.4249*	2.1823*
P	0.1342***	0.2131**	-0.0139	0.0336*	-0.0199***
ln GF	-0.0088***	-0.0173***	-0.0022**	-0.0338*	0.0042***
ln FDI	0.0151**	-0.0050	0.0136*	0.0325***	-0.0125*
ln K	0.2604*	0.4758***	0.1813*	0.1166***	0.0477**
R^2	0.9997	0.9973	0.9922	0.9991	0.9983
AR（1）	0.0460*	1.4243*	0.7271	0.2275***	1.8525*
AR（2）	-0.7904*	-0.6251*	-0.8552*	0.0381*	-1.0928*

注：*、**和***分别表示在1%、5%和10%的水平显著；AR（1）、AR（2）的原假设分别为方程扰动项不存在1、2阶自相关。

表4　　西北五省区经济增长、环境质量与绿色金融回归结果（2）

模型选择	模型Ⅱ：环境污染方程				
省区	陕西	甘肃	青海	宁夏	新疆
ln GF	-0.0172***	-0.0326*	0.0547*	0.038***	-0.0221***
ln GDP	-3.4551*	-2.8928***	-6.3335*	-1.9705***	-11.7829*
$(\ln GDP)^2$	0.7942**	0.6301***	1.5361*	0.2642**	2.8212*
$(\ln GDP)^3$	-0.0452***	-0.0359***	-0.09*	-0.0007**	-0.1631*
Indus	1.9299***	0.6836***	1.2328*	0.8487*	2.2975*
UR	-1.5334	0.2770	-3.2591	0.8583	-2.5403*
R^2	0.9031	0.8999	0.9958	0.9779	0.9761
AR（1）	1.0228*	0.7988*	-0.8977*	0.7989*	-0.8379***
AR（2）	-0.9389*	-0.7254*	-1.0776*	-0.8424*	-0.8119
曲线形状	倒“N”型	倒“N”型	倒“N”型	“U”型	倒“N”型

注：*、**和***分别表示在1%、5%和10%的水平显著；AR（1）、AR（2）的原假设分别为方程扰动项不存在1、2阶自相关。

表5　　西北五省区经济增长、环境质量与绿色金融回归结果（3）

模型选择	模型Ⅲ：环境治理方程				
省区	陕西	甘肃	青海	宁夏	新疆
P	7.8825**	3.7033*	7.9549**	6.9240***	3.2746***
ln GDP	1.5723*	0.6556**	-2.7939***	0.3749**	0.3498*
ln GF(-1)	0.3397***	0.2211***	0.4909***	-0.5453**	-0.2501***
AR（1）	0.8640*	0.8231*	1.2001**	1.2095*	0.9616***
AR（2）	-0.6519*	-0.6751*	-0.5184**	-0.8853*	0.0415***
R^2	0.7084	0.7321	0.7453	0.7582	0.7827

注：*、**和***分别表示在1%、5%和10%的水平显著；AR（1）、AR（2）的原假设分别为方程扰动项不存在1、2阶自相关。

从污染排放方程（表4模型Ⅱ）的回归结果发现：经济增长对污染物排放起决定性作用，西北地区除宁夏外，其余四省区的回归结果显示在初始阶段污染物排放强度会随着经济增长先下降，待跨越收入水平的某一点（转折点1）后开始呈上升趋势，接着又经过一定水平（转折点2）出现下降趋势，与西北地区整体的EKC形态相吻合，接近倒“N”型。其中，宁夏$\beta_1<0$、$\beta_2>0$、$\beta_3\to 0$，曲线呈现“U”型，表明环境污染强度与经济增长之间不完全符合EKC所揭示的演化轨迹。工业化水平与各省区污染排放强度呈现显著正相关。新疆和陕西在西北地区是工业最发达省区，且高污染的重工业企业较多，污染强度受工业化水平增长的影响也最为显著，工业化水平每增长1%，环境污染强度分别增加2.30%、1.93%；工业化水平每增加1%，青海污染强度增加1.23%，甘肃、宁夏工业化水平对环境污染强度影响较小。与西北地区整体情况类似，除新疆外，其他四省区城镇化水平指标对环境质量影响不显著。

在环境治理方程（表5模型Ⅲ）中，西北五省区绿色金融随着该地区环境质量变化产生极为敏感的波动，整体表现为地区环境对绿色金融的迫切需要。环境污染排放强度每加重1个百分点，陕西、甘肃、青海、宁夏、新疆的绿色金融投放分别增加7.8825、3.7033、7.9549、6.9240和3.2746个百分点，说明西北地区多为资源大省，绿色企业占比较多，一方面，环境恶化促使西北地区企业追加投资，提高环保技术能力；另一方面，环境规制强度会随环境恶化而加强，进而带动绿色企业的投融资增加。

西北五省区的ln GDP系数显示除青海外，其余四省经济增长对绿色金融的投放有拉动作用，但作用远小于环境污染对绿色金融的影响，陕西经济增长引发绿色金融投放的增幅最大（1.57%），甘肃、宁夏和新疆三个地区的该估计效应较小。西北五省区绿色金融的滞后一期对多数地区的当期投入产生正向效应。

由此可见，西北地区分样本实证结果与全样本结果基本吻合：陕西、甘肃、青海及新疆四省区部分地符合EKC假说（呈倒“N”型）；宁夏则为“U”型，不符合EKC假说。在环境治理方程中，环境污染对绿色金融的效应虽与西北地区一致（正向显著），但其效力大于西北地区整体情况。

（四）环境变化转折点趋势预测

根据抛物线性质和拐点理论，计算出西北五省区各拐点处的人均GDP水平，可就此估算实现经济增长、降低污染排放及绿色金融协调发展所需要的时间。表6中“转折点2”即污染排放越过峰值之后呈不断下降趋势，实际也是对中国在《巴黎协定》中所做承诺的实现程度的一个预测。由于区域经济发展存在异质性，导致区域污染排放出现拐点的时间也不尽相同，西北各省区的污染物排放达到峰值的时间也有差异。表6显示，西北五省区均已超过第一个转折点，青海率先进入污染增长区间，甘肃则最后进入。除宁夏外，其余四省区均在2029年前到达污染物排放下降转折点，即污染强度达最大值，之后降低。①

① 说明西北五省区可实现中国2015年6月根据国际气候议程《巴黎协定》提交的中国国家自主决定贡献文件中所做的承诺，即到2030年CO_2排放达到峰值，并争取尽早实现。

表6　　西北五省区环境库兹涅茨曲线转折点

（人均GDP：元，以1978年计价）

省区	转折点1	到达转折点1的年份	转折点2	到达转折点2的年份
陕西	2 581.6913	2004	17 119.9546	2026
甘肃	2 821.4325	2005	14 838.7903	2026
青海	1 378.7051	1999	14 710.2528	2029
宁夏	1 734.1974	2001	/	/
新疆	2 027.9891	2002	13 191.1311	2025
西北	1 967.0692	2002	16 789.3494	2033

注：拐点即曲线顶点处所对的人均GDP值，表中“到达转折点2的年份”通过二次指数平滑法预测得到。

（五）对计量结果的进一步分析

长期而论，西北五省区环境污染强度与人均GDP高度相关，说明改革开放以来西北地区总体上存在着经济增长与环境质量变化的同步性，即在经济高速增长期间环境污染加剧，经济增长减速时环境恶化得以缓解，或环境质量有所改善。在认识上需要注意的是，即使经济增长且环境质量持续改善也不意味着在推动经济增长的过程中可以放任环境变化而“自然”达到环境优化的目标。阶段性地向“环境友好”型经济增长变化，是由于环境规制、经济结构、技术进步以及社会理念对改良环境形成系统性的“装置”或基础设施，仍须持续维持巩固并进一步优化这种“装置”。

通过对西北五省区基于环境污染综合指数变化的EKC验证发现，现有证据部分地证明EKC的存在，EKC确实揭示出环境污染强度随经济发展而下降的分布和演变规律。部分省区（陕西、甘肃、青海、新疆）的EKC若合并连接服从EKC趋势；或者不再服从EKC（宁夏），趋势为与倒“U”型完全不同的“U”型。这是因为一方面，EKC模型的设定有严格的假设前提，当放松其约束条件而加入新的变量后，或者改进和拓展原模型，有可能改变原模型所设定的前提；另一方面，统计与计量模型要求有较大的样本容量，统计检验的效果相对更明显，由于西北五省区的相关样本采集范围较小，导致部分统计效果不明显。

同时考虑到各变量、指标、数据在样本期的可得性，西北地区总体及除宁夏外四省区环境质量与经济增长的关系服从倒“N”型，也可视为“U”型+倒“U”型。倒“U”型曲线是“U”型曲线的延续，当“U”型曲线右半部分上升到一定阶段，将会出现第二个拐点，从而出现倒“U”型。影响EKC形状改变及各次拐点出现的因素有下述三个维度。第一，经济结构内生机制及其相应的经济增长方式；第二，受经济发展阶段收入水平、人类普遍的生态理念所制约或诱致的制度变量；第三，生产体系以及环境治理与生态安全的技术进步程度。若假设陕西、甘肃、青海、新疆四省区同时处于经济增长而环境恶化的阶段（按表6提供“拐点”数据及其出现时间节点即如此），则四省区将面临推动经济增长会恶化环境质量的两难选择。因此政府应加快经济结构调整，加大实施节能减排措施的力度，强化政府、企业环境责任，最大限度地降低经济增长对环境的压力。计量验证揭示出宁夏经济增长路径向生态环境与经济协调发展的收敛不具有自发性，说明政府必须采取系统性的降低环境压力的规制和政策，从经济结构、能源规模与效率、生产体系的技术装备等多途径改变经济增长与环境变化的内在联结结构。

六、结论与政策建议

根据经济增长、环境质量和绿色金融三者在区域发展及区域间经济活动相互作用的原理，本文将绿色金融引入EKC研究框架，构建包含产出方程、污染排放方程及污染治理方程在内的面板数据联立方程对绿色金融的环境效应进行识别。研究结果的启示：第一，在样本期经济增长呈现出环境加剧恶化的效果，潜在原因是投资构成及其内涵的能源结构问题；第二，绿色金融与环境污染间双向关系反映的是其背后两种政策作用，即产业政策存在很大程度的对污染行业、传统能源结构的“容忍度”，或者产业政策回避了污染问题，环境政策对环境污染做出反应，相关影响从因果链看已有呈现，但实际结果仍不显著；第三，绿色金融对环境变化正向效应显现但作用强度偏低。

在耶鲁大学等单位发布的2016年全球环境绩效指数排名中，中国减缓环境变化的绩效表现良好，成为在过去十年唯一达到减缓碳排放增长率的国家，在全球发展低碳、低耗能经济上起到表率作用，应对环境变化的努力受到充分肯定。但是，中国减缓环境变化的行为目前还主要是政府推动，改善环境的绿色金融市场经济体系和系统完备的制度还未建立，无论是国家还是地方政府层面，今后都可以通过以下方面促进环境变化与经济增长间和谐、可持续地发展。就国内分地区观察，西北地区环境质量落后于全国，亟需采取措施加快绿色金融发展，对环境治理综合施策：一是加快环境变化方面的立法工作，完善有关法律法规体系；二是制定对绿色金融产品资产价值的评估标准，并加强绿色金融监管能力建设；三是建立相应的污染减排激励机制，包括减排投资机制，通过财政减免或补贴形式增加绿色金融服务供给的减排补偿机制，通过基金、债券等绿色金融工具、手段吸引社会资本进入绿色金融投资领域；四是落实地方各级政府的减排责任，发挥企业减排的主体能动性，鼓励大众积极践行绿色消费，购买绿色产品和服务。

参考文献

［1］ MEDOWS D H, RANDERS J, MEDOWS D.The Limits to Growth ［M］. New York: Universe Books, 1974.

［2］ GROSSMAN G M, KRYEGER A B. Environmental Impacts of a North American Free Trade Agreement ［C］. NBER Working Papers, 1991（11）.

［3］ PANAYOTOU T. Empirical Tests and Policy Analysis of Environmental Degradation at Different Stages of Economic Development ［C］. IIO Working Papers, 1993（4）.

［4］ DINDA S, COONDOO D, PAL M.Air Quality and Economic Growth: An Empirical Study ［J］. Ecological Economics, 2000, 34（3）: 409-423.

［5］ FRIEDL B, GETZNER M.Determinants of CO_2 Emissions in a Small Open Economy ［J］. Ecological Economics, 2003, 45（1）: 133-148.

［6］ HOLTZ-EAKIN D, SELDEN T M.Stoking the Fires: CO_2 Emissions and Economic Growth ［J］. Journal of Public Economics, 1995, 57（1）: 85-101.

［7］ 胡宗义，刘亦文，唐李伟. 低碳经济背景下碳排放的库兹涅茨曲线研究［J］. 统计研究，2013（2）.

［8］ MARIANO T, JAMES K B. Income, Inequality and Pollution: A Reassessment of Environmental Kuznets Curve ［J］. Ecological Economics, 1998, 25（2）: 147-160.

［9］ STERN D I, COMMON M S, BARBIER E B. Economic Growth and Environment Degradation: A Critique of the Environmental Kuznets Curve ［J］. World Development, 1997（4）: 1151-1160.

［10］ TAMAZIAN A, CHOUSA J P, VADLAMANNATI K C. Does Higher Economic and Financial Development Lead to Environmental Degradation: Evidence from the BRIC Countries ［J］. Energy Policy, 2009, 37（1）: 246-253.

［11］ SADORSKY P. The Impact of Financial Development on Energy Consumption in Emerging Economies ［J］. Energy Policy, 2010, 38（5）: 2528-2535.

［12］ ZHIXIN Z, XIN R.Causal Relationships between Energy Consumption and Economic Growth ［J］. Energy Procedia, 2011（5）: 2065-2071.

［13］ SHAHBAZ M, LEAN H H.Does Financial Development Increase Energy Consumption? The Role of Industrialization and Urbanization in Tunisia ［J］. Energy Policy, 2012, 40（1）: 473-479.

[14] GANTMAN E R, DABOS M P.A Fragile Link? A New Empirical Analysis of the Relationship between Financial Development and Economic Growth [J]. Oxford Development Study, 2012, 40 (4): 517-532.

[15] LEE J, CHEN K, CHO C H.The Relationship between CO_2 Emissions and Financial Development: Evidence from OECD Countries [J]. Singapore Economic Review, 2015, 60 (5): 155-172.

[16] OMRI A, DALY S, RAULT C, et al. Financial Development, Environmental Quality, Trade and Economic Growth: What Causes What in MENA Countries [J]. Energy Economics, 2015, 48 (3): 242-252.

[17] MARCEL J.Sustainable Finance and Banking: The Financial Sector and the Future of the Planet [M]. London: Earthscan Publications, 2001.

[18] ANON. Trends in Environmental Finance in Eastern Europe, Caucasus and Central Asia [C]. OECD Papers, 2007.

[19] OMRI A, NGUYEN D K, RAULT C. Causal Interactions between CO_2 Emissions, FDI, and Economic Growth: Evidence from Dynamic Simultaneous-Equation Models [J]. Economic Modelling, 2014 (42): 382-389.

[20] ANG J B. Economic Development, Pollutant Emissions and Energy Consumption in Malaysia [J]. Journal of Policy Model, 2008 (30): 271-278.

[21] STERN D I.A Multivariate Cointegration Analysis of the Role of Energy in the US Macroeconomy [J]. Energy Economics, 2000, 22 (2): 267-283.

[22] PEREIRA A M, PEREIRA R M. Is Fuel-switching a No-regrets Environmental Policy? VAR Evidence on Carbon Dioxide Emissions, Energy Consumption and Economic Performance in Portugal [J]. Energy Economics, 2010, 32 (1): 227-242.

[23] 孙叶飞，周敏. 中国城镇化、产业结构高级化对CO_2排放的影响——基于独立效应和联动效应双重视角 [J]. 资源科学，2016 (10).

[24] DEAN J M. Testing the Impact of Trade Liberalisation on the Environment: Theory and Evidence [C] //WORLD BANK. Trade, Global Policy, and the Environment. Washington: World Bank Publications, 1999.

[25] DONALD G M, LAURA W, JOHNSON C H. The American Heritage Dictionary [M]. Boston: Houghton Mifflin Company, 2001.

[26] 张军，章元. 对中国资本存量K的再估计 [J]. 经济研究，2003 (7).

[27] SOYTAS U, SARI R T, EWING B. Energy Consumption, Income, and Carbon Emissions in the United States [J]. Ecological Economics, 2007, 62 (3-4): 482-489.

［28］OMRI A.CO_2 Emissions，Energy Consumption and Economic Growth Nexus in MENA Countries：Evidence from Simultaneous Equations Models［J］．Energy Economics，2013，40（2）：657-664.

［29］世界银行．1992年世界发展报告：发展与环境［M］．北京：中国财政经济出版社，1992.

［30］彭水军．经济增长与环境污染——环境库兹涅茨曲线假说的中国检验［J］．财经问题研究，2006（8）.

［31］高峰．中国省际环境污染的空间差异和环境规制研究［M］．北京：经济科学出版社，2016.

（作者单位：陕西师范大学西北历史环境与经济社会发展研究院；陕西师范大学金融研究所）

农产品电商众筹发展研究

何临　李华　杨碧波

农业要发展必须满足供给与需求双方的诉求，农产品的需方诉求是保质、保量，农产品的供方诉求是有销路、能获利。一方有需求，一方有供给，急需的就是一个能够起桥梁作用的平台，农产品电商众筹商业模式就是这样一个平台。通过介绍农产品众筹和农产品电商的融资及营销模式，并分析两者的发展现状，引出农产品电商众筹概念。从而得知，农产品电商众筹平台“预售”化趋势明显，行业项目缺乏创新性，社会监管与征信体系建设不完善。建议兼顾众筹的融资与销售性能，打造共赢局面；注重既有特色又有高附加值的农产品的开发；鼓励农产品电商平台采用众筹方式，同时加强监管，防范农产品电商平台众筹中存在的潜在风险。

一、问题提出及文献概述

2017年中央一号文件持续关注农业，指出现阶段中国农业的主要矛盾为结构性矛盾，其中增加产量与提升品质、库存高企与销售不畅、小生产与大市场等矛盾亟待破解，要求人们顺应新形势、新要求，加快培育农业发展新动能。随着现代农业专业化的发展，优质特色农产品需要拓宽市场，农产品供应链营销方式既难以检验优质特色农产品的价值，又难以让消费者信赖，致使优质特色农产品的滞销问题突出，农民增收难，也不利于农业结构的调整。基于此，搭建农产品电商交易平台和鼓励支持农产品众筹融资，不仅能够引领中国传统农业向信息化、标准化、品牌化的现代农业转变，还能让有特色的优质农产品打通销路、迈入大市场。而要通过培育新动能来化解农业结构性矛盾，农产品电商众筹商业模式是值得培育的新动能。

二、基本概念

农产品电商是农产品电子商务的简称，是指将电商系统全面导入农产品销售过程，依托农产品生产基地和物流配送系统，利用信息技术发布和收集需求、价格等信息，通过网络实现农产品交易和完成货币支付（熊望高，2001[1]）。

众筹是指从大众投资者处筹集小额资产，从而实现某一特定项目或某一企业融资的一种直接融资方式（王晓宇，2015[2]）。在“互联网+”时代下，作为互联网金融融资模式之一的众筹也已涉足农业领域。农业众筹是指发起者利用互联网平台发布农业项目，向社会公众筹集资金帮助农业项目开展，并给予支持者某种回报的运作模式（张雅、孙晓辉，2016[3]）。而农产品众筹是指支持者将资金提供给项目发起者（企业或农户）用以生产开发某种优质特色农产品，在该农产品开始对外销售或已经具备对外销售条件后（袁毅，2016[4]），项目发起者按照众筹双方的约定，用开发完成的农产品回报支持者的一种既销售又融资的模式。

农产品众筹是解决农户（或企业）资金不足的问题，以及满足支持者对绿色、安全、优质农产品生产体验和尝鲜消费的需求。农产品电商解决的是供需信息不对称的问题，给农产品供需双方搭建了一个购销平台；农产品电商众筹则是“互联网+农业”的一种新型商业模式，是指具有资源整合协调优势的电商通过搭建农产品众筹平台，将其丰富的资源充分融合到农产品众筹行业，以促使农产品众筹能够顺利、高效地实现的一种模式。

三、农产品电商众筹的发展现状

（一）农产品电商

随着互联网的飞速发展，农产品电商成为农产品触网的一个缩影，曾经发愁的农户现在用网络扩大农产品的销路，促进了当地农业发展和农民增收，推动着农业现代化的发展。据农业部估计，2016年中国农产品网络零售交易总额可达2 200亿元，同比增长46%。中国农产品电商联盟等主办的“2016年农村电商回顾与2017年展望形势分析会”指出，2016年农产品电商已经进入“发展期”，中国农产品电商包括网上的期货交易、农产品大宗交易、一般类农产品的网络零售、生鲜农产品网络零售、食材农产品电商、政府网上对接会、农产品电商园区和农产品跨境。目前，国内涉农电商平台已超3万家，其中农产品电商平台已达3 000家，知名的农产品电商平台有易果生鲜、沱沱工社、我买网、1号生鲜、许鲜网、顺丰优选和喵鲜生等。

由于农产品电商正处于发展期，而中国尚未实现农业产业化，所以农产品电商还不具备成熟的产业化基础，致使农产品电商的发展受到了诸多因素的制约，其发展过程中也存在许多问题。首先，农产品市场主体的电商意识弱。据国家统计局统计，2016年中国互联网普及率为53.2%，其中农村地区互联网普及率达到33.1%，但农产品电商在农村地区的发展水平仍然有限，主要表现为农民、农产品消费者、农产品经销商对电商的接纳程度较低。其次，农产品电商平台的“羊群效应”。中国农产品电商倾向于盲目地趋同投资（钟超，2015）[5]，跟风投资“爆款”和热销的农产品，农产品电商平台的同质化建设以及销售的农产品同质化问题严重。再次，农产品冷链物流设施不完善。中国农产品分类、包装、保鲜、储存、配送等技术水平有限，同时农村物流的服务水平、服务速度以及安全性、可靠性等方面较城市物流还有很大差距。最后，农产品难以实现数量和品质的标准化。现阶段中国农产品生产还是比较无序、分散和随机，未能达到标准化生产的水平，农产品的数量和质量不具备一致性，且小农户生产的农产品，品质和数量难以得到监控和保障。

（二）农产品众筹

据人创咨询统计，截至2016年底中国农产品众筹的全部项目数为4 400个，其中，成功项目数为2 793个；农产品众筹的成功项目支持人次为826.16万人次；农产品众筹的成功项目预期融资额为3.11亿元，成功项目已筹金额为4.68亿元，超募率（超募率=（已筹金额-预期融资额）/预期融资额）为50.5%。截至2017年5月底，中国正常运营的众筹平台共有455家，其中产品型众筹平台有122家，占26.8%；农产品垂直专业领域众筹平台只有8家，占比较低。由于中国农业众筹发展尚处于初级阶段，平台数量有限也属正常，这也说明中国农业垂直专业领域众筹平台的发展空间还很大。

人创咨询通过设计一套评级指标体系（体系包括企业背景、运营能力、信息披露、风控及合规性和影响力5个一级指标，社会资本、资本实力等18个二级指标，52个三级指标）[①]，并采用科学的评级方法，从各类众筹平台中评选出A+、A、B+、B四个等级的众筹平台。本研究选取截至2017年6月25日的综合众筹平台、产品众筹平台、农业众筹平台等级情况进行介绍，如图1所示。

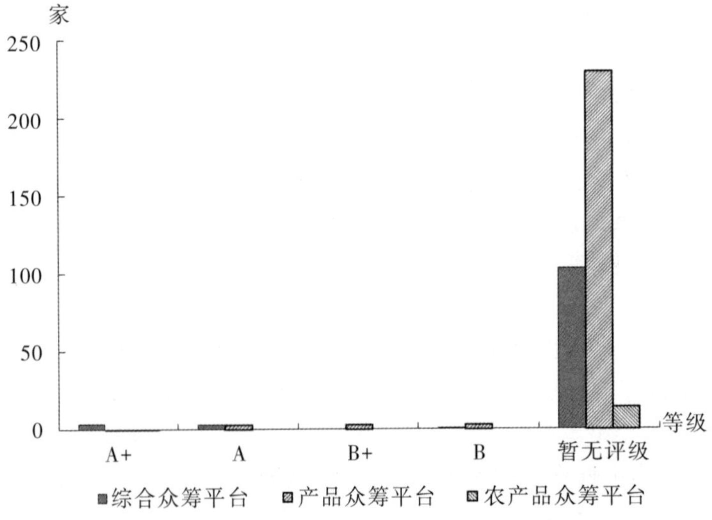

图1　众筹平台等级分布情况

由图1可知，15家农产品众筹平台中有1家（点筹网）的等级是A+，其余

① 中国众筹行业发展年报. http：//www.zhongchoujia.com/data/27000.html.

14家没有等级；239家产品众筹平台中有1家的等级是A+，有3家等级是A，有3家等级是B+，有3家等级是B，其余229家没有等级；111家综合众筹平台中有4家（京东金融、淘宝众筹、苏宁金融、众筹网）等级是A+，有3家等级是A，有1家等级是B，其余103家没有等级。

由此可见，中国农产品众筹的发展确实取得了不错的成绩，但是也存在诸多问题。首先，农产品众筹的融资额度较少。农产品发起方自身能力有限且农产品有其自身的特殊性（马铮，2015）[6]，如果没有开发出高附加值的农产品，很难融到大额资金。其次，某一特定农产品众筹的可持续性差。农产品项目众筹大都是知名度低、存在滞销、有特色的优质农产品进行首次众筹，同一种农产品基本上不能实现在众筹平台上多次融资预售，那么该种农产品的后续销售又成问题，且较低的融资额度进一步导致了众筹发起方成本的提高和盈利的减少，从而降低了企业继续使用众筹进行融资的动力。最后，农产品众筹售后服务经验不足。农产品众筹要求支持者先付款，而后获得众筹产品，其中难免出现产品质量不达标的农产品，现实中由于农产品的认筹资金额度不高（即产品价格较低），支持者收到有质量问题的产品，也不一定选择退货，即便选择退货，也可能由于退货不顺而选择放弃。

（三）农产品电商众筹

淘宝众筹、京东金融、苏宁金融是农产品电商众筹领域的翘楚，也是电商领域的巨头，其涉足众筹行业之后，一方面通过农产品电商众筹刷新了农产品消费者的消费观念，也给农产品生产经营者提供了一个融资营销的渠道，既提升了众筹的知名度，又促进了中国众筹行业的发展。随着农产品电商涉足农产品众筹领域，农产品电商众筹也开始逐步发展起来，截至2017年6月25日，不同农产品电商众筹平台的全部项目数、各类细分项目数情况见表1。

表1 **农产品电商众筹项目数** 单位：个

平台	预热中	众筹中	已成功	失败	合计
淘宝众筹	0	5	2 308	0	2 313
京东金融	3	76	783	2	864
苏宁金融	6	54	344	0	404

数据来源：整理自淘宝众筹、京东金融、苏宁金融。

农产品电商众筹的项目成功率较高，淘宝众筹的项目成功率为100%①，京东金融的项目成功率为99.7%②，苏宁金融的项目成功率为100%③。本研究统计分

① 淘宝众筹. https：//izhongchou.taobao.com.
② 苏宁金融. http：//jinrong.suning.com.
③ 京东金融. https：//z.jd.com.

析发现，在所有成功的农产品电商众筹项目中，最高的融资额达到5 809 230元，目标金额为500 000元，完成率为1 161%，共98 450人支持；低的融资额低至1 148元，目标金额为1 000元，完成率为114%，共82人支持。

四、农产品电商众筹存在的问题

（一）农产品电商众筹平台“预售”化趋势明显，弱化了众筹的服务与体验性能

淘宝众筹、京东金融、苏宁金融作为农产品电商众筹领域的翘楚，3家电商众筹平台上的农产品电商众筹项目大部分是可以直接在电商平台上购买的农产品，且大多是企业规模化生产的农产品，支持者与发起者之间仍是单纯的买卖关系，支持者很难有机会参与体验农产品的生产与开发过程。农产品电商众筹平台将众筹作为自己另一种新的营销工具（售卖渠道和推广方式），用众筹的概念来推销农产品，农产品电商众筹平台具有明显的销售产品的特性，满足了众筹融资和预售的性能，但弱化了众筹体验与服务的性能。

（二）农产品电商众筹行业项目缺乏创新性

农产品电商众筹平台对农产品项目的审核门槛低，表现为针对农产品众筹项目未设立一套科学严谨的准入界限和标准，同时农产品电商众筹项目很多是没有特色的普通农产品，且农产品同质化程度较高。由于农产品的自然属性较强，其本身原始价值差异较小，且农产品附加值的开发又不足，加之农产品电商众筹平台上的农产品发起者多为农产品生产经营企业，致使在农产品电商众筹平台上的农产品电商众筹项目缺乏创新性、多样性。

（三）农产品电商众筹行业社会监管与征信体系建设不完善

首先，农产品电商众筹行业的发展尚不成熟，缺乏专业的行业协会督促该行业进行自律监管，行业协会等社会组织的缺失也降低了对农产品电商众筹行业的社会监管力度，尽管有相关法律、法规相继出台，但是法律、法规只是通过设立最低行业标准来规范行业活动，不同的农产品电商众筹平台贯彻落实法律、法规的操作存在一定差异，参与农产品电商众筹的支持者就会面临许多不确定性的潜在风险。其次，农产品电商众筹平台作为农产品电商众筹活动的中介，负有对用户资质审核认证的责任，具体包括对项目信息、用户身份信用信息的审核等。但是由于中国民间版的个人征信体系尚未形成，农产品电商众筹征信系统又未实现与传统金融征信系统的对接，因此不利于防范农产品电商众筹中存在的多方信用风险。

五、展望及建议

农产品电商众筹商业模式要求农产品电商、农户、农产品经营者等农业从业

者培养农产品众筹意识和逐渐提高农产品众筹能力，这种农产品众筹融资与农产品电商营销结合的商业模式能够给农产品提供一个高水平的舞台，不仅能够满足农产品消费者和生产者的诉求，还能够保证农产品电商的利益。农产品电商众筹作为“互联网+”时代下的新型商业模式，在初始萌芽阶段肯定会面临诸多挑战，但这也是时代给农产品带来的一个发展机遇，只要充分开发出农产品电商众筹创意项目，做好农产品电商众筹项目的包装设计与风险防范，加强与农产品电商众筹支持者的互动，使农产品电商众筹得到大众的认可和接纳，农产品电商众筹行业就会不断地发展壮大。但为了促使农产品电商众筹更好地发展，本文认为该行业各相关主体应该做到以下4点。

1.农产品电商众筹平台（即具有电商背景的众筹平台）应该坚持众筹的初衷与本质，兼顾众筹的融资与销售性能，不能让众筹仅仅成为电商的一种营销工具，应将电商平台的资源更多地投入到众筹平台的运营建设、人才培养、众筹项目的挖掘等工作中去。众筹是大众的，不是专属于少数人的融资方式，农产品电商众筹平台要给大多数“草根”涉农人提供一个融资的平台，而不仅是给农产品品牌公司提供一个销售平台。要提高项目成功率，农产品电商众筹的项目包装设计很关键，应将发起者的背景故事、创意、特色、愿景等通过文字、音频的方式全面精美地展现在众筹页面。尽可能地保证发起者、支持者、电商众筹平台的利益和诉求，打造共赢局面，从而最大化地实现农产品电商众筹的社会价值。

2.目前，农业的弱质性以及农业融资难的困境、优质农产品的滞销问题、农户的增收问题、农业小微企业资金不足等问题未被解决，农户和农产品经营者应该转变观念，培养互联网电商众筹意识，学习互联网电商众筹知识与技术，了解电商众筹行业资讯，把握住“互联网+”时代给农产品发展创造的机会。农产品电商众筹项目同质化和缺乏创意性，所以农产品电商众筹发起者应该注重创意农产品项目的开发，给农产品电商众筹行业输送更多既有特色又有高附加值的农产品。

3.众筹是互联网金融模式之一，农产品电商众筹既是一种营销方式，也是一种投融资方式，在其过程中农产品电商众筹支持者不仅是农产品的消费者，也是农产品电商众筹融资的投资者，投融资必然存在一定的风险，农产品电商众筹虽然认筹额较低，单项认筹额度一般在百元以内，但农产品电商众筹门槛较低、农产品项目同质化较高，支持者支持项目后会遇到发起者延迟交货、产品存在质量问题、回报无法实现、售后服务、消费者维权等问题。所以，农产品电商众筹支持者应该提高电商众筹的风险意识以及消费者的维权意识，应该理性众筹，学会识别和防范农产品电商众筹中存在的潜在风险。

4.鼓励农产品电商平台进入众筹行业，同时加强监管。有关部门应鼓励和支持农产品电商平台发展众筹业务，并给予一定的资金支持和出台具有引导性的鼓励政策；同时，也要完善与农产品电商众筹相关的政策法规，为农产品电商众筹平台的准入条件、日常运营、项目管理等设立基本的规范标准，保证农产品电商众筹平台能够健康、规范地运营，确保农产品电商众筹行业能够良性发展。

参考文献

［1］熊望高．农产品电子商务：中国农产品营销创新新概念［J］．农村经济与科技，2001（5）．

［2］王晓宇．浅析众筹融资的定义与特点［J］．商，2015（15）．

［3］张雅，孙晓辉．农业众筹的起源、特点与未来［J］．中国农业大学学报：社会科学版，2016（6）．

［4］袁毅．中国众筹的概念、类型及特征［J］．河北学刊，2016（2）．

［5］钟超．中国众筹平台的羊群行为研究［D］．南京：南京大学，2015.

［6］马铮．产品众筹中的需求链思考［J］．销售与市场：评论版，2015（12）．

（作者单位：北京农学院经济管理学院　北京新农村建设研究基地）

艺术消费、艺术金融与艺术投资发展趋向

张志元　黄慧

随着中国人民生活水平的提高，国内的艺术消费正在孕育。相对于发达国家，中国文化产业占GDP的比重较低，所以未来发展空间巨大。而随着科技进步，“艺术金融+互联网”将会是艺术品市场发展的新趋势，艺术品投资具有良好的发展前景，艺术品成为新的金融工具或将成为现实。艺术品拥有较高的投资回报比率，在目前中国的投资组合中存在比例偏低，未来艺术品投资将会是大势所趋。艺术品市场的繁荣及其专业性和不透明性，为财富管理机构业务的发展提供了广阔的空间。未来艺术品投资作为财富管理机构业务以及家庭、企业资产配置的内容将有广阔的发展前景。

2017年习近平总书记在中国文联十大、中国作协九大开幕式上发表的重要讲话，与2014年在文艺工作座谈会上发表的重要讲话一脉相承，进一步明确了中国文艺发展的方向、主题和任务，是推动文艺繁荣发展的又一部纲领性文件；国家文化产业“十三五”规划提出后，到2020年文化产业成为国民经济的支柱性产业；随后中共十八届三中全会明确提出“鼓励金融资本、社会资本、文化资源相结合”。一系列国家政策的相继出台，为文化产业的发展提供了良好机遇。目前，中国人均GDP已超过8 000美元，这意味着中国居民消费结构将由物质消费逐渐转到精神和文化消费上来。随着经济的发展、人民生活水平的提高以及家庭资产的增长，居民参与艺术消费和艺术投资的意愿不断地增强。虽然中国经济面临下行的压力，但消费仍然稳步增长，因此培育文化艺术消费成为新的经济增长点和新的经济转型升级支撑点。文化产业勃兴是大势所趋。

一、艺术消费发展空间巨大

在完全市场化的文化政策驱使下，艺术成为消费资源，这使得艺术消费成为艺术现代性的文化表征和社会认同。经过艺术消费，文化艺术作品依然存在，其边际效益不遵循经济学中的边际递减规律。艺术消费具有公共产品性质，且一般不具有排他性，消费群体越多越具有规模效应。艺术消费是文化消费的重要组成

部分。文化消费满足了消费主体的精神需要，使主体感到愉悦、满足，其满足主体需要的对象主要是精神文化产品或精神文化活动，如感人的艺术品等。根据马斯洛的人类需求层次理论，以人们通过大脑思维、科学概念和艺术形象创造出来的精神产品为消费对象的精神消费越来越受到人们的重视。对精神产品的消费，不仅要求消费者具备经济上的消费能力，还要求消费者具备必要的艺术鉴赏能力。

二、艺术金融+互联网是艺术品市场化发展的新趋势

艺术金融化降低了艺术的参与门槛，投资者投资与交易艺术品资产的金融份额可大可小，处置灵活。艺术金融市场引入互联网思维后，在传统画廊（一级市场）、拍卖公司（二级市场）之上，产生了全新的交易平台，形成了线上终端、自由买卖、大数据系统管理这样一套全新的评估定价机制，使整个交易过程更透明、更公正。与此同时，艺术品商城等实体形式与互联网艺术金融模式相互配合，在保障互联网平台艺术品资源质量的同时，也扩大了网络销售对象范围，在艺术家与艺术品收藏投资爱好者之间架起顺畅的沟通桥梁，形成了全新的艺术品增值流通机制，在扩容艺术品交易市场的同时，实现了资本的良性循环。艺术金融是互联网思维在艺术产业上的落地与实践。

三、艺术投资具有良好的发展前景

股票投资、房地产投资和艺术投资通常被称为大众三大投资品市场。随着近年股票市场的大起大落、房地产市场的起伏徘徊、艺术品市场的繁荣及大量资金的涌入，当前或许是艺术品投资的大好时机。近十年来，中国艺术品市场发展迅猛，拍卖市场交易额从几十亿元跨越到上千亿元规模，比肩美国和英国，稳居全球三大艺术品市场之一，是世界艺术品市场增长最快的新兴力量。其成长性主要体现在以下5个方面。

1.文化产业勃兴是大势所趋。纵观全球，发达国家的文化产业占GDP比重平均在10%左右，美国达25%，其在世界文化产业市场中所占份额则高达43%。与之相比，目前中国文化产业占GDP的比重不足4%，占世界文化产业市场份额不足3%，如此大的差距意味着中国文化产业发展潜力巨大。

2.艺术投资回报率相对较高。艺术品是资产保值、增值的工具。在欧美发达国家投资者的自身财产投资组合中，文化艺术品的投资占整个投资的20%，而国内一线城市目前仅为5%。中国艺术品市场潜在的需求是6万多亿元，与目前2千亿元的规模相比，未来发展前景广阔。从长期的历史数据来看，收藏与投资艺术品的平均回报率高于投资证券和房地产，高额收益率将吸引越来越多的人选择艺术品投资。

3.国内民众的艺术品配置还处于低位。在当前国内人们的资产配置中，艺术品的配比过低。一般而言，艺术品在社会居民的财富资产配置中，至少应占5%的份额。目前国内能做到这一配比的投资者还非常稀少，大多数人对艺术文化资产配置的比例远远低于对物质财富的资产配置，甚至接近于0。5%是合理艺术资产配置的底线，而国内中产阶级还远未达到这个标准。中国的艺术品收藏投资市场，并没有真正启动，仍旧处于萌芽状态。

4.艺术品作为新的金融工具或成为现实。一个国家的崛起会使该国文化成为世界主流文化，其艺术品也是最好的投资品。随着中国的崛起以及教育水平的提高，中国富裕阶层欣赏艺术品的能力将不断提升，艺术品开始逐步成为居民长期持有的资产对象。认识文化艺术品所具有的财产属性与金融功能，从而把艺术品当作一种新的金融工具、一种新的资本、一种新的生产要素，来参与市场的生产与流通过程，使艺术品这类金融资产能够得到最佳的配置，这不仅可以发挥艺术品的文化功能、历史功能，也可以发挥其金融功能与资本功能。

5.国内艺术品财富管理行业刚刚开始。伴随着国内经济下行与通胀的压力，高净值人群对自身财富安全、财富传承、财产保值和增值等各方面的关注程度在不断地提高，对自身的资产配置也发生了变化。据德勤和ArtTactic共同发布的《2016年艺术与金融报告》，78%的财富经理认为艺术品和收藏品应是财富管理计划的组成部分，79%的财富经理正在为客户提供艺术品和动产方面的咨询。艺术品市场的繁荣及其专业性和不透明性，为财富管理机构业务的发展提供了广阔空间。财富管理机构可为客户提供艺术品投资的相关专业性建议，帮助客户降低投资风险。未来艺术品投资作为财富管理机构业务以及家庭、企业资产配置的内容将有广阔的发展前景。

（作者单位：山东财经大学财经战略研究所）

中国银行竞争对普惠金融的影响

王鸾凤　雷蕾

运用中国上市商业银行的数据，检验银行竞争对普惠金融的影响的实证结果表明，中国银行业处于垄断竞争状态，银行竞争越激烈，普惠金融发展水平越高。从银行市场份额、市场集中度、盈利水平和国际影响力角度来看，银行市场份额越高，银行竞争力越强，金融覆盖率越高；银行市场集中度越高，银行竞争力越弱，对中小企业和低收入群体的金融需求满足度越低，不利于普惠金融的实现；银行盈利水平越高，银行竞争力越强，中小企业的金融需求满足度越高；银行国际影响力越大，低收入群体的金融需求满足度越高，越有利于实现金融的普惠性。因此，建议通过鼓励银行间进行多层次的竞争，优化银行业市场结构，深化金融创新，以增加金融服务供给，从而提高普惠金融发展的水平。

经过三十余年的金融深化改革，中国的银行业市场结构由大一统时代的央行垄断发展到竞争程度不断增强的局面。一方面，金融机构不断增多，市场出现了一系列新型金融机构（小额贷款公司、农村资金互助社、村镇银行等），与大中型商业银行争夺客户资源。另一方面，互联网金融给传统银行业带来了巨大冲击，导致银行间竞争日趋激烈。普惠金融为有金融服务需求的群体（农民、失业人员、贫困人口等）、行业和地区提供享有金融服务的平等机会。银行竞争与普惠金融之间是否存在一定的关系？以产业组织理论和委托代理理论为核心的传统金融理论指出银行业竞争有利于打破银行的垄断，增加中小企业和贫困群体的贷款可获得性。那么，随着现代银行竞争态势的不断加剧，普惠金融发展水平是否会由此而提高？基于此，本文利用中国上市商业银行的数据，检验现代银行竞争对普惠金融的影响。

一、理论基础

国外学者很早就开始探讨银行竞争与普惠金融之间的关系，绝大部分学者认为银行竞争有助于改善金融机构的社会绩效，即普惠性。Allen and Gale (2004)[1] 证明市场中处于垄断地位的商业银行更倾向于和有良好前景的初创期的弱势企业建立长期信贷关系以获取企业未来的成长价值。Marquezet (2002)[2]

认为银行业市场竞争的程度越高，市场中借款者的需求信息传播得越快，从而降低了银行获得信息的成本，增加了银行的贷款发放量，特别是对小企业的关系贷款会增多。Hartarska and Nadoynyak（2007）[3] 利用62个国家130家微型金融机构的数据，研究了信用评级对微型金融机构行为的影响，发现部分经过评级后的微型金融机构会额外地增加资金。Vanroose and D'Espallier（2013）[4] 的研究发现处于不发达地区的仅提供存、贷、结算业务的金融机构通过向更多的客户提供服务获得更多的利润，由此得出金融机构的普惠性发展得更好的结论。Guha and Chowdhury（2014）[5] 认为金融机构间的竞争通过贷款渠道多元化和贷款技术的提高，提升了弱势群体的贷款可获得性。

也有部分国外学者的研究结论与上述研究相反。Peterson and Rajan（1995）[6] 和 Boyd and Nicoló（2005）[7] 的研究均表明银行竞争的加剧会导致银行减少对资信水平不确定的小企业的高风险贷款。Beck et al.（2004）[8] 的研究指出，银行市场集中度的增加会抑制弱势企业的融资需求，不利于处于初创期的企业的发展。Berger and Udell（2004）[9] 通过研究美国的弱势企业在不同的市场集中度下的融资情况，说明在以大型商业银行为主的集权化市场结构中，弱势企业的融资需求更容易受到抑制。

国内学者的研究主要从银行市场结构（市场集中度）角度探讨了银行竞争对中小企业融资的影响。林毅夫和李永军（2001）[10] 认为提高中小银行市场份额是解决中小企业融资困境的一个有效对策。高桂珍和王树田（2005）[11] 通过对中国银行市场集中度指数进行测定，发现中国商业银行市场集中度高，处于寡头垄断阶段，不利于中小企业融资，抑制了中小金融机构发展。陆益美（2005）[12] 测算出中国四大国有银行在资产规模、存款和贷款上的市场集中度都在60%以上，这种垄断竞争的市场结构是中小企业融资困境的关键所在。唐建新和陈冬（2006）[13] 利用HHI指数度量银行市场集中度，发现县域层面的银行业市场集中度提高，银行市场竞争程度下降，中小企业融资环境进一步恶化；城市地区的银行业市场集中度下降，银行市场竞争程度提高，中小企业融资环境得到改善。鲁丹和肖荣华（2008）[14] 认为小银行因地域性和专业性，可通过与中小企业保持长期关系获得内部消息，对中小企业更了解，因此小银行更愿意也更有能力为其提供融资。而且由于信息生产专门化，银行竞争会促使其将更多的金融资源向信息不透明的客户倾斜。在中国，大银行市场竞争的加剧并未促使金融资源流向中小企业，相反，中小银行是中国中小企业融资的主体。王健聪（2012）[15]、蒋海和廖志芳（2015）[16] 的研究都证明了林毅夫和李永军（2001）的观点。张晓玫和潘玲（2013）[17] 探讨了中国银行业市场结构变化对中小企业的关系型贷款的影响，实证结果反映出中国存贷业务的HHI指数不断下降，竞争不断加剧，已形成适度集中的银行业市场结构，这一市场结构与中小企业的关系型贷款表现出

"倒U型"效应。蒋含明（2014）[18]的研究发现中国银行业垄断性市场结构阻碍了中小企业的创业。吴敏和林乐芬（2015）[19]以江苏为样本，检验了银行业市场集中度对中小企业信贷可获性的影响，认为二者之间存在着"倒U型"关系；而且银行业市场集中度下降更有利于农村商业银行对中小企业的支持。但是，秦捷和钟田丽（2011）[20]的研究则认为商业银行竞争程度的提高，不利于小企业信贷可获性的增加。

国内学者也探讨了银行业市场集中度对普惠金融的影响。粟勤和肖晶（2015）[21]探讨了银行业市场结构对金融包容的影响，检验结果表明银行业市场结构分散，即银行业市场集中度的下降和中小银行市场份额的上升，能够提高地区金融的包容水平，而且这一效应在经济欠发达地区更为显著。由此，经济欠发达地区的银行业竞争程度越高，越有助于推动金融包容。周顺兴和林乐芬（2015）[22]的检验表明银行业通过竞争改变了村镇银行的技术创新行为进而显著提升了村镇银行的普惠绩效。

无论是国外文献还是国内研究，均集中在银行竞争的程度、绩效，以及银行竞争对中小企业融资的影响方面，即便已有学者分析了银行竞争对普惠金融产生的效应，但是在银行竞争和普惠金融的界定上不全面。特别是对普惠金融的界定局限在金融覆盖率上，缺乏对弱势群体、弱势行业和弱势地区的全面分析。本文的贡献在于：一是对银行竞争的分析不局限于银行市场集中度反映出来的市场竞争力，也研究根据Panzar and Rosse（1987[23]；1989[24]）模型（简称PR模型）测算出的反映银行业竞争状态的H值；二是测度行业、群体和地区的金融支持力度；三是在界定上述两个指标的基础上，利用中国上市商业银行的数据检验中国银行业竞争状态与竞争程度对普惠金融产生的影响。

二、研究假设

"嫌贫爱富"的商业银行往往将资金投入到低风险、高收益的人群、企业和地区。随着中国金融改革的逐步推进，政府逐步放宽银行业准入条件，并降低对国有银行的政策优惠和财政支持，银行业的竞争程度逐渐提高，各商业银行在竞争激烈的市场中会互相争夺能带来收益的已有客户和潜在客户。在这一过程中，银行对大企业、高收入人群和经济发达地区贷款的利润率可能会不断下降，从而迫使银行开始向中小企业、低收入群体和经济不发达地区扩大支持力度，以确保利润增加，即银行业竞争会迫使银行降低客户进入门槛、改变市场定位，扩大对弱势企业、弱势群体和弱势地区的金融支持。

由此，本文提出如下研究假设：

假设1.银行竞争越激烈，商业银行为寻求新的利润增长点，投入到弱势行业和弱势群体的资金越多。

假设2.银行竞争越激烈，商业银行扩大金融服务的动力越大，银行越愿意创立新的金融机构，从而金融覆盖面扩大。

三、研究设计

（一）数据说明

本文选取了中国23家上市商业银行（5家国有银行、10家股份制商业银行、8家城市商业银行），数据来源于Wind数据库、国泰安数据库、中诚信资讯数据库以及国家统计局、银监会、各银行官方网站、2004—2015年各年的《中国金融年鉴》《中国统计年鉴》《中国金融统计》《中国银行统计季报》和各家商业银行的年报。

（二）模型设定及变量说明

本文对银行竞争与普惠金融关系的探讨，主要着眼于研究银行竞争状态和竞争程度的影响。对于银行竞争状态，本文运用Panzar-Rosse模型（简称PR模型）的H指数衡量。该指数以收益对各项投入价格的弹性大小来反映：$H=\sum_{K}^{m}=i\left(\frac{\partial R_i^*}{\partial w_{k_i}}\right)\left(\frac{w_{k_i}}{R_i^*}\right)$（其中，R表示i银行的产出；n为银行数量；w为银行生产要素的投入价格；k表示各项投入）。H值越大，表明市场竞争程度越激烈。当H=0时，表明银行业处于完全垄断状态；当H=1时，表明银行处于完全竞争状态；当H值介于0和1之间时，表明银行业处于垄断竞争状态。因此，本文构造如下方程式：

$$\ln ROA_{it}=\alpha_0+\alpha_1\ln PF_{it}+\alpha_2\ln PK_{it}+\alpha_3\ln PL_{it}+\alpha_4\ln RI_{it}+\alpha_5\ln SCA_{it}+\varepsilon_{it} \tag{1}$$

$$\ln TR_{it}=\beta_0+\beta_1\ln PF_{it}+\beta_2\ln PK_{it}+\beta_3\ln PL_{it}+\beta_4\ln RI_{it}+\beta_5\ln SCA_{it}+\varepsilon_{it} \tag{2}$$

其中，ROA为总资产收益率；TR为资产收入比；PF为资金成本；PK为人力资本；PL为资本成本；RI为银行风险管理；SCA为银行规模；ε_{it}为误差项；i表示第i家银行，t表示年份。

关于银行竞争程度对普惠金融的影响，在竞争程度上，本文选取银行的市场份额、市场集中度、盈利水平和国际影响力来表示。在模型上，本文沿用周顺兴和林乐芬（2015）的方法，参考Vanroose and Espallier（2013）的研究，利用非观测效应面板数据模型检验银行竞争对普惠金融的影响，设定如下模型：

$$Bperf_{i,t}=\alpha+\beta_1 Bank_{i,t}+\beta_2 Bspecific_{i,t}+\beta_3 Macro_{i,t}+\mu_i+\varepsilon_{i,t} \tag{3}$$

其中，Bperf表示普惠金融发展；Bank表示银行竞争状态和程度；Bspecific表示商业银行的经营特征；Macro表示经济发展。其中，i=1，2，…，N表示商业银行个体；t表示时间，α为常数项；μ_i表示随银行个体而变化但不随时间趋势变化的非观测效应；$\varepsilon_{i,t}$为随机误差项。三个模型中各变量的具体含义见表1。

表1 模型中各变量的含义

变量名称	变量符号	单位	单位定义
总资产收益率	ROA	%	税后净利润/总资产
资产收入比	TR	%	总收入/总资产
资金成本	PF	%	利息支出/总存款
人力资本	PL	%	业务与管理费用/总资产
资本成本	PK	%	非利息支出/总资产
银行风险	RI	%	总贷款/总资产
银行规模	SCA	%	所有者权益/总资产
普惠绩效Ⅰ	deep1	%	中小企业贷款增长率
普惠绩效Ⅱ	deep2	%	涉农贷款增长率
普惠绩效Ⅲ	deep3	个	银行网点数量*10/全国土地面积（即每10万平方公里的银行网点数量）
普惠绩效Ⅳ	deep4	个	银行网点数量*1 000/全国总人口（即每千万人口拥有的银行网点数）
银行业竞争状态	H		H指数
银行业竞争程度	bc1	%	市场份额=资产/总资产
	bc2	%	市场集中度=国有银行资产占比
	bc3	%	盈利水平=税后利润/总资产
	bc4		英国《银行家》一级资本世界排名
权益比例	capital	%	权益比例=所有者权益/总资产
流动性特征	liquid	%	流动性特征=流动资产/总资产
经营效率	manage	%	经营效率=管理费用/总资产
员工人数	staff	人	银行拥有在岗员工数量
经营时间	year	年	银行正式营业年份
资产规模	lnasset		总资产的自然对数
人均GDP增长率	pcgdp	%	人均GDP增长率
高等教育入学率	school	%	中国高等教育毛入学率
城镇化率	urban	%	城镇化率=非农人口/总人口
存贷利差	rate	%	存贷利差=贷款利率-存款利率
财政补助	finance	亿元	政府财政补助

其中，bc4是虚拟变量，反映商业银行的国际影响力。本文只对历年英国《银行家》杂志一级核心资本排名前100名以内的中国上市银行进行计分。以n表示某家银行在某年一级资本的世界排名。当排名在100以外时计0分；排名在100名以内50名以外（不含50名）的计1分；排名在50名以内25名以外的（不含25名）计2分；排名在25名以内10名以外的（不含10名）计3分；排名前10名的（包含第10名）计4分。计分越高表示当年该银行的国际影响力越大，见表2。

表2 **商业银行国际影响力计分表**

一级资本排名	分数
n>100	0
100≥n>50	1
50≥n>25	2
25≥n>10	3
n≤10	4

（三）检验过程与结果

1.银行竞争状态对普惠金融的影响。根据前文对PR模型的解释，该模型建立的一个重要假设前提是银行业长期处于市场均衡状态。为此，本文在测试银行业竞争前，需要先对中国银行业是否处于市场均衡状态进行检验。由于当银行的边际收入MR等于边际成本MC时，银行实现利润最大化，即 $R'(x_i, n, z_i) - C'(x_i, w_i, t_i) = 0$，其中R表示i银行的产出，n为银行数量，z为银行收益函数的外生变量，w为银行生产要素的投入价格，t为银行成本函数的外生变量。当市场达到均衡状态时，利润为零，用公式表示为 $R_i^*(x^*, n^*, z) - c_i^*(x^*, w, t) = 0$,其中*表示为均衡值。

因此，本文通过对方程（1）进行回归，计算回归方程中的LnPK、LnPF、LnPL的系数之和，当三者的系数之和等于0时，表明中国银行业处于均衡状态。由表3的结果可知，中国银行业满足市场均衡假说，因此可以利用PR模型计算H值。计算方法是对方程（2）进行回归，得到的H值见表4。由表4可知，2004年以来中国银行业的H值介于0和1之间，并呈现上升趋势，反映中国银行业处于垄断竞争向完全竞争过渡的状态。

接下来，本文对H值与deep1、deep2、deep3、deep4分别进行回归分析，见表5。

从表5的结果来看，H值与普惠金融之间显著正相关，即中国银行业处于垄断竞争状态，有助于实现金融的普惠性，验证了假设1和假设2。从控制变量看，

表3 银行业市场均衡检验结果

Variable	Coefficient	Std. Error	t-Statistic	Prob.
C	1.27627	0.162586	6.935584	0.0000
LnPK	0.000000002	0.0000000008	2.659884	0.0083
LnPF	0.014539	0.002477	5.868793	0.0000
LnPL	-0.014463	0.002474	-5.846883	0.0000
LnSCA	0.006716	0.001449	4.634608	0.0000
LnRI	-0.013103	0.002643	-4.957639	0.0000

表4 银行业竞争的H值结果

年份	系数			t检验			H值
	lnPL	lnPF	lnPK	lnPL	lnPF	lnPK	
2004	0.166589	0.698606	-0.1599	1.569076	1.431534	-1.32073	0.705296
2005	0.172839	0.332765	0.105486	2.748586	2.231533	2.67448	0.61109
2006	0.026785	0.156586	0.401245	1.875649	2.431246	0.231453	0.584616
2007	0.275436	0.143255	0.212195	4.537438	2.563242	1.564753	0.630886
2008	0.335212	0.327542	0.211043	3.695254	2.863452	1.116742	0.873797
2009	0.467421	0.196542	0.122879	8.760573	2.32118	2.098324	0.786842
2010	0.498354	0.112043	0.17116	7.987753	6.873423	2.226524	0.781557
2011	0.453232	0.145325	0.164298	9.774539	1.164386	0.786323	0.762855
2012	0.206643	0.232311	0.468531	8.4624	1.543264	3.653283	0.907485
2013	0.204346	0.300521	0.463324	4.667538	2.482431	6.853843	0.968191
2014	0.269299	0.273185	0.431883	5.950948	2.907312	4.319584	0.974367
2015	0.334235	0.245842	0.400423	7.234358	3.332193	1.785325	0.9805

银行的权益比例，即银行自有资产比例越高，涉农贷款的动力越大。银行的流动资产比例对普惠金融的发展产生效应，尤其是银行流动性与中小企业贷款增长率之间显著负相关，当银行流动资产增长1%时，中小企业贷款增长率下降5%。银行经营效率越高，抵抗风险的能力越强，越有动力发放高风险的涉农贷款。银行在岗员工越多，中小企业贷款增长越快，区域金融网点数与人均金融网点数增加越显著。银行资产规模和经济增长对中小企业和“三农”的影响均不明显，但

表 5　　银行业竞争状态对普惠绩效的影响的回归结果

变量符号	方程 1（deep1）	方程 2（deep2）	方程 3（deep3）	方程 4（deep4）
H	14.39286*** （2.468015）	13.26865*** （3.856264）	8.347604* （4.849223）	5.951019*** （6.450016）
capital	0.027816 （0.025965）	0.064264* （0.040539）	-0.13308 （0.092709）	-0.09449 （0.067546）
liquid	-0.05135*** （0.017798）	-0.02683 （0.027741）	-0.03415 （0.063157）	-0.02114 （0.045995）
manage	-0.1968 （1.181986）	4.980312*** （1.815583）	1.367943 （3.934791）	0.64255 （2.85033）
staff	0.00000853* （0.00000529）	0.00000897 （0.00000769）	0.000365*** （0.0000144）	0.000268*** （0.0000103）
lnasset	-0.08327 （0.54318）	0.019393 （0.679534）	10.71381*** （1.069454）	7.494435*** （0.758679）
pcgdp	-0.01089 （0.038654）	-0.05146 （0.060292）	0.25445* （0.137648）	0.198718*** （0.100278）
school	0.24151* （0.137887）	0.20229 （0.215364）	0.351101 （0.494489）	0.242721 （0.36046）
urban	-0.43205* （0.295831）	0.120295 （0.435994）	-3.02608*** （0.970882）	-2.2398*** （0.706437）
rate	0.473342 （0.782064）	-2.51193** （1.206543）	-8.55397*** （2.638379）	-6.63898*** （1.912818）
finance	0.001022*** （0.000354）	0.001811*** （0.000553）	0.001342 （0.00127）	0.000977 （0.000926）
c	28.41234* （15.78645）	9.399312 （22.5937）	-133.418*** （47.07998）	-86.46*** （34.14137）
R^2	0.73	0.69	0.79	0.8

注：括号内为标准差；*、**和***分别表示在 10%、5% 和 1% 水平上显著。

是对金融覆盖率产生了显著的正效应。高等教育入学率尽管与普惠金融发展正相关，但效应不显著。城镇化率的提高并没有对普惠金融产生积极的影响。存贷利差越大，越不利于普惠金融的发展，但是财政支持力度越大，中小企业和“三农”得到的金融支持就越多。

2.银行竞争程度对普惠金融的影响。本文对银行的市场份额、市场集中度、盈利水平、国际影响力与普惠金融的回归分析结果见表6。

表6　　银行竞争程度对普惠绩效影响的回归结果

被解释变量	deep1	deep2	deep3	deep4
bc1	-0.26713	-0.97104***	8.048466***	5.741267***
	(0.199859)	(0.263868)	(0.478595)	(0.34158)
bc2	-2.08799***	-2.03898***	-1.78326	-1.3087
	(0.543615)	(0.817929)	(1.697256)	(1.230802)
bc3	2.969247***	1.449469	-14.0347***	-10.3184***
	(0.957983)	(1.413229)	(2.847187)	(2.055588)
bc4	0.01086	0.022091***	9.214307***	6.691317***
	(0.427083)	(0.001128)	(1.239004)	(0.901310)
capital	0.035671	0.073137*	-0.14432*	-0.10339*
	(0.026443)	(0.039742)	(0.082288)	(0.059651)
liquid	-0.0355**	-0.0154	-0.06998	-0.04681
	(0.018409)	(0.02759)	(0.056934)	(0.041252)
manage	-0.2119	5.428671***	-1.25415	-1.26495
	(1.210416)	(1.783797)	(3.573826)	(2.577367)
staff	0.0000104*	0.0000196**	0.000199***	0.000147***
	(0.00000566)	(0.00000819)	(0.000016)	(0.0000115)
lnasset	0.84469	2.508708***	-7.3618***	-5.13017***
	(0.691846)	(0.850193)	(1.39279)	(0.980173)
pcgdp	-0.14582***	-0.15117*	-0.08626	-0.0491
	(0.044535)	(0.066907)	(0.138549)	(0.100441)
school	0.38631***	0.32341*	0.78051*	0.57564*
	(0.148904)	(0.213764)	(0.463924)	(0.336399)
urban	-2.46229***	-1.99902***	-0.52119	-0.50662
	(0.514416)	(0.765579)	(1.575162)	(1.141305)
rate	0.039394	-3.70732***	3.052598	1.925398
	(0.811839)	(1.205849)	(2.448345)	(1.769359)
finance	0.001072***	0.001794***	-0.00022	-0.00017
	(0.000369)	(0.000555)	(0.001151)	(0.000835)
c	273.8439***	217.3878**	371.4073*	271.6794*
	(65.82487)	(98.35576)	(203.0324)	(147.1597)
R^2	0.72	0.69	0.88	0.88

注：括号内为标准差；*、**和***分别表示在10%、5%和1%水平上显著。

由表6可知，银行市场份额的增加，没有引起中小企业贷款和涉农贷款的增长，尤其是与涉农贷款之间显著负相关。但是银行市场份额变大，显著地促进了金融覆盖率的提高，即银行市场份额每增加1%，区域金融网点数增加8个，人均金融网点数增加5个。从控制变量看，员工数量和高等教育入学率与涉农贷款增长率、银行覆盖率均显著正相关，说明银行员工数量越多越有利于对低收入客户的发掘以及对经济欠发达地区的金融支持，有利于提升普惠绩效。高等教育入学率越高，反映金融意识的普及程度越高。经营效率与涉农贷款增长率显著正相关，与金融覆盖率显著负相关。银行的管理投入越高，银行的管理水平越高，银行基于资产回报率，更愿意增加对涉农贷款的投放量。当银行存贷利差变高时，银行通过存贷获利的空间就会增大，但银行的信贷产品在同行中的竞争度却会降低，这不利于银行的产品和贷款技术的创新，银行对弱势群体所能提供的金融支持越少，对网点的建设动力就越弱。

从银行市场集中度看，银行市场集中度与中小企业和涉农贷款增长率负相关，这说明银行市场集中度越高，国有银行的垄断地位越突出，越制约中小企业的融资和涉农贷款的发放量，会降低金融的普惠绩效，与假设1和假设2一致。在控制变量中，员工人数与普惠金融指标正相关、人均GDP增长率与普惠指标负相关、高等教育入学率与普惠指标正相关、城镇化率与普惠指标负相关、财政支持与普惠指标正相关。

银行盈利水平越高，表示银行对网点的扩张和建设成本的把控将越严格，会更多地考虑发展普惠金融的成本，导致金融覆盖率下降。银行的国际影响力越高，银行的竞争力越强，越有利于银行将国际上的先进技术运用到自身的业务中，不论是对弱势群体的挖掘还是营业网点在地域和人口密度的选址建设上都有利，符合假设1和假设2的假设。在控制变量中，员工人数和银行资产规模都与普惠金融绩效正相关，而银行存贷利差与普惠金融绩效负相关，这说明银行国际影响力越大，学习国外先进产品的能力越强，银行将不再单一依靠存贷利差获利，而是会提供更丰富的产品和服务给客户，满足客户与日俱增的金融需求。

四、结论与政策建议

本文实证结果表明，银行竞争状态虽然对普惠绩效有正面影响和负面影响，但银行竞争程度的改变对普惠金融的影响效果差异较大：银行市场份额越高，银行竞争力越强，金融覆盖率越高；银行市场集中度越高，银行竞争力越弱，对中小企业和低收入群体的金融需求满足度越低，不利于普惠金融的推进；银行盈利水平越高，银行竞争力越强，中小企业的金融需求满足度越高；银行国际影响力越大，对先进技术和服务的学习与吸收越多，低收入群体的金融需求满足度越高，越有利于提高金融的普惠性。由此验证了前文提出的假设。鉴于以上结论，本文提出以下3点建议。

1.优化银行业市场结构。优化银行业市场结构主要是优化市场份额和降低银行集中度。分散化的银行业市场结构有利于分散银行的市场势力，提高银行业竞争程度，进而提升金融资源配置效率。虽然国有银行在股份制改革之后，其集中度呈下降趋势，但是政府还要继续放宽银行业市场准入，鼓励新建更多的民营银行，放松对现有中小银行的行政干预，并给予一定的财政支持；同时，鼓励国有银行、股份制商业银行和城市商业银行等各类银行业机构深入到经济欠发达地区设立网点，解决弱势地区金融网点少、金融供给不足、市场竞争不充分等问题，更好地满足弱势企业、弱势群体和欠发达地区的金融需求，提高金融服务的普惠性。

2.深化金融创新。金融机构应加大对金融产品的宣传和金融服务的创新能力。各家机构的从业人员无论是对普惠金融还是对未来发展方向上的认知都要步调一致，不断扩大目标客户群，提高客户的金融意识，不断加大对金融产品和服务的创新和匹配力度，注重对个人消费金融、企业金融、私人定制金融产品的开发与革新，并广泛利用数字技术通过网上银行、手机银行等新型交易平台降低金融服务成本，扩大金融服务的覆盖面，延伸金融服务的深度和广度。同时，商业银行也要积极地由单一化的存、贷产品向多元化金融服务产品转变，更好地实现规模经济，最大限度地满足处于不同地域、不同层次、不同行业、不同规模、不同发展阶段的经济主体的多元金融需求，让所有群体、所有行业和所有地区都享受到公平的金融服务。

3.进一步推进商业银行国际化战略。商业银行更多地参与国际金融市场竞争有利于促使国内商业银行不断改革，提高自身的竞争能力，打破信贷市场的垄断局面。但是，由于国内外金融市场的异质性，国际金融市场创新的技术主要适用于银行业务多样化、金融监管相对开放的市场环境，其具体的业务操作和风险管理未必能完全适用于国内市场。因此，商业银行应理性分析“走出去”可能带来的风险和收益，政府也需要制定相关的监管政策，在合理引导国内银行积极参与国际竞争的同时，尽可能地规避国际金融市场震荡对国内市场的不利影响。

参考文献

［1］ ALLEN F， GALE D. Financial Contagion ［J］. Journal of Political Economy， 2004 （108）： 1-33.

［2］ MARQUEZ R.Competition， Adverse Selection and Information Dispersion in the Banking Industry ［J］. The Review of Financial Studies， 2002， 15 （3）： 901-926.

[3] HARTARSKA V, NADOLNYAK D. Does Rating Help Microfinance Institution Raise Funds? Cross - country Evidence [J]. International Review of Economics and Finance, 2008, 17 (4): 558-571.

[4] VANROOSE A, D'ESPALLIER B. Do Microfinance Institutions Accomplish Their Mission? Evidence from the Relationship between Traditional Financial Sector Development and Microfinance Institutions' Outreach and Performance [J]. Applied Economics, 2013, 45 (15): 1965-1982.

[5] GUBA B, CHOWDHURY P R. Borrower Targeting under Microfinance Competition with Motivated Microfinance Institutions and Strategic Complementarity [J]. The Developing Economies, 2014, 52 (3): 211-240.

[6] PETERSON M A, RAJAN R G. The Effect of Credit Market Competition on Lending Relationships [J]. The Quarterly Journal of Economics, 1995, 110 (2): 407-443.

[7] BOYD J H, NICOLÓ D G. The Theory of Bank Risk Taking and Competition Revisited [J]. Journal of Finance, 2005, 60 (3): 1329-1343.

[8] BECK T, DEMIRGUC-KUNT A, MAKSIMOVIC V. Bank Competition and Access to Finance: International Evidence [J]. Journal of Money, Credit, and Banking, 2004, 36 (3): 627-648.

[9] BERGER A N, UDELL G F. A More Complete Conceptual Framework for SME Finance [J]. Journal of Banking and Finance, 2006, 30 (11): 2945-2966.

[10] 林毅夫，李永军. 中小金融机构发展与中小企业融资 [J]. 经济研究，2001 (1).

[11] 高桂珍，王树田. 我国银行市场集中度与中小企业融资困境探析 [J]. 金融纵横，2005 (10).

[12] 陆益美. 银行结构与区域经济发展 [J]. 经济体制改革，2005 (1).

[13] 唐建新，陈冬. 银行业市场结构变化与中小企业融资环境分析 [J]. 财会通讯，2006 (2).

[14] 鲁丹，肖荣华. 银行市场竞争结构、信息生产和中小企业融资 [J]. 金融研究，2008 (5).

[15] 王健聪. 银行规模结构与中小企业融资影响研究 [J]. 经济体制改革，2012 (3).

[16] 蒋海，廖志芳. 银行业竞争与中小企业融资约束 [J]. 广东财经大学学报，2015 (6).

[17] 张晓玫，潘玲. 我国银行业市场结构与中小企业关系型贷款 [J]. 金融研究，2013 (6).

[18] 蒋含明. 金融发展、银行业市场结构与中小企业创业 [J]. 南方经济，2014 (1).

[19] 吴敏，林乐芬. 银行业市场集中度、主体异质性与中小企业信贷可获性 [J]. 金融论坛，2015 (3).

[20] 秦捷，钟田丽. 商业银行竞争对小企业信贷可获性的影响 [J]. 东北大学学报：自然科学版，2011 (10).

[21] 粟勤，肖晶. 中国银行业市场结构对金融包容的影响研究——基于区域经济发展差异化的视角 [J]. 财经研究，2015 (6).

[22] 周顺兴，林乐芬. 银行业竞争提升了金融服务普惠性吗？[J]. 产业经济研究，2015 (6).

[23] PANZAR J C，ROSSE J N. Testing for "Monopoly" Equilibrium [J]. The Journal of Industrial Economics，1987，35 (4)：443-456.

[24] PANZAR J C，ROOSE J N. Structure，Conduct and Comparative Statistics [J]. Bell Laboratories Economic Discussion，1989 (248).

（作者单位：湖北大学商学院）

精英俘获背景下中国农村精准扶贫的约束与对策研究

陈晓洁　张乐柱

在精准扶贫理念融入中国农村扶贫实践的过程中，仍然存在精准识别困难、贫困户参与度不高、扶贫资源内卷化、农村精英俘获等问题。其中中国农村精英俘获问题未受到足够重视，包括淡化中国农村精英的结构变迁，没有从根本上认识农村精英俘获产生的原因，甚少提及农村精英俘获对精准扶贫的约束及解决对策。从精准扶贫的内涵出发，辨析农村精英的变迁结构及精英俘获的产生机制，认清精英俘获对精准扶贫的约束机理，并建立相互制衡的管理考核机制，推进多方协同合作机制和优化农村发展环境，从根本上抑制精英俘获现象的产生和突破精英俘获对精准扶贫的约束。

自20世纪70年代末改革开放以来，中国农村不间断地推行开发式扶贫战略[①]，经历了“以区域开发为特色的小规模极端贫困地区扶贫”、“全国范围内有计划、有组织的大规模扶贫”、“由道义性扶贫向制度性扶贫转变，由救济性扶贫向开发性扶贫转变”、“综合开发和整村推进的参与式扶贫”以及“引入市场机制的政府主导市场化开发扶贫[②]”5个阶段，并取得巨大的历史性成就。中国农村贫困监测报告显示，2012—2016年中国有5 564万人摆脱贫困，农村贫困人口年均减少超过1 000万人，全国贫困发生率从2012年底的10.2%下降到2016年底的4.5%，下降了5.7个百分点，减贫人数占世界发展中国家减贫人数的70%以上[③]，是世界上唯一提前完成联合国千年发展目标的国家。然而中国在扶贫实践中仍然面临许多问题，其中突出的问题表现为粗放型扶贫，即扶贫的对象模糊不清，扶贫过程管理不严，扶贫成效评估不明。针对这一问题，中央提出新一轮的扶贫攻坚任务：“精准扶贫”，即“对象要精准、项目安排要精准、资金使用要精准、措施到位要精准、因村派人要精准、脱贫成效要精准”。“精准扶贫”作为先进的理

① 推行开发式扶贫战略的纲领性文件包括《国家八七扶贫攻坚计划》《中国农村扶贫开发纲要（2001—2010年）》《中国农村扶贫开发纲要（2011—2020年）》。

② 在开发扶贫的实践中，我国许多地区对市场化开发扶贫模式进行了积极的探索，如贵州省毕节地区“万头黄牛繁育基地”的案例。

③ 佚名．2017中国扶贫国际论坛：减贫治理方案的开发与分享［EB/OL］．［2017-05-26］．http://news.cctv.com/2017/05/26/ARTIkIyDOSn3DsKDyuvKcOTJ170526.shtml.

念，在融入具体实践中的成效主要表现在资源投入和瞄准效率两个方面。现有的研究主要聚焦于可持续脱贫的资源投入方式探讨和瞄准机制的创新，而对精英俘获现象未给予足够重视。在精英俘获背景下，中国农村如何克服精英俘获的约束，把“精准扶贫”理念落实到具体实践中，实现可持续性脱贫，成为值得探讨的问题。

一、文献综述

精准扶贫是新时期中国扶贫开发的战略导向，是对接经济新常态要求的扶贫资源优化配置和发展质量提升的政策回应，是服务于“共富共赢”全面小康社会建设目标实现的关键途径（郑瑞强、王英，2016[1]）。“精准扶贫”作为先进理念，最早源自于西方福利社会为解决财政严重赤字困境而提出的扶贫思路（Roberts，1995[2]），现成为国内外学者们的研究热点。

（一）精准扶贫的优越性及可行性

精准扶贫的提出与实施建立在对其优越性充分认可的基础上，学术界普遍认为精准扶贫策略有利于减少贫困人口和减缓城乡收入不均（Yu et al.，2007[3]）。特别对不发达国家而言，精准扶贫在基础设施建设和管理制度完善的条件下能建立一个最小临界质量的内部发展条件（Kobia，2002[4]），从而避免资源的过度粗放。但因欠发达国家难以承受试错风险，精准扶贫必须在各政府当局、非政府组织、地方社区共同协商并建立利益共享、风险共担机制的前提下实施（Olli Varis and Marko Keskinen，2003[5]）。另外，在保证监视有效性和腐败最小化的前提下，配合市场规则的精准扶贫政策将更有利于减少贫困（Blank，2003[6]）。这说明精准扶贫的可行性需要建立在一定的前提条件上。

（二）精准扶贫实践中存在的问题

精准扶贫强调精准识别、精准帮扶、精准管理和精准考核，要求具体做到扶持对象、项目安排、资金使用、措施到位、因村派人、脱贫成效“六个精准”，但是理论与现实尚有差距。目前，中国在精准扶贫实践中仍然存在以下扶贫资源供给者、执行者和需求者三方亟需解决的问题。

1.供给者和执行者角度

政府作为精准扶贫政策的制定者和推动者，具有权威性和强制力。但自上而下的扶贫方式，容易忽略贫困村、贫困户自身的价值及实际的需求（沈茂英，2015[7]），从而导致无论是“输血式”还是“造血式”扶贫在实施过程中都过度集中在机械地获取外部资源上（朱启臻，2017[8]）以及扶贫项目目标偏离。同时，精准扶贫过于强调资金扶持，不利于扶持主体自我发展能力的提高和可持续脱贫的实现（王晓晖，2017[9]），甚至可能促成扶贫对象出现“由于扶持带来的不努力改善自身生计水平的集体负向激励”（Coady et al.，2004[10]）和“大锅饭”情绪。另外，帮扶政策缺乏差异性和灵活性（苏畅、苏细福，2016[11]），难以强化“扶勤不扶懒”。而且，部分地区存在上下级扶贫部门的责权与事权关系不清的现象（朱天义、高莉娟，2017[12]），无法及时解决因扶贫资金分配引发的上访事件。此外，村干部的自利性和权力优势，容易引发扶贫内卷化现象，导致贫困者对政府信任度降低（邢成举，2015[13]）。

2.需求者角度

（1）贫困户精准识别困难。科学的贫困人口识别是精准扶贫的前提。“贫困”的本身具有多重含义，可按照所缺乏的客体分为物质贫困和精神贫困，也可根据个体或家庭经历贫困的程度和持续时间分为始终贫困、经常贫困、波动贫困、偶尔贫困和从不贫困（Moore，2001[14]），目前学术界普遍认可的分类方法是：按照社会制度安排及资源禀赋差异分为绝对贫困、相对贫困、能力贫困和权力贫困。其中绝对贫困指在生物学上一个家庭的总收入不足以取得维持体能所需的最低数量的生活必需品，相对贫困是从社会学角度针对收入不平等而言的相对比较，而能力贫困和权力贫困是阿玛蒂亚·森①基于可行能力集和资源禀赋的所有权提出的（王卓，2017[15]）。对贫困的衡量方法尚未统一，同时因贫困者致贫原因的多元性，对贫困者的认定难以标准化，而且采集信息、审核信息、更新信息及跟进信息需要耗费巨大成本（张慧鹏，2017[16]），贫困识别工作必然艰难。此外，县、乡镇、村在基于获得的贫困指标基础上开展实际的贫困村（户）的识别过程中，会出现主观意识上的识别排斥（邓维杰，2014[17]）。总体而言，贫困人口识别不精准的最根本原因在于在实际认定工作中存在官员和农户之间以及官员和政府之间严重的信息不对称即双层“委托—代理”关系（何立华，2017[18]）。

（2）贫困户参与度不高。一方面，由于自身知识储备有限，对“精准扶贫”政策了解不充分或者申请手续繁琐而扶贫资金过低无法满足需求，贫困户没有申请参与扶贫项目（葛志军、邢成举，2015[19]）；另一方面，不少扶贫项目对贫困户提出了入门要求，贫困户无法承担过高的门槛只能主动放弃扶贫项目（何阳，2017[20]）。

（3）精英俘获现象存在。自 Laffont and Tirole（1991）[21]、Bourdieu（1996）[22] 等较早开始进行精英俘获的研究以来，Galasso and Ravallion（2005）[23] 和 Pan and Christiaensen（2012）[24] 等不少国外学者发现精英俘获是扶贫项目和政府补贴项目瞄准偏离的重要原因。精英俘获现象的存在让本应瞄准贫困人口的扶贫资源在分配过程中出现目标偏离，从而扭曲和异化扶贫工作的应有目标和原则，同时加大了农村的社会分化程度，随之带来贫困的固化及阻碍贫困

① 森. 贫困与饥荒［M］. 王宇，王文玉，译. 北京：商务印书馆，2001.

人员跨越结构性贫困位置（邢成举，2016[25]）。目前国内对精英俘获现象产生的原因主要的解释为项目区域内外力量的互动与合力、参与式发展悖论的存在、农村社会分化及精英角色转变、发展项目信息与参与权力不均衡配置和发展项目的门槛效益（邢成举、李小云，2013[26]），国外学者对精英俘获形成原因的争论点集中于分权制度与精英俘获现象的产生是否存在内在联系，大部分学者认为不同参与者的发言权不同，发言权大的精英更容易获得扶贫资源（Platteau，2000[27]；Bardhan Pranab and Mookherjee Dilip，2005[28]），而部分学者并不赞同分权制度与精英俘获现象存在内在联系，认为俘获是否形成取决于精英群体的大小、地方政府领导的政治责任性以及地方公共品财务机制完善程度等因素（Shyamal Chowdhury and Futoshi Yamauchi，2010[29]）。

二、精准扶贫的内涵

精准扶贫战略不是对中国以往开展的扶贫模式进行全盘否定，而是在其基础上进行改进和创新，旨在解决“长期以来，中国的扶贫开发存在着贫困人口底数不清、情况不明、针对性不强、扶贫资金和项目指向不准等问题”（顾仲阳，2014[30]），从最初的贫困区域、贫困县精准到贫困村和贫困户。根据中办发〔2013〕25号文件，精准扶贫是指通过对贫困户和贫困村的精准识别、精准帮扶、精准管理和精准考核，引导各类扶贫资源优化配置，实现扶贫到村、到户，逐步构建扶贫工作长效机制，为科学扶贫奠定坚实基础。简而言之，精准扶贫是针对不同贫困区域环境、不同贫困农户状况，通过合规有效的程序对扶贫对象实施精准识别、精准帮扶、精准管理和精准考核的治贫方式（张笑芸、唐燕，2014[31]）。进一步，要理解精准扶贫的核心要义，关键需要回答如何进行精准识别，如何利用扶贫资源进行精准帮扶以及如何管理和考核以提高精准扶贫绩效这些问题。

（一）精准识别

为了避免扶贫资源供求错位，让扶贫资源准确地到达真正的贫困者身上和脱贫最关键的环节中，精准识别显得尤为重要。精准识别指扶贫对象精准化、分类化，将贫困者平等、无遗漏地纳入扶贫体系，精确到村、到户、到人，建立统一的贫困者信息管理系统（赵武、王姣玥，2015[32]）。从贫困标准的角度分析，一方面，精准识别不能停留在仅以收入水平为标准的绝对贫困的衡量视角，需要关注相对贫困的识别；另一方面，多维贫困指数更灵活、更全面，涵盖了收入水平、致贫原因和可行能力集多方面的内容。从主客观因素的角度分析，精准识别既要调动扶贫对象的积极性，又要识别排斥的外部因素，保证精准识别工作在全民参与、客观评价的环境下进行。

（二）扶贫资源的利用

扶贫资源包括扶贫对象外部给予的资金、信息、技术、教育、平台的外部资源以及自身拥有的土地等自然资源、人文历史背景、人力资本和社会资本等禀赋条件。要实现精准帮扶，需要保证外部资源和禀赋条件的科学利用。在外部资源中，资金只能解决短期贫困问题，甚至会引致扶贫对象对资金的依赖性，而信息、技术、教育和平台是促使扶贫对象可持续脱贫的根本。首先，中国农村是一个信息较为封闭的区域，需要通过互联网覆盖等基础设施投入的方式改变现状；其次，技术创新是农村产业现代化发展的推动力，可推广技术引进和技术培训的帮扶方案；再者，教育资源的帮扶能够体现"扶贫先扶智"的思想，利于帮助扶贫对象走出"一代穷，代代穷"的困境；最后，利用电子商务搭建线上交易平台，有利于拓宽扶贫对象的交易市场和销售渠道。

在自身禀赋条件方面，人文历史背景和土地等自然资源既可以成为发展农业现代化、乡村旅游的优势条件，也可以通过土地流转方式实现规模经营。一般而言，人力资本短缺是主要的致贫原因，亟需通过健全社会保障体系和产业升级的方式减轻人力资本的负担。社会资本与参与贫困治理工作的融合，更有利于精准扶贫工作的组织与开展。

（三）精准管理与考核

建档立卡是精准管理与考核的创新技术，可对贫困对象实现信息化、动态化管理。一方面，建档立卡将贫困对象的基本情况、贫困程度、帮扶记录及脱贫情况载入信息化管理系统，形成扶贫对象的信息资料库，作为中国农村扶贫绩效评估考核的参考材料；另一方面，建档立卡更有利于对扶贫对象进行动态监管，及时获知脱贫又返贫或者扶贫资源偏离目标等信息，从而更有针对性地提高扶贫工作绩效。除此之外，通过社会网络的作用，降低信息不对称程度，创新多维度监督、考评机制，有利于加强对扶贫资金的监管力度。

三、中国农村精英俘获及其产生机制

（一）中国农村精英的定义及结构变迁

中国农村精英指在中国农村地区拥有相对的资源优势或者地位优势的人，在特定的领域具有较普通村民更大的影响力。根据不同资源的相对优势，中国农村精英可以划分为政治精英、经济精英和社会精英。其中政治精英包括中共支部书记、村委主任以及积极参与社区政治的社区能人（非干部精英），不包括一般干部；经济精英指农村私营企业主以及集体企业的创办者和管理者；而社会精英指在品行、能力、经验、知识等方面具有优势并在农村范围内取得较高威望的人（王汉生，1994[33]）。不同的精英类型在中国农村的不同发展阶段发挥的作用也不同，中国农村精英的结构伴随着中国农村的体制改革发生变迁。传统中国农村精英由地主、士绅、官僚这三个阶层构成，这三个社会阶层之间存在着密切的互动关系。在计划经济时期，农村的政治精英从国家行政体系中，获得了在社区范围内劳动就业、收入分配和投资机会的绝对决定权力，从而形成一元性政治精英结构形态。改革开放后，随着中国农村市场化的启动及村民自治实践的推行，农村地区开始出现频繁的资本转化及权力竞争，最终导致一元性政治精英结构的瓦解和多元性精英结构的形成。在当前中国城镇化背景下，基于资本逐利性和“城里人”的身份认同感，农村精英开始大量流出，致使农村精英的结构呈现不稳定状态。

（二）中国农村精英俘获的产生机制

精英俘获的解释包括两个层面的含义，第一个层面的含义是指精英在项目管理和监督过程中获得多于自己应该获得的利处（Dasgupta and Beard，2007[34]），另一种含义指少数在政治或者是经济方面具有一定优势的人无偿占有本为帮助多数人而转移支付的资源（Diya Dutta，2009[35]）。本文将精英俘获现象区分为精英主动俘获和精英被动俘获两种情形。已有研究将精英主动俘获现象归因于社区治理制度性缺失与精英主体在权力寻租过程中的道德缺失，将精英被动俘获归因于发展项目的门槛效益，而笔者认为精英主动俘获的根本原因是扶贫资源供给者（政府和金融机构等）、扶贫资源的执行者（村主任、村干部等）以及扶贫资源的需求者（精英和贫困户）三者之间信息不对称与精英追求成本最小化的动机，而精英被动俘获离不开社会侵蚀现象的规避心理和农村金融排斥。

1.精英主动俘获产生机制：信息不对称与追求成本最小化。扶贫资源的执行者一般充当扶贫资源供给者与需求者之间的中介角色，负责信息的搜集、传递及反馈以及扶贫资源的分配。即使在执行者与需求者无共同成员的假设条件下，即执行者没有任何权力寻租的意愿，也无法避免信息不对称的问题。一方面，资金需求者中的精英比贫困户拥有更优越的知识、财富、威望等禀赋条件，对扶贫资源相关信息的了解途径自然更多。另一方面，资源供给者对需求者的具体需求和贫困状况的了解程度明显比需求者自身要低。扶贫资源一般是低成本甚至是无成本的，精英追求成本最小化，对扶贫资源产生攫取心理。精英作为信息较充足方，可通过隐瞒、欺骗的方式，占用原属于贫困户的资源。

2.精英被动俘获产生机制：社会侵蚀观与农村金融排斥。社会侵蚀是费孝通从城乡关系着眼、针对转型时期中国社会的症结提出的一个非常具有解释力的学术概念。社会侵蚀涵盖三方面内容，即新式教育体制下的“知识”流失、新式政治制度下的“权力”流失和“二元经济”中的“财富”流失。“社会侵蚀”的历史过程包括“精英离村”和“农民离村”两个阶段，其中“精英离村”是引发中国农村社会衰落的根源（郑伟斌，2017[36]）。中国在由传统农业社会向现代工业社会的转型过程中，农村精英基于对“城里人”的身份认同和资本的逐利性不断从农村流向城市，其所拥有的“规范知识”和“技术知识”，个人威望带来的隐形决策权力及道德解释权和为农村创造的附加财富均随之流出农村，这对农村发展和农村治理造成的不利影响俨然“水土流失”。为留住农村精英，维护农村的健康发展，维持精英和执行者的内部关系稳定性，扶贫资源的执行者会主动将低成本或者无成本的扶贫资源赠予农村精英。

农村金融排斥指在农村地区，正规金融机构因贫困农户缺乏有效抵押物、农业经营风险高、信息不对称条件下交易成本高而将农村贫困户的金融需求排斥在外。农村在社会分化过程中，逐渐形成社会分层，包括精英、大众和贫困户。正规金融机构需要兼顾扶持农村的政策性责任和自身的收益性目标，而将资源投放到农村精英身上是兼顾双重目标的最佳选择。

四、精英俘获对精准扶贫的约束机理

国内学者邢成举和李小云（2013）从微观层面提出精英俘获的出现是财政扶贫项目目标偏离的关键原因的观点，但未在文中进一步阐述精英俘获对精准扶贫的约束机理。根据精准扶贫的内涵和精英俘获的产生机制，笔者将从精准识别排斥、精准帮扶受阻和精准管理与考核模糊这三个方面阐述精英俘获对精准扶贫的约束机理。

（一）精准识别排斥

精准识别是精准扶贫的基础和前提。一方面，农村精英俘获现象的存在，让真正需要扶贫资源的贫困户对自身“弱理”地位更加深信不疑，降低对政府的信任度，不积极参与建档立卡等精准识别工作，主动产生精准识别排斥；另一方面，农村精英俘获现象的存在，占用了国家分配给贫困村的贫困户配额指标，导致真正需要扶贫资源的贫困户被动地遭受精准识别排斥。无论是主动的还是被动的精准识别排斥，都将真正需要扶贫资源的贫困户排斥在农村扶贫体系之外，无疑加剧贫困的固化程度，形成结构性贫困。

（二）精准帮扶受阻

精准帮扶是扶贫资源精准利用的过程。一方面，精英俘获了资金、信息、技术、教育、平台等外部资源，促使其在突出的领域更有作为，精英地位更加稳固，在扶贫资金使用中的话语权更强，进一步阻碍精准帮扶的实施；另一方面，由于精英的自身禀赋比贫困户强，为了避免社会侵蚀带来的“知识”、“权力”和“财富”的流失，扶贫资金的执行者默许精英俘获现象的存在，进而剥夺真正需要扶贫资源的贫困户的权利，违背精准帮扶的公平性。

（三）精准管理与考核模糊

精英俘获是少数精英剥夺多数贫困户应得扶贫资源的过程，导致财政扶贫项目目标偏离，进一步引发中国农村产生“精英愈来愈富，贫困户愈来愈穷”的马太效应，反映了精准管理与考核成效的不佳。但站在贫困村整体的经济效益角度，精英比贫困户创造财富的能力更强，精英俘获现象带来的农村整体经济水平的提高会被错误地视为精准扶贫绩效的提高。明显地，精英俘获现象的存在让精准管理与考核成效模糊化。

五、精英俘获背景下中国精准扶贫的对策

精英主动俘获的重要原因是社区治理制度性缺失与精英主体在权力寻租过程中的道德缺失，而根本原因是扶贫资源的供给者（政府和金融机构等）、扶贫资源的执行者（村主任、村干部等）以及扶贫资源的需求者（精英和贫困户）三者之间信息不对称以及精英对成本最小化的追求。精英被动俘获是扶贫项目门槛效应、社会侵蚀规避和农村金融排斥的结果。精英俘获对中国农村精准扶贫的约束表现为精准识别排斥、精准帮扶受阻、精准管理与考核模糊。在精英俘获背景下，中国农村亟需从根本上抑制精英俘获现象的产生，克服精英俘获的约束，把“精准扶贫”理念落实到具体实践中，进而实现可持续性脱贫。

1.建立相互制衡的管理考核机制。一是将建档立卡、贫困户识别认定及扶贫资源分配工作分属三个不同单位或者机构进行管理，同时实行熟人（具有亲属、师生等亲密关系）“回避”制度和定期公开汇报工作制度，提高精准扶贫工作的透明度，强化精准识别的公平性和精准性。二是建立第三方考核评价机构，将评估事项细分到建档立卡的信息完善程度、贫困户对精准扶贫工作的满意度、贫困户对精准扶贫政策的获知程度、贫困村（户）的帮扶方式是否符合自身价值及脱贫可持续性等方面。三是将第三方考核评价机构的考核结果与扶贫资源执行者的职位晋升、表彰奖励等相结合，更好地发挥精准扶贫工作的约束与激励作用。

2.推进多方协同合作机制。一是鼓励“农村精英+贫困户”的帮扶模式，根据帮扶成效给予农村精英相应的政策优惠或者“模范精英”等荣誉表彰奖励，发挥“先富带动后富”的作用。二是加强“政府+银行+保险”的合作模式，发挥政府的政策性引导和贴息优惠政策支持作用，凭借保险服务来规避银行在农村金融供给中的农业经营风险和违约信用风险，从而减少银行对贫困户的金融排斥和农村精英被动俘获，消除贫困户参与扶贫项目的资金门槛。三是引进“产学研”合作模式，根据贫困村（户）的文化系统和价值系统，确定适合其发展的产业类型，通过培训机构或者学校的知识技能培训解决人力资本短缺的问题，作为试验基地注入研发机构的最新科研成果，促进贫困户的可持续脱贫。四是培育“资金链+产业链+创新链+教育链”的四链融合机制，通过“双创课程”教育、引导、鼓励贫困村（户）围绕农产品原材料进口、生产、加工、批发、销售的产业链各环节进行创新创业，以“扶贫资金+‘大家种’众筹”作为资金支持，促使扶贫

资金围绕产业链能够被精准使用。

3.优化农村的发展环境。一是加快交通枢纽、水利工程、供电设施等基础设施建设，完善教育和医疗体系，打造宜居宜业新农村，引进创新创业孵化器，催生新业态，留住现有的农村精英，减缓社会侵蚀现象。二是鼓励农村精英参与创新、创业活动，以省、市、县三级政府出台的创新创业计划给予政策优惠，满足农村精英追求成本最小化的目标，同时利于优化农村发展环境，提升农村经济水平。三是实现互联网设备全覆盖和电子商务线下代理点进驻农村，提高贫困村（户）的信息开放程度和信息获知能力以及降低其参与市场的交易成本。

六、结论与进一步讨论

（一）结论

精准扶贫作为中国农村现阶段扶贫开发工作的主导性大战略，是实现全面建成小康社会的重要环节，是促进中国社会公平正义、改革成果共享、人们共同富裕的必经之路。但由于存在社区治理制度性缺失与精英主体在权力寻租过程中的道德缺失，扶贫资源供给者（政府和金融机构等）、扶贫资源的执行者（村主任、村干部等）以及扶贫资源的需求者（精英和贫困户）三者之间信息不对称以及精英对成本最小化的追求，农村精英进行主动俘获活动；而扶贫项目门槛效应、社会侵蚀规避和农村金融排斥引致农村精英被动进行俘获活动。这些精英俘获活动明显是中国农村精准扶贫过程中的绊脚石，通过精准识别排斥、精准帮扶受阻、精准管理与考核模糊的约束表现导致财政扶贫项目的目标偏离。

在精英俘获背景下，中国农村亟需建立相互制衡的管理考核机制、推进多方协同合作机制和优化农村发展环境，在根本上杜绝精英俘获现象的产生和突破精英俘获对精准扶贫的约束，把“精准扶贫”理念落实到具体实践中，实现可持续性脱贫。

（二）进一步讨论

一方面，笔者在扶贫资源的利用方面，关注的是物质扶贫，未涉及精神扶贫，对贫困村（户）的精神文化扶持和幸福感提升方面未进行探讨，其实精神扶贫对提高贫困户主动参与精准扶贫工作的积极性起着重要的作用；另一方面，本文在文中多次使用整体化、一般化、同质化的贫困村（户）概念，没有根据贫困村所在的区域经济特征区分为重点贫困县或者连片特困地区，亦未根据贫困户的性别及是否具有生产能力等致贫原因进行差异化划分，欠缺对女性贫困主体的分析，从而对精准扶贫中的“精准”阐述不够清晰。因此，精神扶贫及基于差异化贫困主体的精准扶贫相关主题具有进一步探讨的必要和意义。

参考文献

[1] 郑瑞强，王英. 精准扶贫政策初探 [J]. 财政研究，2016（2）.

[2] ROBERTS K M. Neoliberalism and the Transformation of Populism in Latin America：The Peruvian Case [J]. World Politics，1995，48（1）：82-116.

[3] YU L，LUO R，ZHANG L. Decomposing Income Inequality and Policy Implications in Rural China [J]. China & World Economy，2007，15（2）：44-58.

[4] KOBIA R.European Union Commission Policy in the DRC [J]. Review of African Political Economy，2002，29（93-94）：431-443.

[5] VARIS O，KESKINEN M.Socio-economic Analysis of the Tonle Sap Region，Cambodia：Building Links and Capacity for Targeted Poverty Alleviation [J]. International Journal of Water Resources Development，2003，19（2）：295-310.

[6] BLANK R M. Selecting Among Anti-Poverty Policies：Can an Economist be Both Critical and Caring? [J]. Review of Social Economy，2003，61（4）：447-469.

[7] 沈茂英. 四川藏区精准扶贫面临的多维约束与化解策略 [J]. 农村经济，2015（6）.

[8] 朱启臻. “柔性扶贫”理念的精准扶贫 [J]. 中国农业大学学报：社会科学版，2017，34（1）.

[9] 王晓晖. 扶贫不是简单的给钱给物，重在改造贫困文化 [J]. 人民论坛，2017（13）.

[10] COADY D P，GROSH M E，HODINOTT J. Targeting of transfers in developing countries：Review of Lessons and Experience [M]. Washington：World Bank Publications，2004.

[11] 苏畅，苏细福. 金融精准扶贫难点及对策研究 [J]. 西南金融，2016（4）.

[12] 朱天义，高莉娟. 选择性治理：精准扶贫中乡镇政权行动逻辑的组织分析 [J]. 西南民族大学学报（人文社科版），2017，38（1）.

[13] 邢成举. 村庄视角的扶贫项目目标偏离与“内卷化”分析 [J]. 江汉学术，2015，34（5）.

[14] MOORE K.Frameworks for Understanding the Intergenerational Transmission of Poverty and Well-being in Developing Countries [C]. CPRC Working Paper，2001.

[15] 王卓. 论暂时贫困、长期贫困与代际传递 [J]. 社会科学研究，2017（2）.

[16] 张慧鹏. 集体经济与精准扶贫：兼论塘约道路的启示 [J]. 马克思主

义研究，2017（6）.

[17] 邓维杰. 精准扶贫的难点、对策与路径选择 [J]. 农村经济，2014（6）.

[18] 何立华. 精准扶贫背景下的贫困人口识别：理论、实践与政策 [J]. 中南民族大学学报（人文社会科学版），2017，37（2）.

[19] 葛志军，邢成举. 精准扶贫：内涵、实践困境及其原因阐释——基于宁夏银川两个村庄的调查 [J]. 贵州社会科学，2015（5）.

[20] 何阳. 论精准扶贫政策的不精准执行与治理——基于扶贫案例的分析 [J]. 当代经济管理，2017，39（7）.

[21] LAFFONT J J，TIROLE J.The Politics of Government Decision-Making：A Theory of Regulatory Capture [J]. The Quarterly Journal of Economics，1991，4（106）：1089-1127.

[22] BOURDIEU P.The State Nobility：Elite Schools in the Field of Power [M]. Oxford：Polity Press，1996.

[23] GALASSO E，RAVALLION M.Decentralized Targeting of an Antipoverty Program [J]. Journal of Public Economics，2005（89）：705-727.

[24] PAN L，CHRISTIAENSEN L.Who is Vouching for the Input Voucher? Decentralized Targeting and Elite Capture in Tanzania [J]. World Development，2012，40（8）：1619-1633.

[25] 邢成举. 结构性贫困与精英俘获 [J]. 团结，2016（4）.

[26] 邢成举，李小云. 精英俘获与财政扶贫项目目标偏离的研究 [J]. 中国行政管理，2013（9）.

[27] ABRAHAM A.The Dilemma of Participation with Endogenous Community Imperfections [J]. Department of Economics and CRED，2000.

[28] PRANAB B，DILIP M.Decentralizing Antipoverty Program Delivery in Developing Countries [J]. Journal of Public Economics，2005，89（4）：675-704.

[29] CHOWDHURY S，FUTOSHI Y.Has Decentralization in Indonesia Led to Elite Capture or Reflection of Majority Preference? [C]. Working Paper，2010.

[30] 顾仲阳. 精准扶贫，不撒胡椒面 [N]. 人民日报，2014-03-12.

[31] 张笑芸，唐燕. 创新扶贫方式，实现精准扶贫 [J]. 资源开发与市场，2014，30（9）：1081、1118-1119.

[32] 赵武，王姣玥. 新常态下“精准扶贫”的包容性创新机制研究 [J]. 中国人口·资源与环境，2015，25（S2）.

[33] 王汉生. 改革以来中国农村的工业化与农村精英的构成变化 [C]. 香港：中国社会科学辑刊（秋季卷），1994.

［34］ DASGUPTA A， BEARD V A. Community Driven Development， Collective Action and Elite Capture in Indonesia ［J］. Development and Change， 2007， 38（2）: 229-249.

［35］ DUTTA D. Elite Capture and Corruption： Concepts and Definitions ［J］. National Council of Applied Economic Researcher， 2009.

［36］郑伟斌. 试论费孝通的"社会侵蚀"[J]. 科学经济社会，2017：35（2）.

（作者单位：华南农业大学经济管理学院金融系）

新时代中国特色社会主义金融思想

王小江

金融的价值是为人类社会的生存与发展服务。“十九大”报告中的中国特色社会主义思想为我国的金融业发展指明了方向。坚持以人民为中心的发展思想、以多数人共同富裕为服务目标，服务于人民日益增长的美好生活需要，构成中国特色社会主义新金融的标准、目的、思想与体系建设的基本要求。

行动需要思想的引领。以资本最大化为目的的传统金融模式，不能适应新时代对金融发展的需要。以中国社会主义思想为基准，创建中国特色社会主义金融思想，是当前中国金融业需要解决的核心问题，也是中国金融实践与理论研究需要首先思考的问题。

一、新时代下的金融需要

在党的十九大报告中，习近平同志做出“中国特色社会主义进入了新时代”的科学判断，这是对中国发展所处历史方位的新解析。伴随新时代的到来，人民的物质需求和精神需求发生了转变。党的十九大报告对中国社会的主要矛盾表述转化为“人民日益增长的美好生活需要和不平衡不充分的发展之间的矛盾”（王鹏程，2006[1]）。这表明中国社会的主要矛盾已经从人民日益增长的物质文化需要转换为人民日益增长的美好生活需要，主要体现为生态、区域、社会的不平衡和不充分之间的关系。新时代下的金融需要具体表现为以下几点：

1.金融满足人民美好生活的需要。

根据需要理论，当人类基本的生理需要和安全需要得到满足后，人类的需要将进入一个以原有需要为基础，以新需要为主导的新阶段，这不仅表现为人类对美好生活的向往与追求，也表现为在原有需要基础上的升级，美好生活需要将成为人类社会发展的主要需要与表达方式。新需要既包括个体之间的友爱需要、尊重需要、发展需要、诚信需要和平等需要，也包括行业之间的和谐需要、公平需要、自由需要，亦包括宏观上的文明需要、生态需要、秩序需要等。不同需要将共同对整个社会的供给体系产生重要的影响，进而引发供给侧的深化改革和深度发展。

2.金融满足生态环境改善的需要。

生态环境需要是人类美好生活需要的保障要素之一。我们知道，生态环境与人的需要之间的不平衡将构成未来人类社会发展的基础性矛盾，是人类社会美好生活的基础性瓶颈。人类美好生活的提升，首要的任务是处理好人与生态环境的关系，生态环境保护需要各行业、各阶层的全面参与，形成合力是改善人与生态关系的根本性举措。

3.金融满足社会关系发展不平衡改善的需要。

社会关系发展的不平衡是人类社会非和谐稳定的主导因素，伴随基础性需要的满足，人类对社会的公平、正义、平等的追求将成为社会发展的主旋律。这种平衡包括人与人之间的平衡、社会各阶层的平衡、行业之间的平衡、社会财富获取的平衡等，以公平、友善、共享为基准，有效协调社会各行业、阶层关系成为社会深度发展的基本需求。

4.金融满足地域之间以及农村和城市之间不平衡发展的需要。

地域之间以及农村和城市之间发展的不平衡已成为社会整体深度发展的阻碍。统筹区域发展，实现共同富裕，关系社会主义现代化建设全局和社会的稳定，是建立社会主义和谐社会的重要保证。社会主义的发展是人民群众的共享式的发展，一部分区域先富起来，并没有真正实现共同富裕。我们需要的是整个中华民族、整个社会的全面进步，人的全面发展。也只有全面的发展，才是中华民族真正的发展（毛英，2010[2]）。

毛泽东强调：矛盾存在于一切事物的发展过程中；矛盾存在于一切事物的发展过程的始终。在经过物质与生产不平衡阶段后，中国社会经济的发展将迎来一个新的不平衡，这种不平衡将是中国在相当长的一段时期内社会发展的主要矛盾，这需要人类协调处理生态与人之间、区域之间、城乡之间的冲突与扰动，在矛盾中求和谐，在和谐中求发展。

二、新思想下的金融标准

习近平新时代中国特色社会主义思想是我们发展和坚持社会主义金融的基准，是我们一切金融行为的基本指南，是我们衡量金融行为的基本标准，重点包括以下内容：

1.必须坚持以人民为中心的发展思想，不断促进人的全面发展，实现全体人民共同富裕。这是中国特色社会主义发展的核心，是破解中国社会主要矛盾的行动指南。这表现为：一是必须坚持以人民为中心的发展思想。这是我们所有行为的基点，坚持人民主体地位，是顾全局、管根本、看方向、望长远的出发点，是决定发展思路、发展决策、发展战略、发展着力点的总开关。二是不断促进人的全面发展。既要满足人的物质需要，同时又要满足人的生态需要、精神需要、文化需要和理想需要。三是实现全体人民共同富裕。共同富裕是社会主义的终极目标，是社会主义与其他体制的重要区别（邸乘光，2014 [3]）。

2.必须树立创新、协调、绿色、开放、共享的发展理念。理念是行动的先导，社会实践与理论发展都是基于一定的发展理念的。发展理念是否正确，从根本上决定着发展成效乃至成败，金融系统的发展同样如此。对新时代而言，保证系统目标实现和秩序稳定的关键是新的理念，而创新是新系统发展的基本动力，是系统发展的基础；协调是系统更新处理的基本原则，是系统持续健康发展的内在要求；绿色是系统永续发展的必要条件和人民对美好生活追求的重要体现；开放是构成系统之间能量交换和利益交换的基本条件；而共享是中国特色社会主义的本质要求，我们必须坚持发展为了人民、发展依靠人民、发展成果由人民共享的制度安排，使全体人民在共建共享发展中有更多获得感，增强发展动力，增进人民团结，朝着共同富裕的方向稳步前进。

3.坚持社会主义核心价值观。核心价值观简单来说就是社会群体判断事物时所依据的是非标准，是应该遵循的行为准则。习近平同志在“十九大”报告中指出，要培育和践行社会主义核心价值观。金融的发展与建设，要体现社会主义核心价值体系的根本性质和基本特征，反映社会主义核心价值体系的内涵和实践要求，在金融规划、政策和制度的建设上，要体现“富强、民主、文明、和谐”的价值理念，在行业的发展上，要体现“自由、平等、公正、法治”的基本原则，在金融机构行为上，要体现“爱国、敬业、诚信、友善”的道德准则。防止出现与社会主义核心价值观相背离的现象与行为。

4.坚持人与自然和谐共生。生态为人类的生存与发展提供基本条件，生态与经济发展的不和谐，构成当前人类社会发展的主要矛盾之一。我们要改变现有的生产方式、生活方式，以友好、协调、和谐的态度亲近生态、保护生态、改善生态（李慎明，2006 [4]）。这是构成金融行为的生态标准。

5.坚持全面深化改革。针对新时代的需要和矛盾，“十九大”报告提出三点要求：一是“必须坚持和完善中国特色社会主义制度，不断推进国家治理体系和治理能力现代化”，这为金融体制的建设提供基本方向；二是“要坚决破除一切不合时宜的思想观念和体制机制弊端，突破利益固化的藩篱”，这为金融体系建设提出基本要求；三是“吸收人类文明有益成果，构建系统完备、科学规范、运行有效的制度体系”，这为如何构建完善的金融体系提出制度建设的科学要求。

金融作为现代经济的核心系统，我们应正确认识并准确把握新时代、新思想、新起点、新使命及新征程的内涵，并转化为新时代下中国特色的社会主义金融思想、金融使命和金融方略；在全面建设社会主义现代化国家的新征程中建功立业，为实现中华民族伟大复兴的中国梦做出金融贡献。中国特色社会主义新时代的转换是基于新时代的社会主要矛盾出现的新变化。

三、中国特色社会主义金融思想

意识运动的引起是为思，目的性的意识行为是为想。新时代社会主义金融的基本思想由社会主义金融的基本目的、金融管理基本目标、金融价值观体系的建设三个方面构成。

（一）社会主义金融的基本目的

目的是指预先设想的行为目标和结果。金融作为人类社会发明的工具，首要解决的问题是为谁服务，即发明金融的目的是什么。目的问题是一个根本性问题，目的决定金融路线、金融价值、金融发展的目标、策略、方式、制度和方法，进而决定最后产生的效益。

党的“十九大”报告提出的中国特色社会主义建设思想，对金融业的发展提出三个坚持：坚持以人民为中心的发展，坚持不断促进人的全面发展，坚持共同富裕思想。三个坚持为金融系统的发展指明基本方向，构筑未来金融业发展的基本思想体系，为协调金融系统与人类社会系统的关系提供基本方法，延伸构成金融业发展的基本标准。

金融发展的基本目的是为人民服务。

首先，坚持以人民为中心是由我们党的本质属性所决定，是由我们社会主义制度的性质所决定。中国共产党人的初心和使命，就是为中国人民谋幸福，为中华民族谋复兴。发展社会主义的目的就是要满足人民需要，保障人民权益（钱翠玉和钱正武，2013[5]）。把金融发展目的定位于为人民服务，这与社会主义的基本思想保持一致，与社会主义发展目标保持一致。

其次，是为人民共同富裕服务。共同富裕是社会主义制度的基本标准与试金石，把金融发展目的定位于人民的共同富裕，意味着金融发展的目的是为全体人民服务，而不是为少数人服务，金融发展与全体人民的幸福生活紧密相连，这是衡量金融发展正确与否的唯一标准（王翔，2009[6]）。

最后，是为人民的美好生活服务。美好生活是指人民群众在生活中的一种状态，金融为美好生活服务是指在金融活动过程中，每一个人和每一个企业所得到的金融服务，都在平等、公正、诚信、友善、和谐的金融关系中得以实现。从微观上讲，就是每一个产品的设计与实施，都能体现交换关系的利益共享性、相处诚信性、关系友爱性。

（二）社会主义金融管理基本目标

围绕人类美好生活需要与经济发展的不平衡、不充分的基本矛盾，为经济、生态和社会服务，构成社会主义金融的基本行为目标，即金融的行为要为以上基本目标服务。

1.为实体经济发展服务。金融发源于实体经济资本筹集的需要，发展于实体经济成长、壮大的过程。实体经济是金融之本，是价值的源泉，虚拟、自我循环、自我增值的金融体系，是与中国社会主义为人民服务的目的相背离的。虚拟金融资本的发展只会导致金融泡沫、金融危机。为中国的经济转型服务，为经济升级服务，为经济高质量发展服务是社会主义金融当前的主要任务（梁欢和彭士云，2009[7]）。

2. 为人类与生态和谐共处服务。金融发展服务于人类与生态环境的和谐相处。生态构成人类生活的基本需要，是人类社会长续发展的基本保证。“十九大”提出“像对待生命一样对待生态环境”。资金是生产的三要素之一，并且是基本要素，资金既决定生产，又引导生产的方向与积极性。金融的绿色发展既是生态的要求，又是人类自身发展的需要。绿色金融的定位应为生态、经济和社会关系的协调者、环境风险控制者和生态环境改善的支持者。

3. 为人类社会的共同发展服务。不平衡、不充分已成为中国社会发展的主要矛盾。要为解决供需不平衡、区域不平衡、产业不平衡、城乡不平衡、收入不平衡等方面服务；要为解决生产力发展不充分、科技发展不充分、资源能源利用不充分、民生工程发展不充分服务。把解决不平衡、不充分作为金融发展的主要任务与工作。大力发展普惠金融、科技金融、共享金融、扶贫金融、互联网金融等新形式金融。金融发展要服务于新经济模式，坚持金融发展为改变不平衡、不充分服务，并成为社会发展的推进者和社会关系的协调者。

4. 为坚定防范金融风险服务。金融风险已成为现代社会发展的主要风险，究其根本，资本的贪婪和市场过度是金融风险产生的根本原因。要建立强约束性的金融风险管理体系，明确金融风险防范机理，建立金融风险责任承担机制，落实金融风险责任体系，建立金融风险防范链。把金融风险打压在源头环节，保证社会的稳定，给人民安全感。

（三）社会主义金融价值观体系的建设

在明确为人民服务构成社会主义金融核心目的和社会主义金融管理目标的基础上，建设社会主义新金融价值观体系成为我们社会主义金融思想建设的第二个核心问题。社会主义金融价值观体系重点应包含以下五个方面的内容：

1. 社会主义金融的服务观。金融是人类发明的工具，金融与人类之间属于主客体的关系，金融最根本的目的是为人民服务，金融价值体现在金融为人民服务的水平、程度和人民获得的满足感方面（王伟，2007[8]）。党的“十九大”在14条方略中提出“坚持社会主义核心价值体系”，让社会主义核心价值观成为我们判断社会事物的是非标准和应遵循的行为准则。金融价值观应以社会主义核心价值观为基础和衡量标准，以全体人民的美好生活提升为基本目标（张波勇和陈杰峰，2014[9]）。

2. 社会主义金融的质量发展观。发展仍然是社会主义金融的主要目标，只有发展，金融才能不断创新，在创新中满足人民美好生活的需要，满足社会经济发展的需要，满足生态不断改善的需要。但新时代的发展是高质量的发展，金融发展由高速增长型转向高质量发展型。金融的高质量发展包含增长满足、结构满足、情感满足、平等满足、区域分布满足、城乡满足等内涵。

3.社会主义金融的文明与和谐发展观。社会主义金融的文明与和谐发展观包括金融与国民经济发展各行业之间的文明和谐发展（屈亮和宋训龙，2010[10]），而非利用其天然的强势地位，以牺牲实体经济的掠夺式发展。应以实体经济发展为本，以支持实体经济发展为发展之源。此外，金融行业的发展应与人民的整体富裕连在一起，走一条共同富裕道路（王广宏、于国庆和高瞻，2014[11]）。

4.社会主义金融的公平、公正、平等观。金融产品的交换是以价值的自由、平等、公平和公正为基本前提的，而非利用金融强势地位的价格交换，金融价格要以金融价值为基础，要走一条金融产品价值与社会产品价值相对等的金融交换之路。非平等的交换只能产生金融垄断和金融的掠夺，其结果就是社会的非平等发展，造成社会发展的断裂。

5.社会主义金融的诚信、友善交易观。诚信是金融发展的基础，友善是金融基本良心与约束。诚信是指交易双方遵守契约的约束，按契约的约定执行，以维护金融秩序。友善是指在具体的金融行为当中，金融的交换以双方共益为基本标准，价值交换双方共同受益，而非单方受益，让共益交换成为社会主义金融的基本价值观。

参考文献

［1］王鹏程. 矛盾的普遍性、特殊性、个体性和矛盾的普遍存在性［J］. 前沿，2006（3）.

［2］毛英. 创新与发展——中国特色社会主义在21世纪的必然选择［J］. 宜宾学院学报，2010（9）.

［3］邸乘光. 坚持和发展中国特色社会主义的指南（上）——论习近平总书记系列重要讲话的立场、观点和方法［J］. 广东广播电视大学学报，2014（1）.

［4］李慎明. 构建和谐社会需要深入研究的十个问题［J］. 红旗文稿，2006（22）.

［5］钱翠玉，钱正武. 刍议中国共产党没有自己的特殊利益［J］. 传承，2013（10）.

［6］王翔. 人的全面发展——全面建设小康社会的一项奋斗目标［J］. 江苏纺织，2009（6）.

［7］梁欢，彭士云. 整体性视阈下的中国特色社会主义理论体系［J］. 哈尔

滨医科大学学报，2009（1）.

［8］王伟. 科学发展观的背景探析［J］. 法制与社会，2007（8）.

［9］张波勇，陈杰峰. 以雷锋为镜践行社会主义核心价值观的思考［J］. 学理论，2014（17）.

［10］屈亮，宋训龙. 科学发展观是发展中国特色社会主义的重大战略思想［J］. 重庆科技学院学报（社会科学版），2010（5）.

［11］王广宏，于国庆，高瞻. 建设国家科技金融功能区的研究［J］. 决策咨询，2014（4）.

（作者单位：河北经贸大学绿色金融研究所）

第二部分：金融支持湾区发展

粤港澳大湾区的金融逻辑

王忠民

基于粤港澳大湾区的金融事实，从创新创业、产业链、湾区和2C四个方面论述了粤港澳大湾区发展的金融逻辑，对B端和C端的组织运行进行了详细阐释。改变弊端的组织方式、运行方式，迎合C端的最大需求和民间的成长性需求，是粤港澳大湾区企业发展的成长场景和成长逻辑。

从金融的视角来看，中国全国社会保障基金（简称社保基金）与粤港澳大湾区的金融发展主要有过两次关联。一是2009年社保基金承接广东省基础养老金1 000亿元的受托管理，受托后在全资本市场中利用金融工具进行配置和投资，实现8年来平均年化收益率为10.9%，目前已结束受托归还广东省政府。与养老金未受托对比分析，若养老金未受托，按照有关规定广东省政府只能存进银行或购买国债，收益率较低。受托后可利用社保基金的投资功能，通过LP投资在创业投资、风险投资和私募股权投资基金中加以利用，通过这些基金管理公司在市场当中投资民营、新经济、新科技以及金融科技的公司，以获得私募股权投资领域的巨大成长。二是社保基金投资的区域关联。近年来，社保基金共投资约500亿元，带动投资3 000亿元，投资了600多家公司，其中半数公司集中于粤港澳区域。初步估计，粤港澳区域的私募股权投资年化回报率约为20%，是社保基金权益投资中高回报板块的重要支撑，也是私募股权创业投资和风险投资市场发展的有力支持，特别是对新经济和民营经济市场成长和发展的支持。

总结社保基金投资和粤港澳大湾区经济联系的有关经验，我们认为粤港澳大湾区的金融逻辑主要有四个方面。

一、创新创业与金融逻辑

观察2017年全球上市公司市值排行榜，谷歌、苹果、腾讯和阿里巴巴等全球前十位公司，单一公司市值已达到9 000亿美元，最低市值也已实现4 000亿美元。由其创业历程可知，在创业之初大多由风险投资基金作为股东支持其发展，即便在发展过程中股东有所更替，风险投资基金支持发展的总体局面并未改变。其背后的逻辑在于，创业公司的成长离不开风险投资者，乃至天使投资人。分析粤港澳大湾区的上市公司市值排行榜，其中成长最快的应当是腾讯。由腾讯的市值变化可知，创业之初同样是由一系列风险投资者支持其发展，每一次产业迭代、产品创新和新业务拓展均离不开资本投资，包括风险投资、私募股权投资、二级市场的并购重组和可转债等方式，多种形式的资本投资促进了腾讯公司的发展壮大。

从市场发展的角度来看，分析中国股票市场的市盈率，可以看到市盈率最高的板块为创业板块，达到46.7倍。说明在整个一级市场当中，社会投资者对创业的发展都是最为支持的，在二级市场中，具有未来价值高估的公司也多为创业成长性的公司，此类公司大多具有新产品、新迭代、新逻辑，创新是其获得较高的未来价值和市场投资的根本原因。而一个企业的创新，除了取决于成熟稳定的创业者之外，必然需要与其创新相匹配的风险投资大局。考察全球其他湾区，硅谷之所以成功，主要原因在于其与新的投资者相匹配的风险投资生态体系，这一生态体系对硅谷发展起到了帮助、协同和纠错的作用，甚至在某种意义上起到了主导作用。按照这个逻辑，回顾粤港澳大湾区的金融事实，我们可以看到湾区具备庞大的投资队伍，资金量众多，商业模式成熟，投资回报链条完善，为创业提供了良好的环境。在改革开放40年里，湾区产生了一批优秀的创业者，也同时产生了一批优秀的风险投资者，共同成长发展催生了湾区的繁荣，打下了湾区持续成长的牢固基础。

二、产业链与金融逻辑

轻资产、产业链、区块链和代币是全社会视角下的热点问题。而只有湾区才能把产业链分为不同视角和不同链式关系，并将其展现为盈利模式，特别是产业背后优化的金融盈利模式。在湾区庞大的系统下，通过链条间节点及其关联，可以使公司轻资产的所有借贷关系、买卖关系全部转化为租赁关系和企业外部链条，公司的重资产则由与公司具有稳定短时间契约关系的企业来承担，这样才能保证整个链条的稳定性。当一个区域的产业链条足够成熟，不仅可以找到轻化的链条，保证链条节点稳定，还可以动态更新每一年的区块，才能够真正打造出轻资产的逻辑。因此，轻资产公司必然产生于大湾区当中，而不能产生于小城市和小氛围中。

将链式思维放大来看，轻资产的公司在创新过程中，能否将产品生产各个环节运用契约关系迅速有机结合起来，并将集合点代工出去是其创新的基础逻辑，而这种创新的生态系统必然要在湾区的背景下才能更好地呈现。当采用集成的思维创新产品和服务时，湾区提供了集成最好的生态逻辑。

将链式思维收敛来看，在企业集团内部追求利润最大化的前提下，通常需要实现企业内部链条连接点最优化、交易成本最低化、交易关系稳定化。如何实现每个链条成本收益核算下价值分配最均衡，链条紧密连接状态下实现切换最流畅，区块链在其中起到了重要作用。其作用机制在于，在企业内部产生一个代币或者圈币作为交易的抽象价值体现，在交易结算、清算和托管过程中，将所有中间环节和价值链的分配环节全部采用代币进行交易，以实现币值反应均衡，交易充分。这一过程将金融关系外部化，减少了交易费用，解决了交易价值分配的均衡性问题。然而这种链式思维也需要在大湾区的背景下才能实现，当区域过小时，难以寻找内部链接价值均衡和分配价值的逻辑方式，与链式思维和轻资产发展产生矛盾，契约的稳定性难以保证，可能会造成链条断裂。

三、湾区的金融逻辑

从供给端的生产要素角度来看，无论是三去一降一补的宏观目标，还是降杠杆去库存的微观目标，其背后的金融逻辑要点都在于让所有的生产要素聚合时效率最高，链式解开时效率也最高。劳动、土地和资本生产要素在资本的逻辑下均可反映为某个价值链，但是当价值链解开时，需要重新寻找要素效率最高点再在另一个价值链节点中实现最优配置，如果价值链解开再结合的交易成本最低，那么这种要素市场的充分性将会成为湾区所有生产成本要素聚合的最根本的市场节点。

更进一步讨论要素深层次的逻辑。在湾区的城市生态中需要有不同的分层，以满足不同方面的生产生活需要，因此生产要素的节点能否与金融节点进行反应，能否吸纳多方面不同层次的生产要素，是要素市场发展的关键。当要素市场细微地往外延伸时，我们发现，只有湾区才能够不仅将所有生产要素金融化，还为其找到实践场景及表现方式。因此，我们需要注意这样一个金融结论：湾区，让生产要素市场不断深化、不断细化、不断清晰、不断满足各种生产要素场景的延伸和再延伸，这是湾区金融化逻辑中最深厚的金融逻辑、经济逻辑、社会逻辑和成长逻辑。

四、2C的金融逻辑

当今市场中互联网金融的成功主要在于2C端给大众提供了优质的金融和消费场景，且较原有B端提供的服务和场景更加有效，以至于大众的C端的消费和税单需求蜂拥而至。面对C端这样一种历史逻辑和现实景象时，我们发现只有在湾区人口量足够多、资金量足够大的背景下才能实现这样的需求。C端的需求是社会需求可以瞬间组织为一个场景的力量所在，正是由于湾区的人口众多，为创业公司的C端提供了庞大的初始需求，带动了公司的发展。而湾区的金融端口在不同层次上不断地延展和增长，促使C端的需求持续扩张，让新的公司寻找新的场景实现与C端对接。

综上所述，粤港澳大湾区的金融逻辑前三个方面主要为B端的逻辑，第四个方面为C端的逻辑。总而言之，改变B端的组织方式、运行方式，迎合C端的最大需求和民间的成长性需求，一定是粤港澳大湾区企业发展的成长场景和成长逻辑。

（作者单位：中国社会保障基金理事会）

从粤港澳大湾区建设看金融如何支持经济转型升级

刘向耘

粤港澳大湾区建设是中国经济转型升级的重要战略部署之一。在这个过程中，金融如何更好地发挥作用，不仅对粤港澳大湾区建设，对全国的发展也具有重要意义。金融要在粤港澳大湾区建设当中更好地发挥支持作用，一是应紧密围绕形成高质量供给体系的目标，推动金融改革与开放，大力发展生产性服务业，完善多层次的资本市场体系，加强股权市场的建设，进一步改善对中小企业的金融服务；二是增量优化应与存量调整并重，优化金融资源配置，利用区域内金融业较为发达、制度创新较为活跃的优势，探索市场化和法治化的债务重组模式，完善要素市场，形成增量优化与存量调整相结合的资源优化配置方式；三是探索政府与市场结合的新路，建立城镇化融资的新模式，更好地区分政府与市场的边界，重塑财政与金融、政府与市场之间的良好关系，发挥金融的积极作用。

“粤港澳大湾区”概念最早出现在中国国家级设计文件中，是2015年3月国家发改委、外交部和商务部经国务院授权发布的《推动共建丝绸之路经济带和21世纪海上丝绸之路的愿景与行动》，该文首次提出“深化与港澳台合作，打造粤港澳大湾区”（钟韵和胡晓华，2017[1]），标志着“打造粤港澳大湾区”上升为国家战略（吴兆春，2017[2]）；2016年3月，国家“十三五”规划再次提出“推动粤港澳大湾区和跨省区重大合作平台建设”，特别强调“携手港澳共同打造粤港澳大湾区，建设世界级城市群”①；2017年3月，政府首次在工作报告中提出“要推动内地与港澳深化合作，研究制定粤港澳大湾区城市群发展规划，发挥港澳独特优势，提升在国家经济发展和对外开放中的地位与功能”②；2017年10月，中共十九大报告非常明确地提出了建设粤港澳大湾区的要求，指出“通过各个方面包括国家层面、广东方面、香港方面、澳门方面共同努力，一定要把粤港澳大湾区建设得更好，为中国2020年全面建成小康社会、2035年基本实现现代

---

① 中华人民共和国国民经济和社会发展第十三个五年规划纲要，http：/www.china.com.cn/lianghui/news/2016-03/17/content_38053101.htm.

② 李克强在第十二届全国人民代表大会第五次会议上所做的政府工作报告，http：/www.gov.cn/xinwen/2017-03/16/content_517940.htm.

化、本世纪中叶建成社会主义现代化强国，做出大湾区应有的贡献”[①]。

一、粤港澳大湾区建设对于中国经济转型升级具有典型意义

2015年中国GDP中服务业的占比超过了50%，有经济学家认为这是中国进入后工业化时代的标志。工业化是过去几十年中国经济高速发展的重要引擎，随着工业化进程放缓，中国也面临增长动能下降的问题。增速的减缓，不仅突出地反映在工业上，也反映在服务业上。2010年中国工业增速为12.6%，2016年下降到6%；同期服务业的增速由9.7%下降到7.8%。因此，如何加快产业结构升级，带动经济转型升级，增强经济增长动能，提高经济发展质量，是现阶段中国经济发展面临的关键问题。

粤港澳大湾区建设是中国经济转型升级的重要战略部署之一。珠三角地区作为中国改革开放的排头兵，在过去几十年中，已发展成为中国重要的制造业基地，对带动全国发展发挥了重要作用，也为香港和澳门的发展提供了重要机会。在国际金融危机爆发后，珠三角地区的制造业首先遭受重创，转型升级的压力很大。近几年来，珠三角地区通信电子信息、新能源汽车、无人机、机器人等高端产业集群蓬勃兴起，但新动能的力量目前还不够强大，传统行业仍然面临较大困难。2016年广东省工业和服务业的增速分别为6.4%和9.2%，尽管都高于全国平均水平，但仍处于广东省的历史较低水平。服务业的发展势头虽显著好于全国其他地区，但并未显示出强劲增长之势，包含了新兴服务业的“其他服务业”的增长态势亦如此。从已显现创新型经济特征的深圳来看，2016年工业和服务业的增速分别为6.8%和10.4%，尽管都高于广东全省平均水平，但仍比2012年分别低0.5个和1.9个百分点。当然，作为典型的创新型城市，深圳“其他服务业”的增速从2013年以来呈较明显的回升势头，自2015年起超出了其他行业的增速。然而从统计数据看，目前这种发展势头有所减缓，深圳服务业的整体增速自2017年第四季度以来也呈下滑态势。因此，如何使新增长动能进一步增强，并带动各行各业发展，仍然是当前珠三角地区面临的主要任务。粤港澳大湾区建设将以进一步的体制机制及实务创新推动人流、物流、资金流和信息流畅通，优化资源配置，推动珠三角及周边地区乃至全国产业结构全面升级。在这个过程中，金融如何更好地发挥作用，不仅对粤港澳大湾区建设，对全国的发展也具有重要意义。

二、后工业化时代中国金融发展格局已发生根本性变化

从历史上看，经济发展阶段和结构的变化与金融发展之间有很强的相互影响

---

① 习近平在中国共产党第十九次全国代表大会上所做的报告，http: /cpc.people.com.cn/n1/2017/1028/c64094-2961360.html.

关系。从中国经济阶段性结构性变化及其对金融发展的要求和影响而言，经济金融发展可以分为三个阶段。

第一阶段，从改革开放后到国际金融危机爆发前。这是中国工业化快速发展阶段。这一阶段，中国的工业化率总体上一直在提升，2006年达到42%的高峰，2007—2008年也维持在41%以上。在工业化阶段，金融重要的功能就是筹集工业化所需要的大量资金、支持投资。国家动员国内储蓄与利用外资相结合，很好地解决了工业化所需的大规模投资问题，形成了工业化-出口、投资-金融之间相互依存、相互促进的关系。从制度层面看，中国以银行为主的金融体系，以及国家隐性担保下的银行信用、利率管制与低利率政策、基于资本管制的固定汇率制度等制度安排，对于快速实现工业化发挥了重要作用。但是与这一时期过于依赖出口和投资的粗放型发展方式相联系，金融部门的效率不够高；与重复投资、产能过剩相对应，金融部门也潜藏了大量不良资产隐患。

第二阶段，从国际金融危机爆发后到2016年。国际金融危机导致外需急剧下降，给中国的制造业带来巨大冲击；再加上中国进入中等收入国家行列，居民消费需求结构升级换代，工业部门出现普遍的产能过剩，被迫进入产业结构调整期。但产业结构的调整和新增长动能的形成是一个艰难和长期的过程，这其中有产业发展规律的原因，也有体制机制不合理的方面形成的障碍。在经济增长压力较大的情况下，基础设施建设、房地产成为中国稳定经济增长的重要抓手。当然，中国也在积极促进产业结构调整升级，新旧增长动能也正在转换之中。

由于经济增长持续下行、PI长时间下降，CPI低位运行，因此客观层面要求放松货币与信贷政策。但由于制造业萎缩，而基建与房地产成为稳增长的工具，因此大量资金进入基建与房地产领域，形成基建-房地产-金融紧密联系、相互影响、相互强化的三角关系，并导致中国金融总量不断膨胀和杠杆率不断攀升。

这一时期，适应经济转型的需要，金融也在转型。从政策层面来说，金融市场化和国际化水平进一步提高，如深入推进利率和汇率的市场化改革、进一步推进金融机构改革和金融市场发展、稳步推进人民币国际化等。从金融行业看，发展与创新都很快，呈现出很多新业态。金融与科技快速融合，金融科技和科技金融都迅速发展；同时，绿色金融、普惠金融很快兴起，呈现良好的发展势头。更值得注意的是，金融从主要为企业和政府服务，转变为越来越多地为居民服务，一方面是以理财为代表的居民投资工具的发展；另一方面是房贷、消费贷等居民负债的迅速发展。

这一时期金融发展同时出现另外一个特点：部分金融机构热衷于通道、同业、交易类业务，脱离真实需求进行自我创新、体内循环。大量资金在金融体系内“空转”，杠杆资本越来越多地投资于资产市场，尤其是房地产、股票和债券市场，金融发展与实体经济发展脱节的问题比较突出。

因此，可以说，在经济结构转型的过程中，金融部门也在积极进行探索、寻求突破。当然，这一时期金融的复杂程度大大增加，既有传统的金融业态，也有新兴的金融业态，还有两者的交融混合；既有金融创新，也有很多金融乱象。总体来说，金融对经济的支持不容否认，但金融风险也不可忽视。

第三阶段，自2017年开始。首先是2017年7月召开了中央金融工作会议，会议要求，金融工作要紧紧围绕“服务实体经济、防控金融风险和深化金融改革”[①]。其次，中共十九大报告再次强调，要“深化金融体制改革，增强金融服务实体经济的能力”，并阐明了中国经济转型与金融发展的方向，要求“着力加快建设实体经济、科技创新、现代金融、人力资源协同发展的产业体系”。因此，经济将进入加快转型阶段，金融也将呈现出新的发展格局。这不仅仅是党中央的要求，从实际情况看，经过前一阶段的发展，中国积累了经验教训，也在经济上、金融上打下了一些较好的基础。由此可见，金融发展将进入一个行稳致远、促进向金融强国迈进的新阶段。

三、深化金融改革开放，形成既活又稳的金融发展新格局

金融活经济就活，金融稳经济就稳。[②]要使金融更好地支持经济转型升级，就要使金融既活又稳。只有使金融活起来，才能更好地满足创新型经济发展需要和多样化的融资需求，才能提高金融体系配置资源的效率，提高经济发展质量；只有使金融稳起来，才能防范和化解金融风险，保持经济健康发展。

而要使金融活，就要坚持“减少管制”的原则，按照“负面清单”的准入制度和扩大服务业开放的要求，为各类投资主体准入提供公平竞争的市场环境；减少行政干预，进一步推进金融要素价格市场化，使市场在资源配置中起决定性作用，提高金融资源的配置效率；还要坚持“支持创新”的原则，鼓励创新、允许试错。

要使金融稳，就要在金融机构治理、市场自律与政府的调控与监管方面多做文章，全面筑牢金融安全网；特别是要完善监管，提高监管强度和有效性，探索“穿透式”监管范式，消除监管空白与监管套利，对于可能引发区域性系统性风险的因素，要及时纳入宏观审慎政策管理框架妥善加以应对，切实维护金融稳定。

既活又稳的金融发展新格局需要多方面共同努力和探索。当前，区域金融改革成为中国金融改革的重要内容，区域金融改革的重要意义在于探索体制机制创新、积累可复制可推广的经验。珠三角地区一直走在中国改革开放的前沿，目前

① 详见http：//www.sinotf.com/GB/News/101/2017-07-15/yMMDAwMDI1MTQyMQ.html.

② 习近平在中共中央政治局第四十次集体学习时发表的讲话，http：//www.news.xinhuanet.com/politics/2017-04/26/c_120879349.htm.

多项金融改革试点正在积极开展，粤港澳大湾区建设将为金融改革开放创新提供新的契机，探索出一条金融支持经济转型升级的新路。

四、金融支持经济转型升级的政策建议

（一）紧密围绕形成高质量的供给体系的目标，推动金融改革开放与创新

现实生活中，中国面临消费品总量过剩，但品质满足不了需要的问题，而服务不仅存在质的问题，也存在量的不足。因此，金融业服务实体经济，本质上就是要促进形成高质量的供给体系。针对当前粤港澳地区的产业结构现状，重要的是要大力发展生产性服务业，促进制造业加快升级。在金融如何支持生产性服务业发展和制造业升级方面，还大有文章可做。这其中非常重要的就是要完善多层次的资本市场体系，加强股权市场建设，进一步探索如何改善对中小企业的金融服务。当然，金融如何支持生活性服务业发展，比如支持养老和医保，也是非常重要的课题。

值得注意的是，要保持生产与消费的平衡发展，要在促进生产率提高和居民收入增长的基础上，通过消费金融的发展，促进消费增长。目前，中国包括住房在内的广义消费信贷发展非常迅速。有些人认为，当前应更大地发挥消费对经济增长的拉动作用，因此应积极鼓励消费信贷发展。这种观点有其道理，但要看到，近几年来，居民收入增长明显放缓，居民储蓄率也较快下降，而居民的杠杆率却在迅速上升。在经济转型阶段，过度发展消费信贷刺激消费增长，有可能带来金融风险，如韩国在亚洲金融危机后，为推动经济由出口导向型向消费驱动型转变，大力支持消费信贷发展，结果导致消费信用过度扩张，2003年爆发信用卡危机。所以，国家一方面要鼓励消费信贷发展；另一方面也要切实防范风险。现阶段，金融促进供给体系质量、生产率提高和居民收入增长可能是更为重要的任务。

（二）增量优化与存量调整并重，优化金融资源配置

当中国经济的体量和金融的体量发展到目前如此大规模的时候，单靠增量调整来优化结构，可能难以达到目标。因此，存量的调整也是必需的。对于这一点，各方面也有共识，但在实际中怎么做，困难还比较大。如何建立和完善市场化的企业并购重组以及退出机制和金融机构市场退出机制，如何进行市场化和法治化的债务重组，仍是中国产业结构调整升级中亟待解决的问题。尽管粤港澳大湾区建设会带来很多新的投资机会，但如何盘活存量资产，同样也是不可回避的问题；而且利用区域内金融业较为发达、制度创新较为活跃的优势，探索市场化和法治化的债务重组模式，完善要素市场，形成增量优化与存量调整相结合的资源优化配置方式，能够为全国提供可资借鉴的经验。

（三）探索政府与市场结合的新路，建立城镇化融资的新模式

粤港澳大湾区建设的目标之一是要打造世界级的城市群。尽管粤港澳三地基

础设施基本完善，但在未来的建设中，仍会有大规模的基础设施建设问题，这不仅仅是指道路、桥梁、港口等生产性基础设施建设，也包括城市的公共基础设施等生活性基础设施建设。其中，生产性基础设施与生活性基础设施的融资机制存在较大差别。

过去中国的基建主要集中在生产性基础设施建设上，而纯粹的生活性基础设施建设则较为滞后。在生产性基础设施建设方面，过去主要靠政府融资平台，后来改为发债，现在很多转向PP。但无论是发债，还是PP，都存在一些问题，需要规范发展；并且，地方政府的增长的融资需求与越来越强的债务约束之间的矛盾日益突出。在纯粹的生活性基础设施建设方面，政府投资还很不足，现在越来越多的社会资本进入这一领域，但如何区分政府与市场的边界，怎样发挥好金融的作用，如何建立社会资本责任投资的理念，仍是迫切需要探索的问题。因此，在粤港澳大湾区建设中，非常重要的一个方面就是要探索解决城镇化的融资需求问题，形成可持续的融资机制，这需要财政与金融、政府与市场之间再塑良好合作关系。

（四）大力加强金融基础设施建设

金融基础设施不仅仅包括支付、结算、登记托管等，也包括法治环境、信息体系、社会信用体系和评级体系等内容。完善的金融基础设施不仅有利于金融活起来，也有利于金融稳起来。因为它是金融市场运行的核心支撑，也是宏观调控的监管部门的重要平台和工具。目前，得益于新技术的应用，金融创新发展得非常快，市场本身在金融基础设施的建设方面发展得很快。但金融基础设施的发展很不平衡，有的方面快一些，有的方面则发展得比较慢，还需进一步发展。如在征信和评级方面，相关部门还需培育多元化征信市场主体和符合国际标准的评级机构，提升中国评级机构的国际竞争力；在数字经济和数字金融快速发展的背景下既需要加强信息共享，也需要保障数据安全和个人隐私。此外，目前金融市场基础设施在建设与监管方面都存在分割状态，因此，根据中央要求统筹推进金融市场重要基础设施的建设规划和监管、加强金融基础设施改革与互联互通、维护重要金融基础设施安全稳健高效运行显得十分重要。对于粤港澳大湾区建设来说，需要考虑的还有金融基础设施的全球化及其监管问题，以及如何为国家层面的金融对外开放取得先行先试的经验。

参考文献

［1］钟韵，胡晓华．粤港澳大湾区的构建与制度创新：理论基础与实施机制［J］．经济学家，2017（12）．

［2］吴兆春．借势粤港澳大湾区加速广州创新驱动发展研究［J］．特区经济，2017（9）．

（作者单位：中国人民银行研究局）

广东“深化自贸区制度创新”的几点建议

李树杰

国际和近几年中国的外向型经济发展实践已经充分证明，自由贸易区（以下简称自贸区）这种对外贸易的开放模式，在降低关税和非关税壁垒、简化通关手续和费用等交易成本、促进人财物的跨境流动、带动临近区域省市经济圈的产业升级和经济社会“协续稳发展”（协调、可持续、稳健发展）等方面，都发挥着重大作用。

鉴于中国的经济发展还处在向市场经济模式转型阶段，经济管理体制中，在一定范围内还存在着“强政府、弱市场”的现象，故在现有自贸区管理体制中如何深化制度创新，给自贸区的国内外、境内外参与主体提供一个既合规合法、又高效运行的发展环境，就显得无比重要和迫切了。

结合广东省国家级自贸区（广州南沙、深圳前海和珠海横琴）的发展经验和存在的不足，兹就广东“深化自贸区制度创新”提几点不太全面和未必成熟的建议。

从总体战略上来讲，自贸区管理机构应该采取“对外构筑商贸网络，以期增加凝聚力；对内活化管理制度，以期增加吸引力”的战略。从详细策略上来讲，广东省的三大自贸片区应该采取下述策略。

一、广东自贸区应该构筑“内联省市、外拓国际”的国内外商贸网络

广东省对内要形成以南沙、前海、横琴自贸片区各自分工联系相邻城市、整合三大自贸片区统一联系相邻省份，对外要形成以三大自贸片区联系中国港澳，并最终形成广东省牵头中国南部六省（闽、赣、湘、云、桂、黔）、借助港澳平台、开拓海上丝绸之路沿线经贸金融商机和扩大中国社会文化影响的“内联省市、外拓国际”的大格局。之所以要强调“内联”，是因为要想实现广东省自贸区的进出口、投融资规模的跨越式发展，光靠本省的力量和可交易标的的种类，是远远不够的，离开了周围省市的资源互补和支持，便成了“无本之木”；而强

调“外拓”，是因为自贸区的特点就是开展国际商贸活动，离开了对外的商贸联系和往来，就等于放弃了市场和商机，便成了“无源之水”。

南沙、前海、横琴三个自贸片区在国内各自分工联系的相邻城市是：南沙片区依托广州重点联系佛山、肇庆、清远；前海片区依托深圳重点联系东莞、惠州、汕尾；横琴片区依托珠海重点联系中山、江门、阳江。

广东省为了加强与港澳的深度融合，可以借鉴澳门大学深入横琴新区建立校园的经验，让南沙、前海、横琴自贸片区到香港的新界和大屿山以及澳门的氹仔岛地区，采用中长期租借的形式，建立“广东自贸区港澳代办处”，便于处理与香港、澳门的经贸金融往来事务。必要的时候，便可升级“广东自贸区港澳代办处”为“广东港澳自贸园”，正式发挥自贸、加工、转口、报税等职能，真正做起“飞地经济”。

二、广东省应该与港澳联合建立商贸事务协调机制

为了更好地运行和发展广东三大自贸片区，应该提升与港澳协调机制的级别，把现有的“广东省政府港澳事务办公室”升格为“粤港澳大湾区事务协调委员会”（Guangdong - Hongkong - Macau Great Bay Area Affairs Collaboration Commission，GHMGBAACC）。该委员会的主要职责是协调广东省包括三大自贸片区与港澳之间的经贸金融往来过程中可能遇到的低效率、不一致，甚至摩擦和冲突等事务。委员会设主席1名，主席下设2个副主席。主席任期3年，副主席任期2年。协调委员会正主席职务采用“轮值主席”制度，不可连任，但可隔届担任。主席与副主席任期不同的目的是为了保证主席换届期间工作的连续性。主席的人选范围是港澳的副特首级官员、广东省副省级领导、深圳市委书记、珠海市委书记；副主席人选来自中山、东莞、佛山、惠州、江门、肇庆的市长。该“协调委员会”的办公地点亦可采用“随主席流转办公地点”的方式，即粤港澳深珠哪个地方的领导担任主席，该委员会的办公地点就搬到哪里。

三、广东自贸区应该在关税减免和手续精简上开展制度创新

1.自贸区货物通过内地与自贸区之间的关口“入关”到内地时，实行税收优惠政策。继续执行对从国外“入境”到自贸区的进口货物暂时免征关税的制度。当“入境”到自贸区的进口货物，再离开自贸区“入关”到内地时，建议按照现有“货物税率”的50%或80%来计收关税和增值税。而对于美元金额或外币等值美元金额不超过15万美元，金额或外币等值人民币金额不超过100万元人民币的货物，只按“行邮税率”征收关税和增值税。

2.简化自贸区办事手续和办理环节。应继续简化在自贸区办理入境出境和入关出关的环节和手续，同时免收各种手续费，比如，对于2018年2月1日开始启

用的海关总署令第235号修改后的《中华人民共和国海关对保税仓库及所存货物的管理规定》《中华人民共和国海关对保税物流中心（A型）的暂行管理办法》《中华人民共和国海关对保税物流中心（B型）的暂行管理办法》《中华人民共和国海关对出口监管仓库及所存货物的管理办法》中所涉及的下述10个表格和证书：《保税仓库申请书》《保税仓库注册登记证书》《保税物流中心（A型）申请书》《保税物流中心（A型）注册登记证书》《保税物流中心（B型）企业设立申请书》《保税物流中心（B型）企业注册登记证书》《出口监管仓库货物出仓清单》《出口监管仓库货物入仓清单》《出口监管仓库申请书》《出口监管仓库注册登记证书》，建议合并减少至下述4个：《保税仓库注册登记证书》《保税物流中心（B型）企业设立申请书》《保税物流中心（A/B型）注册登记证书》《出口监管仓库货物出仓清单》。

其他6种文书或证书则以自贸区管理部门在涉事货物的海运提单或航空运单等货运单据上盖章签署替代。

四、广东应该对自贸区的投资和金融服务业发展提供财政扶持

在吸引外来投资和外来企业方面，广东省的自贸区要遵循2017年6月16日国务院办公厅印发的《自由贸易试验区外商投资准入特别管理措施（负面清单）（2017年版）》文件精神，其中重点要做到以下几点：

1.认真落实减少限制性的措施。2017年版负面清单将2015年版的负面清单从50个条目（123项措施）减少至40个条目（95项措施），在放松管制方面大大改善。现在，广东省的三个自贸片区首先就要认真研究和执行新版负面清单，用足用好国家政策，尤其要按照“非禁即可”的原则，大大放开对企业的管制。

2.放宽外资并购的准入限制。按照新版负面清单的精神，除关联并购以外，凡是不涉及准入特别管理措施的外资并购，全部由“审批”改为“备案”制度。

3.扩大投资开放领域。2017年版负面清单主要在采矿业、制造业、交通运输业、信息和商务服务业、金融业、科学研究和文化等领域扩大开放。比如，在制造业领域，就取消了外商投资3吨及以上民用直升机设计与制造需中方控股的限制，境外投资者可以在自贸试验区范围内先行先试投资设立外商独资企业，从事3吨及以上民用直升机设计与制造。

4.增强外资准入透明度。2017年版负面清单按照现行国民经济行业分类的标准表述对27个领域的具体条目加以规范，例如将“原子能”调整为“核力发电”。同时，对照现行法律法规以及国际通行规则，对25个领域进行技术改进，更准确地反映现有全部准入特别管理措施。如在银行服务、保险业等领域列明了全部现行有效的，包括投资者资质、业绩要求、股比要求、业务范围等内容的限制性措施，显著提高了透明度。

目前，广东省委省政府应该组织三大自贸片区的相关管理人员，聘请相关专家或条文制定专家，对最新版负面清单进行专业培训，并采用测验或考试的形式来督促学员认真学习和掌握。

从对引进自贸区的金融企业的扶持政策方面，广东省的三大自贸片区应该抓紧研究和学习上海市浦东新区政府2017年7月12日颁发的《浦东新区“十三五”期间促进金融业发展财政扶持办法》，参考该文件的办法，对新引进广东自贸区的金融控股公司、金融机构、私募投资企业和融资租赁企业，根据其对自贸区的“贡献度”（该贡献度是指综合考虑企业经济贡献、科技创新、促进就业、节能减排、社会诚信和安全生产等因素，并经综合考核评定的企业贡献），给予这些金融单位一定金额的单位落户奖励、人才落户奖励和综合贡献奖励。

另外，广东省应该在三大自贸片区“试验实行资本项目完全可兑换”的创新举措，尤其可以鼓励自贸片区的银行理财资金或私募机构筹集的资金等，除了通过QDII金融机构，也可以试验通过非QDII金融投资机构，直接投资香港上市金融工具或其他国家发行的债券和股票等金融工具。另外，开始试验开展允许QFII金融机构和非QFII金融机构的外来资金直接投资于自贸区金融机构发行的金融工具的业务。

五、广东自贸区应对“非金融类服务业”提供财政补贴或奖励支持

广东应该对在自贸片区开展现代信息技术、高端装备、新材料、生物技术、新能源及新能源汽车、节能环保、数字创意、特色创新产品等方面的设计、转让、加工、生产、销售、维护等活动的企业或机构，根据其对自贸片区的“贡献度”，实行在一定期限（比如5年或8年）、一定金额内的财政补贴或奖励。

广东自贸片区还应该对商贸服务企业和专业服务机构，根据其对自贸片区的“贡献度”，在一定期限内给予一定金额的财政补贴或奖励。此处的商贸服务企业主要包括运营中心、大宗商贸企业、重点商贸连锁企业、重点文化创意企业、重点会展企业（如“珠海航展”）和休闲旅游企业（如横琴的“长隆”）。这里的专业服务机构主要指从事法律咨询和支持、会计审计、知识产权、人力资源、科技中介服务等业务的机构或单位。

六、广东自贸区应该在科学技术和高端教育的供给方面有所作为

自贸区应该引领产业和商贸向高科技、信息技术、清洁能源、智能制造等方向转型的大趋势，不仅对于引进转型产业的企业实行财政补贴或奖励，而且对于

采用当代新技术和新手段开展物流运输的企业（如物流企业、航运企业等）也给予一定期限、一定金额的补贴和奖励。

广东还应该在自贸片区引进或建设一批“中外合资”高端研究院（所）并建设一两所“中外合资”高端研究型和语言类大学（学院），其中大陆合资方主要应该选择高科技型、高端服务型的大型企业，目的是通过合作研究和职业或专业教育，培养和积蓄科技型和现代商务服务型人才；汇聚自贸片区的“人气”（市场）；并与企业合作开展科技研发、知识产权转化应用研究、高端服务业的研究和推介、提升等。

七、广东在衡量自贸片区的运行状况和可持续发展方面应建立一个指标体系

广东的三大自贸片区到底运行得如何，可持续性怎样，还应该有一个可以定量衡量的指标体系，这也便于与国内其他自贸区比较和评价。指数体系方面已有经验可资研究和借鉴，那就是2018年3月17日，由中国自由贸易试验区协同创新中心、上海财经大学自由贸易区研究院院长赵晓雷发布的“自贸区卓越指数”。该指数体系的设计借鉴了世界银行的《全球营商环境报告》及中国循环经济指标体系、世界发展指标，以及世界知识产权组织的“全球创新指数”，并参考了世界自贸区组织推出的“未来自贸区计划”。“自贸区卓越指数”评价体系包括营商便利、经济贡献、创新创业、可持续性等4个维度，它特别关注了投资贸易自由、规则开放透明、监管公平高效、营商环境便利等核心要素。此指数很值得广东的三大自贸片区进一步去研究，并因地制宜地调整和借鉴。

（作者单位：北京师范大学珠海分校国际商务部，珠港澳经济研究院）

金融助力粤港澳大湾区发展

冯旭东

2017年政府工作报告首次明确将粤港澳大湾区发展上升为国家战略，中共十九大报告提出以粤港澳大湾区建设推动港澳融入内地经济发展大局，表明了中央推动粤港澳大湾区发展的决心。从政治、社会、经济、科技四个方面描述粤港澳大湾区对区域发展带来的新变化，然后深入分析粤港澳大湾区发展对金融业的深远影响，最后从金融的角度提出服务粤港澳大湾区建设的思考：促进两岸三地深度融合，实现多城市协同发展；推动金融业融合发展，完善金融体制机制；推进金融改革创新，引领湾区跨越式发展；回归金融本源，大力支持湾区实体经济发展；开拓经营思路，积极支持湾区新经济。

一、粤港澳大湾区对区域发展带来的新变化

粤港澳大湾区作为国家大力推动的战略规划，拥有世界领先的航空港及航运港，交通便捷，金融发达，科技创新资源丰富，是世界重要的科技产业、金融服务业、航运物流和制造业中心，有望被打造成为世界第四大湾区。从发展现状来看，粤港澳地区城市群在经济总量、产业密集度、人口密集度、交通等基础因素以及产业发展高度等方面，已经具备成为世界级湾区的基础和条件，湾区发展将对区域政治、社会、经济、科技等方面带来一系列的新变化。

（一）政治方面，统筹协调好粤港澳三地制度差异，形成多城市齐头并进、协同发展局面

粤港澳归结起来可以说就是“一二三四”，涉及“一个国家、两种制度、三个关税区、四个核心城市”，长期以来积极融合。2018年年初，“粤港澳大湾区”出现在政府工作报告中，上升为国家战略，受到世界瞩目。香港回归20周年之际，在习近平总书记的见证下，粤港澳共同签署《深化粤港澳合作　推进大湾区建设框架协议》；在十九大报告中也指出“要支持香港、澳门融入国家发展大局，以粤港澳大湾区建设、粤港澳合作、泛珠三角区域合作等为重点，全面推进内地同香港、澳门互利合作”。粤港澳大湾区将充分调动区域协同发展，发挥各城市独特的优势，促进资源的整合与优化，将深圳的创业创新活力、广州丰富的科教资源、香港国际化市场化法制化的营商环境、澳门发达的娱乐休闲产业有机

整合，实现粤港澳大湾区的协同一体化发展。

（二）社会方面，继续推进涉及民生的项目建设，打造宜居、宜业、宜游的大湾区优质生活圈

粤港澳大湾区包括内地9市及香港和澳门一共11个城市，这11个城市就像一双筷子，在发展中谁也离不开谁。未来湾区内外交通更发达，大湾区将建设环线城际轨道交通网，打造“一小时生活圈”。京九、粤海、粤桂黔等六条综合运输大通道连通内陆。香港、广州、深圳、澳门和珠海五大机场干线与佛山、惠州新干线，形成5+2世界级机场群。以香港、广州、深圳为代表的世界级港口群，将湾区与世界经济紧密相连。促进湾区繁盛的最关键力量是人才，粤港澳大湾区将引进港澳教育体系及人才培养方案，支持粤港澳高校联盟建设，打造“粤港澳一小时学术圈”，实现校企联合，推动三地的教育、人才和科技的深度合作。粤港澳三地还将在民生领域深化合作，为跨境工作生活的居民提供便利，共建宜居、宜业、宜游的粤港澳大湾区优质生活圈。

（三）经济方面，进一步提升湾区金融竞争力，建成全球领先的金融中心

对比全球四大湾区，从陆地面积来看，纽约湾区2.15万平方公里，旧金山湾区1.8万平方公里，东京湾区1.3万平方公里，粤港澳大湾区5.6万平方公里，相当于旧金山湾区的3.1倍。从人口来看，纽约湾区6 500万人，旧金山湾区760万人，东京湾区3 500万人，粤港澳大湾区常住人口约6 700万，是旧金山湾区的8倍多，相当于法国的人口。从GDP来看，2015年纽约湾区GDP为1.4万亿美元，旧金山湾区0.8万亿美元，东京湾区1.8万亿美元，粤港澳大湾区1.24万亿美元。与全球三大湾区综合对比来看，粤港澳大湾区在面积、人口规模、集装箱吞吐量等方面都具有巨大优势，发展势头强劲。强大的金融业是湾区经济的重要支撑，也是湾区发展到高级阶段的重要标志。大湾区中香港是国际金融中心，深圳金融业的综合竞争力不断提升，广州南沙商品期货交易所的成立联同深圳成熟的风险投资中心，湾区有望被打造成为中国的纳斯达克交易所和创新金融中心，多城市协同并进，最终建成全球领先的金融中心。

（四）科技方面，继续打造一批国际化企业，建成世界级科研创新中心

湾区建设将引进并打造世界级企业。珠三角这个“世界工厂”已从原来港澳的前店后厂，升级为创新产业、先进制造业、现代服务业“三轮驱动”发展。华为、腾讯、美的等企业将引领带动湾区涌现一大批智能化创新型企业。目前湾区内已拥有近20 000家国家级高新技术企业，4所世界一百强大学，36家国家级重点实验室，121个院士工作站，高精尖客户领先全球。湾区将建成“协同创新圈”，形成高端化、智能化、绿色化、服务化的现代产业先导区。

二、粤港澳大湾区发展对金融业的深远影响

湾区经济是当今世界重要的滨海经济形态，纵观全球经济发展进程，最发达的区域往往集中于湾区周边，而湾区的发展也将对地区金融业的发展产生深远的影响。

（一）粤港澳大湾区建设将进一步激活传统金融业市场

目前，在经济发展中，传统金融企业仍是金融行业的主角，而大湾区发展建设，势必会推动传统金融业的深度发展。

1.大湾区建设蕴含巨大的融资需求。粤港澳大湾区发展强调的是区域高度融合，基础设施项目将成为大湾区城市群建设的优先领域。以广州为例，“十三五”期间广州将拿出6 000亿元建设近200个交通项目，打造国际航运中心、物流中心、贸易中心和现代金融服务体系的“三中心一体系”的现代服务业。大湾区升级发展将撬动巨大投资需求，诞生大批新的优质企业，从而催生巨大的融资需求。

2.粤港澳融合为新兴业务带来发展机遇。粤港澳大湾区战略为人民币国际化和企业“走出去”提供新的突破口，直接带动对外贸易、对外劳务合作等发展，为金融业海外一体化贸易金融、贸易结算、大宗商品融资、供应链金融等国际业务带来新的发展机遇，产生大量人民币跨境投融资、全球现金管理、跨境资金归集等金融需求。

3.为零售业务发展注入新源泉。粤港澳地区集中了全国政治、教育、医疗和文化众多资源。粤港澳大湾区以生态宜居、文化包容等优质的环境被视为人才汇聚、总部集聚的福地。随着大湾区协同发展，吸引海内外专业人才、企业高管人员、私营企业主等中高收入人群聚集发展，大湾区有着巨大的需求。

（二）粤港澳大湾区建设将有效推动新金融发展

近年来，随着新技术、新业态、新经济取得突破性的发展，在传统金融体系（银行、证券、保险）之外，诞生了新金融机构类型、准金融机构或创新金融服务工具、模式及标准，被称为“新金融”。例如，近几年成立的消费金融公司、汽车金融公司、第三方支付公司、黄金交易市场、资金交易中心、票据中心，以及各类PE、VC、产业基金等。粤港澳大湾区的建设，将为新金融的发展注入新的活力。

1.大湾区建设将扩充新金融渠道。早在2003年前后，以第三方支付为代表的新金融业态就已经出现，但新金融的快速崛起始于2010年之后。2011年，以央行发放第一批第三方支付牌照为标志，新金融业态开始受到监管层的认可。随着智能手机的出现和普及，移动互联网迎来高速发展期，手机网民数量呈现飞跃式的提升，为新金融业态提供了重要的机遇。大湾区建设，将有效扩充新金融发

展渠道。

2.大湾区建设将进一步扩充新金融客户群体。新金融主要依托传统金融未覆盖或覆盖不足的领域发展起来，客群更多集中在中小微企业、个人客户、三农客户等普惠金融领域，与传统金融互补发展、错位竞争。新常态下，如何挖掘亿万消费者的潜力是一项重要课题。在这方面，第三方支付与消费金融起到了不可忽视的作用。包括微众银行、网商银行等在内的民营银行以及P2P、众筹等新金融平台可有效改善这两大市场的金融服务现状。大湾区建设，将新金融服务的客户群体扩展至港澳，为下一步“金融出海”打下基础。

3.大湾区建设将充分发挥新金融技术优势。渠道创新和快速发展的背后是科技支撑。在科技推动下，新金融通过大数据风控技术实现自动化个人信用评估、自动化贷款审批，促进普惠金融的发展；通过人脸识别等生物特征识别技术支持刷脸取款、声纹登录、指纹支付，提升金融交易的体验。目前，新兴机构、新兴业务正加速与传统金融机构相互渗透，大湾区深入发展，将会有效推动产品创新加速，在第三方支付、移动支付、智能金融和金融大数据等领域进一步发展，推动金融服务更加多元化、普惠化。

（三）粤港澳大湾区建设将有效提升中国的国际金融地位

一个国家在国际金融领域中的地位，在某种程度上反映了其综合国力，而大湾区的发展，将会进一步提升中国在国际金融领域的地位和话语权。

1.大湾区建设将推动构建开放型经济金融新体制。改革开放40年来，中国金融业对内对外开放取得了显著成绩。2016年，中国金融业增加值占GDP比重达8.3%，超越了美国的7%。金融业改革也取得了巨大进展，形成了多层次资本市场体系和多样化的金融机构体系。但总体来看，中国金融业开放程度相对较低，中国金融市场尚未成熟，金融体系不健全，监管水平和技术条件与发达国家仍有差距。在这种形势下，推动粤港澳大湾区金融合作，充分发挥金融资源集聚的优势，将进一步发挥粤港澳大湾区金融“窗口”作用，推动对内对外金融双向开放，助推中国构建开放型经济金融新体制。

2.大湾区金融业发展将助推“一带一路”倡议的实施。“一带一路”倡议的实施离不开金融的助推，金融要服务好“一带一路”，也需发挥好香港国际金融中心优势。香港的金融市场稳健成熟、法制完备、金融专业人才聚集。香港连续22年获选为世界最自由经济体系，其也是最大的人民币离岸中心。“一带一路”地区占全球人口的63%、全球贸易额的35%、全球生产总值的30%，在全球经济中举足轻重。香港作为国际枢纽，可于5小时飞行距离内接触“一带一路”沿线48%的人口，具有得天独厚的地缘优势，在此背景下，粤港澳大湾区将充分整合三方优势资源，进一步助力国家战略落地实施。

3.大湾区建设将有助于提升中国经济金融整体竞争力。近年来，随着粤港澳三地合作步伐加快，地区金融行业渗透加剧，2016年，港资银行机构在广东设立营业性机构170家，实现了港资银行对广东省的全覆盖；广东银行机构纷纷在港设立分行或代表处，2016年，广东跨境人民币结算金额累计达到11.7万亿元，RQFII、RQDII等跨境投资业务试点有序推进，“深港通”顺利开通，金融基础设施实现互联互通。在此背景下，持续推进大湾区建设，将有助于建立更加紧密的粤港澳金融合作机制，将大湾区建设成中国金融对外开放示范区，进一步巩固和提升其国际金融中心地位。

4.大湾区建设给金融业发展带来挑战。在展望大湾区建设将会带给金融业发展机遇和便利的同时，我们也有必要清醒地认识到其中蕴含的挑战。

（1）金融自由化带来的挑战。随着粤港澳大湾区战略地位的凸显，人民币全球化进程加快，由于信用风险、流动性风险、市场风险、操作风险具有一定的共生性，一旦风险暴露，可能会通过价格、汇率、利率、股价等机制产生连锁反应。当前世界贸易与投资机制面临着新的挑战，全球经济尤其是欧洲经济复苏乏力，美国经济与美元走向不明朗，中国与全球金融的双向风险互溢可能会加剧自身的金融杠杆率。加之粤港澳社会制度、经济形态的复杂化、多元化，以及随着湾区创新深化，新兴领域缺乏有效监管等，都在一定程度上增加了风险管控的不确定因素。

（2）不同机制融合带来的挑战。粤港澳大湾区地处两种制度交汇的最前沿，在业务转型创新的大背景下，将会因制度不完善、机制不配套而产生新的风险点，风险管控的难度将有所上升。在“一国两制”的背景下，粤港澳三地经济金融体制存在差异，内部存在相互独立的关税区，税制管理也存在区分，人员、资金等生产要素还没有实现自由流动。尤其是港澳作为中国的一部分，金融市场没有与内地完全连接起来，粤港澳大湾区转型升级可能在短时间内无法实现经济体制、金融体制的同一化。与此同时，港澳具备低税和资本自由流动两大“优势”，在市场化机制下可能会导致珠三角城市的高端要素“单向”流向港澳。

三、金融服务粤港澳大湾区建设的思考

湾区的建设将为金融发展提供更为广阔的空间，而金融业的积极服务也将进一步助推湾区的协同发展，两者相得益彰。

（一）促进两岸三地深度融合，实现多城市协同发展

粤港澳大湾区建设的红利，正成为国家发展的新增长极。要建设好湾区，形成三地优势互补、资源有效配置、经济社会同步发展的跨区域发展新格局。首先，要充分发挥湾区城市各自的优势。巩固香港在金融、贸易及航运领域的中心地位，为湾区提供良好的营商环境及专业的服务人才；推进澳门世界休闲旅游中心的建设，加强与葡语国家的商贸合作，推动澳门经济多元发展；将广东作为全

国改革开放先行区，打造科技发展水平高的创新基地，实现人才的流动和要素资源的配置，为湾区的发展提供广阔的市场腹地和完善的制造基础。其次，要适度打破空间和制度约束。“一国两制”的国情之下，粤港澳大湾区中特别行政区、经济特区并存，粤港澳城市群拥有自由平等协作的优势，能够有效发挥各个城市的特长，提升自身综合实力。

（二）推动金融业融合发展，完善金融体制机制

随着粤港澳大湾区建设的深入推进，人们对融资、投资等金融服务的要求更加综合和多样化，加之互联网技术在金融行业的广泛迅速运用，持续改变传统金融运作模式，银行与非银行金融机构之间的业务界限愈来愈模糊，行业间渗透融合发展加剧。随着粤港澳大湾区金融机构和业务相互渗透，统一监管也将成为重要课题。探讨制定湾区统一金融安全标准和监管标准，加强中国人民银行、证监会、银保监会、香港及澳门的金融管理局等监管机构的协调协作，建立多地协同监管机制，切实防范金融风险。同时，持续完善各项监管手段，制定国内、国际预警指标体系，运用先进的科技手段及时跟踪监测，提高防范和化解金融风险的预见性、针对性和快速反应能力，为粤港澳大湾区金融机构的渗透创造良好的监管制度基础。

（三）推进金融改革创新，引领湾区跨越式发展

中共十九大报告指出“要深化金融体制改革”，大湾区要实现跨越式发展，就要持续推进金融改革创新。

1.推动产学研深度结合。充分利用大湾区金融智库优势，加快形成以创新为主要引领和支撑的金融体系，一方面，探讨建立政府、高校、企业“1+1+1”模式以及“一园多校”的大学科技园模式，推进建设“广深科技创新走廊”落地实施，以科技引领区域经济金融发展；另一方面，坚持道路自信、理论自信，深刻吸取历次全球金融危机的经验教训，在推进金融改革开放的同时，深入研究应对风险的措施和手段，健全金融监管体系，严防系统性金融风险。

2.打造自贸区金融创新桥头堡。以南沙、前海、横琴三个片区构成的广东自贸试验区，不仅聚集了一批银行、证券等传统金融业态，还涌现了股权投资、融资租赁、商业保理、要素交易市场等金融新业态。要充分利用广东自贸区的创新环境、政策红利以及毗邻港澳的优势，围绕服务实体经济、践行普惠金融，全面推进广东自贸区对接“海上丝绸之路”的跨境金融创新，加速互联网金融的布局，建立需求导向型金融服务体系，打造南沙、前海等金融创新高地。

3.推动大湾区产业基金发展。在大湾区的国家级战略发展方针下，针对不同类型地区的发展需求，建立不同类型基金，打造出一批湾区特色产业基金，推动湾区的重点行业和重点项目建设。如设立“粤港澳地区发展基金”，促进粤港澳三地加快发展和赶超其他世界级湾区；设立“粤港澳产业发展基金”，促进湾区

产业结构转型升级；设立“粤港澳地区创新基金”，专项投入于新兴产业、科技企业孵化器等创新体系建设，打造湾区创新发展高地；设立“粤港澳农业产业发展基金”，支持粤港澳地区优质农副产品供应，满足当地居民构建美好生活的物质需求。

（四）回归金融本源，大力支持湾区实体经济发展

十九大报告指出要“增强金融服务实体经济能力”，金融行业要按照国家宏观调控及产业政策导向，将有限的金融资源投入到实体企业中，切实降低实体经济的融资成本。

1.大力支持基础设施建设。湾区城市群要积极打造成航空及航运枢纽，增强和扩大国际航空航运辐射能力；通过铁路、公路和轨道交通系统的建设构建完善的区内交通网络，提高珠三角地区信息互联互通功能；积极构建城市内部地铁、轻轨等交通系统，加快建设现代化的城际轨道交通网络；发挥多港联动效应，建成全球交通枢纽。在基础设施融资方面，要发挥国开行、丝路基金等各国开发性金融和政策金融的作用，也要借力世界银行、亚洲开发银行、亚洲基础设施投资银行等一些多边金融机构，推动湾区基础设施大发展。

2.积极支持实体经济客户。金融是实体经济的血脉，为实体经济服务是金融的天职，在大湾区建设方面，金融行业既要积极支持湾区农业、工业、交通通信业、建筑业等物质生产客户，打造出一批湾区工农业龙头企业；又要加大对教育、文化、艺术、体育、商业服务业等第三产业客户的支持力度，持续提升湾区影响力。

3.大力推进绿色金融发展。十九大报告提出“绿水青山就是金山银山”，绿色发展是目前中国经济社会发展的重要理念，绿色金融作为一种市场化的制度安排，对于生态环境保护和生态文明建设具有十分重要的作用。为此，金融行业要做好绿色金融的制度安排，建立有利于发展绿色金融的长效机制，既要将更多的社会资金配置到节能环保、清洁生产、清洁能源等绿色产业上，促进经济结构更加绿色化、低碳化；又要寻找有别于传统金融发展的方式，树立尊重环境、绿色发展的意识。

（五）开拓经营思路，积极支持湾区新经济

湾区的持续发展，将会催生出很多新业态、新产业，这也对金融业服务提出了新的要求。

1.金融业要服务新业态、新产业发展。粤港澳地区聚集了一批具有世界性引领能力的科技企业，目前，互联网、大数据、云计算等新一代信息技术已经成为湾区经济发展的强大引擎，在全球信息技术大发展的背景下，金融行业将通过构建综合性的投融资体系，持续壮大信息技术产业，将湾区打造成全球一流的智慧湾区；同时，针对新医药、新材料、新能源等战略性新兴产业和现代服务业的金

融需求，积极开展业务合作。

2.积极支持幸福产业发展。十九大报告指出，中国社会主要矛盾已经转化为人民日益增长的美好生活需要和不平衡不充分的发展之间的矛盾。在当前中国社会从追求温饱向全面小康迈进的过程中，健康与幸福成为国民最大需求和期望。湾区作为当今国际经济发展的重要载体，也是高科技诞生地和科技企业的成长地，吸引着无数的创业者、投资者和就业者，在粤港澳大湾区稳步增长的人口需求带动下，未来幸福产业将会高速增长。围绕旅游、文化、体育、健康、养老等“五大幸福产业”，在深挖幸福企业价值、多元化经营、提升盈利能力的同时，加快金融业与幸福产业的对接，通过拓宽融资渠道、加大配套设施建设、开发多层次金融产品等，助力幸福产业跨越式发展，共建宜居宜业宜游的和谐湾区。

将粤港澳大湾区打造成世界一流湾区，还需借鉴国际经验与方法，鼓励多种形式的金融产品与金融工具的创新与运用，积极推动政府、金融业、企业、新经济体等的交流与合作，从而助推湾区经济更加繁荣。

参考文献

［1］逯新红．关于粤港澳大湾区金融监管合作的几点思考［J］．特区经济，2017（5）．

［2］王静田．国际湾区经验对粤港澳大湾区建设的启示［J］．经济师，2017（11）．

［3］任保平，张如意．区域创新体系建设中产学研合作模式的选择［J］．学习与探索，2011（1）．

［4］程华，程伟波．新常态、新经济与商业银行发展转型［J］．金融监管研究，2017（2）．

［5］蒋平，徐倩，许源丰．银行参与产业基金的原则［J］．中国金融，2017（4）．

［6］宋丁．粤港澳大湾区战略推进的背景分析［J］．特区经济，2017（7）．

［7］任志宏．融合自贸区大湾区 深耕“一带一路”国际发展空间［J］．发展改革理论与实践，2017（8）．

［8］陈意新，马超平．广东自贸区对接“海上丝绸之路”的跨境金融创新研究［J］．金融教育研究，2017（3）．

［9］付聪．广东自贸区金融改革现状及未来建议［J］．现代经济信息，2017（5）．

［10］周焕月．自贸区建设给广东经贸带来的契机［J］．北方经贸，2017（6）．

［11］肖亚红，国世平．粤港澳湾区内部的经济辐射效应［J］．特区经济，2017（8）．

［12］金然．幸福产业带来稳稳的幸福［N］．中国城乡金融报，2017-11-01．

［13］宋丁．粤港澳大湾区：趋势、问题及深圳对策［J］．深圳职业技术学院学报，2017（5）．

［14］张日新，谷卓桐．粤港澳大湾区的来龙去脉与下一步［J］．改革，2017（5）．

［15］张燕．“粤港澳大湾区”，即将崛起的世界级城市群［J］．中国经济周刊，2017（11）．

（作者单位：中国农业银行广东省分行）

粤港澳大湾区及其金融一体化测度

周天芸

区域金融一体化发展是现代经济发展的必然趋势，而金融一体化对于促进区域经济发展、促进金融创新具有重要意义。基于存贷关系和消费平滑两种测度方法，通过分析粤港澳湾区城市的存贷数据、消费与产出数据，测量粤港澳大湾区的金融一体化程度，分别就粤港澳23个城市样本和珠三角港澳11个城市样本，分样本测度和检验珠三角与港澳区域的金融一体化测度的实证结果表明，粤港澳23个城市和珠三角港澳11个城市的金融一体化程度尚未达到较高水平，珠三角、香港的金融一体化程度也尚未达到预期水平。总体来看，粤港澳金融市场的融合度不高，区域金融一体化水平仍然有提升的空间。

一、引言

粤港澳大湾区是由广州、佛山、肇庆、深圳、东莞、惠州、珠海、中山、江门9市和香港、澳门两个特别行政区形成的城市群，是继美国纽约湾区、美国旧金山湾区、日本东京湾区之后的世界第四大湾区，是国家建设世界级城市群和参与全球竞争的重要空间载体。随着区域经济一体化从低级阶段向高级阶段的演进，货币金融的地位和作用日益突出和重要，区域金融体系主要是适应国际贸易融资的需要而发展，在国际贸易中发挥中介和融通作用。此外，区域贸易的发展也需要提供单一货币的雏形与之相配合。随着区域经济一体化由关税同盟向共同市场转化，要求资本和劳务等生产要素能够在经济区内自由流动以优化资源配置，于是建立统一的金融市场、允许资本跨国流动成为构建共同市场的关键和经济一体化的主要内容。金融在经济一体化中的核心地位与主导作用得到体现。金融不仅在区域经济交易中起媒介作用，而且在区域资源流动与配置中起导向作用，在区域经济运行中起调控作用，金融成为区域经济一体化的关键。

粤港澳金融一体是由国际金融中心香港、国际娱乐中心澳门与生产制造基地的广东省构成，在金融关系的衔接下融合形成地域空间组织，三地分别扮演金融核心和金融腹地的角色。粤港澳金融一体化的意义在于明确粤港澳相互依赖，分别承担一体化系统中的作用，并受系统内其他地区发展状况的影响。由于粤港澳地域条件的独特性，决定了其独特的金融空间结构和金融运行模式，在区域金融系统内发挥不可替代的作用。

香港是国际金融中心，珠三角是世界一流的生产制造业基地，2003年6月29日《内地与香港关于建立更紧密经贸关系的安排》（CEPA）的签订，意味着“大珠三角”的融合和发展走向更宽阔的领域、更高的层次；2004年6月在广州签署的《泛珠三角区域合作框架协议》，意味中国迄今为止规模最大、范围最广的区域经济合作的启动，也标志着中国区域政府体制最大的合作框架正式形成；即将实施的“深港通”标志着粤港两地金融市场的融合；而2018年预计通车的港珠澳大桥更从地理上奠定了区域金融一体化的基础。本文拟基于区域金融一体化的政策框架和基础设施，研究粤港澳金融一体化的进程，通过测量粤港澳金融一体化的程度，为金融一体化背景下的经济政策提供理论和实证依据。

二、文献综述

区域金融一体化一直是业界关注的重点，学界也对此问题进行了较为深入的研究，现有文献对于金融一体化程度的测度主要从以下两方面进行：一是基于价格，在一价定律的基础上，实现完全金融一体化的国家或地区，金融产品的价格（利率、股价等）趋于一致，即不存在套利机会；二是基于数量，金融一体化意味着成员之间的金融开放，资本实现自由流动，一体化程度越高，意味着市场之间的资本流动和金融服务交易量越大。

基于资产价格进行金融一体化程度测量的方法，通常使用利率和股价作为测量工具。利率作为金融产品的价格，经常被用来判断经济体之间是否实现一体化，Rien et al.（2010）[1] 在分析欧洲信贷和债券市场时，通过beta趋同来检测不同经济体利率是否有向基准利率趋同的趋势，以此判断经济体之间是否出现金融一体化；通过sigma趋同来检测经济体之间金融一体化的趋势，即通过对欧洲各国资金和债券利率的比较来判断欧洲信贷和债券市场是否存在套利机会，亦即欧洲信贷和债券市场是否达到一体化。而股市作为金融市场的重要组成部分，也经常被用来判断金融一体化的程度。Yu et al.（2010）[2] 在评价亚洲金融市场一体化时，通过不同股票市场回报率的分布情况，来判断亚洲各国金融一体化的程度。因为在一价定律之下，相同的资产在不同的市场所获得的收益应当是相同的。如果在不同市场的回报率相差较大，意味着亚洲各国并没有实现完全的金融一体化。Raphael et al.（2011）[3] 通过比较同一股票在不同市场的价格，测度三个指标：套利溢价（套利所能收获的利润）、当出现套利机会后市场间价格趋同的速度以及市场价格差异不足以弥补套利成本的区间。溢价越小，趋同速度越快，区间越小，则说明市场间的一体化程度越高。魏清（2009）[4] 在进行长三角金融一体化概念的界定时，尝试用资产价格是否趋同来考查长三角金融一体化的程度。通过比较长三角地区正规银行的利率、非正规金融的规模和利率，发现长三角苏浙沪三地资金的价格存在差异，即长三角金融市场并没有实现完全一体化。

而在资产数量的方法方面，Feldstein and Horioka（1980）[5] 运用经合组织（OECD）21个国家或地区15年的数据，对每个国家（地区）的国内（区内）储蓄和国内（区内）投资关系进行测量，以此判断该国资本市场开放程度，关系越小表明开放度越好，一体化程度越高，而这种基于存贷关系对金融一体化程度的测量方法也得以广泛运用。Montiel（1994）[6] 运用存贷关系方法从资本流动性角度对1970—1990年的东亚及东南亚各国数据进行回归，发现东亚及东南亚各国的资本流动性从低到高依次为菲律宾、泰国、印度尼西亚、韩国、马来西亚和新加坡，新加坡是资本流动性最高的国家。Anders（2001）[7] 同样运用存贷关系方法对90个发展中国家1975—1995年共20年的面板数据进行回归，发现对于东亚及东南亚国家而言，市场开发度仍很低，资本的流动性很差。Bayoumi（1990）[8] 认为实现金融一体化后，一国的消费可以通过国际资本市场实现平滑，平滑后的消费将与本国国民收入不再相关，而与其他国家的消费变动呈现趋同，并采用经合组织中21个国家或地区1973—1995年间的数据进行实证分析，发现成员间的消费相互关系不强。Lane and Milesi（2003）[9] 提出用资产与GDP的比值作为衡量金融一体化的指标，IFIGDP=（FA+FL）/GDP，其中FA和FL分别指国外资产与负债的总量，GDOGDP=（PEQA+FDIA+PEQL+FDIL）/GDP，PEQA（PEQL）表示间接投资中的股票资产（负债），FDIA（FDIL）表示直接投资中的股票资产（负债），两个指标的值越大，表明一体化的程度越好。魏清（2010）[10] 根据Feldstein and Horioka（1980）存贷关系的理论，用长三角两省一市银行存贷款数据进行分析，发现自1994年分税制以来，长三角两省一市的银行存贷款相关性变大，说明分税制阻碍金融一体化，认为是财政能力的下降和金融控制能力的加强造成了这种长三角金融去一体化的倾向。吴凌芳和黄梅波（2009）[11] 分析东亚金融一体化程度，同样运用Feldstein and Horioka（1980）存贷关系理论，发现在经历过1997年亚洲金融危机后，为避免对外国资金的过分依赖，防止危机的再次发生，东亚各国或地区陆续开放本国资本账户，加速推进了东亚金融一体化，其中东盟是东亚各子区域中金融一体化程度最高的区域。张颖熙（2007）[12] 采用存贷关系方法，利用1952—2005年间的面板数据，实证分析中国珠三角、长三角和环渤海地区的金融一体化进程，发现随着区域金融的发展，中国地区间金融一体化程度并没有显著提高，甚至在某种程度上呈下降趋势，在三大经济区域中，珠三角金融一体化程度最高，其次是长三角地区。邬晓霞和李青（2015）[13] 选取2003—2012年京津冀地区13个城市的地区生产总值以及年末存贷款余额，运用无条件和有条件的Feldstein and Horioka（1980）存贷关联分别对京津冀地区金融一体化程度进行测度，发现京津冀地区的存款-贷款相关系数呈现平稳降低状态，在排除经济周期及地方政府因素干扰之后，京津冀地区的存款-贷款相关系数进一步降低，即京津冀地区金融一体化水平逐年提升。张峰和肖文东（2016）[14] 通过运用F-H模型对京津冀金融一体化状况进行测度，发现三地金融资源具有一定的流动性，但金融一体化水平不高。

综上所述，虽然国内外的研究采用各种方法测度区域金融一体化的水平，但对于粤港澳区域经济体的研究并不多见，本文借鉴现有的研究和检验方法，应用粤港澳三地的相关数据，对粤港澳的区域金融一体化进行测度和分析，为未来的粤港澳区域金融发展提供理论基础。

三、区域金融一体化的测度方法

本文从数量角度测度粤港澳的金融一体化，尝试基于存贷关系和消费平滑两种方法进行实证研究，两种方法都以金融完全一体化下，资本市场高度开放，资本实现自由流动作为理论基础，但基于消费平滑方法的设计更具新意，由于消费是经济的最终目标，通过消费平滑来判断金融一体化程度比通过存贷关系判断金融一体化更能体现金融一体化带来的好处。

（一）基于存贷关系的测度

Feldstein and Horioka（1980）提出利用一国储蓄与投资相关性测量金融一体化程度，是从宏观层面上衡量跨国资本流动性最常用的手段，其理论依据是储蓄、投资与资本流动的关系。

在封闭经济下，一体化的资本市场存在一个统一的世界真实利率，任何一个国家的储蓄资金都被视为世界储蓄池的一部分，一国储蓄的增加为世界范围的投资提供资本，而每个国家的储蓄也会对世界范围内的投资机会做出反应，即任何一国出现的投资机会将得到世界范围内的资金支持。这意味着在开放经济下，一国的储蓄和投资决策是相互分离的，高储蓄率的国家不一定有高投资率，而低储蓄率的国家可以有高投资率。在金融市场完全一体化情况下，国家之间的资本完全自由流动，一国的国内储蓄和国内投资之间的相关系数应该很低甚至无关。在Feldstein and Horioka（1980）的研究中，投资率和储蓄率之间的关系用下式表示：

$$\frac{I}{Y}=\alpha+\beta\left(\frac{S}{Y}\right) \tag{1}$$

其中，I/Y是国内总投资与国内生产总值的比值；S/Y是国内总储蓄与国内生产总值的比值；β的值越大，说明资本流动性越差，亦即全球金融一体化程度越弱。Feldstein and Horioka（1980）指出，即使在资本完全自由流动的假设下，如果β值很高，也可能是影响储蓄和投资的因素都发生变动，而不一定反映储蓄和投资间的对应关系。

本文通过投资率和储蓄率之间的关系，分析粤港澳区域内金融一体化的情况，测量粤（21市）港澳各市的金融一体化程度，而当β取不同的值时，对应有不同的经济意义：

如果β的估计值趋近于1，意味着粤港澳各市的储蓄增量不会转移到其他城市去，反映各市储蓄和各市投资的变动都受到高回报率刺激，意味着粤港澳各市并没有实现完全的资本自由流动，即区域金融一体化程度不高；

如果β值小于0，则意味本市投资率和储蓄率呈现负相关关系，反映本市资金较多投资于外地市场，或者反映外地资本对于本市投资占据较大比例，说明资本的流通频繁；

如果β值趋近于0，则反映一旦某市出现投资需求，其他各市资金能够迅速流入，因此各市投资能拥有充足资金来源而不受本市储蓄总额的限制，投资率和储蓄率则难呈现对应关系。

（二）基于消费平滑的测度

假定经济个体的效用函数相同，且经济个体能够在资本市场自由借贷，当某经济个体的收入发生波动时，其为了实现最优的消费，将会通过资本市场进行融资实现消费平滑，而不受收入波动的冲击。因此，任何单个经济个体的收入变动给其消费带来的冲击将被消除，消费只会对整个经济体的冲击做出反应，在效用函数相同的前提下，个体间的消费变化将会趋同。如果把每一个国家看成一个经济个体，当国与国之间实现完全金融一体化时，资本能够实现自由流动，各国则通过国际资本市场融资来实现消费平滑，因此设定如下回归方程：

$$\Delta C_{it} = \alpha + \beta\Delta\left(y - i - g\right)_{it} + \gamma\Delta C_{At} + \xi_t \tag{2}$$

其中，Δ是一阶差分符号[①]；ΔC_{it}是在t-1到t时刻，本国消费的变动；ΔC_{At}是在t-1到t时刻，其他国家的消费变动；$\Delta\left(y - i - g\right)_{it}$指t－1到t时刻，i国可供消费的国内资源变动[②]；β指一国消费增长与一国产出变动之间的关系；γ指一个国家的消费增长与其他国家的消费增长之间的关系；β越小，γ越大，则说明资本市场越开放，金融一体化程度越高。

不同的β、γ值，有着不同的经济意义：

如果β估计值趋近于1，意味着各国消费变动仍然依赖于其各自的收入变动，

① 一阶差分用来使数据平稳，等于当期数据减去上一期数据。

② （y－i－g）中，y为本市GDP；i为本市总投资；g为本市政府消费；即y－i－g=本市GDP－本市总投资－本市政府消费。

而没有通过国际借贷实现，即区域金融一体化程度弱；如果β估计值小于0，则意味着各国的消费变动与各自的收入变动呈现负相关，反映本国消费更多的是通过国际借贷实现，或者本国资金更多流向国际信贷市场，即各国之间资本流动频繁，金融一体化程度强；如果β估计值趋近于0，则意味着各国的消费变动与各自的收入变动并没有很强的联系，一旦出现过度消费可以通过国际信贷市场实现，即金融一体化程度强。

如果γ估计值趋近于1，则意味着各国的消费变动相互一致，说明各国消费能够通过信贷市场得到平滑而不会因为各自收入变动而受到影响，即金融一体化程度强；如果γ估计值趋近于0，则意味着各国的消费不存在关联，说明各国消费没有通过信贷市场实现消费平滑，而是受到本国特有冲击的影响，即金融一体化程度弱。

而在完全的金融市场一体化情况下，一国消费增长与其他国家消费增长之间完全相关，与本国产出之间的关系则不明显，即$\beta = 0, \gamma = 1$。

四、粤港澳金融一体化的实证检验

由于粤港澳金融一体化进程始于香港、澳门回归，从历史演进的角度，本文采用粤（21市）港澳共23个城市1997—2014年间的面板数据，采用存贷关系法和消费平滑法，实证粤港澳的金融一体化程度，数据来源于《广东省统计年鉴》（1997—2014）、香港特别行政区政府统计处网站、澳门特别行政区经济局网站。

（一）基于存贷关联模型的实证检验

根据Feldstein and Horioka（1980）的方法构造实证模型：

$$\left(\frac{I}{GDP}\right)_{it} = \alpha + \beta\left(\frac{S}{GDP}\right)_{it} + u_{it} \tag{3}$$

其中，下标i表示城市；t表示年份；u_{it}表示误差项。

模型中储蓄率S/GDP为自变量，投资率I/GDP为因变量，笔者根据等式Y=C+S计算各市的储蓄和投资数据，储蓄等于各市的名义GDP减去私人消费和政府消费；投资等于各市的资本形成总额（包括固定资产形成总额）加上存货增量。

图1为粤港澳23市1997—2014年平均投资率、储蓄率变动。由图1可知，粤港澳平均投资率和储蓄率均呈现先下降再弱上升趋势，平均投资率由0.364上升至0.451，平均储蓄率由0.445上升至0.463，投资率的变动要更为明显，投资率和储蓄率之间可能存在一定的相关性。

图2为珠三角港澳11市1997—2014年平均投资率、储蓄率变动。由图2可知，珠三角港澳11市的平均投资率和储蓄率则比较平稳，平均投资率由0.396下降至0.391，平均储蓄率由0.532下降至0.529，投资率和储蓄率变动方向相同，两者之间关系通过回归进一步检验。

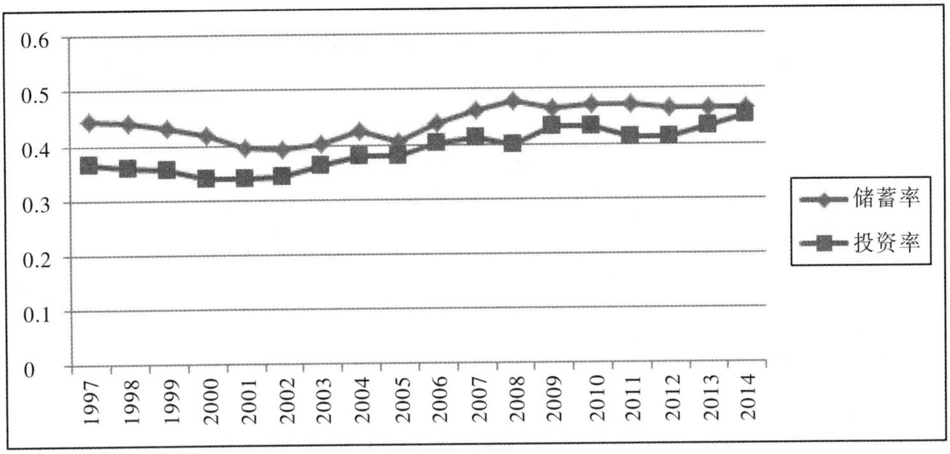

图1　粤港澳23市1997—2014年平均投资率、储蓄率变动

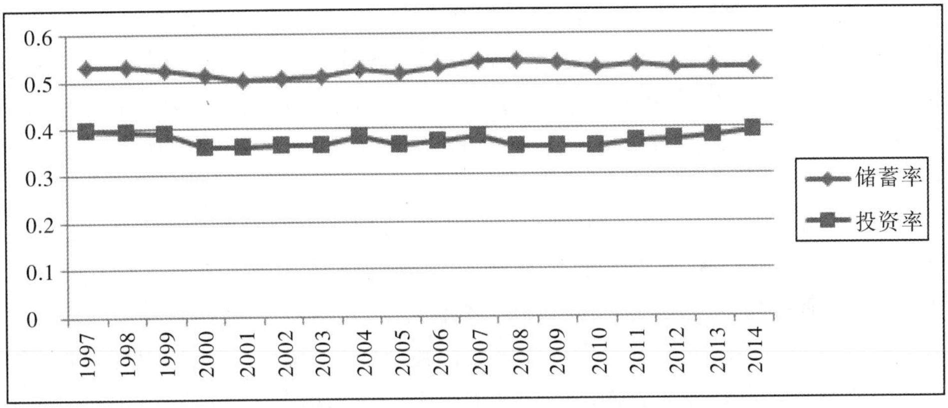

图2　珠三角港澳11市1997—2014年平均投资率、储蓄率变动

由于回归的数据存在单位根，显示不平稳，根据Tamim Bayoumi（1990）[15]方法，本文通过对投资率和储蓄率分别进行差分以消除数据的不平稳。在对投资率、储蓄率数据进行差分之后，新的回归方程可以写成：

$$\Delta\left(\frac{I}{GDP}\right)_{it} = \alpha + \beta\Delta\left(\frac{S}{GDP}\right)_{it} + u_{it} \tag{4}$$

其中，下标i表示城市；t表示年份；u_{it}表示误差项；Δ表示一阶差分符号；$\Delta\left(\frac{I}{GDP}\right)_{it}$表示在t-1到t时刻，i国的投资率变动；$\Delta\left(\frac{S}{GDP}\right)_{it}$表示在t-1到t时刻，i国的储蓄率变动。

本文分别对粤港澳23市和珠三角港澳11市的金融一体化进行实证检验（见表1）。

由表1可知，粤港澳23市的投资率-储蓄的相关性为0.335，即β估计值大于0但小于1，意味着粤港澳各市的储蓄增量不会转移到其他城市去，各个城市的

表1　基于存贷关联的金融一体化测度结果

项目	粤港澳23市	珠三角港澳11市
a	0.00270*** （0.000233）	-0.00120*** （0.0000405）
β	0.335* （0.181）	0.623*** （0.188）
R2	0.0617	0.1713
A-R2	0.0319	0.0174
Prob（F-Statistic）	0.0767	0.0079

注：表中不带括号的数字表示系数估计值，带括号的数字表示系数估计的标准误差；*、**和***分别表示在10%、5%和1%水平上显著。

投资依靠本市，区域市场虽然有所融合，但一体化的程度并不高，表明粤港澳各市并没有实现完全的资本自由流动；珠三角港澳11市的投资率-储蓄率相关性为0.623，投资率和储蓄率也呈现正向关系，区域金融市场的一体化程度较低。

表1还显示：第一，无论是粤港澳整体，还是仅珠三角港澳地区，投资率-储蓄率相关性均为正，按照β模型的判断方法，表明粤港澳的金融一体化程度总体上均未达到较高水平；第二，与珠三角港澳11市相比，粤港澳各市投资率与本市储蓄率相关性较低，表明资本流动性总体较强，金融一体化的程度略高于珠三角港澳地区，但总体上仍未达到较高的金融一体化水平。

利用存贷款关系模型对粤港澳金融一体化程度进行测度，无论是粤港澳整体还是珠三角港澳地区都得到投资-储蓄的正相关，都显示较低水平的区域金融一体化程度，这与预期和实际情况基本相符。中国现阶段尚未实现资本的完全自由流动，虽然在改革开放的先驱广东省，金融市场的融合设计在逐步推进，但总体上资本流动的限制仍然存在，所以粤港澳整体和珠三角港澳地区的β估计值均为0～1之间的正值，反映粤港澳区域金融市场融合程度有限，区域金融一体化的程度不高。下面运用消费平滑的方法，继续检验粤港澳的金融一体化程度。

（二）基于消费平滑模型的实证检验

根据前述的理论，消费平滑的回归方程如下：

$$\Delta C_{it} = \alpha + \beta\Delta\left(y - i - g\right)_{it} + \gamma\Delta C_{At} + \xi_t \tag{5}$$

其中，下标i表示城市，t表示年份，ξ_t表示误差项。利用粤港澳23市和珠三角港澳11市的数据再次测度粤港澳的区域金融一体化水平（见表2）。

表2　　变量均值的统计性描述（1997—2014）

粤港澳23市				珠三角港澳11市			
	ΔC	Δ（y-i-g）	ΔCA		ΔC	Δ（y-i-g）	ΔCA
广州	393.2119	420.7092	32.94116	广州	393.2119	420.7092	37.56095
深圳	341.6928	523.3797	42.93698	深圳	341.6928	523.3797	75.65301
珠海	34.21233	16.34188	73.87899	珠海	34.21233	16.34188	101.1691
汕头	44.20901	38.18437	45.06784	佛山	159.3494	224.5316	95.41913
佛山	159.3494	224.5316	48.65623	东莞	172.3464	206.0408	84.17186
韶关	23.87883	13.27745	41.77597	中山	64.84733	83.57008	63.41077
河源	22.86351	18.39681	49.97687	江门	50.48943	39.9292	94.99462
梅州	33.95429	15.67534	47.70149	惠州	68.68832	42.7665	58.96941
惠州	68.68832	42.7665	37.14804	肇庆	35.96696	28.49597	90.04775
汕尾	24.17566	1.958547	47.02224	香港	364.7113	469.22	71.20127
东莞	172.3464	206.0408	40.96853	澳门	40.86667	152.9733	86.90844
中山	64.84733	83.57008	44.4444	Mean	156.9439	200.7235	78.13694
江门	50.48943	39.9292	44.35057	S.D.	136.2287	179.8119	18.22462
阳江	20.19253	12.8455	58.32006				
湛江	54.69848	42.63089	37.0525				
茂名	37.58207	63.32441	41.66461				
肇庆	35.96696	28.49597	32.403				
清远	30.46037	23.80805	41.52161				
潮州	25.87567	21.67598	36.04577				
揭阳	39.40089	36.38565	44.90345				
云浮	18.33567	-1.68536	49.9568				
香港	364.7113	469.22	41.52165				
澳门	40.86667	152.9733	37.88516				
Mean	91.39173	108.4537	44.26713				
S.D.	113.4561	153.0688	8.596884				

注：表中数值为1997—2014年各市变量的均值。

基于统计描述，珠三角9市在地理上毗邻港澳，又是侨乡聚集之地，推动着珠三角经济的持续飞跃和都市圈现代化建设的整体发展，都市圈的整合有力地促进区域经济的整体发展，迅速缩减珠三角经济区与港澳地区的经济差距，经济不断融合，但资本流动仍然受到限制，尽管粤港澳区域金融一体化的进程不断加快，但珠三角港澳的变量统计描述与粤港澳的变量统计描述没有显著的差异。

利用前述的实证模型，本文分别对粤港澳23市和珠三角港澳11市进行实证检验（见表3）。

表3　　基于消费平滑的金融一体化测度结果

项目	粤港澳23市	珠三角港澳11市
a	5.229608 (15.71692)	8.063089 (28.62288)
β	0.4071418*** (0.0310921)	0.3803784*** (0. 0386104)
γ	0.4596266** (0.1717757)	0. 4621393** (0. 2018623)
R2	0.5860	0.5441
Prob（F-Statistic）	0.000000	0.000000

注：*表中不带括号的数字表示系数估计值，带括号的数字表示系数估计的标准误差；*、**和***分别表示在10%、5%和1%水平上显著。

由表3可知，粤港澳23市的本市消费产出相关性为0.407，而珠三角港澳11市的本市消费产出相关性为0.380，系数差异不大，表明两个分样本的消费平滑水平均不高，即金融市场的融合程度不高，市场一体化的水平有限；同时，23市样本的各市消费相关性为0.459，11市样本的各市消费相关性为0.462，且回归系数显著，表明基于消费平滑方法的珠三角港澳11市的市场一体化水平高于粤港澳23市的一体化水平。

实证表明，无论是粤港澳23市，还是珠三角港澳11市，各市消费变动与本市产出变动相关性并不高，各市消费变动相关性也仅在0.46左右，显示两个样本的金融一体化水平总体并不高，进一步验证了前述存贷关联的结果；同时，珠三角港澳11市的各市消费相关性与粤港澳23市相比略高，表明粤港澳和珠三角港澳的金融一体化水平无显著差异，区域资本流动性总体上较弱。

五、结论

本文采用粤港澳大湾区1997—2014年的数据，运用存贷款关联、消费平滑两种方法，通过面板数据的固定效应模型，对粤港澳大湾区的金融一体化程度进行测度，两种方法的实证结果都表明，粤港澳大湾区的金融一体化仍然处于较低水平，表明区域金融一体化仍然需要得到国家政策的支持。

粤港澳金融合作基本属于“自觉需求反映型”，金融合作关系基本是民间自发地对经济、贸易、投资的发展的自觉反应，缺乏有意识的规划、组织与协调。虽然存在融资与贷款、金融市场、金融机构、金融人才、货币流通等丰富的合作方式，但总体上来看，金融合作的层次还不够深入，基本停留在“要素互补”阶段，因此，区域金融一体化的水平并不高，本文的实证结果也验证了这个判断。

本文的研究对于粤港澳区域金融发展的政策措施具有一定借鉴意义，通过广东经济的加速发展，随着香港、澳门回归后的经济定位，粤港澳的经济联系日益密切，粤港澳金融合作进入新的阶段。为此，国家可以实施一系列的规划和政策支持，加强粤港澳大湾区的合作与沟通，促使粤港澳的经济、金融一体化使其水平达到较高程度，实现粤港澳大湾区的金融融合发展。

在国家粤港澳大湾区发展战略的指引下，基于金融一体化的规律，香港、澳门和广东的政府部门应重视并积极介入金融合作，促使粤港澳金融合作从“自觉需求反映型”向“协调供给引导型”转变，合作层级从“要素互补”向“功能互补”提升。一方面，引导粤、港、澳金融合作逐渐向全面、系统的方向过渡，构建香港金融扩张、澳门金融发展和广东金融开放的整体格局；另一方面，应通过政府的介入和政策的支持，加速区域金融一体化的进程，实现区域金融融合，有效促进区域经济的发展。

参考文献

［1］RIEN W，EBNER A，BORYS M. A Factor Analysis Approach to Measuring European Loan and Bond Market Integration ［J］. Journal of Banking & Finance，2011，35（4）：1011-1025.

［2］YU I M，FUNG K P，TAM C S. Assessing Financial Market Integration in Asia-Equity Markets ［J］. Journal of Banking & Finance，2010，34（12）：2874-2885.

［3］RAPHAEL E，PRASAD A，WILLIAMS O. Regional Financial Integration in the GCC ［J］. Emerging Markets Review，2011（12）：354-370.

［4］魏清，长三角金融一体化的现状——基于银行贷款价格的分析［J］，经济论坛，2009（21）.

［5］FELDSTEIN，HORIOKA. Domestic Saving and International Capital Flows ［J］. The Economic Journal，1980，90（358）：314-329.

［6］PETER J，MONTIEL. Capital mobility in Developing Countries：Some Measurement Issues and Empirical Estimates ［J］. The World Bank Economic Review，1994，8（3）：311-350.

［7］ANDERS I. Financial Liberalization，Foreign Aid，and Capital Mobility：Evidence from 90 Developing Countries ［J］. Journal of International Financial Markets，Institutions and Money，2001，11（3）：309-338.

［8］Bayoumi T. Financial Integration and Real Activity. Studies in

Macroeconomics series [M]. Manchester: Manchester University Press, 1997.

[9]. LANE P R, MILESI-FERRETTI. International Financial Integration [C]. Washington: IMF Third Annual Research Conference, 2003: 82-113.

[10] 魏清. 长三角金融一体化的现状——基于银行存贷款关系的分析 [J]. 工业技术经济, 2010 (1).

[11] 吴凌芳, 黄梅波. 东亚金融一体化: 基于资本流动的实证分析 [J]. 特区经济, 2009 (9).

[12] 张颖熙, 区域金融发展与金融一体化问题研究 [J]. 中央财经大学学报, 2007 (5).

[13] 邬晓霞, 李青. 京津冀区域金融一体化进程的测度与评价 [J]. 广东社会科学, 2015 (5).

[14] 张峰, 肖文东. 京津冀区域金融一体化测度与评价 [J]. 求索, 2016 (7).

[15] TAMIM BAYOUMI. Saving-Investment Correlations: Immobile Capital, Government Policy, or Endogenous Behavior? [C]. Washington: International Monetary Fund, 1990, 37 (2): 360-387.

(作者单位: 中山大学岭南学院)

促进广东交通金融发展　助力粤港澳大湾区建设

唐宋元

“一带一路”倡议及粤港澳大湾区战略的顺利实施，有赖于交通业的快速发展，而广东交通发展无疑离不开金融的大力支持，为此广东应大力发展包括航运金融、航空金融、物流金融等在内的交通金融服务。广东发展交通金融既有强烈的现实需求，也有广阔的发展前景。建议通过规划引导、政策激励与市场主导相结合，重点发展航运金融、航空金融和物流金融，着力建设交通金融人才队伍，增强交通金融研究实力，实现粤港澳交通金融合作等多种措施促进广东交通金融发展。

经济要发展，交通要先行，交通要发展，金融要先行。交通与金融之所以具有天然的紧密联系，是因为交通业本身所具有的特点：一是交通业是资金密集型行业，交通基础设施建设及运载工具的生产与流通都需要大量资金；二是交通业也是高风险行业，油价及运价波动都给交通企业带来巨大风险，需要金融市场提供相应的金融风险管理工具。因此，在促进交通业发展过程中，交通金融发挥着积极的不可替代的作用。“一带一路”倡议及粤港澳大湾区战略的顺利实施，都有赖于交通业的快速发展，而交通业的快速发展离不开金融支持，由此决定了广东交通金融发展的必要性与紧迫性。

一、加快发展广东交通金融的必要性

（一）交通金融的内涵与外延

交通金融属于产业金融范畴，泛指交通产业链相关主体的融资、投资、结算、风险管理等金融活动，具体来说，交通金融包括了交通基础设施的投融资活动、为交通企业服务的金融活动、为运载工具生产流通服务的金融活动以及为交通运输业务顺利开展所提供的融资、结算、风险管理等金融活动（贾品荣，2016[1]）。目前大家所熟悉的产业金融，比如汽车金融、船舶融资、航运金融、航运保险、航空金融、物流金融等，在广义上均可归于交通金融。近年来，中国交通金融发展有两大趋势：

1. 银行等金融机构大力发展交通金融服务。国内许多金融机构越来越重视交通金融服务发展，如中国民生银行和平安银行均专门成立了交通金融事业部，交通银行成立了航运金融部，专注于交通金融的创新发展并为交通业量身打造相关金融服务。中国五大股份制商业银行旗下均拥有租赁公司：工行、农行、建行、交行均自身独资设立金融租赁公司，中行则通过收购新加坡飞机租赁有限责任公司，进入融资租赁行业。银行系金融租赁公司纷纷涉足交通金融领域，从事船舶、飞机等运载工具的租赁业务。截至2016年6月末，中国银行系金融租赁公司注册资金约合1 094.42亿元人民币。33家银行系金融租赁公司中，9家为银行全资控股金融租赁公司（林秋杏，2016[2]）。

2. 大型交通或物流企业纷纷涉足金融领域。大型物流公司如中铁快运、中邮物流、南方物流集团等，都积极与银行进行合作，开发相关物流金融或供应链金融服务产品，有些专门为此成立物流金融事业部从事相关金融业务。新组建的中国最大的航运公司——中国远洋海运集团，将航运金融产业集群列为六大重点发展的业务板块之一。2016年2月，集团董事长许立荣在接受记者专访时表示："中国远洋海运将申请更多金融牌照，包括保险、证券等业务都将逐步推动，最终金融产业在集团的业务比重要上升到50%。"此外，各种交通产业基金也应运而生，比如天津船舶产业投资基金（200亿元，2009年）、大连港航产业基金（50亿元，2011年）、中国航空产业投资基金（200亿元，2010年）、天津燕山航空租赁产业基金（50亿元，2011年）、西安国家航空产业基金（300亿元，2015年）、长春新区通航产业投资基金（100.5亿元，2016年）、郑州航空物流产业发展基金（500亿元，2017年）、南沙航运产业基金（50亿元，2017年）等。大量交通产业基金的设立，标志着中国交通金融已向纵深发展。

（二）广东交通业发展现状及问题

"十二五"期间，广东交通发展成效显著。高速公路通车里程达7 018公里，居全国首位，高速铁路运营里程达1 360公里，位居全国前列；民航运输网络通达性进一步提高，广州白云机场第三跑道建设、揭阳潮汕机场建设、深圳宝安机场扩建、惠州机场军民合用改扩建等一批重大项目建成投产，全省民用机场共开通航线530条（国内航线370条、国际航线160条），初步形成覆盖国内主要城市、通达五大洲重要城市的航线网络；全省港口货物、集装箱年通过能力分别达16亿吨和5 600万标准箱（TEU），亿吨大港达到5个；珠三角高等级航道网进一步完善，粤东西北地区航道扩能工程加快推进；以珠三角为中心的油气管网基本建成，形成了从港口到炼油厂，再从炼油厂到主要消费市场的一体化管网布局，天然气管道覆盖珠三角地区。①与此同时，绿色交通、智慧交通和平安交通发展

① 见广东省发展和改革委员会、广东省交通运输厅于2017年4月发布的《广东省综合交通运输体系发展"十三五"规划》。

齐头并进，均取得了初步成效。

但是广东交通发展不平衡、不充分的现象仍然存在，与人民群众对交通服务的美好期待仍有差距，在"一带一路"倡议和粤港澳大湾区建设背景下，广东交通发展既面临前所未有的发展机遇，也存在亟待解决的难点与问题。广东交通业存在的主要问题有：（1）国际化交通门户尚未形成。主要枢纽机场、沿海主要港口在国际运输大通道中的优势地位尚未确立，综合服务保障能力与世界一流水平仍有差距。（2）省内交通发展不平衡、不充分现象较突出。辐射泛珠三角地区的快速交通网未全面建成，通往华东、海西地区和海南方向尚未建成便捷、高标准的高速铁路通道，通往广西、福建的高速公路需加快建设成网。粤东西北地区交通落后面貌仍未明显改变。区域城市群内部的城际通道能力紧张，珠三角地区综合运输服务水平不高。（3）综合运输服务体系远未形成。不同运输方式衔接不畅，运输组织仍较为松散，信息服务尚未实现互联共享，旅客联程联运和货物多式联运有待加快发展。交通运输基本公共服务均等化还需加强，公共交通在城市交通中的主体地位还未完全确立；农村客运服务尚未实现全覆盖，农村物流配送网络有待建立。（4）现代化综合保障能力欠缺。综合交通运输管理仍较为粗放，绿色交通、智慧交通、平安交通仍有待推进。

上述问题的解决完全靠政府财政资金是不现实的，必须加大包括政策性金融在内的多样化金融支持力度。

（二）广东交通金融发展现状及问题

从航运金融看，总体判断是，全国航运金融服务落后于发达国家如英、美等，广东航运金融服务落后于上海、天津等地。上海最突出的航运金融业务为航运保险和运费衍生品交易，航运保险几乎占据国内半壁江山，运费衍生品交易为国内首创；天津最抢眼的业务为船舶融资租赁及船舶产业基金，其融资租赁业务规模大约占全国的1/3，中国第一只船舶产业基金诞生于天津。截至2017年6月，上海、大连、广州和深圳拥有的港航类上市公司数（及募集资金额）分别为6家（449.24亿元）、1家（57亿元）、2家（25.61亿元）和3家（9.09亿元）（王孟欣、张军茹和王猛，2017[3]）。可见，广东港航企业在资本市场的融资并不占优势。

广东航运金融服务主要集中于广州和深圳，其他地区可以忽略不计。比较而言，广州航运金融服务规模与品种要多于深圳，这与广州市政府从2015年起决定建设国际航运中心是分不开的，尽管这一决定相比其他城市如上海（1996）、大连（2003）、天津（2006）等来得晚一些，但对航运金融的发展无疑具有重要推动作用。近年来，广州航运金融发展取得一定进展，广州航运交易所已发布"珠江航运运价指数"，上线航运资产交易平台、运输交易平台、航运人才交易平台、航运结算支付平台四大交易平台，完成船舶交易超千艘，设立南沙航运产业基金（总规模50亿元，首期20亿元），初步形成交易平台、产业基金和航运保险

“三位一体”的航运金融服务体系。2015年4月，广州航运交易所联合广州港、广州南沙资产经营有限公司、广州金融控股集团和广州市城发投资基金管理有限公司等单位发起设立广州航运交易有限公司，在南沙自贸区研究和开发金融、保理、第三方支付结算等航运金融服务产品。目前，南沙落户融资租赁企业308家，业务规模超1 300亿元，占广州市总量的80%，成为广东省融资租赁产业发展最快的地区之一。2017年3月，筹备多年的广州港正式上市，有了资本实力之后，广州港参与港口资源融合的能力也大为增强，2017年10月广州港与东莞港签署了战略合作协议。此外，广州还积极筹建首家航运保险机构。

尽管广州航运金融取得了快速发展，但仍未改变以下现状：（1）航运金融服务规模偏小；（2）以传统航运金融服务为主，航运衍生品交易仍属空白；（3）外资或境外航运金融机构仍占主导。同广州的融资租赁业主要集中于南沙一样，深圳的融资租赁业主要集聚于前海。截至2016年年底，深圳融资租赁企业共有1 637家，其中98%集聚在前海，深圳融资租赁企业注册资本金4 031.2亿元，总资产1 365.7亿元，占全国的比重分别为22.5%和6.3%（商务部流通业发展司，2017[4]）。深圳融资租赁业居上海、天津之后，整体发展增速较快，但从事船舶融资租赁的企业并不多。

从航空金融看，全国发展最好的地方是天津，天津东疆保税港区用来融资租赁的飞机已超过1 000架，结合大飞机制造项目，天津已构建起为飞机制造、营运、维护等整个航空产业链服务的航空金融体系。截至2017年8月末，天津东疆的注册租赁公司共有2 467家，累计注册资金3 215亿元，租赁总资产达7 000亿元人民币（李佩和陈彦蓉，2017[5]）。从广东来看，航空金融最发达的地方仍是广州和深圳。据广州市商务委员会统计，截至2016年年底，广州市融资租赁企业累计达293家，注册资金总额已达到800亿元，合同金额超1 000亿元。其中，飞机融资租赁方面表现突出，继2015年实现零的突破后，2016年全年新增融资租赁飞机11架。而深圳从事航空融资租赁的时间较早，2014年1月，国务院下发《关于加快飞机租赁业发展的意见》，将深圳前海、天津滨海、上海浦东并列为飞机租赁业的先行试验区，此后前海吸引了先锋集团、顺丰航空（亿顺融资租赁）、国银租赁、迈石租赁等多家涉及航空租赁业务的租赁公司入驻。2014年8月，全国首个利用跨境贷的保税区SPV飞机租赁项目正式在前海签约，构建了香港与前海的低成本融资租赁资金通道，为国内保税区SPV租赁模式发展积累了经验。同年深圳成立前海航空航运交易所，创新“互联网+航空航运+金融”的新商业模式，重点发展航空航运金融业务，目前已推出“航融宝、航益宝、航金宝、航资宝”四大类金融产品。

从物流金融看，目前中国社会综合物流成本过高是不争的事实。据测算，中国社会物流费用占GDP比重高达18%（中华人民共和国国务院，2014[6]），比发达国家水平高1倍左右，也显著高于印度、巴西等发展中国家，之所以出现这种状况，除了物流设施落后、物流效率低下、燃料原料成本上升等原因之外，资金占有费用过高也是重要的原因之一。资金占有费用过高是供应链运行效率低下、流通企业资金周转率不高带来的，解决问题的关键是大力发展物流金融（储雪俭和詹定国，2005[7]）。从广东来看，物流金融仍有待发展，这是因为：一是有代表性的物流企业并不多。由于物流金融服务主要是大型物流企业所提供的增值服务，这直接导致物流金融发展不足。二是发达地区的银行从事物流金融服务的动力不足。由于发达地区金融需求旺盛，如消费信贷、理财产品营销、中间业务等发展良好，缺乏动力从事主要依赖创新的物流金融业务，且大银行不屑于从事服务于中小企业的物流金融业务。

总之，近年来，由于地方政府的高度重视，广东交通金融发展比较迅速，交通金融服务品种不断增加，服务规模有所扩大，但与上海、天津等相比，仍然有不小差距，且交通金融的亮点不多，与上海积极参与国际市场竞争相比，广东仍然处于追赶国内发达地区的起步阶段。

（四）加快广东交通金融发展的意义

金融业属于第三产业，第三产业是生产性服务业和生活性服务业的总称，由此也可将金融服务分为生产性金融服务和生活性金融服务。一般来讲，交通金融服务主要属于生产性金融服务范围①，考虑到交通业也属于第三产业，所以交通金融服务应该属于第三产业服务中的生产性服务。理论与经验事实都表明，生产性服务对于所服务的产业有重要影响，可以大幅度提高产业运行效率（李江帆，2005[8]）。所以，交通金融服务发展对于交通业快速发展具有重要意义。我们认为，加快广东交通金融发展的意义在于：

1.有助于广东综合交通运输体系建设。国家《“十三五”现代综合交通运输体系发展规划》要求广东应“着力优化运输结构，率先建成现代综合交通运输体系”，在交通运输供给侧改革中发挥领头作用。为此，广东须进一步完善道路交通、轨道交通、水上交通及航空交通基础设施及综合枢纽建设，整合各交通系统优势资源，构建不同运输方式的最优组合，实现综合交通运输系统的协调组织和竞合发展，满足城市群、城市带、城镇化发展的交通运输需求。综合交通运输体系的建设、运行及维护等各个环节均离不开金融支持。高效优质的交通金融服务有助于广东率先建成综合交通运输体系，在交通领域践行习总书记对广东工作提出的“四个坚持、三个支撑、两个走在前列”的指示精神。

2.促进粤港澳大湾区交通设施互联互通，助力世界级港口群、空港群和城市

① 考虑到汽车金融中的消费贷款属于生活性金融服务范围，本文对汽车金融不作讨论，但汽车金融仍是交通金融重要的组成部分，随着汽车产品升级换代尤其是新能源汽车的逐步推出，以及汽车租赁新模式的出现，汽车行业发展仍需要金融的大力支持。

群建设。建设粤港澳大湾区，首先要解决好综合交通问题，这也是《深化粤港澳合作 推进大湾区建设框架协议》中提出的七项重点合作领域的第一项，表明交通建设是大湾区建设的重中之重。大湾区交通建设的目标是共建国际航运中心、世界级港口群和空港群，打造便捷区域内交通圈。在此之前，广东省交通运输厅为适应粤港澳大湾区交通发展的需要，已明确提出“以补短板为基础，以提质增效为核心，整合优化粤港澳大湾区内铁路、公路、水路、民航等基础设施资源，大力推进交通基础设施建设攻坚战，加快全省交通一体化发展，抓实珠江口跨江通道的建设，形成粤港澳大湾区互联互通、辐射国内外的现代综合交通运输体系”。未来粤港澳大湾区不仅要建成全球科技创新中心、宜业宜居的优质生活圈，而且要成为中国新一轮对外开放的重要门户和参与全球竞争的世界级城市群，而建设世界级港口群和空港群是粤港澳大湾区提升国际竞争力和全球影响力的关键。加快广东交通金融服务发展，促进珠三角地区尽快形成世界级港口群和空港群，对于粤港澳大湾区建设具有重要的现实意义和时代紧迫感。

3.促进广东产业金融发展、更好地服务实体经济。在2017年7月召开的全国第五次金融工作会议上，习近平总书记强调金融要回归本源，“服从服务于经济社会发展。金融要把为实体经济服务作为出发点和落脚点，全面提升服务效率和水平，把更多金融资源配置到经济社会发展的重点领域和薄弱环节，更好满足人民群众和实体经济多样化的金融需求”，并将服务实体经济作为当前金融工作三大任务中的首要任务。发展交通金融，就是要将金融资源在一定程度上向交通领域内的重点环节倾斜，关注交通领域中的薄弱环节，更好地满足人民群众的出行需求及经济发展中的物流需求。另外，交通金融的发展可以进一步丰富广东特色金融和产业金融的内涵，对于完善广东金融机构体系、金融市场体系和金融产品体系均具有重要意义。

4.交通金融发展有助于发挥市场在金融资源配置中的主导作用。长期以来，中国交通基础设施投资主要靠政府投入，政府主导的投融资模式容易带来两大弊端：一是投资不足，由于政府财力有限，急需建设的交通设施没办法建设；二是投资过度，地方政府追求政绩的冲动容易导致过度投资，造成部分地区产能过剩、设施闲置。交通金融发展可以创新融资渠道，改变以政府为主导的投融资模式，吸引更多社会资本进入交通基础设施投资，构建市场化的投融资决策机制，科学合理地确定投入与产出关系，进而更好地平衡社会效益与经济效益，防止资源的浪费。

5.有助于降低全社会综合物流成本。广东交通金融的发展，尤其是运行效率的提高，有助于缓解广东数以千计的中小交通物流企业的融资难、融资贵问题，并大幅降低交通物流行业的融资成本，这符合当前推进供给侧结构性改革的基本要求。同时，金融与物流的紧密结合，可以创新金融服务方式，最大程度满足供应链各环节的金融需求，为内外贸企业提高效率、降低成本提供了可能，进而为全社会降低综合物流成本提供了一条可行的途径。由于物流金融具有降低信息不对称、缓解中小企业抵押品不足、促进供应链运行效率等优势（白敏，2017[9]），近年来发展迅速。实际上，许多第三方物流公司已经同金融机构合作，为客户提供各种金融服务解决方案，物流金融服务已经成为交通物流企业一项重要的增值业务。

二、粤港澳大湾区建设背景下广东交通金融需求分析

（一）广东交通金融的内外部环境分析

从全国看，“十三五”时期是中国全面建成小康社会的决胜阶段，在服务促投资、促消费、稳增长，交通扶贫脱贫攻坚，国家三大战略以及综合交通运输发展中，交通运输基础设施投资仍将高位运行，交通运输业发展仍需金融业的大力支持，交通运输业与金融业的产业融合必将加快，交通金融发展仍具有广阔的发展前景。

从广东省看，当前经济发展面临一些突出问题，比如区域发展不平衡、经济发展新动能新动力不足、开放型经济新体制仍未形成等，为此须加快推进供给侧结构性改革、实施创新驱动发展战略，加快构建开放型经济新体制，力求在全面建成小康社会、加快建设社会主义现代化新征程上走在前列。广东要想在新时代继续充当全国改革开放的排头兵和经济发展的领头羊，必须要争创新的优势和动力。作为沿海最发达省份之一的广东，交通优势仍然是广东的突出优势，正因为有了交通优势，才会带来产业集聚、人才集聚、资金集聚和信息集聚，才能继续保持广东经济发展的动力和活力。未来将广东建设成为“一带一路”的重要门户和全球重要的国际航运中心，没有交通金融的大力支持是很难想象的。

从区域看，最近签署的《深化粤港澳合作 推进大湾区建设框架协议》中明确了大湾区建设的方向及粤港澳三地合作的重点领域。设施连通仍然是大湾区建设的首要任务。目前整个大湾区11个城市内部城际轨道仍未完全连通，珠江东西两岸的公路交通能力不足，深中通道及虎门二桥仍在建设当中，更为重要的是，大湾区连通世界的基础设施仍有待完善，包括港口群及空港群。大湾区不仅要实现区内交通设施的一体化，而且要谋求同世界其他国家交通设施的互联互通，既要建设好21世纪海上丝绸之路，也要实现与陆上丝路经济带沿线国家的交通对接，还要谋划好、建设好“空中丝绸之路”。总之，大湾区建设必定带来对交通业投资的增长，由此也引发强劲的交通金融需求。

（二）广东交通金融需求分析

1.重大交通设施的金融需求。上述分析表明，广东交通与人民群众对美好生活的期待有差距，与“一带一路”和粤港澳大湾区建设的新要求也有差

距，为此，加快港口、机场、轨道交通、高速公路等交通基础设施建设仍然是未来一定时期内的紧迫任务。在港口方面，广州港南沙港区集装箱四期工程、深圳盐田港区集装箱码头工程、珠海高栏港区万江物流码头工程、汕头广澳港区工程、湛江港霞山港区通用码头工程等仍在稳步推进，同时珠三角大量中小型港口也亟须改扩建，到2020年全省港口货物吞吐能力将达到20亿吨。在机场方面，将强化广州机场作为全国三大国际性航空枢纽之一的地位。未来几年广东将改扩建9个机场并新建6个机场。除民航外，广东通用航空产业具有很大的发展空间。与美国相比，中国通用航空仍属于起步阶段，中国通用飞机保有量不及美国的1%①。未来广东将新建10多个通用机场，保证每个地级市有一个通用机场。在轨道交通方面，到2020年全省铁路运营总里程将达5 500公里，高速铁路运营里程达2 000公里，实现市市通高速铁路，与各陆路相邻省（区）均有高速铁路连接。城际铁路运营里程达650公里，珠三角城际铁路网覆盖珠三角9市及清远市区。上述重要交通设施建设会带来巨大的金融需求。

2.重点交通企业的金融需求。广东拥有2个全球十大集装箱港口（深圳与广州），港航类上市公司有6家，拥有全亚洲最大的航空公司（南航），拥有“全国500强、广东50强”的大型交通企业（广东交通集团），广州是单船生产能力达到30万载重吨、年造船能力达400万载重吨以上的全国三大造船基地之一，同时海洋工程装备、邮轮产业、游艇产业等新兴产业的发展，都催生大量交通物流类企业，这些企业的装备生产、运载工具购置或租赁、日常运营及参与对外交通合作等都离不开交通金融的大力支持。

3.广东交通科技创新及新业态新模式发展的金融需求。在互联网+、云计算、物联网、大数据、人工智能等新技术推动下，交通业正经历翻天覆地的变化。受互联网思维及交通技术革新的影响，交通领域的变革层出不穷，交通新模式、新业态、新服务不断涌现。建立交通科技创新的风险投资机制、促进交通服务新模式新业态的发展、支持交通企业实施创新驱动发展战略都需要交通金融的全面介入。

4.广东交通转型升级所带来的金融需求。交通科技进步使人们对绿色交通、智慧交通和平安交通的期盼成为可能。广东交通行业亟须转型升级，加快建设无缝对接的综合交通运输体系、新技术引领的智慧交通体系、低碳环保的绿色交通体系和以人为本的平安交通体系。交通业的转型升级要求设备更新、技术更新、制度更新和人员更新，转型升级的顺利开展也需要交通金融的全力支持。

① 广东已将“推动通用航空产业加快发展”写入《广东省战略性新兴产业发展“十三五”规划》（粤府办〔2017〕56号）。

三、促进广东交通金融发展的对策建议

（一）总体思路

交通行业是基础性、先导性和战略性产业，率先建成“平安、绿色、智慧、高效”的综合交通运输体系是广东决胜全面小康、促进经济新常态发展的重要基础。为此，广东应结合金融领域供给侧结构性改革的新要求，进一步发挥金融对交通发展的支持和引导作用，重点支持广州、深圳构建交通金融服务体系，全面提升广东金融业服务实体经济（交通业）的能力。发展广东交通金融，应该首先发挥政府的规划引领与政策引导作用，营造交通金融创新与发展的体制环境、法律环境与政策环境，同时学习和借鉴国际国内交通金融发展的先进经验，积极鼓励社会资本参与交通基础设施建设，充分利用市场机制配置资源的优势，完善交通金融机构体系，创新交通金融服务模式，丰富交通金融服务产品，贯彻绿色交通金融理念，提升交通金融服务质量，助力“一带一路”倡议和粤港澳大湾区建设。

（二）支持航运金融发展，建设与香港错位发展的国际航运中心及世界级港口群

航运金融是国际航运中心建设的核心内容，也是国际航运中心建设能否成功的关键因素。航运金融作为产业金融，可以促进港口、航运、船舶等产业快速发展及转型升级；航运金融作为特色金融，可以健全区域金融中心功能；航运金融作为生产性服务业，可以提升所在城市的集聚辐射能力。建议在广州南沙和深圳前海创建航运金融服务集聚区，利用自由贸易区的制度优势和政策优势，对区内金融企业从事航运金融服务制定更加优惠的政策措施，吸引境内外航运金融机构和优秀的航运金融人才落户。

大力发展广东航运金融，支持广州联合深圳、东莞、珠海等城市共建与香港错位发展的国际航运中心，支持以广州港为龙头整合珠三角港口资源并构建珠三角港口群协同发展机制，促进包括香港在内的世界级港口群的形成。

（三）支持航空金融发展、建设世界级空港群及空港经济区

抓住通用航空产业和空运物流产业快速发展的机遇期，大力发展航空金融，完善航空融资、航空租赁、航空结算、航空保险等航空金融服务体系。建议在促进广州白云空港经济区和深圳大空港地区加快发展航空物流的同时，制定优惠政策，吸引从事航空金融服务的国内机构入驻，为航空金融发展营造宽松的金融生态环境；制定特殊政策，吸引国际上航空金融业绩卓著的机构来粤建立分支机构或办事处，充分借鉴国际经验发展航空金融；在粤港澳大湾区协同发展的大架构下，以航空金融发展为抓手，建设世界级空港群。

（四）支持物流金融发展，提高供应链运行效率，全面降低综合物流成本

鼓励和支持交通或物流类企业开发物流金融新产品，创新物流金融新模式，提升物流金融运行效率；鼓励和支持金融机构与交通物流类企业合作从事物流金融业务。将物流金融发展与金融业供给侧结构性改革紧密结合，进一步降低交通物流类企业的融资成本，提高供应链运行效率，从而为整个社会全面降低综合物流费用创造有利条件；鼓励和支持省内物流园区、保税港区、自贸区、经济开发区等加快物流金融发展，制定各具特色、因地制宜、行之有效的物流金融发展政策。

（五）加快交通金融人才队伍建设

交通金融的发展与创新离不开交通金融人才的支撑。交通金融人才是熟悉交通行业且具备金融专业知识的复合型人才。因交通行业的专业性、复杂性与国际性，交通金融人才才具备了独特的价值。比如航运金融人才，不仅要掌握金融技能与知识，还要掌握船舶知识、海事法律、会计规则、海运保险、航运衍生品交易等知识，更要了解航运经济知识及国际航运金融发展规律。当前多数商业银行不愿意开展航运金融业务，一个很重要的原因是不熟悉航运业、不了解航运发展规律及相关风险，究其根本是缺乏合适的航运金融人才。

广东应建立交通金融人才引进和培养机制，建设能支撑交通金融发展的高素质专业人才队伍。一是制定优惠政策，直接从国内外引进高层次交通金融类专门人才。二是在高校增设交通金融类专业或专业方向，完善交通金融人才培养体系。比如可以支持交通类院校开办交通金融专业或者在交通类专业设置交通金融类课程，也可以在重点院校设立交通金融EMBA或开办交通金融高级研修班，畅通交通金融人才的上升通道。三是大力发展交通金融职业培训，有选择性地在从事交通金融业务的金融机构如银行、保险公司、租赁公司、基金公司和信托公司等开办交通金融业务培训，提高从业人员素质。

（六）增强交通金融研究实力

为更好地发挥金融对交通业转型升级、创新发展的支持作用，促进广东交通金融可持续发展，有必要增强省内交通金融研究力量，积极开展交通金融研究及相关学术活动，为省内交通金融发展提供必要的智力支持。一是建立交通金融研究机构或平台，就“金融对交通业发展的影响、广东交通金融发展的制约因素、交通与金融深度融合”等重大问题展开课题研究，并提供相应的资金资助。二是发挥相关交通金融类企业或行业协会的作用，组织力量开展行业调研，剖析行业问题，为政府相关部门决策及交通物流企业发展提供咨询研究报告。三是加强政、校、企协作，将科研合作与人才培养相结合，不断壮大交通金融研究队伍，充分发挥行业院校从事交通金融研究的主力军作用。

（七）加强粤港交通金融服务合作

由于粤港两地经济的高度关联性和互补性，粤港之间进行金融合作具备先天优势与条件。广东交通金融需求非常旺盛，而香港则拥有从事金融服务的机构优势、渠道优势、经验优势和人才优势。香港是国际金融中心，更是人民币离岸金融中心。建议广东同香港交通金融合作首先在离岸人民币投融资及人民币航空航运跨境结算等业务中取得突破。

根据《深化粤港澳合作　推进大湾区建设框架协议》及CEPA关于粤港金融合作的有关规定，推动粤港两地金融服务业的深度合作。一是可考虑进一步降低金融机构的开放“门槛”，特别是考虑相应降低香港金融机构在粤设立分支机构的条件，吸引香港银行及金融租赁公司来粤从事交通金融业务。二是对接香港人民币离岸中心，支持广东交通物流企业去香港市场融资，发行人民币债券或其他融资工具，以降低企业融资成本。三是探索实现粤港保险业务通保通赔通付，形成粤港两地航空、海运保险市场的一体化。四是学习香港在离岸金融业务发展上的先进经验，利用前海和南沙自贸区的政策优势，以大型跨国跨境交通企业运费结算为突破口，争取离岸金融试点，允许已开办相应业务的金融机构设立离岸金融业务部，培育和发展离岸金融市场，为进一步建设离岸金融中心积累经验。

参考文献

[1] 贾品荣. 航运金融的十大战略视点［J］. 中国发展观察，2016（19）：79-85.

[2] 林秋杏. 33家银行系金融租赁公司大起底［EB/OL］.［2016-08-29］. http：//www.sohu.com/a/112674982_481648.

[3] 王孟欣，张军茹，王猛. 基于BP神经网络的我国城市航运金融竞争力评估［J］. 海南金融，2017（8）：9-15.

[4] 商务部流通业发展司. 中国融资租赁业发展报告（2016—2017）［EB/OL］.［2017-08-05］. http：//www.mofcom.gov.cn/article/gzyb/ybr/201708/20170802621709.shtml.

[5] 李佩，陈彦蓉. 共享机遇共谋发展　航空金融迈向新征程［N］. 金融时报，2017-09-29（5）.

[6] 中华人民共和国国务院. 物流业发展中长期发展规划（2014—2020）［EB/OL］.（2014-10-04）. http：//www.gov.cn/zhengce/content/2014-10/04/content_9120.htm.

[7] 储雪俭，詹定国. 物流金融——长三角地区经济发展的新增长点［J］. 物流技术，2005（3）：96-98.

[8] 李江帆. 中国第三产业发展研究 [M]. 北京：人民出版社，2005.

[9] 白敏. 郑州航空港区物流金融发展问题研究 [D]. 郑州：郑州大学，2017：18-22.

（作者单位：广州航海学院航运经贸学院）

金融支持“一带一路”面临的挑战与机遇研究

万阿东

世界经济步入“新平庸”、世界经贸格局面临着“新调整”、中国发展进入“新常态”催生了“一带一路”倡议的提出。“一带一路”倡议的高层次和利益相关方巨大的复杂性决定了金融支持必然会面对各种层面、各种形式的挑战，但这也是推动中国金融发展的重大机遇。中国特色社会主义进入新时代，结合新的发展现实和当前发展阶段，从唯物主义的观点出发，用全局性、系统性、复杂性的思维方式把握当前金融支持“一带一路”面临的挑战与机遇对于金融发展现实具有巨大的理论指导意义。

2017年10月18日，在中共“十九大”开幕式中，习近平总书记在“十八大”以来中国发生的重大历史性变革、产生的重大历史性成就的基础上做出了中国特色社会主义进入了新时代的论断，结合中国当前这一重要实际，我们要以马克思主义的辩证唯物主义发展观为指导，深刻把握“一带一路”倡议的缘起和性质，用阶段性的观点审视国家发展、“一带一路”倡议、金融改革发展等的关系，建立全局性、系统性、复杂性的思维方式，系统认识当前金融支持“一带一路”倡议面临的挑战和机遇，以金融支持“一带一路”倡议为契机，稳步推进中国金融体制机制改革、金融建设与创新，全面提升国家整体金融实力。

一、深刻认识“一带一路”倡议

（一）“一带一路”的缘起

马克思主义思想深谙人类社会历史发展规律，认为发展有阶段性特征，世界总是在曲折中前进。回顾人类社会数千年的发展历史，人类始终充满着对美好生活的向往和追求。当代社会，和平和发展是时代的主体，更是全世界各国人民的共同梦想。“一带一路”的发展合作倡议深刻认识中国和世界社会发展现实，是为破解全球发展难题而创造性提出的具有中国智慧的“中国方案”。

1.世界经济“新平庸”——美欧疲软

2014年10月2日，在美国首都华盛顿的国际货币基金组织（IMF）总部，

IMF总裁拉加德在新闻发布会上发表演讲，提出世界经济面临长期维持低增长的平庸时代的威胁，提出全球经济正处于拐点并将逐渐进入“新平庸时代”。她预测了今后全球经济的发展，在发达经济体中，美国和英国经济增长会进入疲软状态，欧元区增长最弱；全球增长的主要来源仍将是新兴经济体，但增速也会放缓。

事实证明，拉加德对世界经济进入“新平庸时代”的预测成为了“新现实”。IMF在2016年初发布的《世界经济展望报告》显示，2015年世界经济增长3.1%，预估2016年的增长速度为3.4%，2017年的增长速度为3.6%，这均比上一年预估调低了0.2%[1]。而世界银行在2017年初发布的《全球贸易观察：2016年贸易发展》报告中也下调预估增速，2016年全球贸易增速在1.9%～2.5%之间，是2008—2009年全球金融危机以来的最低水平。

破解全球发展难题，贡献中国方案。国际金融危机爆发后，世界经济深度调整后进入新阶段：全球经济增长乏力，国际贸易和投资疲软；各国宏观政策协调不力，金融状况严重不稳定；各经济体复苏力度不均且发展不平衡态势加剧，新兴市场和发展中经济体下行风险显著；全球经济发展呈现低需求、低通胀、低增长的特点。但是与此相对应的是中国经济经历有效调整后实现较平稳的增长，因此，世界呼唤中国贡献世界经济发展的“中国方案”。“一带一路”的发展合作倡议致力于缩小各国发展差距，从根本上化解各种矛盾和冲突，从而为破解世界发展难题贡献中国智慧和“中国方案”。

2.经贸格局“新调整”——保守思潮

西方国家的“反全球化”浪潮汹涌，压制新兴国家崛起。世界经济全球化已走过了很长的一段历程，大大推动了世界共同发展和文明进步，特别是20世纪以来，广大发展中国家通过资本、信息、技术的外溢效应，积极结合后发优势，抓住了发展工业化、现代化和财富积累的机会，实现了国家经济的发展和在全球的崛起。全球化过程中，“金砖国家”“新钻十一国”等新兴经济体的群体性崛起，亚洲、非洲及拉美等地区整体处于上升阶段，而与之相对比的是发达国家的经济治理不力，经济、社会日益陷入困境，民众抵制情绪滋生，这使得发达国家开始反思全球化，并开始逐步开展“反全球化”。2016年的英国脱欧公投将“反全球化”推上新高，美国总统特朗普上台以后更是出台一系列举措遏制新兴国家的崛起和全球化。

国际经贸规则阵营化，贸易由自由趋向公平。当前西方国家对全球化进程的“失控”促使美欧等发达国家开始寻求“收回”全球化进程中的经济发展主权，标志性的事件是2017年美国总统特朗普上台以后宣布将废除“跨太平洋伙伴关系协定”(TPP)，并修改已生效多年的“北美自由贸易协定”(NAFTA)，甚至声称要退出WTO。美欧众国也由于各种内部压力，很难在“跨大西洋贸易与投资伙伴关系协定”（TTIP）中让步以实现其成功。西方国家也开始更多地以新兴经济体是“不公平竞争者”为由对中国、墨西哥等国的货物征收惩罚性关税，推动“用本国人”“买本国货”，由此达到限制贸易、保护国内经济的目的。

中国深刻把握全球化发展的实质，实现了本国经济的较快发展，在反全球化思潮背景下，开始积极参与到全球经济治理中来，“一带一路”倡议正是中国贡献经济发展经验、推动全球化增长、惠及全球更多国家的理念和行动。

3. 中国发展“新常态”——转型突围

中国经济发展已经进入具有“新常态”特征的转型关键期。2014年5月，在河南考察时，习近平总书记指出：“我国发展仍处于重要战略机遇期，我们要增强信心，从当前中国经济发展的阶段性特征出发，适应新常态，保持战略上的平常心态。（王一鸣，2014[2]）”2014年年底的中央政治局会议深刻阐述了“新常态”，即“我国进入经济发展新常态，经济韧性好、潜力足、回旋空间大”“经济发展新常态下出现的一些趋势性变化使经济社会发展面临不少困难和挑战”“主动适应经济发展新常态，保持经济运行在合理区间”。

中国发展“新常态”的现实特征推动中国发展进行新阶段的转型突围。2010年中国成为了全球制造业第一大国，2014年中国经济总量突破10万亿美元大关，位居世界第二，也是在这一年，中国成为了全球货物贸易第一大国和全球外汇储备第一大国，同时对外投资额超过吸引外资总额。一方面，一系列的数据表明中国已经成为走向全球的经济体，逐渐成为“制造中国”“消费中国”“资本中国”。“新常态”的中国经济呈现了“三头在外”的特点，即资源在外、市场在外、投资在外，中国逐步实现以创新为驱动，并进行全球布局、内外联动。但是另一方面，中国经济发展增速下降，中国传统产业产能过剩，同质化竞争严重，中国经济发展中“买入资源、中国制造”“中国制造、西方进口”“中国借钱、西方消费”的现状要求中国必须推动对外经济关系转型。

中国的“新常态”经济发展推动了走向全球的中国经济体，也提出了中国继续全面深化改革开放的要求，为此，“一带一路”倡议也是中国经济发展需要的重大应然举措。

“一带一路”倡议连通亚欧非三大区域，一边是充满活力的东亚经济圈，另一边是发展程度较高的欧洲经济圈，中间广大腹地国家经济发展潜力巨大。“一带一路”直击发展瓶颈问题，致力于解决地缘经济的南北问题和地缘政治的东西问题，是全球经济深刻调整和政治格局变化的产物。

（二）“一带一路”性质与推进模式

2013年，习近平总书记在出访中亚各国、东南亚地区期间，先后发出各方共建“丝绸之路经济带”和“21世纪海上丝绸之路”的历史性倡议，随后为全面布局“一带一路”建设，商务部、国家发改委、外交部在2015年年初共同发布了《推动共建丝绸之路经济带和21世纪海上丝绸之路的愿景与行动》。2017年5月，中国在北京举行了第一届“一带一路”国际合作高峰论坛。

2017年10月18日，习近平总书记代表十八届中共中央委员会在“十九大”开幕式中做报告时再次强调：“要以‘一带一路’建设为重点，坚持引进来和走出去并重，遵循共商共建共享原则，加强创新能力开放合作，形成陆海内外联动、东西双向互济的开放格局。(习近平，2017[3])”

“一带一路”是伟大的国家倡议和顶层设计。“一带一路”倡议的理念深刻联系人类前途命运以及中国与世界的发展大势，现实证明它是中国为促进全球共同繁荣、打造人类命运共同体所提出的宏伟构想和“中国方案”。“一带一路”倡议是新时代中国的主动开放之举，它是致力于促进沿线国家、地区之间经济交流与合作，重构地区经贸格局，推动地区经济一体化发展的伟大国家倡议和顶层设计。

“一带一路”性质和理念决定其建设推进的模式。“一带一路”是合作发展的倡议和理念，并不是要建立一个实体或有限制力的机制，这决定着“一带一路”建设过程中要借助于中国与相关国家现有的机制，利用既有的、能起积极作用的区域间合作平台，结合古代“丝绸之路”的历史象征，这也要求中国要积极建立和发展与沿线各国的经济合作伙伴关系，一同打造政治互信、经济融合、文化包容的新型利益共同体、责任共同体与命运共同体（储殷和高远，2015[4]）。

二、金融支持“一带一路”面临的挑战

金融作为现代经济的核心，要融合到“一带一路”倡议框架及其所衍生的区域经济一体化之中，给予全方位的金融支持。金融支持，目前没有较权威的定义，一般意义上是指为了产业的发展、地区的发展，金融机构专门地、有针对性地开展一些工作和出台政策，比如，提供贷款及办理金融业务的便利、优惠条件，提供外汇结算，政府给予贷款贴息，支持进入资本市场等。

随着中国国家治理能力的提升和参与全球治理体系的深入，中国越加重视金融的作用，并能较成熟地利用金融对国家战略、发展方向、配套项目进行有力的支持。金融作为撬动各国共建“一带一路”宏伟蓝图的支点，也是开展政策沟通、设施联通、贸易畅通和民心相通的必要条件。

“一带一路”作为中国首个“走出去”的国家倡议，金融支持“一带一路”倡议在各个层次各个方面面临着挑战。

（一）国际合作的挑战：政策沟通和配套监管

“一带一路”沿线有65个国家，各国情况复杂多样，“一带一路”倡议指明中国中长期发展方向，涉及大规模、多形式的直接或间接对外投资，就目前“一带一路”建设的实践，在金融支持上依然存在着国际合作方面的挑战。

1.投融资对接的挑战。“一带一路”建设的优先领域是基础设施建设，而重大基础设施建设有着资金需求量大、建设和回收周期长等特点。“一带一路”倡议坚持“走出去”和“引进来”相结合，对其进行金融支持更是包涵投资和融资，如何做好投融资对接，这对中国来说是一个巨大的挑战。

另外，包括“一带一路”倡议在内的各种国际间的合作意向多、承诺多、兑现慢，而且通常融资国家对投资国家期望都比较高，特别是“一带一路”沿线国家对中国的期望相对较高。各个国家对“一带一路”的投入和期望要达到的目的未必一样，有的相关国家政府希望沾光，有的国家政府甚至把支持“一带一路”建设的资金当作“唐僧肉”，把参与“一带一路”建设当作“抢红包”。如何在金融支持方面“讲好中国故事”并与沿线各国做好对接，更好地营造投融资氛围，这对中国来说是另一个巨大的挑战。

2.金融支持信息沟通的挑战。“一带一路”建设的金融支持特别要重视信息的沟通，但是沿线各国经济发展有着明显的不平衡的特点，再加上各国的经济、金融体制机制政策有着巨大的差异，特别是目前“一带一路”建设中金融支持存在权威信息不清楚、口号多、细节不够的情况，出现了对权威政策信息的“审美疲劳”现象。其实根源上还是要界定好沿线各国的实际情况，根据实际情况来实施金融支持和配套建设，以有效建立“共同体”。

如何做好有效的信息沟通，形成有效的话语沟通，做好合作各方的表述与宣传，这是合作国在沟通方面的主要挑战之一。

3.国家间利益与支持的挑战。“一带一路”建设必然牵动各方利益，中国作为一个新兴经济体，处理如此复杂的国家利益关系尚需不断探索，这就要求不仅要处理好“一带一路”利益直接相关方的利益关系，还要处理好其他各方的利益关系。如何为金融支持“一带一路”倡议在项目合作、资金结算等方面“架桥铺路”，在应对相关金融风险、建立对话和风险防控机制方面“保驾护航”，重点防范系统性金融风险，并对其进行有效监管，这是国家层面面临的挑战。

（二）建设项目落地的挑战：推进缓慢和风险多样

“一带一路”倡议是纵贯古今、统筹陆海、面向全球的世纪发展蓝图。中国和世界的发展实践证明，往往重大合作倡议的难点是如何从理念转化为行动、如何从愿景变为现实，其实就是如何处理建设项目落地的挑战。这给中国国内宏观发展带来的机遇主要体现在中央和地方两个层次的金融改革与建设。

1.政治风险：项目推进曲折缓慢。中国国际问题研究院副院长、一带一路研究中心执行主任郭宪纲在其研究中就曾特别强调要防范沿线国家和地区的政局风险（李德尚玉和郭宪纲，2015[5]）。当前“一带一路”的沿线地区和国家有些处在关键转型期，政局上呈现出不稳定的表现，另外部分国家政党轮替后难以保证政策的延续性，往往前任与其他国家签订的协议会被新上台的政党推翻，甚至仅仅因为某些党派的利益而撕毁上一届政府和其他国的协议。在这些国家开展金融支持业务也会受到腐败影响，导致项目推进曲折缓慢，难以保证资金安全和预期回报率。

2.安全风险：中国威胁论和极端势力。部分西方国家内部仍然存在“中国威胁论”宣扬者，可能会对金融支持战略的推进造成影响。中国大力推进“一带一路”倡议落地实施，沿线各相关口岸将全部打开，这必然会带来人员的频繁流动，使得各种不安定因素剧增，甚至部分极端主义势力也会对“一带一路”倡议的各个环节形成潜在威胁。在金融支持过程中，海外资产保护、投资的安全、各项信息安全等防范能力是一个重要的挑战。比较典型的就是一波三折的巴基斯坦瓜港项目，建设方遭遇各种困境，进展极为缓慢（张希平，2015[6]）。

3.社会与文化风险：走进去和同发展。“一带一路”倡议的落地意味着我们要主动走出去和沿线各国一起建设，共同发展，与这些国家和地区进行长周期、全方面、利益密切交融的合作，但是这些国家和地区都有着较稳定的法律、法规和风俗习惯，如何处理好项目建设与当地的习俗、法律、法规以及非政府组织（NGO）的关系，显得非常重要。当地差异多样的社会和文化会给金融支持带来风险，如何求同存异，避免与当地民众发生矛盾，甚至培养与当地人民融洽的关系和建立深厚的友谊，并且谋求更多共同发展，这也是一个较大挑战。

（三）企业需应对的多方面挑战：竞争与合作

1.投资与竞争：项目进入与有效竞争。“一带一路”倡议作为国家层面中长期发展战略，有众多国家层面的保障作为背书，这对企业有很强的吸引力，但是企业也要擦亮眼睛，避免因盲目进入而遭受损失。结合“一带一路”倡议建设的特点，目前国内许多企业具有一定的项目能力和企业实力，但相对于“一带一路”沿线众多重大项目的大资金需求、较长的建设和回收周期，企业往往不堪重负，因此会寻求项目融资，但是国内当前的投融资环境相对不太完善，企业存在较严重的融资困难。另外，还要注意了解同类企业的情况，避免恶性的同质化竞争，以防在金融支持时陷入企业混战和银行混战。

2.标准与投保：标准对接和投保协定。在金融支持方面，西方国家有较为成熟的一套标准，对于中国企业来说较为苛刻。中国金融企业在“一带一路”倡议进行金融支持时往往处于相对不利的处境，而且部分国家和地区对于外来投资企业会提高标准，实行“双重待遇”，中国企业一着不慎相关机构便会启动商业调查。另外，“一带一路”倡议在很多方面政策服务都不太健全，这使得部分项目存在无投保协定或者投保协定滞后的情况。标准对接和投保协定是企业面临的又一大挑战。

3.人才体系：人才输送和人才对接。金融支持“一带一路”倡议的实施需要大量的企业复合型人才，但是中国企业的人才培养、储备与其需求存在严重不对等的情况，人才对接不足的困境往往会使得企业蒙受巨大的损失。如何处理人才困境，培养语言通、人脉广、熟悉当地国家社会文化、政策意识强的人才，实现良好的人才输送和对接，是企业面临的最大挑战之一。

三、金融支持“一带一路”面临的机遇

马克思主义主张辩证地、全面地、实事求是地看待问题，事物的发展有着不断解决矛盾、不断前进的总趋势。金融支持“一带一路”面临诸多挑战，但挑战也是机遇，积极应对挑战，解决金融支持过程中遇到的问题，就是将挑战转化为机遇，抓住机遇的过程就是实现发展的过程。

（一）国家层面的机遇：讲好中国话与深化金融体制改革

1.金融支持中“走出去”与“引进来”的机遇。当今世界，世界多极化、经济全球化、文化多样化等深入发展，新兴国家和广大发展中国家抓住机遇迅速崛起，金融支持“一带一路”是一个“走出去”与“引进来”并存的机遇。中国国家层面要针对“一带一路”实际情况，积极配套建设金融合作网，推动建设互通互联项目，建立高层对话机制，签订金融谅解备忘录。特别是要推动人民币国际化，加大人民币结算的支持力度，积极参与国际金融治理体系，提高中国国际金融治理地位，为发展谋求更多的话语权。另外，金融支持还要注意“引进来”，这不仅有利于国内金融市场的竞争和发展，也会有效促进中国金融治理能力和国内金融机构的经营水平的提升。

值得肯定的是，中国正全面推进中国特色大国外交，宣传中国发展道路，讲好中国话，使中国的发展更多地惠及世界各地区。现已形成了全方位、多层次、立体化的金融支持布局，为“一带一路”倡议的推进营造了良好的金融条件。中国主导创立了亚洲基础设施投资银行，发起设立了丝路基金，搭建“一带一路”的金融合作网络，举办第一届“一带一路”国际合作高峰论坛等，中国在全球金融投资领域的影响力、话语权、感召力进一步提升。

2.国内深化金融体制改革的机遇。金融支持“一带一路”必然会面对众多体制、机制冲突，暴露更多的问题，这是中国深化金融体制改革的机遇。回顾改革开放以来国内金融业的发展，一次次发展机遇和重大国家战略都会推动金融业的深度变革，党的十九大提出“深化金融体制改革，增强金融服务实体经济能力，提高直接融资比重，促进多层次资本市场健康发展。健全货币政策和宏观审慎政策双支柱调控框架，深化利率和汇率市场化改革。健全金融监管体系，守住不发生系统性金融风险的底线”（周小川，2017[7]）。这是中国金融体制改革的根本要求。

中国深化金融体制改革是提高中国国际国内金融治理能力的内在要求。加强国内金融监管、完善风险应对和危机处置制度安排，有利于充分发挥丝路基金以

及各国主权基金的作用，引导国内商业性股权投资基金和社会资金共同参与“一带一路”重点项目建设。

（二）地方层面的机遇：加强对接与政策支持

“一带一路”倡议的金融支持最终落地实施需要地方的积极作为和参与，这对于中国各经济区域和各地政府是重大的发展机遇。丝绸之路经济带涵盖了新疆、重庆、陕西、甘肃、宁夏、青海、内蒙古、黑龙江、吉林、辽宁、广西、云南、西藏13省（自治区、直辖市），21世纪海上丝绸之路涵盖了上海、福建、广东、浙江、海南5省（直辖市），《推动共建丝绸之路经济带和21世纪海上丝绸之路的愿景与行动》明确要求地方层面要充分对接“一带一路”倡议，要利用珠三角、长三角、环渤海、海峡西岸等经济区经济实力强、开放程度高、辐射带动作用大的优势，支持中国（上海）自贸区建设，推动福建21世纪海上丝绸之路核心区建设。实行金融发展区域联动，充分发挥各地开发区的作用，如深圳市的前海、广州市的南沙、珠海市的横琴、福建省的平潭等，深化大陆与港澳台地区的金融合作，实现粤港澳大湾区的金融支撑效应。

中国地方政府也在积极参与“一带一路”建设，加强配套金融支持力度。2015年6月，广东省率先出台《广东省参与建设“一带一路”的实施方案》，明确提出要建设国际金融贸易中心，加强金融服务和金融支持。

（三）企业层面的机遇：利用优势与推动变革

“一带一路”倡议以基础建设为主的特点决定其建设实施需要充足的发展资金，巨量资金需要有力的金融支持来解决，具体到企业层面则需要企业（更多的是金融企业）利用自身优势，特别是中国政府大力保障和支持的政策优势，推动企业走出去，通过一系列配套的企业架构建设、人员配置、服务保障等，多方面支持“一带一路”发展，并结合沿“带”沿“路”国家和地区的情况进行各种金融创新，包括设立各种类型基金、发行各种类型证券和创新金融产品等，同时要根据“一带一路”只是理念和倡议的实质积极防范各种风险。

金融支持“一带一路”倡议对于企业来说是一个巨大机遇，有能力、有实力的企业一定要积极参与其中，并以此为契机推动企业发展和变革，为今后更深入地参与全球商业竞争积累经验、资金和人才。

四、结论与展望

2017年7月，习近平总书记在第五次全国金融工作会议上指出：“不断扩大金融对外开放。通过竞争带来优化和繁荣”，“党的十八大以来，我国金融改革发展取得了新的重大成就。回顾改革开放以来我国金融业发展历程，要解决影响和制约金融业发展的难题必须深化改革。”“一带一路”倡议是国家层面的倡议，由于利益相关各方情况复杂，金融支持“一带一路”发展必然会面对各种层面、各种形式的挑战，但同时也蕴含着巨大的机遇和红利。这给中国的金融对外开放、扩大中国金融影响力和话语权、推动国内金融体制机制改革、带动企业发展创造了众多发展机会。

2017年11月，中共“十九大”胜利召开，党中央在“十八大”以来中国特色社会主义发生的重大历史性变革、产生的重大历史性成就的基础上，做出了“新时代”这一重大判断。“新时代”的判断同样也对金融支持“一带一路”建设具有重大的指导意义，中国的金融发展也进入了“新时代”。金融发展要确立全局性、系统性、历史性思维方式，一方面要积极参与经济全球化进程，加强与其他国家在金融领域的竞争与合作，用好金融手段谋求自身的经济发展和社会建设；另一方面必须确立与全球化浪潮和国际规则相适应的金融发展思维方式和价值观念，从大局出发思考和解决金融问题，树立整体和开放的意识、多极主体共赢的观念以及多向度的趋利避害的发展意识。

参考文献

[1] 佚名. IMF下调世界经济增长预期 [J]. 时代金融，2016 (4).

[2] 王一鸣. 全面认识中国经济新常态 [J]. 求是，2014 (22).

[3] 习近平，等. 党的十九大报告辅导读本 [M]. 北京：人民出版社，2017.

[4] 储殷，高远. 中国“一带一路”战略定位的三个问题 [J]. 国际经济评论，2015 (2).

[5] 李德尚玉，郭宪纲. 必须跨越四大风险 [N]. 第一财经日报，2015-12-15 (14).

[6] 张希平. 中巴经济走廊框架下建立物流贸易通道问题研究——以喀什为枢纽中心的中巴物流贸易通道 [J]. 金融发展评论，2015 (10).

[7] 周小川. 守住不发生系统性金融风险底线 [N]. 中国证券报，2017-11-06 (2).

（作者单位：中共广东省委党校哲学教研部）

北部湾区位优势与东南亚国家绿色金融发展

梁刚　姚登程　莫丽茵

绿色金融是促进社会、经济、环境可持续发展的有效途径，在全世界推行可持续发展的大形势下，地位日益重要。随着中国经济发展进入新常态，产业面临转型升级新要求，绿色金融已上升到国家战略，近年来发展迅速，并随着“一带一路”倡议传播到周边国家。广西拥有中国与东盟国家联系纽带的区位优势，北部湾经济带的建设带动了国际交流与合作共赢。本文主要研究广西如何推动海上丝绸之路沿线东南亚国家的绿色金融发展。

一、国际绿色金融理论综述

（一）绿色金融的起源

早在1980年，联合国大会就向全世界呼吁“必须研究自然的、社会的、生态的经济”，利用自然资源中的基本关系，确保全球的可持续发展（Sustainable Development）。1987年，世界环境与发展委员会公布的《我们共同的未来》一书掀起了全球绿色经济浪潮。随着经济全球化的日益深入，环境问题逐渐成为国际社会和各国政府关注的焦点。各国政府纷纷出台有关环保政策，并积极探索运用市场手段减少污染、降低能耗，解决全球气候变化问题。在此背景下，绿色金融应运而生，开拓性地在金融创新中引入环保因素，开始研究金融业务环境风险评估、绿色金融产品开发，强调注重经济效益、社会效益、环境效益的整合，谋求通过多样化金融工具的运用来促进环境保护，保持生物的多样性。

国际上最早提出绿色金融概念是在1997年。在此前后，世界各国政府、国际组织、金融机构以及非政府组织在环境保护领域进行了多种尝试，取得了不少经验。尽管诞生不过短短20几年，绿色金融已在国际社会迅速流行开来。不仅商业银行，产业资本、风险资本和保险业在绿色金融领域也都积极行动起来，绿色产业基金、环境责任保险、绿色风险投资陆续出现。《京都议定书》签订与执行后，碳交易市场和碳金融迅速发展。

(二) 绿色金融的定义

所谓绿色金融，又称环境金融（Environmental Finance）或可持续性融资(Sustainable Financing)，是一种为环境保护及社会责任融通资金的活动。它既是保护环境的一种措施，又是金融机构一种新的资产业务。绿色金融（生态金融）的核心是将自然资源存量或人类经济活动造成的自然资源损耗和环境损失，通过评估、测算的方法，用环境价值量或经济价值量进行计量，并运用于金融资源配置、金融活动评价等领域。对于绿色金融的内涵，理论界的看法可谓众说纷纭。

绿色金融是现代金融发展的重要趋势，也是对传统金融的延伸和扩展。从金融活动的过程看，它与传统金融是一致的，都是集聚社会闲置资金，将其调剂到急需资金的部门和地区。但绿色金融与传统金融相比最突出的一个特点就是，它更强调人类社会生存环境的利益，并将对环境的保护、资源的有效利用程度作为计量其活动成效的标准之一，通过自身的活动引导各经济主体注重自然生态平衡，减少环境污染，保护和节约自然资源，维护人类社会的长远利益及其长期发展；它讲求金融活动与环境保护、生态平衡的协调发展，最终实现经济社会的持续发展。与绿色金融相近的概念有环境金融、生态金融、可持续金融，这些概念都是20世纪90年代末从金融与可持续发展的关系中派生出来的。从内涵来看，这些概念基本一致。

二、中国绿色金融的发展现状

(一) 绿色债券发展现状

中国的绿色债券市场刚刚起步，但发展迅速。2014年，国际金融公司(IFC)发行了全球第一笔人民币绿色债券，用于中国绿色气候方面的投资。2014年5月8日，中广核风电有限公司发行了国内第一只碳债券，发行额为10亿美元，票面利率为固定利率加浮动利率，浮动利率根据5个资源减排项目的收益来确定。但事实上由于5个资源减排项目的收益基本上没有实现，浮动利率的确定方式没有启动，加之中国碳市场流动性较差，因此可以说，这笔债券的象征意义强于实际意义。不过，从债券市场的建设和整个交易架构来说，这次碳债券的发行是一次很好的尝试。2015年7月18日，新疆金风科技股份有限公司在香港联交所发行了中国第一只真正的绿色债券，规模3亿美元，期限3年，票面利率2.5%，穆迪给予的信用等级为A1。英国非常重视与中国的绿色金融合作，在中英发布的联合声明中，绿色金融是一个非常重要的合作方面。2015年10月13日，中国农业银行在伦敦证券交易所发行了9亿以美元计价和6亿以人民币计价的绿色债券，这是中国首只境外发行的绿色金融债。9亿美元债券中的4亿美元债券是3年期、5亿美元债券是5年期。此外，6亿离岸人民币债券期限为2年。随着绿色债券市场发行规模的扩大，相关的法规也在陆续出台中。2015年12月

22日，中国人民银行发布了关于发行绿色金融债券事宜的公告和与之配套的《绿色债券支持项目目录》；2015年12月31日，国家发改委发布了《绿色债券发行指引》。

《绿色债券发行指引》提出，绿色债券是指募集的资金主要用于支持节能减排技术改造、绿色城镇化、能源清洁高效利用、新能源开发利用、循环经济发展、水资源节约和非常规水资源开发利用、污染防治、生态农林业、节能环保产业、低碳产业、生态文明先行示范实验、低碳试点示范等绿色循环低碳发展项目的债券。

（二）绿色信贷发展现状

“绿色信贷”也被称为可持续融资或环境融资。宏观上的绿色信贷是指银行业金融机构在遵循对应产业政策的基础上，利用利率杠杆调控信贷资金的流向，实现资金的“绿色配置”，具体而言就是对高能耗、高污染行业实施信贷管制，通过项目准入、高利率、额度限制等约束其发展，引导其转变高能耗、高污染的经营模式；同时，通过提供配套优惠的信贷政策与信贷产品，来加大对节能环保、低碳循环产业的扶持力度，使节能环保产业产生更大的生态效益，并反哺金融机构，最终实现生态与金融业的良性循环。

1.政策性银行绿色信贷实践。中国政策性银行的经营主要考虑国家整体利益、社会效益，重点是通过执行国家的金融经济政策来支持国家基础产业、高新技术产业和支柱产业。随着政策性银行业务领域的不断开拓以及服务质量的不断提升，其在中国金融经济政策的推广贯彻中起到了更大的作用。在绿色信贷政策的推广方面，政策性银行可以利用自身的政策性优势，在干预金融市场方面发挥重要作用；同时，政策性银行还要在信贷审批与发放的流程中充分考虑企业的环境因素，为绿色信贷注入更多活力。当前，国家开发银行不断完善环境和社会风险管控体系，要求在项目开发评审环节，将企业环境和安全事故风险作为信贷准入评审的重要内容，授信企业发生环境和重大生产事故的，列入重大事项评审；在贷后管理中，对于环境违法、违规及发生重大安全事故的企业或项目，采取下调资产质量等级、停贷等惩罚措施。

中国进出口银行积极贯彻执行国家的节能减排政策，按照“绿色信贷”的理念，严格项目环保要求，加强项目环境风险管理，并积极与世界银行、国际金融公司等机构进行环境评价方面的交流，建立环保风险退出机制。

中国农业发展银行在中国农业经济发展领域的绿色信贷方面实现了较大突破，对绿色经济模式在农业发展中的应用做出了较大贡献。首先，中国农业发展银行制定了严格的信贷准入标准，将贷款企业的环保评估作为发放贷款的重要参考。其次，中国农业发展银行很早就开始对环保违规企业的信贷实行“一票否决制”，出台了《绿色信贷管理暂行办法》等规章制度来指导行内绿色信贷业务的开展。

2.商业银行的绿色信贷。当前，各大商业银行都在不断推进绿色信贷政策的出台，如工商银行出台了《绿色信贷建设实施纲要》，农业银行制定了《中国农业银行信贷政策指引》，建设银行出台了《大中型客户授信审批五项基本原则》，交通银行印发了《信贷投向和授信管理意见》，招商银行出台了《招商银行绿色信贷政策》等。虽然各大银行都在不断出台绿色信贷政策，但是这些政策多集中在为本行制定信贷投放业务与范围的指引，未能给出针对节能环保企业的具体利率优惠标准或针对环保违规企业的信贷惩戒标准，在实际应用中缺乏可操作性。

在绿色信贷的执行措施上，各大银行都实行环保标准"一票否决制"，严格控制"两高一剩"行业贷款，"两高一剩"行业贷款企业数以及贷款额在各大行都呈下降趋势；同时，节能环保客户数量不断增长，绿色客户在各大行占比都在90%以上。

在绿色信贷产品与服务的创新方面，中国各大商业银行仍存在较大不足。兴业银行推出了能源效率贷款、"8 + 1"融资服务模式、排放权金融服务，招商银行开发了绿色设备买方信贷、节能服务公司专项贷款等绿色信贷产品，其他商业银行绿色信贷产品与服务的研发比较落后。因此，大力推进中国商业银行绿色信贷产品与服务的创新，对推进中国绿色信贷的发展具有重要意义。

在绿色信贷的信息披露方面，各大银行都出台了企业社会责任报告，对各年度的绿色信贷推进动态进行披露。在执行国际准则方面，目前中国只有兴业银行加入了"赤道银行"，以"赤道银行"指导自身的绿色信贷实践；工商银行与建设银行开展了加入"赤道银行"的准备工作；农业银行、交通银行与招商银行在探索加入"赤道原则"的可能性。

三、海上丝绸之路东南亚国家绿色金融的发展现状

（一）主要东南亚国家绿色金融发展现状

本文选取新加坡、越南、马来西亚作为海上丝绸之路东南亚国家的代表进行分析。新加坡是东南亚最发达的国家，越南与中国接壤，马来西亚在中国广西有合作的产业园区，这三个国家也是泛北部湾经济圈的重要组成国家。

1.新加坡绿色金融发展现状。新加坡的国土面积只有近700平方公里，但其经济增长、社会福利水平以及环境保护等都居东盟之首。近10余年，新加坡绿色经济的发展也成为东盟国家的榜样，其绿色经济制度给其他国家带来了颇多的借鉴。新加坡重视绿色发展的传统由来已久，从立国之初就将绿化作为国家发展的重点，20世纪70年代，在全球工业化、环保发展水平处于低端化时，新加坡领导人就已认识到环保的重要性。

早在20世纪60年代后期，时任新加坡总理李光耀就开始为国民进行"绿色

储蓄”。新加坡在1965年建国时就制定了可持续发展的国家政策。1976年，新加坡成立了专门的公共绿化部门，后来更名为国家公园局。它是指导新加坡实施绿化的机构。在国家公园局的管理下，新加坡取得了一系列成就——该国是世界上保留有大片原始热带雨林的两个国家之一。2008年，新加坡成立了城市宜居研发中心，鼓励民众使用绿色技术，过上绿色生活。在英国《经济学人》杂志信息部与德国西门子公司合作推出的“亚洲绿色城市指数”排行榜上，在亚洲主要的22个城市中，新加坡为“王”，堪称“亚洲最绿色城市”。该指数认为：“新加坡的各项绿色指标在亚洲各大城市中处于领先地位，这与其数十年来致力于绿色发展和宜居城市建设密不可分。”新加坡从建国起就保持了绿色发展的理念，制定并实施了一系列绿色发展的措施，为绿色金融的发展打下了坚实的基础。新加坡金融管理局（MAS）于2017年6月推出“绿色债券津贴计划”（Green Bond Grant Scheme），协助公司减少发行绿色债券的成本，以促进新加坡的可持续投资。新加坡CDL地产发行了一只规模为1亿新加坡元（约合7 100万美元）的绿色债券，成为新加坡首个绿色债券发行人。债券为2年到期的优先担保债券，票面利率1.98%。债券的募集资金将用于一座摩天大楼的建设项目，帮助建筑的温室气体减排达到1/3。该债券经第三方认证，符合气候债券标准（CBS）中低碳建筑的项目标准。

2.越南绿色金融发展现状。越南在地理位置上与中国毗邻，其边境线多处与广西、云南接壤。广西是中国唯一一个与越南既有海域相连，又有陆地相连的省区。在由中越两国政府商定的“两廊一圈”经济合作图中，广西占“一廊一圈”。广西与越南之间不但早已存在陆地贸易往来，在中越两国已签订北部湾渔业合作协定的新形势下，海洋方面的合作也有广阔前景。在与越南毗邻的中国南方各省区中，广西位置居中，因此，有利于承担起中国西南、中南、华东等地区对越经贸往来的桥头堡作用。越南经济发展总体比较落后，其金融行业的发展也远远不如发达国家和一些发展中国家。2016年越南的GDP总量为2 198.1亿美元，居世界第45位，但是其发展速度位于世界前列（见图1）。中国与越南的交流也越来越频繁，2016年12月，中国光大国际有限公司与越南芹苴市建设厅在越南签署了垃圾发电投资协议，并获得了芹苴市政府颁发的项目投资许可证。此举将有利于保护越南环境，促进越南的绿色金融发展。对中资企业来说，在针对“一带一路”的对外投资中，不仅要体现保护环境的原则，更要落实绿色金融的国家战略。

广西既是海上丝绸之路的桥头堡，同时又是与东盟开展经济合作的桥头堡，又因为毗邻越南的天然的地理优势，所以在经济、文化方面与越南的交往都比较密切。自2006年起，广西电网与越南电力集团每年都召开一次电力市场经验交流会，迄今已经持续了8届。资料显示，自2004年9月开始送电以来，至2012年

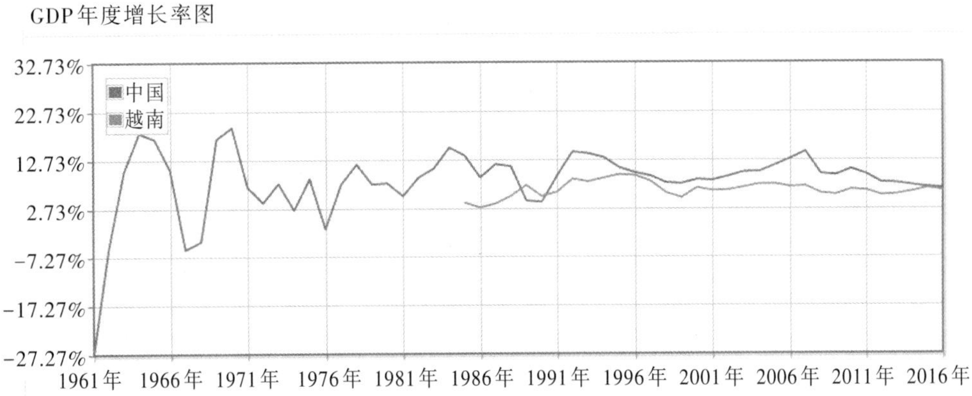

图1 越南与中国GDP增长率比较

年底，广西电网已累计向越南送电超过200亿千瓦时，售电最大电力为108万千瓦。越南与广西的贸易也日益频繁，1996年广西与越南的进出口贸易额为3.95亿美元；2003—2015年广西与越南的进出口贸易保持高速增长；2006年广西与越南的进出口贸易额首次突破10亿美元。2010年1月1日，中国-东盟自贸区宣布建成，广西与越南双边贸易合作迈入自贸区时代。2013年，中国与东盟宣布启动自贸区“升级版”谈判，当年广西与越南的进出口贸易额首次突破100亿美元，达到126.97亿美元。2016年，广西与越南的进出口贸易额达239.75亿美元。

越南工商会主席武进录强调，作为已通过包含17项可持续发展目标（SDGs）的《2030年可持续发展议程》的联合国一员，越南将坚持走绿色发展道路的决心。越南政府已出台《可持续发展国家计划》，并成立了越南可持续发展理事会。此外，越南工商会也成立了致力于越南可持续发展的企业理事会。

3.马来西亚绿色金融发展现状。近年来，马来西亚政府鼓励外商投资政策的力度逐步加大，为平衡区域发展，陆续推出五大经济发展走廊，基本涵盖了两马半岛大部分区域以及东马的两个州。凡投资该地区的公司，均可申请5～10年免缴所得税，或5年内合格资本支出全额补贴。马来西亚政府欢迎和鼓励外国投资者对其制造业及相关服务业进行投资，近年来一直致力于改善投资环境、完善投资法律、加强投资激励，以吸引外资进入马来西亚的相关行业。由于马来西亚投资法律体系完备、与国际通行标准接轨、各行业操作流程较为规范，加之其临近马六甲海峡及辐射东盟、印度、中东市场等独特的地缘优势，吸引了包括中国企业在内的各国企业来马来西亚投资经营。

2014年，马来西亚证券委员会发布机构投资者规则，要求机构投资者将公司治理和可持续发展纳入投资决策程序中。2016年，全球社会责任投资为22.89万亿美元，在亚洲地区绿色金融投资占比中，马来西亚占30%，中国香港占26%，韩国占14%，中国内地占14%。

2010年，马来西亚开始推介“绿色工艺融资计划”，这项简易贷款主要鼓励企业采用绿色工艺创造新商机，开发革新工艺。所有欲申请上述贷款的公司，必须先取得马来西亚绿色工艺机构（MGTC）所颁发的“绿色证书”（Green Certificate），以鉴定申请方是否真正投资于绿色工艺。如果申请者所推行的绿色工艺具备先锋地位，可获得最高贷款额5 000万令吉，政府将负担所有贷款的2%贷款利息。在这项融资计划下，马来西亚信贷担保机构（CGC）将担保贷款者的60%贷款，余下的40%由金融机构承担，因此，金融机构不必过于担忧放出去的款项无法完全收回。由于金融机构的贷款条件苛刻，同时对绿色工艺可以带来的报酬缺乏信心，所以迄今98家持有“绿色证书”的公司当中，只有16家成功地申请了贷款。

马来西亚政府表示，在森林城市，符合依斯干达特区相关标准的旅游会展、教育及医疗企业，可享受企业所得税减免政策，并且对这些企业没有公司股权制衡方面的要求；同时，向绿色开发商和绿色发展管理公司提供企业所得税优惠政策。

（二）海上丝绸之路东南亚国家绿色金融发展的不足之处

1.相关法律、法规不完善。当前，海上丝绸之路国家对绿色金融的认识程度普遍不高，相关的法律、法规不完善，对绿色的界定不清晰、交易的规则不统一等问题普遍存在。

2.绿色金融覆盖面小。目前，绿色金融对大多数海上丝绸之路沿线的东南亚国家来说，都处于刚起步阶段，绿色金融交易量小、涉及的范围还比较窄。

3.相关的监督机制不完善。海上丝绸之路沿线东南亚国家开展绿色金融的市场环境尚未成熟，环保核查制度和环境信息披露制度很不健全；监管无标准，政策提出来了，但工作的标准没有出台，各金融企业无所适从，导致政策的效力直接下降；部分绿色金融措施在实际操作中不能完全落实；地方保护主义盛行，为了发展经济，无视环境问题，绿色金融得不到有效支持，阻碍了绿色金融的发展。

四、广西北部湾对发展海上丝绸之路绿色金融的优势分析

（一）中国做海上丝绸之路国家绿色金融的领头羊是大势所趋

在“一带一路”倡议中，金融发挥着重要的推动作用。近年来，中国人民银行等金融管理部门积极引导各金融机构主动对接“一带一路”建设，完善体制机制，深化区域金融合作，不断加大对“一带一路”建设项目的资金融通力度。相对于海上丝绸之路沿线的东南亚国家来说，中国在绿色金融的各方面都发展迅速，经验相对丰富。在金融合作不断深化的进程中，绿色金融作为一个先进的、新兴的金融分支，在国际经济交流中起着越来越重要的作用。

1.人民币国际化及本币跨境使用助推金融合作。近年来，中国人民银行等金融管理部门积极引导各金融机构主动对接“一带一路”建设，完善体制机制，深化区域金融合作，不断加大对“一带一路”建设项目的资金融通力度，稳步扩大人民币跨境使用。2016年前8个月，中国与“一带一路”沿线国家和地区跨境人民币实际收付金额达8 600亿元。目前，中国人民银行已与21个“一带一路”沿线国家或地区的央行签订了双边本币互换协议，总规模约为1.4万亿元人民币；6个“一带一路”沿线国家获得人民币合格境外机构投资者（RQFII）额度3 300亿元；在5个“一带一路”沿线国家设立了人民币清算行；推出了人民币对泰铢、人民币对哈萨克斯坦坚戈的银行间市场区域货币交易，降低了市场主体交易成本。

中国与“一带一路”沿线22个国家和地区签署了本币互换协议，扩大了本币互换与跨境结算，总额达9 822亿元人民币；与吉尔吉斯斯坦签订了边贸本币结算协定，与俄罗斯、哈萨克斯坦、白俄罗斯签署了一般贸易和投资本币结算协定。人民币业务清算行已有23家，其中6家在“一带一路”沿线；通过中国银行间外汇市场开展人民币对21种非美元货币的直接交易；建立了人民币跨境支付系统（CIPS），为境内外金融机构从事人民币业务提供服务。

2.中国的绿色金融点亮“一带一路”。2017年4月，中国环境保护部环境规划院发布的《中国绿色金融政策2016年度报告》显示，着力深化环保合作，践行绿色发展理念，加大生态环境保护力度，携手打造“绿色丝绸之路”的绿色金融政策框架初步形成。根据报告内容，绿色金融首次被纳入生态文明建设纲领性文件、国民经济和社会发展五年规划，由理念上升为国家战略。

在中国的倡议下，绿色金融2016年首次被纳入G20议程，并形成了G20绿色金融综合报告。在2016年9月5日闭幕的G20领导人杭州峰会上，各国领导人就发展绿色金融达成了广泛共识，强调为支持环境可持续前提下的全球发展，有必要扩大绿色投融资。中国将与“一带一路”沿线国家一道积极推广绿色金融领域的最佳实践经验，促进绿色金融体系的能力建设。中国将进一步提高对外投资的绿色水平，制定政策欢迎国际投资者通过各种渠道投资中国的绿色项目，分享中国绿色金融的发展成果。

由于“一带一路”沿线经济体大多与中国处在相近的发展阶段，因此中国在绿色金融领域的经验具有更高的参考性。在绿色金融领域国际交流合作方面，兴业银行一直是积极的参与者、推动者和布道者。该行不仅全面参与了“赤道原则”第三版的修订工作，在国际绿色金融领域发出了中国银行业的声音，而且积极与“一带一路”沿线的越南、蒙古、印度尼西亚等主要国家的银行业或监管机构交流、分享绿色金融的发展经验，推动绿色金融理念的普及和深化发展。

“一带一路”既是一条合作共赢、责任共担之路，也是一条绿色发展之路。

中国以绿色“一带一路”建设为契机，进一步加大“一带一路”沿线地区的绿色金融国际合作交流，推动绿色金融工具在“一带一路”沿线地区的推广和应用，身体力行并倡导“一带一路”地区的金融机构重点支持沿线的清洁能源、生态修复、环境治理、生态农业、绿色建筑和绿色交通等绿色项目。中国的经验和表率逐渐把绿色金融理念和服务送到“一带一路”沿线国家，助力这些国家经济转型升级，丰富金融服务种类，发展中兼顾环境保护，营造经济发展和环境保护双赢的局面。

（二）广西北部湾的区位优势和政策优势

1.区位优势。中国与东盟国家山水相连或隔海相望，彼此商贸畅通、人文相通、利益交融，友好交往源远流长。近些年来，随着中国-东盟自贸区的升级拓展和“一带一路”共同建设的深入推进，中国-东盟国家的合作机制不断完善，务实合作取得了丰硕成果。2016年，中国与东盟双边贸易额达4 522亿美元，中国成为东盟第一大贸易伙伴，东盟成为中国第三大贸易伙伴；双向直接投资达158亿美元，东盟成为中国对外直接投资的第四大目的地，也是中国外商直接投资的第二大来源地；双向人员往来3 800万人次，中国成为东盟第一大境外游客来源地。经济与金融的相互融合，有利于从国家层面对接绿色金融战略，更好地促进东盟国家绿色金融未来的发展。

北部湾经济特区处于中国-东盟自贸区、泛北部湾经济合作区、中越“两廊一圈”、泛珠三角经济区、西南六省（区、市）七方协作区等多个区域合作交汇点，南拥北部湾、背靠大西南、东连珠三角、面向东南亚、西南与越南接壤，是中国沿海地区与东盟国家进行陆上交往的枢纽，是促进中国与东盟全面合作的重要桥梁和基地，区位优越，战略地位突出，发展潜力巨大。“南宁-新加坡经济走廊”是从中国广西南宁南下，纵穿越南、老挝、泰国、马来西亚，直到3 800公里外的新加坡的一条陆上经济走廊，沿途连接7个国家，并可通过东西走廊直接辐射到缅甸。南新经济走廊的建设，将连接起亚洲约15亿人口。

2.政策优势。国家大力支持北部湾经济区开放发展，明确给予五大方面的政策支持：（1）综合配套改革方面的政策支持。《广西北部湾经济区发展规划》提出要大胆试验，开拓创新，推进行政治理体制、市场体系、土地治理制度等综合配套改革，加快转变政府职能，创新经济区治理模式，深化投融资体制改革，加大港口等资源整合力度等。（2）重大项目布局方面的政策支持。国家通过对有关规划、重大项目布局及项目审批、核准、备案等给予支持，鼓励东部地区带动和参与对广西北部湾经济区的整合。（3）保税物流体系方面的政策支持。国家支持北部湾经济区在符合条件的地区设立保税港区、综合保税区和保税物流中心，拓展出口加工区保税物流功能。（4）金融改革方面的政策支持。国家支持在北部湾地区设立地方性银行，探索设立产业投资基金和创业投资企业，扩大企业债券发行规模，支持符合条件的企业发行企业债券。（5）开放合作方面的政策支持。国家支持北部湾经济区发挥开放合作示范作用，推动泛北部湾经济合作成为中国–东盟合作框架下新的次区域合作，建立和完善开放合作机制，加快实施合作项目。

五、广西支持海上丝绸之路沿线东南亚国家绿色金融发展的建议

（一）在广西北部湾经济带建立中国–东盟绿色金融交易中心

在北部湾地区建立中国–东盟绿色金融交易中心，凭借中国支持在北部湾地区设立地方性银行并出台相关的优惠政策，设立地方性的绿色银行，对国内或东盟区域内对环境投资的企业进行贷款；同时，鼓励投资者在广西北部湾地区设立绿色基金公司，聚集更多社会零散的资金投资到绿色金融中，从而带动海上丝绸之路绿色金融的发展。其主要举措如下：

1.在广西定期举办中国–东盟绿色金融合作与发展论坛。这可以让中国与东盟十国之间对绿色金融进行相互学习，不仅有利于这些国家绿色金融的发展，还可以借此机会让各国寻找自己的绿色金融投资的战略伙伴。

2.建立中国–东盟国家绿债互通机制。这可以让中国以及东盟国家的企业通过此渠道直接发行和购买各国的绿色债券。当然，这必须制定企业准入条件和互惠政策、相关的监督和处罚机制。

准入条件：能够通过此渠道直接发行或购买中国–东盟自由贸易区域内的绿色债券的企业必须符合一定的条件，这可以由双方共同商量确定。

互惠政策：允许符合条件的企业用比一般情况下更低的成本发行绿色债券，并且对购买绿色债券获取的收入采取免税优惠政策，吸引更多的投资者把资金投资于绿色债券上，有利于这部分海上丝绸之路国家绿色金融的发展。

监督和处罚机制：中国和东盟国家共同派出一些人员建立一个监督机构，负责对绿色债券发行前中后全过程的监督管理，对违反规则的企业进行相应的处罚，并定期公布各国的绿债发行以及履约情况。

（二）在广西建立辐射整个东南亚的碳交易市场

中国碳交易已有多年的经验，为探索建立碳排放权交易市场，中国专门出台了《“十二五”控制温室气体排放工作方案》。为落实“十二五”规划关于逐步建立国内碳排放权交易市场的要求，国家发展和改革委员会下发了《关于开展碳排放权交易试点工作的通知》，并同意北京市、天津市、上海市、重庆市、湖北省、广东省开展碳排放权交易试点。2014年12月，国家发展和改革委员会发布了《碳排放权交易管理暂行办法》，成为专门适用于中国国家碳市场的立法文件。2016年1月，国家发展和改革委员会发布了《关于切实做好全国碳排放权交易市

场启动重点工作的通知》，对全国碳市场建设做了统一的部署，要求确保2017年启动全国碳市场。广西应积极学习全国的经验，在北部湾经济带建立碳交易市场，主要举措如下：

（1）丰富交易产品，除了碳排放配额外，还有林业碳汇项目和节能项目产生的减排量等可以进行交易。

（2）出台行政处罚自由裁量权、抵消管理办法、公开市场操作管理办法等政策。对排放单位根据其报告、核查、履约的违规程度施予不同程度的处罚，由节能监察大队进行执法；制订详细的市场调节操作方案，通过公开市场操作管理办法设计配额回购、储备配额拍卖两类调节机制及其触发调节机制的价格阈值。

（3）把碳交易信用管理纳入社会信用管理平台，对参与碳市场控排的单位、投资者、核查机构、交易机构等形成强有力的约束。

（4）把配额分配免费发放和有偿发放相结合，直接体现碳排放权的有价性，并且利用碳交易配额的拍卖收入设立“低碳产业发展基金”，该基金采用PPP模式，以政府投资带动民间资本，发挥放大效应，探索创新绿色投融资模式，推动北部湾经济带低碳转型发展。

（5）设计配额调整机制，使企业不因提高产量而受到制约，从而保障企业的正常经营和良好发展。

（6）制定相关的地方性法规。要使碳市场运行稳健并稳步发展，必须有完善的法律、法规做保障，对违规行为进行严格处置，保障投资者的合法权利。

（三）以示范合作项目为抓手，加强与东盟国家的绿色金融交流、合作

1.发挥中马钦州产业园区的桥梁纽带作用。位于广西钦州市的中国-马来西亚钦州产业园区是一个集工业、商业、居住三位一体的产业新城，是中马两国经贸合作的标志性项目。园区要发挥好桥梁纽带的作用，吸引马来西亚的绿色环保企业来中国发展，同时将中国的绿色金融服务输出到马来西亚，促进中马两国绿色金融的发展。

2.在中越边境建立跨境合作绿色金融示范特区。中国的绿色金融相关企业在此可以享受到税收减免待遇，同时也允许一定比例的越南绿色金融企业来示范特区开办分支机构，同样享受中国企业可享受的绿色金融政策优惠。其后，以此示范特区为范例，把这个模式逐步推广到中缅、中老、中印等其他边境。

2014年，广西的东兴市与越南的芒街市加强了各方面的合作，有力地推动了双方的互联互通。在先行先试方面，东兴试验区创造了三个“全国第一”——全国第一个人民币与越南盾特许兑换业务试点、第一个东盟货币服务平台、第一家跨境保险服务中心；创造了三个“广西第一”——广西第一个启动城乡居民医保统筹改革试点、第一个启动企业登记制度改革试点、成功办理第一笔跨境人民币贷款业务。在跨境经济合作区建设方面，中越北仑河二桥开工建设，人民币与越南盾兑换工作取得重大突破。同时，双方还成功举办了2014年中越边境（东兴-芒街）商贸旅游博览会。2016年9月，中国东兴-越南芒街跨境经济合作区（简称“跨境合作区”）开发建设。通过这种方式，中国促进了与越南的合作交流，同时也为海上丝绸之路东南亚国家绿色金融的发展提供了良好的模式。

3.在新加坡设立绿色金融债券发行服务分支机构。新加坡是东南亚地区唯一一个发达资本主义国家，金融体系完整，理念先进，海外债券发行市场管理规范。鼓励中国各大银行走出去，在新加坡设立绿色金融债券发行服务分支机构，可以为国内绿色环保绩效好的企业赴海外发债融资提供便利；同时，这也是加强与新加坡互动的好机会。

中国已有在新加坡发行债券成功的经验，如天津生态城投资开发有限公司在新加坡成功发行了10亿元的债券。新加坡也非常支持其他国家进入该国发债，以巩固新加坡和新交所作为亚洲流通债券龙头的地位。2017年，新加坡推出了“绿色债券津贴计划”，自6月1日起，凡是绿色债券发行人在新加坡发行规模2亿新元以上、期限不少于3年的绿色债券，均可获得高达10万新元的资助。2017年，中国三峡集团在境外发行了6.5亿元的绿色债券，得到了新加坡投资人的积极响应。由此可见，中国在新加坡设立绿色金融债券发行服务分支机构，能够带动海上丝绸之路东南亚国家绿色金融的发展。

（四）鼓励绿色金融产品（服务）创新

鼓励海上丝绸之路东南亚国家的金融机构创新绿色金融服务，研究推进碳期权期货，绿色金融租赁，节能环保资产证券化，与碳资产相关的理财、信托和基金产品，节能减排收益权和排污权质押融资等。鼓励绿色保险的创新，拓展绿色保险品种。鼓励发行绿色债券，对于海上丝绸之路沿线国家一些社会效益较好但却需要动用大量资金来建设的环保项目和生态工程，由银行通过发行绿色债券来解决。推动绿色基金PPP创新，绿色基金是指基金管理公司管理的专门投资于能够促进环境保护、生态平衡等事业发展的公司股票的共同基金。海上丝绸之路东南亚国家与中国目前的情况一样，在绿色投资方面需求极大，但是财政方面的资金又远远满足不了其需求，创新发展绿色基金PPP模式具有潜在市场。发行“绿色”彩票，在海外许多国家和地区，彩票的发行规模非常大，以至于许多学者称其为“第二财政”，所筹资金主要用于公益事业。而海上丝绸之路东南亚国家彩票发行市场的发展水平较中国还有较大差距，有更大的提升空间。推出绿色保险产品，绿色保险也就是环境污染责任保险，是指企业就可能发生的环境事故风险向保险公司投保，由保险公司对污染受害者进行赔偿。可以研究设计可操作性强的环境污染强制责任保险产品，在海上丝绸之路东南亚各国的涉重金属企业以及其他高环境风险企业范围内，不断拓展绿色保险产品的应用范围。推进绿色资产证券化，在海上丝绸之路东南亚国家，鼓励上市环保企业利用股市融资，在城镇污水处理等环境基础设施领域实施资产证券化，推动具备一定收益能力的经营性环保项目形成市场化融资机制，拓宽企业融资渠道，为企业加大环境污染治理投资力度提供保障。

（五）进一步建立健全绿色金融体系

构建绿色金融体系，需要做好整体战略规划，以建立健全绿色金融政策、设立绿色金融机构为重点方向，统筹协调海上丝绸之路沿线东南亚各国的财税部门、环保部门、金融机构等多方力量，推动跨区域、跨国、跨部门合作，促进绿色金融自主、有序、规范发展、实现环境保护需求与金融资本供给的有效融合。

1.建立健全绿色金融政策。帮助海上丝绸之路沿线东南亚国家确立各种金融创新的法律地位，加快推动绿色信贷、绿色证券、环境污染责任保险等的立法进程。制定优惠政策，鼓励银行、保险公司和基金公司等金融机构加强自身的环境责任，各金融机构的决策管理层要在战略上重视绿色金融业务。完善绿色金融政策环境，对银行制定差别化的监管和激励政策，探索研究在绿色金融项目贷款额度内适当采取减免存款准备金、营业税等措施，对于符合条件的，适当采取宽松的呆坏账核销政策等。给予绿色金融财政税收支持，降低商业银行办理绿色金融业务的营业税率和相关所得税税率等。进而，研究制定绿色金融实施指南等，建立健全环境会计制度，出台绿色金融项目认证规则，统一绿色信贷单列统计、分类考核的统计标准，建立具体、细致、统一的符合海上丝绸之路沿线东南亚国家开展绿色金融现实情况的交易规则。

2.设立绿色金融机构。推进海上丝绸之路沿线东南亚国家坚持政府主导、股权多元、市场运作的原则，探索建立绿色银行、绿色证券交易所、环境保险公司、环境信托公司等专业的绿色金融机构，推进绿色金融业务有序拓展。可先从设立绿色银行方面取得突破，再带动其他绿色金融机构的建设。按照先易后难、试点先行的原则，鼓励商业银行成立绿色事业部或设立环境支行，加大对环境保护项目的信贷支持力度。在此基础上，开展地方环境银行试点，积累经验，树立典范，并积极协调金融管理部门，探索建立国家级绿色银行。建议各国央行不断加强对金融机构执行绿色金融政策情况的监督检查，监督银行建立对融资项目环境和社会风险的审核与管理机制，建立完善的外部监督体系。加强管理，强制上市公司及有条件的非上市公司定期披露环境保护信息。

六、结论

综上所述，金融业与可持续发展关系密切。无论是从环境保护的角度还是从企业盈利的角度看，金融业实施适应可持续发展的企业发展战略具有重要意义。过去几十年特别是近十年来，发达国家金融机构的投资观念和可持续发展观念发生了较大转变。有关可持续发展的新金融投资理论等学术研究已经深入开展，并取得了相当多的成果。国外金融企业也已行动起来，实践新型的企业发展战略，将企业竞争力和改善环境联结在一起。

习总书记提出“一带一路”倡议，旨在与世界分享中国发展带来的广阔机遇，欢迎各国搭乘中国和地区经济增长的快车，共同谱写合作共赢新乐章。“一带一路”沿线国家对绿色金融的研究起步较晚，研究成果不论是数量还是质量都十分有限；研究的视角单一，深度不够，绿色金融的实践和理论研究明显滞后。相对而言，中国在“一带一路”国家里对绿色金融的探讨和实践都走到了前面，中国对“一带一路”沿线国家发展绿色金融的促进作用明显。广西地理位置优越，经济发展势头较好，加上国家政策的大力扶持，未来在海上丝绸之路绿色金融发展方面拥有巨大潜力。

海上丝绸之路沿线东南亚国家未来绿色金融的市场需求巨大，本文研究认为，为发挥北部湾区位优势，支持海上丝绸之路的绿色金融发展，应做好以下几方面工作：在广西北部湾经济带建立绿色金融交易中心；在广西建立辐射整个东南亚的碳交易市场；发挥中马钦州产业园区的桥梁纽带作用，促进两国绿色金融的发展；鼓励绿色金融产品（服务）创新；进一步建立健全绿色金融体系。希望能够通过以上建议，以及今后中国和东盟各国对绿色金融重视程度和实践能力的不断提高，将海上丝绸之路沿线国家的环境建设得更美好，既要金山银山，又要绿水青山，和谐共赢，健康发展。

参考文献

[1] 钟宇平. 我国绿色金融发展现状、问题及对策研究 [J]. 金融经济，2016（6）.

[2] 林欣月. 我国绿色金融的内涵、现状和发展对策 [J]. 现代经济信息，2016（10）.

[3] 翁智雄. 国内外绿色金融产品对比研究 [J]. 中国人口·资源与环境，2015，25（6）.

[4] 黄家琦. 绿色金融在我国的发展现状、问题与对策 [J]. 中国市场，2016（37）.

[5] 杨晶. 中外绿色金融发展现状分析 [J]. 时代金融，2012（3）.

[6] 钟旭东. 我国绿色金融发展问题与对策探讨 [J]. 时代金融，2016（26）.

[7] 何建奎，江通. “绿色金融”与经济的可持续发展 [J]. 生态经济，2006（7）.

[8] 郑良芳. 构建绿色金融和绿色经济的思考和建议 [J]. 武汉金融，

2008（3）.

［9］苏州市农村金融学会课题组. 浅析我国绿色金融发展现状、问题和对策［J］. 现代金融，2016（12）.

［10］董捷. 我国绿色金融发展的现状、问题和对策［J］. 工业技术经济，2013（3）.

［11］高鑫. 金融支持绿色产业发展现状分析与对策建议［J］. 黑龙江金融，2014（6）.

［12］陈雨露. 绿色金融助推丝绸之路经济带核心区建设［EB/OL］.［2016-09-21］. http：//xj.people.com.cn/n2/2016/0921/c186332-29039405.html.

［13］佚名. 绿色金融“点亮”一带一路兴业银行牵手2017阿斯塔纳世博会［EB/OL］.［2017-06-27］. http：//ydyl.people.com.cn/n1/2017/0622/c411837-29356946.html.

［14］徐淑娜. 我国绿色金融问题研究［D］. 济南：山东交通学院，2010.

［15］郑国富. “一带一路”背景下广西与越南贸易合作的现状、问题与对策［J］. 经济论坛，2017（09）.

［16］WANG，ZHI.The Role of Green Finance in Environmental Protection：Two Aspects Of Market Mechanism and Policies［J］. Energy Procedia，2016（12）.

［17］FALCONE，MORONE，SICA. Greening of the Financial System and Fuelling a Sustainability Transition：A Discursive Approach to Assess Landscape Pressures on the Italian Financial System［J］. Technological Forecasting & Social Change，2018，127（2）：23-27.

（作者单位：广西财经学院，中国社会科学院和包商银行联合培养博士后工作站）

经济结构转型与金融结构优化“双轮驱动”的门槛效应：来自东南亚地区的证据

姚星垣

运用面板协整检验、组均值面板完全修正普通最小二乘法（Group Mean Panel FMOLS）考察了1996—2015年间中国香港、新加坡、韩国、印度尼西亚、马来西亚、泰国、菲律宾和中国内地8个国家和地区的经济结构转型、金融结构优化与经济增长之间的动态关系。经验研究结果表明，经济结构转型，包括产业转型、贸易转型与金融结构演变，是推动经济增长的重要因素；而Granger因果关系检验表明，经济结构转型和金融结构优化之间存在“双轮驱动”的相互支撑模式，但这种模式存在门槛效应。自1997年香港回归以后，其经济结构中服务业占GDP的比重一直保持在高位，金融结构中上市公司的市值与私人信贷的比值则呈现“倒U型”波动。经济结构转型和金融结构的持续优化为香港经济发展提供了强有力的支持，但香港仍然面临区域经济竞争中的新挑战。而对粤港澳大湾区整体建设而言，构建起优势互补、合作共赢、协同发展的有效机制将是其可持续发展的关键因素。

一、引言

党的十九大报告指出，当前我国社会的主要矛盾已经转化为人民日益增长的对美好生活需要和不平衡、不充分的发展之间的矛盾，并且强调要深化供给侧结构性改革。从理论上看，这种矛盾的转化表明中国经济领域面临的主要挑战已经从总量和规模的增长问题转化为结构和效益的优化问题。

第五次中央金融工作会议则明确了服务实体经济、防控金融风险、深化金融改革三大主要任务，并把优化结构作为做好金融工作的重要原则之一，指出要“完善金融市场、金融机构、金融产品体系。要坚持质量优先，引导金融业发展同经济社会发展相协调，促进融资便利化，降低实体经济成本，提高资源配置效率，保障风险可控”。

在当前中国经济进入新常态、着力推进经济转型升级和金融深化改革的关键时期，研究经济增长、经济结构转型和金融结构优化的问题具有重大的现实意义。我们的核心问题是，在经济增长、经济结构和金融结构之间是否存在互动机制？尤其是经济结构与金融结构之间的良性互动是否是保持经济持续增长的重要动力？其内在有何作用机制？要形成良性互动，是否需要具备一定的条件？是否存在一定的“门槛效应”？

我们之所以选择东亚、东南亚地区，是因为其包含了从发达经济体到新兴经济体的梯度特征。其中，中国香港、新加坡、韩国属于“亚洲四小龙”①，印度尼西亚、马来西亚、泰国、菲律宾属于“亚洲四小虎”，它们曾经作为“东亚的奇迹”在“雁行模式”中有过突出的表现。

本文的结构如下：第二部分是文献综述。第三部分构建了经济增长、经济结构与金融结构之间可能相互作用的理论框架并提出了研究假设，介绍了研究方法、变量选取和数据来源。第四部分运用面板协整检验、组均值面板完全修正普通最小二乘法考察了1996—2015年间中国香港、新加坡、韩国、印度尼西亚、马来西亚、泰国、菲律宾和中国内地8个国家和地区的经济结构转型、金融结构与经济增长之间的动态关系。第五部分运用国别Granger因果关系检验经济结构转型和金融结构转型是否能成为经济增长的“双轮驱动”，结果表明可能存在某种“门槛效应”。第六部分对本文做了总结，阐释了香港作为典型案例的意义，归纳了粤港澳大湾区未来发展的政策建议及对大陆其他地区经济发展的重要启示。

二、文献综述

目前，国内外尚缺乏经济增长、经济结构和金融结构作为统一分析框架的理论研究和经验研究。我们主要从以下方面进行文献综述：

（一）金融结构与经济发展转型

1.金融结构理论及其发展。自美国经济学家戈德史密斯提出金融结构理论（Goldsmith，1969）[1]后，人们在研究金融发展与经济增长的关系问题时便无法忽视结构分析（Demirgüç-Kunt and Levine，1999[2]；Beck et al，2000[3]，2009[4]，2013[5]；Torre et al，2013[6]）。关于金融结构的定义、金融结构与金融发展的关系，理论界也存在不同的观点。戈德史密斯认为金融结构就是金融工具与金融机构的相对规模，金融结构的变迁就是金融发展。后继的研究则对戈德史密斯的金融结构理论进行了修正与补充，拓展了金融结构的定义，提出了量性金融发展与质性金融发展相统一才是金融发展的观点。目前，关于金融结构的理论研究仍在不断地发展与完善。在金融结构与经济发展是否相关的问题上，尽管存在银行主导论、市场主导论、金融服务论等观点（Levine，2002[7]；Lin et al，2009[8]），但均肯定了基于金融结构基础上的金融体系对实体经济的作用并非中性（Rajan and Zingales，1998[9]；Demirgüç-Kunt and Levine，2004[10]，2012[11]；

① 同属“亚洲四小龙”的中国台湾地区并没有被世界银行列入统计范围，由于数据的可得性和统计口径差异问题，本文没有将它列入比较研究中。

Harper and McNulty，2008[12]）。衡量一个国家的金融结构优劣，关键是要看金融结构与经济结构的适应性（Levine et al，2000[13]）。金融结构优化的动力来源于实体经济结构的升级对金融服务的需求，金融结构变化适应实体经济结构升级才能促进经济增长，否则会出现金融抑制，或者金融超出实体经济过度发展而引发泡沫。

2.金融发展中的“供给主导论”和“需求追随论”。Patrick（1966）[14]提出了金融发展中的“供给主导论”和“需求追随论”。“供给主导论”强调金融服务供给先于实体经济对金融服务的需求，金融对实体经济有着自主的积极影响；“需求追随论”强调经济主体会产生对金融服务的需求，从而促进金融发展。在经济发展初期，“供给主导”居于主导地位，随着经济的发展，“需求追随”开始发挥作用。一些经验研究表明，在人均收入水平较低的发展中国家，供给领先的金融发展模式的效应较为明显，经济增长对供给领先的金融发展模式具有较强的正面响应，而在人均收入水平较高的发达国家，这一效应却并不明显，说明供给领先的金融发展模式对发展中国家而言具有更为重要的意义。王书华、杨有振（2011）[15]认为，当前，中国经济正处于转轨时期，资本由稀缺变得相对丰富，法律制度和市场体系渐趋完善，金融需求日趋复杂化和多样化，金融发展当由“供给主导”和“需求追随”机制共同作用来实现。金融发展既是经济发展的因，也是经济发展的果，无论是研究中国金融总量问题还是结构问题，均不能独立于实体经济之外。

3.金融结构对经济发展的间接影响。还有一些学者从金融结构影响消费、收入分配等角度研究了金融结构对经济增长的间接影响。方浩文（2013）[16]从金融结构约束的观点对中国金融结构、经济结构与消费波动的关系作了实证研究。Granger因果检验表明，短期内消费波动是金融结构变化的Granger原因，消费波动是经济结构变化的Granger原因。从长期来看，中国金融结构、经济结构与消费波动之间存在唯一长期均衡关系，经济结构变化是金融结构变化的原因；随着时间的推移，消费波动对金融结构、经济结构变化的影响力逐渐增强。因此，增强消费能力对中国经济持续健康发展具有重要的战略意义。

杨俊和王佳（2012）[17]主要从金融分工和企业融资角度来考察金融结构，基于中国2000—2009年的省级面板数据，在进行异质性检验的基础上运用FMOLS进行了估计，对金融结构与收入不平等的长期趋势和内在作用渠道进行了分析，表明直接融资比例提高会降低收入不平等的程度；金融结构影响收入不平等的经济增长渠道不畅，劳动力需求渠道基本通畅。

（二）经济结构与金融结构

21世纪以来，国内外学者开始重视经济结构与金融结构之间的相互关系（Beck and Levine，2002[18]；Binh et al，2006[19]；Allen et al，2016[20]）。殷孟波和贺国生（2001）[21]认为，经济结构决定金融结构，金融结构对经济结构有反作用，并以西南地区为对象，对通过优化金融结构促进经济结构优化做出了实证研究。李茂生、李光荣（2001）[22] 认为，经济结构与金融结构的关系本质上就是经济与金融的关系。优化金融结构的最主要任务是优化金融业的所有制结构、金融机构结构等。李西江（2012）[23] 认为，金融发展能够从多个角度影响经济结构优化，一国的金融结构应当与实体经济结构相适应。现阶段，中国金融结构不平衡问题突出，主要体现在金融工具和金融机构发展不平衡、城乡金融发展不平衡、区域金融发展不平衡等方面。

林毅夫等（2006）[24] 提出了要在特定的经济环境中考察金融结构，认为评价一国在一定发展阶段金融结构是否有效的标准，不是该国金融结构与发达经济金融体系的差异，而是该国金融结构是否与现阶段的要素禀赋结构所决定的实体经济结构相适应，即"最优金融结构理论"。以此理论为基础，孙景德、余霞民（2012）[25] 提出了"对称性金融"的概念，认为评价金融结构的优劣应该以与其服务的实体经济的匹配程度即对称性为标准。

董莹莹、廖可贵（2013）[26] 选用了34年的经济数据，对中国经济结构、金融结构和产业结构之间的关系进行了分析，通过协整分析检验，得出了三者之间存在长期和短期关系的结论。通过Granger因果关系检验，发现经济结构与金融结构形成了良好互动，产业结构与金融结构和经济结构之间构成单项因果关系，经济结构与产业结构未形成双向因果关系，从而可以看出经济转型和金融深化改革尚未到位，中国产业升级水平尚待进一步提高。

（三）简短评述

综合来看，国内外已有的文献主要集中于影响经济增长的原因、经济增长与经济结构的关系、金融发展和金融结构与经济增长的关系等，对经济结构与金融结构之间的关系尚缺乏系统的理论研究，经验研究也处于起步阶段。

本文的主要贡献包括以下几个方面：一是构建了经济增长、经济结构和金融结构的基本分析框架；二是对东亚和东南亚主要国家和地区进行了经验研究，把香港作为典型案例，把"雁行模式"作为比较研究的背景；①三是采用组均值FMOLS方法，对经济增长、经济结构与金融结构之间的长期协整关系进行检验，用国别Granger因果关系检验深入探究样本的异质性，表明两者的关系存在门槛效应。

三、研究设计

（一）经济增长、经济结构与金融结构的一般框架

新古典经济增长理论的基准模型为：$Y_t = AK_t^{\alpha}L_t^{1-\alpha}$

① "雁行模式"的提法起源于日本经济学家赤松要的"雁行产业发展形态论"。从20世纪60年代开始，特别是七八十年代以来，作为东亚地区唯一的经济发达国家，日本逐步向东亚其他地区进行直接投资，在东亚地区建立了以自己为核心的"东亚雁行国际分工体系"，并在此基础上形成了"东亚雁行发展模式"。

考虑金融因素后，模型变为：$Y_t = AK_t^{\alpha}L_t^{\beta}F_t^{\gamma}$

如果把经济总体和金融要素依据一定的标准划分为i个部分和j个部分①，简化上标和下标t后，则成为：$Y = \sum Y(\cdot) = \sum Y_i(AKL) \cdot \sum Y_j(F)$。

把$\sum Y_i(AKL)$定义为经济结构（ES），把$\sum Y_j(F)$定义为金融结构（FS），求导后可变为：

$$Y = \alpha ES + \beta FS$$

经济增长带动经济结构优化的核心动力在于提高经济活动的附加值，对应于现实中的东亚奇迹，其实质是基于国际分工的产业链攀升。而经济结构反过来推动经济增长的根本动因在于资源优化配置之后，经济中高附加值的份额提升，使得经济整体活力上升。

经济增长带动金融结构优化的核心是风险管理，相对于传统制造业，服务业尤其是以金融、科技为代表的“新经济”需要面对更大的不确定性，金融功能中风险管理的需求被放大。而金融结构优化能够反过来推动经济增长的根本动因在于经济运行中风险管理水平的提升，在更高（可能的）的利益激励下，资源和要素可以更加灵活地向高附加值产业集聚。

基于这些已有的研究基础和基本理论框架，本文提出以下研究假设：

假设1：经济结构优化能够推动经济增长。

假设2：金融结构优化能够推动经济增长。

假设3：经济结构与金融结构之间存在协同效应，但是可正可负。

经济结构优化和金融结构优化可构成推动经济增长的“双轮驱动”，它们之间可能存在协同效应，但是可正可负。要发挥正向协同效应，关键是看经济结构与金融结构是否“匹配”。

本文的基准计量模型为：

$$GY = \alpha + \beta_1 ES + \beta_2 FS + \mu \qquad (1)$$

$$GY = \alpha + \beta_1 ES + \beta_2 FS + \beta_3 ES*FS + \mu \qquad (2)$$

其中，GY表示经济增长，ES表示经济结构，FS表示金融结构，ES*FS则是经济结构与金融结构的协同效应。

（二）Group mean Panel FMOLS方法

时间序列数据的长期稳定关系可以用协整关系表述。协整关系的检验一般用Engle-Granger两步法和Johansen协整检验，但是这两种方法都有缺点，即Engle-Granger两步法中小样本的OLS协整估计具有实质性偏差；Johansen协整检验不仅不适用于小样本，而且对滞后阶数敏感。针对小样本的协整估计，Phillips & Hansen（1990）[27] 提出了完全误差修正的最小二乘估计（Fully Modified OLS,

① 经济可以是一二三次产业或者具体的行业，金融可以分为直接融资、间接融资或者银行、证券、保险、信托等子行业。

FMOLS)。FMOLS可以有效地解决小样本协整关系检验的问题，其核心思想是对OLS估计量进行非参数修正，消除噪声参数对统计量渐进分布的影响。

在面板协整方程估计方面，Kao and Chiang（2000）[28] 和Pedroni（1996）[29] 取得了进展，尤其是Pedroni提出的组均值面板FMOLS估计方法，是对Phillips & Hansen（1990）的发展。其主要有以下几个方面的优势：首先，Group Mean Panel FMOLS优于Pool Panel FMOLS。这是因为组间估计基于面板组间维度，而Pool Panel FMOLS基于组内维度。因此Group Mean Panel FMOLS提供了协整方程共同参数值的一致检验，而后者则没有。其次，正如Pesaran and Smith（1995）[30] 所指出的那样：Group Mean Panel FMOLS提供了基于样本均值的异质协整方程系数的一致估计，而Pool Panel FMOLS没有。最后，Phillips & Moon（1999）[31] 还指出，当协整方程是异质时，组内估计量只是提供了回归系数均值的一致点估计，而不是基于样本均值的异质协整方程系数协整方程的估计。总之，与Pool Panel FMOLS相比，Group Mean Panel FMOLS更适用于实证分析，因此也是本文在进行经验研究时采用的主要方法。

（三）数据来源和变量描述

本文的数据除特别说明外，均来自Wind数据库中源自世界银行的统计。本文选取了东亚和东南亚的8个国家与地区，即中国香港、新加坡、韩国、印度尼西亚、马来西亚、泰国、菲律宾和中国内地。与多数研究一致，被解释变量经济增长用对数人均GDP表示。

经济结构的衡量指标常见的有采用第二、三产业之和占GDP比例的、第三产业占GDP比例的。本文的研究采取后一种方法。研究金融结构的常见方法有很多，本文主要采用两种：一是金融资产规模与经济总量的关系，如金融相关比率（FIR）；二是金融内部不同子部门资产的比例关系。本文采用后一种思路，金融结构由股票市值/银行私人信贷来定义。

从图1来看，各国（地区）金融结构的波动幅度要大于经济结构的变动幅度。除了菲律宾的服务业占比整体呈现下降趋势外，其余各国均呈现波动中趋升的态势。值得一提的是，金融危机对金融结构的影响要远远大于对经济结构的影响。在1997—1998年东南亚金融危机期间，受股指大幅下挫影响，中国香港、新加坡、韩国、印度尼西亚、马来西亚、泰国和菲律宾的金融结构指标均有较大幅度下降，所有样本国家和地区在2007—2008年的全球金融海啸中金融结构指标均有较明显的下降。但是从总体来看，除了个别例外①，这种波动在20年的样本区间中并不显得十分特别。我们将在计量分析的稳健性检验时再做说明。

① 例如，中国内地股指在2005—2008年的一轮行情中有显著的超出常规的大幅波动，股权分置改革等制度变革是主要因素之一。

图1　各国（地区）经济结构与金融结构图示（1996—2015年）

四、经济结构与金融结构的推动效应

（一）面板协整检验

我们采用LLC、Breitung、IPS、ADF和PP五种方法进行面板单位根检验，结果见表1。

表1　面板单位根检验结果

	LLC	Breitung	IPS	ADF	PP
GY	0.391	2.248	−0.461	18.377	42.349
D（GY）	−4.323***	−1.335*	−2.560***	36.728***	43.337***
ES	−0.317	0.736	0.434	19.987	20.024
D（ES）	−9.003***	−5.132***	−6.928***	68.315***	90.99***
FS	23.571	−1.168	0.231	10.029	41.011***
D（FS）	−9.356***	−6.612***	−8.048***	81.139***	182.568***

注：D（.）表示变量的一阶差分；***、**、*分别表示1%、5%和10%的显著性水平。

结果显示，除采用PP方法的FS以外，所有变量均无法拒绝存在面板单位根的原假设。其中，LLC和Breitung检验的原假设是存在同质面板单位根，即截面系数相同；而IPS检验的原假设是存在异质面板单位根，即截面系数不同。经一阶差分以后，均为I（1）过程，变量为同阶单整，其线性组合可能存在协整关系，需进一步进行协整检验。

运用Pedroni（1999，2004）方法进行异质面板协整检验①，并参照传统的Kao方法，结果见表2。

表2　面板协整检验结果

检验方法	统计量	T统计量	P值
Pedroni检验	Panel v-Statistic	8.668***	0.000
	Panel rho-Statistic	−0.094	0.462
	Panel PP-Statistic	−1.423***	0.000
	Panel ADF-Statistic	−1.653***	0.000
	Group rho-Statistic	−1.644	0.950
	Group PP-Statistic	−1.306*	0.096
	Group ADF-Statistic	−1.640*	0.051
Kao检验	ADF	−1.707**	0.044
	Residual variance	0.021	
	HAC variance	0.030	

注：***、**、*分别表示1%、5%和10%的显著性水平。除Panel v-Statistic统计量是右侧检验以外，其余都是左侧检验。

① 所谓异质面板数据，即不同横截面的i个β斜率系数可以不等。

结果表明，7个统计量中有5个显示无法拒绝存在协整关系的原假设，且主要参照的第4项Panel ADF与第7项Group ADF统计量测度组内与组间尺度的协整关系均显著①，面板协整关系的存在，可估计面板协整方程，并可通过对协整方程自变量系数的分析，比较不同国家和地区经济结构和金融结构变量对经济增长具体的作用强度。

（二）面板回归估计结果分析

若通过面板协整检验，即可采用Pedroni（1996）[29]提出的Group Mean Panel FMOLS估计方法构建面板模型，按照相关理论，对协整方程进行精确计量（见表3）。②

表3　Group Mean Panel FMOLS回归估计结果

解释变量	模型（1）	模型（2）	模型（3）	模型（4）	模型（5）	模型（6）
ES	0.081***	0.120***	0.098***	0.112***	0.035*	0.061***
	(3.841)	(7.876)	(10.480)	(17.121)	(1.814)	(4.513)
FS	0.309***	0.538***	0.538***	0.593**	0.204*	0.115*
	(2.706)	(3.486)	(2.622)	(2.030)	(1.974)	(1.858)
FS*ES		-0.006***	0.006***	-0.014*		
		(-3.379)	(2.774)	(-1.667)		
PriGDP					-0.004	
					(-1.181)	
TecEXP						-0.045***
						(-7.664)

注：***、**、*分别表示1%、5%和10%的显著性水平。括号内为T统计量值。

模型（1）表明，经济结构和金融结构优化都能有效推动经济增长，且均在1%的水平上统计显著。具体来看，经济结构中第三产业占GDP的比重每上升1个百分点，将使经济增长速度提高约0.08个百分点；而金融结构即直接融资与间接融资的比重提高1倍，将使经济增长速度提高约0.3个百分点。因此，经验研究从总体上支持了假说1和假说2。

① Pedroni（1997）指出，当时间段较长时（T值一般大于100），上述全部7个统计量的偏误都很小，效能都很高；但对于时间段较短的情况（T≥20），Panel ADF统计量（第4项）和Group ADF统计量（第7项）有最好的效能，其他5个统计量的效能相对较低。由于本文的时间跨度为1996—2015年（T=20），故主要参照第4项Panel ADF与第7项Group ADF统计量。

② 该方法为每个斜率系数都给出了两种估计值，分别为“Panel Group”和“Individual FMOLS”估计值，前者反映全部横截面的综合信息，从区域整体层面反映经济结构和金融结构对经济增长的综合作用；后者反映了每个横截面的异质特征，其经济意义是具体每个国家和地区经济结构和金融结构对经济增长的驱动力度。限于篇幅，本文省略了各国的回归方程。

值得关注的是，由于样本经济体在经济发展水平、经济结构、金融结构方面均存在显著异质性，因此从总体上看，经济结构与金融结构是否存在协同效应并不确定。模型（2）显示，加入经济结构与金融结构交叉项以后，经济结构与金融结构本身的方向和显著性不变，系数有所增加，而交叉项在1%的显著性水平下系数为负，说明总体上经济结构与金融结构之间存在相互作用，但是在样本区间这种协同作用为负向。

值得注意的是，如果我们按照2015年人均收入的高低排序①，对中高收入和中低收入两组②分别进行回归，得到模型（3）和模型（4），则有一个很有意思的结果：中高收入组经济结构与金融结构的交互项系数显著为正，表明两者之间存在正向的协同效应，经济结构与金融结构对经济增长实现了“双轮驱动”；而中低收入组两者的协同效应在10%的显著性水平下为负，且系数绝对值较大，说明总体来看，“双轮驱动”效应存在障碍，经济结构与金融结构之间并没有形成良性的互动关系。因此，我们认为，“双轮驱动”效应的发挥可能存在某种“门槛效应”，即只有达到一定的发展水平之后，才能在经济结构与金融结构之间形成良性互动。可能的原因是，经济结构和金融结构相互之间的配合需要一定的时间，面临着一系列的约束条件。Patrick（1966）提出的金融发展中的“供给主导论”和“需求追随论”提供了一种可能的解释，即较低收入国家在金融发展时“供给主导”占据主体，金融发展并未完全适应经济转型升级的需要。为此，当前，中国在向全面建成小康社会迈进的过程中，主动进行金融供给侧结构性改革，适应经济转型升级的需要，就显得尤为迫切。

（三）稳健性检验

为了检验模型的稳健性，我们应用了多种方法，主要从两个维度进行：一是替换经济结构和金融结构的变量，包括采用第二、第三产业之和占GDP的比例，高科技产品出口额占制成品出口额的比重等表示经济结构，以私人信贷对GDP（PriGDP）、上市公司市值对GDP（MktGDP）表示金融结构，如模型（5）和（6）所示。二是对样本选择本身进行稳健性检验，包括剔除金融危机时的样本（包括1996—1998年东南亚金融危机和2007—2008年世界金融海啸样本）以及剔除中国大陆以后的样本，结果表明，系数大小有所变化，但估计系数的方向和显著性水平不变，模型（1）和模型（2）的估计结果是稳健的。

---

① 除了中国内地的排名有显著上升以外，其余样本经济体的收入排名变化不大。

② 中高收入组依次为新加坡、中国香港、韩国、马来西亚，中低收入组依次为中国内地、泰国、印度尼西亚、菲律宾。

五、"双轮驱动"的"门槛效应"

（一）单位根检验

上面的分析从总体上表明，经济结构与金融结构的优化能够有效推动经济增长。下面我们将进一步分析这种推动作用在不同收入状况下是否存在异质性以及背后的原因。我们需要在国别层面进行深入比较，因此需要对各国（地区）分别进行单位根检验（见表4）和Granger因果关系检验（见表5）。

表4 分国别单位根检验结果

	GY			ES			FS		
	ADF	k, t, c	PP	ADF	k, t, c	PP	ADF	k, t, c	PP
中国香港	-2.991	1, 0, 0	-1.020	0.258	1, 0, 0	0.640	-2.545	0, 0, 0	-2.545
新加坡	-0.045	0, 0, 0	-0.181	-0.746	0, 0, 0	-0.636	-2.602	0, 0, 0	-2.523
韩国	-0.495	0, 0, 0	-0.324	-2.733*	0, 0, c	-2.949*	-0.758	0, 0, 0	-0.456
印度尼西亚	-0.432	1, 0, 0	-0.411	-1.118	0, 0, 0	-1.118	-1.562	3, 0, 0	-1.454
马来西亚	-0.362	0, 0, 0	-0.392	-0.097	0, 0, 0	0.341	0.047	2, 0, 0	-1.570
泰国	3.387	0, 0, 0	3.050	0.339	0, 0, 0	0.291	-3.128	0, t, c	-3.152
菲律宾	3.445	0, 0, 0	3.094	-2.792	0, t, c	-2.792	-0.767	0, 0, 0	-0.673
中国大陆	1.513	1, 0, 0	6.386	3.786	0, 0, 0	3.146	-1.226	0, 0, 0	-0.928
一阶差分									
中国香港	-2.757*	1, 0, 0	-4.512**	-3.427*	0, 0, 0	-3.350*	-6.072***	0, 0, 0	-9.187***
新加坡	-2.863*	0, 0, 0	-2.853*	-5.271***	0, 0, 0	-5.271***	-5.448***	0, 0, 0	-8.501***
韩国	-4.006***	0, 0, 0	-5.511***	-4.206***	1, 0, 0	-5.463***	-6.216***	0, 0, 0	-8.778***
印度尼西亚	-4.285***	0, 0, 0	-4.319***	-3.637**	0, 0, 0	-3.582**	-5.575***	3, 0, 0	-9.524***
马来西亚	-3.676**	0, 0, 0	-3.618**	-4.154***	0, 0, 0	-4.387***	-7.942***	1, 0, 0	-15.396***
泰国	-2.089**	0, 0, 0	-2.006**	-3.205***	0, 0, 0	-3.279***	-6.504***	0, 0, 0	-6.760***
菲律宾	-2.241**	0, 0, 0	-2.240**	-6.809***	0, 0, 0	-6.141***	-6.183***	0, 0, 0	-7.121***
中国大陆	-4.197***	1, 0, 0	-5.128***	-5.316***	0, 0, 0	-5.430***	-6.394***	0, 0, 0	-10.400***

注：***、**、*分别表示1%、5%和10%的显著性水平。k，t，c分别表示滞后项、趋势项和截距项。采用AIC准则确定最优滞后结构，基于样本年度数据的长度，滞后期最长为4。

表5　经济增长与经济结构的Granger因果关系检验

国家（地区）	ES≯GY			GY≯ES		
	F	p	k	F	p	k
中国香港	4.81043**	0.0273	2	4.77646**	0.0278	2
新加坡	2.11935	0.1597	2	4.99513**	0.0246	2
韩国	0.30610	0.8205	3	3.32171*	0.0650	3
印度尼西亚	1.28326	0.3444	3	5.43602**	0.0248	3
马来西亚	0.27432	0.6086	1	11.7584***	0.0041	1
泰国	2.98048*	0.0924	2	5.14367**	0.0265	2
菲律宾	0.69178	0.5212	2	19.4708***	0.0002	2
中国大陆	2.56863	0.1305	4	4.96722**	0.0324	4

注：***、**、*分别表示1%、5%和10%的显著性水平。采用AIC准则确定最优滞后结构，基于样本年度数据的长度，滞后期最长为4。≯表示“并非Granger原因”。

结果表明，除了韩国的经济结构以外，所有的变量均无法拒绝存在单位根的原假设。进行一阶差分以后，所有变量均至少在10%的水平下显著，为一阶单整。

（二）Granger因果关系检验

进行一阶差分以后，所有变量成为平稳序列，可以进行Granger因果关系检验。为了探讨经济增长、经济结构和金融结构三者的关系，我们构建了三对因果关系的分析，即经济增长与经济结构、经济增长与金融结构以及经济结构与金融结构，并逐一进行检验。

从检验结果来看，多数国家和地区无法拒绝经济增长是经济结构调整Granger原因的假设，表明经济结构调整是经济增长引发的结果。其中，中国香港和泰国是例外，表现为经济增长与经济结构调整互为因果关系。表6为经济增长与金融结构的Granger因果关系检验。

表6　经济增长与金融结构的Granger因果关系检验

国家（地区）	FS≯GY			GY≯FS		
	ADF	t	k	ADF	t	k
中国香港	14.8076***	0.0005	2	1.21023	0.3558	2
新加坡	5.34200**	0.0203	2	0.06467	0.9377	2
韩国	5.60740**	0.0175	2	0.97042	0.4048	2
印度尼西亚	3.22756*	0.0789	2	5.35096**	0.0238	2
马来西亚	8.58966***	0.0070	3	2.45182	0.1381	3
泰国	3.14711*	0.0865	3	0.08675	0.9653	3
菲律宾	5.09537**	0.0272	2	2.68946	0.1120	2
中国大陆	19.6367***	0.0007	4	1.66532	0.2606	4

注：***、**、*分别表示1%、5%和10%的显著性水平。采用AIC准则确定最优滞后结构，基于样本年度数据的长度，滞后期最长为4。≯表示“并非Granger原因”。

从金融结构与经济增长的关系来看，同样，多数国家和地区呈现单向因果关系，唯一的例外是印度尼西亚，两者之间呈现互为因果关系。与经济结构不同，金融结构调整是经济增长的Granger原因，而不是相反，见表7。

表7　经济结构与金融结构的Granger因果关系检验

国家（地区）	ES≯FS			FS≯ES		
	F	p	k	F	p	k
中国香港	6.21380**	0.0240	1	0.00076	0.9784	1
新加坡	0.10351	0.9024	2	7.97964***	0.0055	2
韩国	0.17647	0.8402	2	3.32647*	0.0681	2
印度尼西亚	0.54811	0.5930	2	2.66235	0.1140	2
马来西亚	0.34794	0.7136	2	5.24234**	0.0252	2
泰国	0.11008	0.8967	2	0.36746	0.7007	2
菲律宾	1.95106	0.1883	2	1.27918	0.3166	2
中国大陆	1.47556	0.2645	2	0.18023	0.8371	2

注：***、**、*分别表示1%、5%和10%的显著性水平。采用AIC准则确定最优滞后结构，基于样本年度数据的长度，滞后期最长为4。≯表示“并非Granger原因”。

与前面的情形不同，不同国家和地区经济结构与金融结构的因果关系差异较大：中国香港是经济结构调整引发金融结构变化，新加坡、韩国、马来西亚则正好相反，金融结构调整引发经济结构变化。对印度尼西亚、泰国、菲律宾和中国大陆而言，两者之间不存在Granger因果关系。那么，这种差异的背后有何深层次的原因呢？我们需要进一步研究。

（三）“双轮驱动”的收入效应

一个值得关注的特点是，如果把8个经济体按照人均收入的高低排序（如图2所示），那么以近期中国大陆的人均收入为界，中国香港、新加坡、韩国、马来西亚为中高收入组，泰国、印度尼西亚、菲律宾为低收入组。两组之间经济增长、经济结构、金融结构的相互关系有较大的差别，尤其是在经济结构与金融结构的关系方面，中高收入组两者之间至少存在一个方向的因果关系，而低收入组经济结构与金融结构之间并无显著的因果关系。

以香港为例，一方面，香港经济增长过程中经济结构逐步优化，推动了经济增长；另一方面，第三产业占比稳步提升，金融业作为服务业的重要组成部分有了大发展，成为香港四大支柱产业[①]之一，而金融发展又反过来支持了经济增

① 香港的四大支柱产业包括金融、贸易及物流、专业服务和旅游。

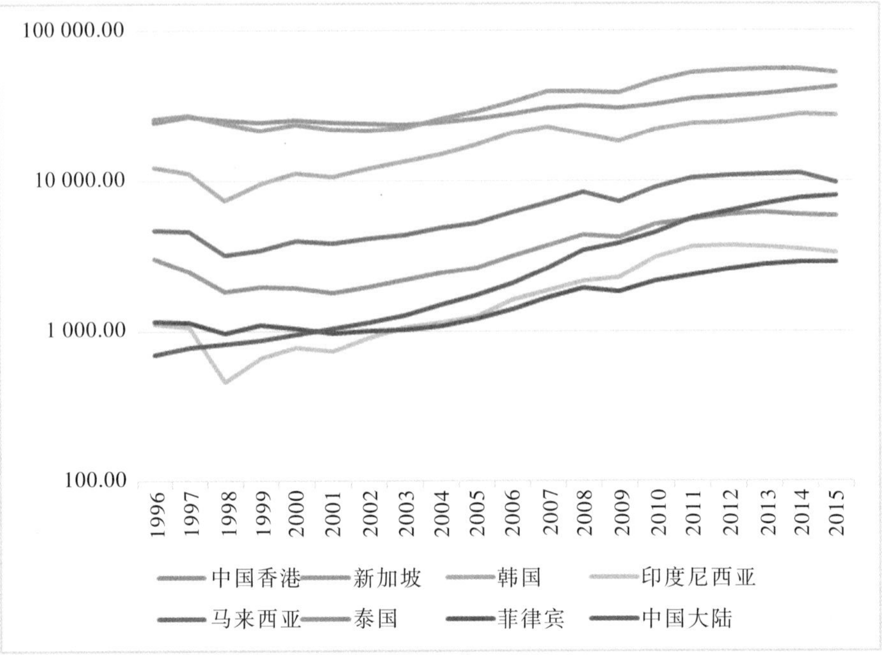

图2　各国（地区）人均收入（1996—2015年，美元，对数坐标）

长。简而言之，香港的发展一方面是由于经济结构优化直接推动了经济增长，另一方面又经历了经济增长→经济结构调整→金融结构优化→经济增长的良性循环，即经济结构与金融结构的优化都有助于推动香港的经济增长，实现结构性“双轮驱动”。在中国对香港恢复行使主权近21年后，香港继续保持了经济活力，其原因是多方面的。经济结构的持续优化和强大的金融支持是其中的重要原因。

而同属于中高收入组，新加坡的情况又有所不同。新加坡经济增长过程中经济结构逐步优化，第三产业占比稳步提升，金融业作为服务业的重要组成部分有了大发展，而金融发展又反过来支持了经济增长。简而言之，新加坡的发展经历了经济增长→经济结构调整→金融结构优化→经济增长的良性循环。和新加坡类似的经济体还有韩国和马来西亚。尽管经济结构优化并没有直接推动经济增长，但仍处于因果链条之内，可以视作结构性“弱双轮驱动”模式。

相比较而言，由于经济结构与金融结构之间的有效关联尚未建立，尽管低收入组国家无法拒绝金融发展不是经济增长的Granger原因，但是，由于经济增长和经济结构优化并不能带动金融结构优化，金融结构优化在系统中成了“外生变量”。以中国大陆为例，经济增长过程中也伴随着经济结构的优化，金融发展也能够推动经济增长，但是经济结构调整与金融结构优化之间的链条出现了间断。因此，这些国家推动经济增长的结构性动力为“单轮驱动”。

经济结构与金融结构“双轮驱动”的“门槛效应”和模式比较见表8。

表8 经济结构与金融结构“双轮驱动”的“门槛效应”和模式比较

国家（地区）	人均收入（美元）	人均收入排名	经济结构转型驱动增长	金融结构优化驱动增长	经济、金融结构协同	驱动模式
新加坡	54 837.88	1	否	是	是	弱双轮驱动
中国香港	40 298.62	2	是	是	是	双轮驱动
韩国	27 069.59	3	否	是	是	弱双轮驱动
马来西亚	10 681.88	4	否	是	是	弱双轮驱动
中国大陆	7 596.32	5	否	是	否	单轮驱动
泰国	6 003.25	6	是	是	否	单轮驱动
印度尼西亚	3 492.58	7	否	是	否	单轮驱动
菲律宾	2 854.43	8	否	是	否	单轮驱动

六、主要结论和政策建议

本文运用面板协整检验、组均值面板完全修正普通最小二乘法（Group Mean Panel FMOLS）考察了1996—2015年间中国香港、新加坡、韩国、印度尼西亚、马来西亚、泰国、菲律宾和中国大陆8个国家和地区的经济结构、金融结构与经济增长之间的动态关系。经验研究结果表明，经济结构转型与金融结构演变是推动经济增长的重要因素；而Granger因果关系检验表明，经济结构转型和金融结构转型可能成为经济增长的“双轮驱动”，如果两者之间能够形成良性互动，那么将更有利于一国经济的长期增长。但是值得注意的是，在我们研究的样本中，这种“双轮驱动”模式与收入水平相关，更高的收入（经济发展）水平形成这种双轮驱动的可能性也越大。东亚模式或者“雁行发展模式”表明，这种双轮驱动要发挥作用，可能存在某种“门槛效应”。

以香港为例，过去20年的经验表明，这种“双轮驱动”模式的确为香港经济的发展做出了重要贡献，但可持续性值得继续关注。一方面，香港的经济结构已经出现“钝化”的苗头，即第三产业占GDP的比例基本维持在高位，从三次产业结构的角度看，经济结构进一步优化的空间有限；另一方面，过去20年，金融结构（以上市公司市值与私人信贷比值表示）则呈现“倒U型”波动，峰值出现在2007年全球金融海啸爆发时，金融结构是否形成新的上升周期仍有待观察。此外，随着大陆经济的快速增长以及以上海为中心的长三角地区，以广州、深圳为中心的珠三角地区的崛起，香港在总体上将面临更加激烈的区域竞争。

粤港澳大湾区协同发展则提供了一个更加广阔的空间。如果把粤港澳大湾区视同一个整体，那么这个区域的经济结构转型和金融结构优化仍有较大的空间，港澳和广东之间优势互补、协同发展的潜力巨大。2016年广东全省人均GDP已经达到11 033.76美元，从上文的经验数值来看，已经越过了发生协同作用的门槛。其中，深圳、广州和珠海分别为25 789.98美元、21 868.09美元和20 511.63美元，人均GDP位列广东省前三位，更是远超“双轮驱动”的门槛。但是从广东全省来看，在21个地市中，从排名第8的江门市开始（人均GDP为8 057.26美元），均未达到人均10 000美元的门槛。因此，从这个角度看，能否构建起优势互补、合作共赢、协同发展的有效机制，将是粤港澳大湾区整体建设的关键因素。

从金融结构的角度看，金融结构的调整需更加“宽化”，即拓展金融产品与服务的可得性、丰富度和覆盖面（姚星垣，2013）[32]，尤其是要逐步完善有利于创新的多层次资本市场，大力发展科技金融，使科技和金融要素的协同效应发挥更积极的作用。

对样本国家和地区的比较分析，尤其是对以香港为代表的高收入组的研究，对经济新常态下粤港澳大湾区和内地其他地区经济的持续增长有多方面的启示：一是经济结构优化的主要动力来自产业的转型升级，即由传统的粗放型制造业转向集约型中高端制造业，同时也要构建和完善以金融和生产性服务业为主体的现代服务业体系。目前，包括粤港澳大湾区在内的大陆经济转型升级仍存在较大的空间。二是以金融结构性供给侧改革为契机，优化金融结构。一方面，需要继续提高金融结构中直接融资的比重，尽管有过较大的起落，但是目前中国直接融资的比重仍然处于样本经济体中的最低水平，潜力较大；另一方面，需要增强金融结构优化的内生性，在加强监管、防范系统性金融风险的前提下，通过深化金融市场化改革，激发金融活力，提高金融结构与经济结构的匹配度，实现由“单轮驱动”向“双轮驱动”模式的转变。

参考文献

［1］ GOLDSMITH. Financial Structure and Development ［M］. New Haven: Yale University Press，1969.

［2］ DEMIRGÜÇ - KUNT，LEVINE. Bank-based and Market-based Financial Systems：Cross-country Comparisons ［D］，World Bank Policy Working Paper No.2143，1999

［3］ BECK，DEMIRGÜÇ - KUNT，LEVINE. A New Database on Financial Development and Structure ［J］. World Bank Economic Review，2000（14）：597-605.

［4］ BECK，DEMIRGÜÇ - KUNT. Financial Institutions and Markets Across

Countries and over time: Data and Analysis [D]. World Bank Policy Research Working Paper No. 4943, 2009.

[5] BECK, DEMIRGÜÇ - KUNT, SINGER. Is Small Beautiful? Financial Structure, Size and Access to Finance [J]. World Development, 2013 (52): 19-33.

[6] TORRE, FEYEN, IZE. Financial Development: Structure and Dynamics [J]. The World Bank Economic Review, 2013, 27 (3): 514-541.

[7] LEVINE. Bank-based or Market-based Ginancial Dystems: Which is Better? [J]. Journal of Financial Intermediation, 2002 (11): 398-428.

[8] LIN, SUN, JIANG. Toward a Theory of Optimal Ginancial Dtructure [J]. World Bank Policy Research, 2009 (9).

[9] RAJAN, ZINGALES. Financial Dependence and Growth [J]. American Economic Review, 1998 (88): 559-586.

[10] DEMIRGÜÇ-KUNT, LEVINE. Financial Structure and Economic Growth: A Cross-country Comparison of Banks, Markets and Development [M]. Cambridge, MA: MIT Press, 2004.

[11] DEMIRGÜÇ - KUNT, FEYEN, LEVINE. The Evolving Importance of Banks and Securities Markets [J]. The World Bank Economic Review, 2012, 27 (3): 476-490.

[12] HARPER, MCNULTY. Financial System Size in Transition Economies: the Effect of Legal Origin [J]. Journal of Money, Credit and Banking, 2008 (40): 1263-1280.

[13] LEVINE, LOAYZA, BECK. Financial Intermediation and Growth: Causality and Causes [J]. Journal of Monetary Economics, 2000 (46): 31-77.

[14] PATRICK. Financial Development and Economic Growth in Under developed Countries [J]. Economic Development and Cultural Change, 1966 (14): 174-189.

[15] 王书华，杨有振．供给领先的金融发展与经济增长——理论假说与经验事实［J］．山西财经大学学报，2011（3）．

[16] 方浩文．金融结构、经济结构与总消费波动关系研究——基于中国金融结构约束的观点［J］．天津大学学报：社会科学版，2013（3）．

[17] 杨俊，王佳．金融结构与收入不平等：渠道和证据——基于中国省际非平稳异质面板数据的研究［J］．金融研究，2012（1）．

[18] BECK, LEVINE. Industry growth and capital allocation: Does having a market-or bank-based system matter [J]. Journal of Financial Economics, 2002, 64 (2): 147-180.

［19］ BINH， PARK， SHIN. Financial Structure Does Matter for Industrial Growth：Direct Evidence from OECD Countries ［D］，Working Paper，2006.

［20］ ALLEN， BARTILORO， KOWALEWSKI. Does Economic Structure Determine Financial Structure? ［D］. IESEG Working Paper Series，2016.

［21］殷孟波，贺国生. 西南金融结构与经济结构的关系［J］. 经济学家，2001（6）.

［22］李茂生，李光荣. 新世纪初经济结构与金融结构优化研究［J］. 财经理论与实践，2001（6）.

［23］李西江. 经济结构调整及金融工具选择：缘自地区间差异［J］. 改革，2012（8）.

［24］林毅夫，姜烨. 发展战略、经济结构和银行业结构：来自中国的经验［J］. 管理世界，2006（1）.

［25］孙景德，余霞民. 金融结构和经济结构对称性分析的宁波个案［J］. 上海金融，2012（8）.

［26］董莹莹，廖可贵. 中国金融结构与宏观经济结构关系实证研究［J］. 统计与决策，2013（6）.

［27］HANSEN，PHILLIPS.Estimation and Inference in Models of Cointegration：A Simulation Study ［J］. Advances in Econometrics，1990（8）：225-248.

［28］ KAO， CHIANG. On the Estimation and Inference of a Cointegrated Regression in Panel Data ［J］，Advances in Econometrics，2000（15）：179-222.

［29］ PEDRONI. Fully Modified OLS for Heterogeneous Cointegrated Panels and the Case of Purchasing Power Parity ［D］. Indiana University Working Papers In Economics，1996.

［30］ PESARAN， SMITH. Estimating Long - run Relationships from Dynamic Heterogeneous Panels ［J］. Journal of Econometrics，1995（68）：79-113.

［31］PHILLIPS，LINEAR.Regression Limit Theory for Nonstationary Panel Data ［J］. Econometrica，1999（67）：1057-1111.

［32］姚星垣. 金融宽度与区域金融发展［M］. 北京：中国社会科学出版社，2013：11.

（作者单位：浙江金融职业学院，浙江地方金融发展研究中心）

第三部分：金融创新与风险

守住底线，精准施策，有效防范化解金融风险

都本伟　范立夫

当前，中国经济整体仍然稳中向好，但在短周期内，中国经济存在较大的不确定性，尤以金融风险突出为主要特征。传统行业不景气，企业投资规划不合理及内部财务控制能力较弱，企业直接融资比重偏低，过度依靠刚性兑付，超额利差过大抬升企业融资成本以及评级机构缺乏动态跟踪机制等，都可能致使企业债务违约频发，经济遭遇“滑铁卢”。因此，应拓宽融资渠道，加强企业财务控制，积极推进市场化债转股，有序打破刚性兑付，推进债券品种创新，化解债券市场风险，优化信用债市场主体评级机制，充分发挥债权人委员会的协调作用。总之，防控金融风险，既要顶层设计，又要多策并举，针对不同企业不同风险精准实施，这样才能取得事半功倍的效果，使高风险企业走出困境，焕发生机。

中共“十九大”胜利闭幕之际，原中国人民银行行长周小川在中国人民银行官网署名发表了一篇名为《守住不发生系统性金融风险的底线》的文章，他指出，高杠杆是宏观金融脆弱性的总根源，具体表现为实体部门的过度负债、金融领域的信用过快扩张。该文突出强调了债券市场信用违约事件明显增多，债券发行量有所下降，要把主动防范、化解系统性金融风险放在更加重要的位置。周小川指出的问题让我们不得不联想到辽宁频发的债券违约事件，辽宁部分企业债务风险突出，“地方僵尸企业”市场出清迟缓，以各类“名股实债”和购买服务等方式加杠杆的问题层出不穷。辽宁企业债务违约的大规模爆发警示我们需要进行有效的金融风险防控，防止这种风险演化为系统性或者区域性风险。

一、风险高发期，高层会议频提金融风险

从整个经济发展的长周期来看，2017年中国经济整体仍然稳中向好，但在短周期内，中国经济存在较大的不确定性，其中尤以金融风险突出为主要特征。

2017年，从先后召开的政治局会议、全国金融工作会议以及“十九大”有关金融部分的报告可以明确看出，目前要着重强调系统性风险，要把防控金融风险放在更加重要的位置。

2017年4月25日召开的政治局会议指出，要加大对金融风险的惩处力度。防范金融风险的总体基调没有变化，仍然是“确保不发生系统性金融风险”和“高度重视防控金融风险”。但是，这次会议提出“加大惩处违规违法行为工作力度”，进一步表明中央要处理一批风险点。前期银监会密集出台文件加强监管，以银行理财和同业业务为重点，加强金融市场去杠杆，避免资金空转。由此可见，监管趋严是大势所趋。

在2017年7月14日召开的全国金融工作会议上，习近平总书记强调，“防止发生系统性金融风险是金融工作的根本性任务，也是金融工作的永恒主题。要把主动防范、化解系统性金融风险放在更加重要的位置”。

“十九大”报告提出，“要坚决打好防范、化解重大风险的攻坚战”，防范、化解重大风险无疑是当前最重要的任务之一。重大风险包括系统性的金融风险。报告还强调，“健全金融监管体系，守住不发生系统性金融风险的底线”。防范、化解重大风险是经济与社会健康发展的前提，为实现新目标，就必须将防范、化解重大风险置于当前经济工作的重要位置。

周小川在《党的十九大报告辅导读本》上发表的署名文章《守住不发生系统性金融风险的底线》一文中指出，总体看，我国金融形势是好的，但当前和今后一个时期我国金融领域处在风险易发、高发期，在国内外多重因素的压力下，风险点多面广，呈现出隐蔽性、复杂性、突发性、传染性、危害性等特点，结构失衡问题突出，违法违规乱象丛生，潜在风险和隐患正在积累，脆弱性明显上升，既要防止“黑天鹅”事件发生，也要防止“灰犀牛”风险发生。

二、债务违约频发，辽宁经济遭遇“滑铁卢”

在全国防控系统性金融风险的大背景下，由于东北的特殊经济环境，过去采取单一式产业发展模式的辽宁在经济转型周期遇到重重困难，故辽宁地区风险防控工作格外引人关注。辽宁省现在存在的最大问题之一是很多企业过度负债，但其资产回报率不高，债务结构安排不合理，部分企业更是通过“拆东墙补西墙”“借新还旧”来融资存活，而不是将借来的钱投入到经营运行中，从而产生持续的现金流来偿还到期债务。这种过度负债、债务结构不合理和资金运用效率低下的现象，使得辽宁企业像多米诺骨牌一样，一个企业出现问题就会接连导致其他企业也出现问题。

2016年以来，辽宁省陆续发生了东北特钢、大连机床、辉山乳业、丹东港4家地方支柱企业债券违约事件，给整个辽宁地区企业的信用带来了很大的冲击，一些企业面临融资渠道变得狭窄和融资规模受到限制等问题，使得一些企业融资成本提高，特别是发债成本较高，发债也变得非常困难。

自2016年3月28日“15东特钢CP001”违约、开创地方国企公募债违约先河以来，截至2016年9月26日，东北特钢共连续违约10次，涉及债市违约金额本金约71亿元、上百家机构投资人。屡次违约的辽宁企业还有大连机床，截至2017年7月28日，大连机床合并口径累积欠息金额为4.29亿元，银行承兑汇票垫款金额为20.31亿元，逾期借款金额为36.07亿元，合计金额为60.67亿元。在香港上市的辉山乳业由于陷入百亿债务风波而停牌至今，2017年3月24日，辉山乳业股价“跳水式”暴跌85%，市值蒸发285亿元人民币。而近期“14丹东港MTN001”的违约，或将引发丹东港债券违约连锁反应。

这些地方支柱企业出现持续性的债券违约事件，引发了诸多机构对辽宁地方政府与企业偿债能力的担忧。更令人担忧的是，从地方政府到企业，辽宁省乃至东北地区“高负债”已成为共性。东北特钢现已完全丧失债市和银行贷款的融资信用，银行已经全部停贷，债券的评级机构联合资信将东北特钢主体和债项信用评级等级调降至破产级“C”，其负面影响已经波及辽宁省地方专项债以及当地企业发债，使得辽宁企业融资变得更为困难，进一步加剧了辽宁企业连锁式债券违约事件的发生。辽宁经济发展正在陷入“债务风险攀升-新增资金收缩-基建投资下降-经济增速放缓-债务风险攀升”的恶性循环中，这种某一地区严重性的债务违约风险破坏了当地的金融环境。

随着经济转型调整，辽宁传统企业面临严峻挑战，多发的企业债务违约事件给辽宁地区的信用环境造成了较大影响，风险防控形势非常严峻。辽宁企业债务违约事件频发，不得不令人深思：辽宁企业到底怎么了？而这种债券违约的情况需要得到及时、有效的治理和控制，否则极有可能牵一发而动全身，使得整个辽宁地区的企业在投融资市场失去信用。为什么辽宁债券违约问题需要引起重视？这是因为企业在发行债券的同时，一般还存在大量的甚至是超过债券发行额的银行贷款，因此，债券违约必然伴随着贷款违约，从而可能引发更大的债务风险。债务风险的爆发，是各领域单体式风险累积到一定程度后，其中某个薄弱环节出现故障而传导的结果。因此，本文对辽宁地区企业违约风险的研究，对系统性金融风险的防控是极有必要的。

东北经济出现下滑，“投资不过山海关”的谣言甚嚣尘上，这些言论的出现极大地恶化了辽宁金融生态环境。但我们不得不承认，这并不是网上恶意的“地域黑”，这些言论的出现与东北特钢等大型企业的债券违约事件有极大关系。当前，东北经济发展正进入到滚石上山、爬坡过坎的关键阶段，辽宁经济转型也到了关键时期。要想消除不当言论、改善辽宁经济环境、提高辽宁企业信用，仍需对经济转型进行深入研究，对企业债务风险加以控制，加大企业运营监管力度，降低企业负债率，通过技术创新提高企业的资产回报率。

三、溯本求源，多重因素导致企业走上违约之路

综上所述，辽宁部分企业债券违约问题的解决刻不容缓。这里以东北特钢、辉山乳业、大连机床和丹东港等几大企业为例，从企业、政府、金融机构、中介机构等方面进行分析。

（一）传统行业不景气

行业景气程度对企业经营有重要影响。以东北特钢为例，2014年钢铁行业利润率仅为0.9%，2015年下降至0.04%。东北特钢的大规模投资正是在钢铁行业总体下行的背景下实施的。由于整个钢铁行业存在严重的产能过剩，公司销售压力倍增，从而导致存货增加，销售账款的回收不及时。受行业总体下行的影响，2012—2015年，公司的存货周转率逐年下降，大量存货占用了企业的宝贵资源，消耗着企业的流动资金。而且短期内这些存货难以对外销售或变现，严重削弱着企业利用流动资金进行偿债的能力。

而大连机床所在的机床工具行业是一个竞争性非常强的行业。近些年，发达国家的跨国公司及中国台湾地区的机床工具企业在中国大陆进行了严密的布局，或兼并，或合资、独资，设立生产、销售基地，利用大陆机床工具方面的专家或专业人员，深耕中国市场，与中国高端用户建立了紧密联系。中国经济回归到个位数的正常发展速度，加上2008年爆发的百年一遇的国际金融危机及之后的欧洲主权债务危机，引发中国的制成品出口困难，从而使这些外向型企业的技术改造缺乏资金；同时，由于在中高端数控机床方面竞争不过发达国家的跨国公司，中档数控机床与有些国家及中国台湾地区的机床工具企业难以匹敌，造成国内机床工具企业的竞争力普遍走低，甚至出现了难以为继的局面。

港口企业对腹地经济的货物运输需求有很强的依赖性。丹东港经济腹地主要在辽宁东部，运输辐射区域集中在东北三省。2016年丹东市GDP总值为748.4亿元，同比下降2.2%，规模以上工业增加值下降8.4%；全年固定资产投资280.2亿元，同比下降52%，全口径财政收入120.3亿元，下降10.9%。工业、投资、财政收入全面下滑，区域景气情况整体恶化，导致当地银行和其他金融机构的风险偏好下降，对企业融资更加谨慎，容易加速流动性风险的爆发。

（二）企业投资规划不合理

通过对辽宁地区违约案例的分析可知，东北特钢在一定程度上存在短贷长投及融资渠道单一的问题。由于融资渠道单一，东北特钢融资过度依赖银行贷款及债券发行，存在明显的短贷长投现象，极易发生债券违约。短贷长投是指企业将筹措的短期借款用于长期投资项目中。短贷长投会给企业带来一定的财务风险，使企业的经营活动现金流匮乏，恶化企业偿债能力。其长期负债（包括长期借款和应付债券）占长期投资金额的比重仅为30%左右，且2012—2015年的短期负

债占全部负债的比重每年均超过了55%。由此可见，长期负债并不是东北特钢进行大型项目投资的主要资金来源，东北特钢将短期贷款投入长期项目中，也就是通常所谓的短贷长投行为，导致企业偿债能力进一步恶化，短期负债处于债滚债的状态，面对强大的偿债压力，长期债券只能不得已违约。

丹东港集团每年将资金大规模投入在固定资产建设方面，以往年份三季报投资额均为38亿元左右，说明企业在快速扩张，并有大量在建固定资产。与行业平均水平相比，丹东港在建工程/总资产规模达到43%，在港口发行人中排名最高，从而加大了丹东港集团的财务压力。而由于港口事业建设的特性，投资回报时间较长，短期内难以取得收益，短期偿债能力进一步下降。

（三）企业内部财务控制能力较弱

东北特钢第一大股东和实际控制人为辽宁国资委，其余股东为东方资产和黑龙江国资委。东北特钢股权结构松散，削弱了实际控制人的财务控制能力，而国企内部管理控制的核心是财务内部控制，它与国有企业会计核算资料的真实性和完整性有关，对预防国有资产流失有至关重要的作用。从公司23亿元其他应收款来看，公司资金有11.6亿元被第二大股东辽宁省国有资产经营有限公司占用，其中6.61亿元应付投资款项从2012年拖欠至今，也从侧面反映出省国资委面临的财务控制约束。

辉山乳业及诸多中概股遭沽空机构“狙击”事件，暴露出部分海外上市中国企业治理混乱、失信的“硬伤”。辉山乳业为夫妻共同管理公司，具有浓厚的家族特色，企业缺乏明确的战略目标，没有健全的企业文化，其暴露出的内控和监管形式化，不仅反映了出资人缺位导致侵犯出资人权益、内部控制和内部制衡缺失等严重的公司治理缺陷，也反映了中国金融机构监管存在信息披露不足、监管缺失等外部监管问题。值得注意的是，相似情况在A股上市公司群体中也层出不穷——为获取上市资格或高位套现进行财务造假，包括虚增资产、营收和利润；夸大业务规模，虚构项目、合同、发票；控股股东或实际控制人视上市公司为“提款机”，肆意侵占、挪用上市公司的资金等。

大连机床债务结构非常不合理，负债以有息债务为主，且有息债务占比逐年攀升，至2016年9月底，有息债务占比已经接近90%。从债务的期限结构来看，短期债务占比虽有一定回落，但在总债务中的占比仍接近2/3，企业面临集中偿付压力，一旦资金无法周转，很容易出现兑付困难。而公司获现能力较弱，经营活动净现金流对短期债务的覆盖水平非常低。

根据丹东港集团2017年三季报显示，公司的流动比率与速动比率均为0.37，而半年报时公司的流动比率为0.90，速动比率为0.88。从数据来看，丹东港的短期偿债能力出现了大幅度的下滑，流动资产较少，流动负债较多，在短期内容易出现债务清偿问题。

丹东港集团除债务结构不合理之外，还有债务规模过大的问题。丹东港集团不但有大规模的债券融资，银行贷款的规模也相当惊人。据2017年半年报统计，截至2017年6月30日，丹东港集团获得银行授信额度346亿元，已使用银行授信额度210亿元，剩余额度已不足1/3。这反映出企业对信贷融资的依赖程度已经较高，并且面临额度不足的压力。而观察各金融机构在2017年所提供的综合信贷额度会发现，仅有6家较去年有所增长，而多数机构则是维持不变，甚至有少数银行进行了下调。也就是说，往后看，丹东港在银行信贷额度上也有较强的局限性，加上是中外合资的民企，以银行贷款支持现金流的难度也不小。

总体来说，类似丹东港这样的企业财务情况在辽宁省的众多企业中并不少见，集中表现为过度负债，一方面是债务结构的不合理，另一方面是债务规模的过于庞大。这种情况的出现不但表现为债券违约，更主要体现为银行的不良贷款增加，进而容易引发地区的系统性金融风险。

（四）企业直接融资比重偏低

2017年全国金融工作会议再次将“直接融资”摆到重要位置。习近平总书记在会议讲话时提出：“要把发展直接融资放在重要位置，形成融资功能完备、基础制度扎实、市场监管有效、投资者合法权益得到有效保护的多层次资本市场体系。”十九大报告也强调，要深化金融体制改革，增强金融服务实体经济能力，提高直接融资的比重，促进多层次资本市场健康发展。

对企业而言，直接融资与间接融资相比具有融资成本较低的优势，企业的直接融资比例过低将增加企业的债务融资成本，易引发债券违约风险。以丹东港为例，丹东港债务滚动的间接融资主要来自银行贷款，而直接融资主要来自企业的债券发行（见表1）。2015年年末和2016年年末，丹东港间接融资中的银行借款占公司负债总额比例分别高达31.46%和40.46%，而通过债券进行直接融资的比例占公司负债总额的比例仅为9.87%和16.45%。从有息债务的结构来看，丹东港银行贷款在整个有息债务中的占比较高，企业直接融资比例偏低。负债结构的不合理使债务融资成本高筑，企业的偿债压力不断积聚，加剧了其债券违约风险。

表1 **丹东港负债结构** 单位：万元

负债	2016年年末	2015年年末
银行借款	1 699 989.19	1 211 571.24
应付债券	691 000	380 000
负债总额	4 201 751.97	3 850 743.75
银行借款占负债总额比例	40.46%	31.46%
债券融资占负债总额比例	16.45%	9.87%

（五）企业投资回报率无法覆盖债务融资成本

当投资回报率持续高于债务融资成本时，企业适当增加负债是理性的，可实现自我收益的极大提高。但若投资回报率持续低于债务融资成本，企业将不得不通过“借新还旧”来偿还到期债务，每一次的“借新还旧”都将使企业经营的根基日益薄弱，通过正常经营活动获得现金流以偿还到期债务的可能性越来越小，导致其债券违约风险加剧。

企业投资回报率与债务融资成本之间的关系可用利息保障倍数进行分析。利息保障倍数是企业生产经营所获得的息税前利润与利息费用的比率，不仅反映了企业的投资回报水平，而且反映了企业所获投资回报对偿还到期债务的保证程度。若利息保障倍数过低，企业将面临亏损、偿债的安全性与稳定性下降的风险。以东北特钢为例，2014年钢铁行业平均利息保障倍数在3左右，而东北特钢利息保障倍数显著低于行业水平，2012年和2013年利息保障倍数均小于1，仅为0.74和0.8。这表明企业投资回报率无法覆盖债务融资成本，债务负担日益加重，债券违约风险不断积聚。这也是导致东北特钢债券连续违约的重要原因之一。

（六）过度依靠刚性兑付

过去，政府出于保持债券市场的稳定和鼓励债券投资的考虑，以刚性兑付的形式为债券还本付息提供保障，使得长期以来刚性兑付成为“行规”，企业过度依靠刚性兑付的“保障”使债券市场价格失灵，债务杠杆不断增加。在东北特钢资产负债率远超警戒线时，其各种贷款、债券发行依旧得到审批，最终债务逾400亿元。由此可见，从表面来看，刚性兑付对东北特钢这种地方性企业是一种“保障”，但实质上却是其债务风险高筑的幕后推手。

（七）超额利差过大抬升企业融资成本

自东北特钢债务违约事件以来，东北债券市场一直处于低迷状态，投资者信心大幅下降，出现了新债认购困难、融资成本高于全国平均水平的现象。相关数据显示，辽宁省区域行业超额利差及区域民企超额利差均位居全国第一，凸显了市场对辽宁省经济环境及辖区内民企经营的担忧，给辽宁民企信用融资带来了极大的不利。从区域行业超额利差来看，2017年10月27日，辽宁省行业超额利差最大，为362.00BP，位居全国第一位；从区域民企超额利差来看，2017年10月27日，辽宁民企超额利差最大，为624.74BP，远高于其他区域民企。整体来看，辽宁省区域行业超额利差及民企超额利差均位居全国第一，且遥遥领先于其他省份，市场对辽宁省区域经济、企业经营等方面的信心不足，风险偏好较低。

当前，东北特钢、大连机床债券违约等事件给辽宁省金融生态环境造成的负面影响仍在持续，加剧了辽宁省企业债务融资的困难。企业发债难度加大，债券融资大幅回落。大连机床处于此大环境中，难以独善其身。截至2016年6月底，企业未使用的信贷额度仅有7.47亿元。从筹资活动现金流来看，2016年上半年筹资活动现金流入已经不能覆盖筹资活动现金流出。2016年9月，由于债务的集中到期，公司偿还债务以及支付其他与筹资活动相关的现金流更是出现较大幅度的增长，而筹资规模虽然有所扩大，但并不能覆盖相应的流出，筹资活动出现了约8.5亿元的资金缺口，最终导致公司流动性枯竭，资金链断裂。

丹东港的“借新还旧”问题尤为突出，在市场低迷的情况下，丹东港仍然坚持以较高的利率进行融资，表现出对资金的刚性需求。然而2017年以来，丹东港无债券再发行，这加大了主体的流动性压力，也表明公司将从债券滚动融资转为银行贷款融资。2017年6月数据显示，共有18家银行机构为丹东港提供信贷额度346亿元，较2016年年底小幅提升；而现有剩余的额度仅136亿元，已经不足总额度的1/3，反映出企业对信贷融资的依赖程度已经较高，并且将面临额度不足的压力。由此看来，丹东港目前的资金十分紧张，将无力偿还后续债务。

（八）评级机构缺乏动态跟踪机制

随着东北债务违约事件的出现和增加，关于评级机构就债券违约应承担怎样的责任的探讨显得越来越重要。丹东港集团债券于2014年6月13日首次发行，联合资信将丹东港集团主体与“14丹东港MTN001”债项评级均评为AA，随后的2015年、2016年丹东港集团主体评级仍为AA，评级展望稳定。但2017年10月30日出现债务违约后，当天，该只债券的评级机构联合资信将丹东港主体和债项信用评级等级调降至破产级“C”。同样，从2012年起到2015年，联合资信给东北特钢的主体评级也一直是AA，虽然评级展望维持负面，但是直到2016年3月东北特钢违约后，才突然“高空跳伞”将信用评级降到C。

面对评级机构在企业出现债务违约后才下降评级等级的情况，如何定义评级机构在债券违约事件中扮演的角色，如何有效而准确地进行风险评级应重点关注。

目前，中国的评级市场整体比较乱，信用评级集中在高等级，评级分布不合理；评级机构缺乏统一的监管，各家机构之间对评级上调、下调的要求严格程度相差较大。而一些标准较低的评级机构，则可以借调高评级等级吸引客户。久而久之，国内信用债市场的评级泡沫逐渐膨胀。数据显示，大约有57%的中国AAA评级债券发行人可能存在违约风险。债券评级机构存在的一系列问题导致了企业债务违约后大幅度下调评级等级现象的出现。债券评级机构的健康发展关乎债市的健康发展，若债券评级机构自身的问题不能够解决，就谈不上评级行业和债券市场的健康发展。

四、有的放矢，多措并举防控金融风险

上述原因表明辽宁债券违约问题是多层次的、复杂的，需要多个部门联合、多种措施并用来缓解这一局面。与此相对应，同样从企业、政府、金融机构、中介机构等角度出发，结合辽宁省自身的历史背景及当前局势，给出如下政策建议：

（一）拓宽融资渠道

由于融资渠道单一，东北特钢的融资过度依赖银行贷款及债券发行，导致企业短贷长投进而发生债券违约。针对这一问题，建议企业进行项目融资。项目融资的一大特点在于它无须向融资机构提供担保，也无须向任何机构做出还款承诺，而是单纯依靠项目的投产效益获取所需的流动资金。这一筹资方式尤其适用于诸如东北特钢等传统制造型企业。同时，企业要加大利用外资的力度。辽宁省应利用其靠近日本、韩国和俄罗斯的优势，将国有企业现有的基础实施、厂房、场地、设备、人才与外资对接，增加国有企业的资本金。辽宁省政府也应对优质企业给予政策扶持，鼓励其到境外上市，发展境外直接融资。

港口企业资产一般具有一定的稀缺性和垄断性，码头装卸业务基本上采用现金结算方式，所以丹东港集团收入获现能力尚可，经营性现金流相对稳定，目前盈利和现金流足以维持公司运转。如果可以获得其他商业伙伴的短期支持，解决本轮债务清偿困难的问题，并且适当调整经营策略，以未来稳定的现金流支持，丹东港集团应该能够渡过本次难关。

（二）积极推进企业直接融资

企业要通过上市的增发、混合所有制改革、引进投资者、加强企业之间的资本合作等方式开展多渠道的股权融资。因此，企业要用好资本市场、用好存量资金，通过各种方式来组合现有资源，提高直接融资的比例。政府要引导企业发行短期融资券、中期票据、公司债，努力扩大企业债券融资规模；支持金融机构开展债券业务创新，丰富债券产品；同时，要利用资本市场调整优质资源配置，推动上市公司通过定向增发、发行公司债等方式吸纳资金，推动产业做大做强；也要推动上市公司通过各类资本市场，参与科技成果转化、转移和孵化，推动新兴产业发展；加强引导传统企业利用产权交易机构组合民间资本，培育一批特色突出、市场竞争力强的优质地方企业。

（三）加强企业财务控制

分散型股权在进行内部治理的过程中必须要重视财务控制，并通过财务控制的实效性来实现正确的、无分歧的投资决策。为了保证财务控制的真实有效性，企业内部应加强对财务控制的法律制度支持。美国公司就是股权结构分散的典型代表，其资本市场能够很好运转的重要一个原因，就是美国属于对投资者法律保护较强的普通法系国家，而中国则属于对投资者法律保护较弱的民法法系国家。要转变这种情况，必须对公司内部的财务控制进行相应的法律手段辅助管理，在财务审计、内部审查的同时借助法律武器，用全面的法律条例对公司内部财务管理者的行为进行控制，使董事会和经理层的行为能得到有效监督和约束，保证财务决策的合理性和独立性。

企业资产负债率无论是在发债企业中，还是在工程机械行业内部，都处于较高水平。企业经营依赖负债，偿债能力较弱。故应适当降低负债率，合理去杠杆，完善企业资产负债结构。大连机床厂的债务结构非常不合理，有息债务及短期债务占比过高，企业面临集中偿付压力；应适当降低企业有息债务及短期债务的比重，合理调整债务结构。

目前，丹东港集团最大的风险仍是在建项目和固定资产投资过于激进，债务攀升过快，后期压缩资本开支、合理控制投资进度和规模，是防御资金链断裂、缓和当前压力的必由之路。

（四）积极推进市场化债转股

政府应积极引导符合条件的企业开展债转股，可按照发展前景良好但遇到暂时困难的优质企业的标准，在过剩产能行业选择关键性企业，在成长型行业选择高负债、财务负担过重的企业以及因行业周期波动导致困难但有望逆转的企业开展债转股。

政府应积极推动多类型机构参与债转股，支持信达、长城、华融、东方等全国性金融资产管理公司及地方资产管理公司等加强与银行对接，积极参与债转股工作；加强与各保险资产管理机构总部对接，引导保险资产管理机构参与辽宁省债转股；支持地方法人银行充分利用现有符合条件的实施机构或积极申请设立符合规定的新机构开展市场化债转股；鼓励实施机构引入社会资本，发展混合所有制，增强资本实力；鼓励实施机构与私募股权基金、保险基金等投资机构合作。

政府应推进市场化、法治化债转股。坚持转股对象企业市场化选择、转股资产市场化定价、资金市场化筹集、股权市场化管理和退出，依法依规、规范有序地开展债转股；实施机构市场化筹集债转股所需资金，并多渠道、多方式实现股权市场化退出。

（五）有序打破刚兑

有序打破刚性兑付，恢复建立良性债券市场，需要让市场在债券的资源配置中真正起决定性作用。国企的违约问题固然不同于一般企业，政府应该给予一定的援助，但援助不等于兜底。政府应厘清与市场及企业的边界；债务人应该有足够的偿付意愿，尽可能地偿还债务；承销商应做好尽职调查、信息披露和沟通协调工作，督促企业按时兑付债务融资工具本息，或履行约定的支付义务。当出现违约时，承销商应督促企业偿付、代理投资者追偿。只要有一方未尽责，就应承担相应的责任。

（六）通过金融工具开展增信活动

对于辽宁省的融资环境恶化，市场需要新的金融衍生品来转移企业风险。借鉴山西与河南的先行经验，辽宁信用衍生产品的推出可由辽宁省金融办牵头，联合多家省属国有背景及全国性的金融集团，成立省级的信用增进投资公司，创设和交易信用违约互换等信用增进产品，为辽宁省出现融资困难的国有企业发行债券提供增信服务，降低企业的债务成本。

在产品推出的过程中，建议管理层以先易后难的方式进行推进：优先发展简单化、标准化的信用衍生产品，不断完善衍生产品的设计，循序渐进地推进市场发展；逐步完善交易规则和监管规则，推动信用衍生市场的基础建设；适时考虑发展场内信用衍生品市场；与此同时，还应联合多家强势券商等金融机构，积极培育做市商，加大与金融机构的沟通协调。

（七）推进债券品种创新，化解债券市场风险

对于丹东港集团等企业的本金偿付违约问题，可续期债券是一种有效的解决方式。可续期债券有三个显著特点：一是债券到期后可以向后延续，从而实现“只付息、不还本”，减少债券本金的偿付压力；二是债券资金可计入公司所有者权益，有利于降低企业的资产负债率；三是债券资金可以作为项目资本金，解决项目的资本金需求。这些特点与投资规模大、运营周期长的重大基础设施项目的资金需求十分匹配，目前在城市轨道交通领域，很多企业都发行了可续期债券。目前，国家发展和改革委员会共核准了北京、南京、武汉等城市轨道交通运营主体发行11只可续期债券，规模近400亿元。

在深入推进“三去一降一补”工作的过程中，债券市场的发展紧跟实体经济发展形势，满足实体经济的实际需求，可以说，不断推进债券市场品种创新，是债券市场保持活力、生命力和持续健康发展的前提和保障。

（八）优化信用债市场主体评级机制

国内债券市场尤其是信用债市场违约事件不断爆发，因此，有效而准确的风险评级显得尤为重要。评级机构应加强对评级对象的信息搜集和风险跟踪，提高评级的动态管理和预警能力；加强对发行人信息的搜集和分析，尤其是负面信息，甚至可以通过大数据的方法进行风险分析。对于出现不利情景的，不应仅仅停留在负面展望或者下调至AA-级等微调的评级动态更新上，应视负面事件的风险大小对评级结果进行等级上的调整。例如，对发行人在银行等金融机构中出现本息较长的连续逾期，应直接下调至CCC等以下级别，确保评级更新的独立性和及时性。此外，还应细化高等级划分，优化评级分布，统一国内评级公司的评级主标尺，建立信用等级与违约概论的映射关系；同时，统一评级监管体系，提高监管有效性。

（九）充分发挥债权人委员会的协调作用

在违约风险发生之后，债权人委员会的成立显得尤为重要。借鉴2016年银监会发布的通知，债权人委员会要针对不同借款人的实际状况，按照“一户一策”“一企一策”的原则分类施策，准确了解企业的实际状况。一方面，为金融机构提供信息共享平台，摸清企业的实际债务情况；另一方面，债权人保持统一行动，避免抽贷、压贷使企业情况进一步恶化，陷入“囚徒困境”。发挥债权人

委员会的作用，既能维护金融机构的权益，也有利于企业实现金融债务重组，重新出发。

债权人委员会制度落实的好坏，一个重要的因素是责任能不能落实。债权人委员会作为债权银行统一行动、共同维权的合作平台，要组织各成员银行集体协商、一致行动、精准发力，集体研究确定债务与资产的重组措施，支持优质企业、帮扶困难企业、退出僵尸企业。对需要采取风险处置措施的客户，债权机构要坚持“风险共担，共进共退”的原则，一旦债权人委员会会议形成决议，各成员必须坚决遵守，共进共退。

总之，防控金融风险，既要顶层设计，又要多策并举，针对不同企业、不同风险精准实施，这样才能取得事半功倍的效果，使这些高风险企业走出困境，焕发生机。

（作者单位：东北财经大学）

熟人还是外人好？

——基于企业风险承担的角度

刘晓霞　刘梦

嵌入在企业高管之间的关系亲密度也会对高管决策行为产生重要影响。文章以A股民营上市公司2007—2016年的年度数据为样本，将实际控制人与CEO的关系类型按亲密度由强至弱分为家人、熟人和外人，然后实证检验这三种类型的关系对企业风险承担行为的影响。研究发现，相对于家人关系的公司而言，熟人关系的企业风险承担水平显著提高了，而外人关系的企业风险承担水平显著地降低了。将样本分东西部地区来看，关系嵌入类型发挥的作用有所偏重，东部地区熟人关系的企业风险承担水平显著高于家人关系企业，而西部地区外人关系的企业风险承担水平显著低于家人关系企业。这种关系嵌入还通过公司特征、治理特征等变量共同作用于企业的风险承担行为。

一、引言

企业风险承担也称风险自留，是企业理性或非理性地主动承担风险的一种决策行为。风险承担行为对企业的发展至关重要，表现为企业主动选择项目进行投融资安排并承担一定的风险，以取得获利和发展的投资机会，从而促进企业绩效的提升（Boubakri et al，2013[1]）。企业这种勇于承担风险、追求超额利润的行为也是推动经济持续增长的原动力。

企业风险承担作为一项决策行为，体现了决策者对那些会带来预期收益与风险的投资项目和融资安排的分析与选择。因此，决策者的个人特征对风险承担决策行为的影响非常大。很多研究在高管人口统计学特征方面取得了丰富成果，如性别、年龄、学历、资历等（Palmer & Wiseman，1999[2]；Faccio et al，2016[3]；Peltomaki et al，2015[4]）；也有学者从高管心理特征方面进行了研究，如过度自信、心理偏好、心理账户（Kahneman & Tversky，1979[5]；Gervais & Goldstein，2003[6]；Li & Tang，2010[7]；Baker & Wurgler，2011[8]；余明桂等，2013a[9]）；

在高管与政府、银行的关联方面（Boubakri et al，2013；钱先航等，2014[10]；戴娟萍等，2015[11]），也有一些研究结论。

当然，除了决策者特征之外，企业风险承担水平还受宏观因素（Arif & Lee，2014[12]；Habib & Hasan，2015[13]）、企业特征因素（余明桂等，2013b[14]；Habib & Hasan，2015）、公司治理因素（Nakano & Nguyen，2012[15]；Hayes et al，2012[16]；曹崇延等，2015[17]）等的影响。然而，不同于西方的制度化信任环境，在中国这样讲究“关系”信任的社会，决策者之间的关系亲密度及由此带来的信任也会对决策行为产生影响。按照雷丁的同心圆原理，中国人喜欢由亲至疏将他人与自己的关系分为家人、熟人和外人。在两权分离的背景下，当经营决策者分别为企业所有者的家人、熟人和外人时，他们在决策心理和行为上肯定是有区别的。本文从社会学的视角，考察民营企业所有者与经营者的关系亲密度对企业风险承担决策行为的影响。

本文以2007—2016年A股民营上市公司为样本，用固定效应模型实证检验实际控制人与CEO关系类型对企业风险承担水平的影响，得到的研究结论是：（1）从总体样本看，相对于家人关系的公司而言，熟人关系的企业风险承担水平显著提高了，而外人关系的企业风险承担水平显著降低了。（2）将样本分东西部地区来看，关系嵌入类型发挥的作用有偏重，东部地区熟人关系的企业风险承担水平相对于家人关系企业有显著提高，外人关系的企业风险承担水平则没有明显的变化；而西部地区外人关系的企业风险承担水平相对于家人关系企业显著降低了，熟人关系的企业风险承担水平则没有明显变化。（3）通过对关系嵌入与公司特征、治理特征等变量的交互项检验，发现关系嵌入类型通过这些变量共同作用于企业的风险承担行为，对风险承担水平产生了影响。（4）本文发现CEO个人特征变量对企业风险承担水平的影响不明显。

本文的主要贡献在于：（1）在研究视角上将关系嵌入公司治理领域，揭示了新的影响风险承担行为的因素。以往的研究在社会学和公司治理领域都有较丰富的成果，有少数研究将人际关系嵌入组织行为和公司治理行为中（Fracassi & Tate，2012[18]；刘晓霞，2013，2016[19-20]；陆瑶等，2014[21]；连燕玲等，2012[22]），从关系嵌入亲密度方面来研究企业风险承担的极少。（2）从实证方法上拓展了民营企业和家族企业关系治理的理论研究。以往有很多对家族企业和民营企业治理模式的规范性研究成果，但这种关系治理的实证研究成果不多。本文结合社会学关系理论，采用将关系嵌入分类的方式实证检验其对风险承担水平的影响，设计较为巧妙。（3）从研究结论上打破了人们对关系强弱与风险承担水平的线性关系印象，从侧面印证了代理理论和管家理论。本文的研究对公司治理的本土化有一定的借鉴意义。

二、理论基础与研究假设

（一）关系、代理理论与风险承担

费孝通（1948）[23] 提出了差序格局理论，他认为中国社会以“己”为中心，如同石子投入水中，由内及外，形成一圈圈由近及远、由亲而疏的关系网，亲亲有等级，待遇各不同。黄光国等（1988）[24] 建立了“人情与面子”的理论模型，将人际关系分为三大类：情感性关系、混合性关系和工具性关系。情感性关系是指家庭内部人员之间的关系，混合性关系是指个人与家庭外的熟人之间的关系，工具性关系是个人和陌生人之间利益交换的关系。杨国枢（1993）[25] 将中国人的人际关系按照亲疏程度分成三大类：家人关系、熟人关系和生人关系。家人关系指有血缘、亲缘关系的家族成员之间的关系，强调付出而非回报的原则；熟人关系是指邻居、师生、同学、同乡、校友、同事等关系，以人情交换为原则；生人关系是指无任何间接或直接的持久性社会关系的人之间的关系，以伦理为原则。Tsui 等（1997）[26] 也将中国人际关系分为家人（亲人）关系、熟人关系和生人关系。

雷丁（1990）[27] 指出，在一个缺乏稳定商业交易法律等制度的环境中，非正式的、人际的联系尤其重要，这些非正式的人际关系网络是企业信任的基础。刘晓霞和饶育蕾（2013）指出，在法制环境比较差的中国，亲密关系在企业中能维持较稳定的信任，人际关系在企业中显得尤其重要。刘晓霞（2016）还发现民营企业 CEO 与实际控制人之间的关系绝大部分是亲人和熟人关系，外人关系的比例较低。

在以两权分离为典型特征的现代公司治理中，企业的职业经理人被视作组织认同感较低的决策执行者，他们与委托人之间在利益和目标等方面往往会产生冲突，从而产生了“委托-代理”问题及代理成本。代理理论（Jensen & Meckling，1976[28]）从“经济人”的假设出发，认为经理人是利己主义的，他们会倾向于牺牲股东的利益来实现个人利益最大化。根据中国社会的人际关系特征，委托代理理论中的“经理人”其实相当于社会学理论中的“外人”，这种外部经理人是不考虑情感关系的，他们是以纯粹的利益交换为原则的理性的、自利的职业经理人。

代理问题在企业风险承担领域中最主要的体现就是企业投资不足，即经营者可能会放弃净现值为正的投资机会。对该现象的解释主要有三种观点：因负债过高而导致投资不足（Berkovitch & Kim，1990[29]）、股利信号假说（Miller & Rock，1985[30]）和信息不对称理论（Stewart et al，1984[31]）。这些观点认为投资对经理层而言存在私人成本，由于个人财富和专用性人力资本集中于所雇用公司，管理者会出于对个人利益和职业关注的考虑，担心因决策失误而失去职位，从而避免投资风险较高但能带来预期收益的项目，违背企业价值最大化的原则（Cole et al，2011[32]）。因此经理层的决策倾向于追求自身的私利，从而出现了Nagarajan等（1995）[33]提出的经理层固守职位现象，即经理人会为了固守职位而采取短期投资决策，以避开投资风险，并选择对自己最有利的投资决策。同样，Zwiebel（1996）[34]、Novaes（2003）[35]通过构造“管理者防御”模型提出的控制权理论认为，管理者的最优目标是取得投资规模和控制权地位之间的平衡，因此他们会尽量避免债务融资，以降低企业经营的财务风险，这会导致企业较低的风险承担水平。

中国民营企业中普遍存在经营管理的裙带关系，尤其是家族企业。职业经理人这种“外人”身份常导致其被低信任或不信任（李新春和黄焕明，2002[36]），加上外部环境信任缺失、法律等正式约束不足，如果只靠道德约束，代理人就很容易产生投机行为（刘晓霞和饶育蕾，2013），放弃一些对企业有利的风险项目，造成企业投资不足或投资短期化。

H1：经理人与实际控制人的关系为“外人”关系时，企业的风险承担水平较低。

（二）关系、管家理论与风险承担

如果说代理理论将经营者一律视为同质的经济人和利己主义者，是与企业所有者价值观不一致的“外人”，那么管家理论的视角则与代理理论相反。20世纪90年代以来，源于组织社会学和组织心理学的现代管家理论得到迅速发展。管家理论基于“社会人”假设，认为经理人是集体主义的、利他的，追求的是马斯洛提出的高层次需要（尊重、自我实现）。Davis等（1997）[37]提出，管家行为是指经理人出于自我实现的需求或较高的组织认同感而努力经营公司，为了组织及其利益相关者进行的利益行动。他们的个人目标与所有者的目标是一致的，认同并承诺于组织甚至不惜牺牲个人利益，追求委托人的利益最大化。因此，他们不是机会主义者，而是努力工作的好“管家”。作为管家，管理者是委托人的“自己人”，是委托人的化身，遵照委托人的意愿行事，彼此是相互信任、依赖的。

管家理论还从信任的角度出发，证实了企业主对经理人基于情感的信任，能够减少经理人的“管理者防御”行为（McAllister，1995[38]；Langfred & Moye，2004[39]）和增加其组织公民行为，进而使经理人的精力集中在提高组织绩效的积极因素上（Mayer & Gavin，2005[40]）。Clegg和Porras（2004）[41]提出，股东对经理人持有正面的信任态度将提高后者的工作积极性，减少二者之间的冲突，从而促进创新决策、加快创新进度。同时，组织内信任可以增加企业主对职业经理人的授权行为，提高企业的管理效率。Mayer等（1995）[42]发现，当信任主体感受到信任对象值得信任时，会在二者关系中更多地承担风险。Das和Teng（2004）[43]强调，风险承担是构建信任的重要因素，信任和风险承担存在互惠关系，股东和经理人之间的信任有利于提高经理人对创新风险的承担。杨建君等（2012）[44]的实证研究同样表明，股东对经理人的信任程度越高，越能提高经理人的风险承担水平，从而有利于企业创新绩效的提高。

类似于费孝通的差序格局理论，雷丁（1993）通过“同心圆”模式构造出了以自我为核心的社会关系网络或帮派势力，反映出了企业家或高级经理家长制、人情至上和防御性等特征。民营企业大多采用家族化治理模式，当血缘、亲缘关系的人才缺乏时，往往通过聘用老乡、同学、同事、邻居等熟人将管理者拟家族化。这种基于关系信任的治理模式为企业搭建了获取资源和提升能力的平台，因而能提升企业绩效（Larson & Starr，1993[45]）。当经理人与企业主为熟人关系时，他们会倾向于相似的文化认同、价值理念和处事方式，这些共性降低了管理层和企业主之间的沟通协调成本，会使经理层的决定更容易得到支持与顺利实施，从而促使经理层提升企业的风险承担水平，这也印证了管家理论。针对中国特殊的文化背景，边燕杰（2010）[46]指出，关系情结在中国企业发展的各个阶段无处不在。由于中国存在特殊的社会信息特征和基于血缘、学缘、地缘关系的信任结构，民营企业主联合其裙带关系的高度集权现象在当前的历史时期有其必然性。因此，在相关法律不完善、职业经理人市场不成熟的情况下，通过熟人关系被企业主选拔出来的经理人更倾向于表现出管家行为。

H2：当经理人与实际控制人为熟人关系时，企业的风险承担水平较高。

三、研究设计

（一）样本与数据

本文以沪深两市A股民营上市公司为研究样本，公司财务数据来源于国泰安CSMAR数据库，关系数据根据上市公司的年报、新浪财经、CSMAR数据库以及百度搜索等手工编制整理而成。样本观测区间为2007—2016年，样本筛选程序如下：（1）剔除金融类上市公司；（2）剔除实际控制人为非自然人的公司；（3）剔除上市时间小于一年的公司；（4）剔除ST类等被特别处理的公司；（5）剔除没有披露财务数据以及找不到关系数据的公司。最终本文得到了10年1 596家企业的7 952个年度观测值。

（二）模型设计与变量说明

1.模型设计。为了检验文章假设，我们采用以下模型：

$$RISK = \alpha_0 + \beta_1 GUANXI + \beta_i Controls + \varepsilon \quad (1)$$

$$RISK = \alpha_0 + \beta_1 GUANXI + \beta_k GUANXI*Controls_k + \beta_i Controls + \varepsilon \quad (2)$$

式1是对解释变量GUANXI的回归检验，式2在式1的基础上加入了解释变量的交互项。RISK表示风险承担水平；GUANXI表示民营企业所有者与经营者的关系（分成家人、熟人、外人）；Controls表示控制变量，包括公司特征、治理特征和经营者特征变量，并进一步用式2检验所有者与经营者的关系通过控制变量对风险承担的影响。

2.变量说明。（1）解释变量：关系嵌入（GUANXI）。根据刘晓霞和饶育蕾（2013）的方法，以实际控制人代表所有者、CEO代表经营者。将关系嵌入由强至弱分类：当CEO为实际控制人本人或家族成员时归为亲人，当二者为业源、学缘、地缘关系时归为熟人，两者之外的都归为外人。

（2）被解释变量：风险承担（RISK）。度量企业风险承担水平的指标很多，有盈余的波动性（Coles et al，2006[47]；Faccio et al，2011；余明桂等，2013a；胡国柳和胡珺，2017[48]；叶德珠和胡梦珂，2017[49]；李彬等，2017[50]），股票回报的波动性（Coles et al，2006；苏坤，2017[51]），也有通过编制量表进行测量的（Peterson et al，1998[52]；李乾文，2007[53]；王迪等，2015[54]）。其中，第一种方法用得最多，考虑到中国股票市场的投机行为比较严重，本文采用盈余波动率衡量企业的风险承担水平。盈余的波动性用资产收益率（ROA）的标准差来衡量，ROA为公司息税前利润和当年年末总资产的比值，从国泰安CSMAR数据库直接下载ROA数据，然后对每年每个公司的ROA采用行业均值进行平减，得到AROA，最后根据AROA计算3年的AROA标准差。具体公式如下：

$$AROA_{ijt} = ROA_{ijt} - \frac{1}{n_{jt}}\sum_{k=1}^{n_{jt}} ROA_{kjt} \quad (1)$$

$$RISK_l = \sqrt{\frac{1}{T-1} \times \sum_{t=1}^{T}[AROA_{ijt} - \frac{1}{T}(\sum_{t=1}^{T} AROA_{kjt})]^2} \quad (2)$$

其中，观测时段T = 3，下标i、j和t代表公司、行业和年度，k代表该行业的第k家企业，n表示在t年度j行业中的公司总数。

（3）控制变量。根据对风险承担影响因素的已有研究，我们从3个角度控制影响风险承担的因素：一是公司基本特征变量，包括公司规模（Size）、公司资产负债率（Lev）、公司成长性（Growth）、公司所处的地域（Area）；二是公司治理特征变量，包括股权集中度（First）、董事会规模（Board）、CEO股权激励（Ceoh）、CEO薪酬水平（Salary）；三是CEO个人特征变量，包括CEO的年龄（Age）、学历（Education）、性别（Gender）。估计时，同时控制了行业和年份。上述变量符合定义见表1。

表1 变量符号定义表

变量名称			变量符号	变量定义
因变量		风险承担	RISK	连续3年经过行业均值调整后ROA变动标准差，见公式（1）（2）
自变量		关系嵌入	GUANXI	按实际控制人与CEO的关系嵌入亲密程度由强至弱分为家人、熟人、外人，分别赋值1、2、3
控制变量	CEO个人特征变量	CEO性别	Gender	CEO为女性时取0，男性时取1
		CEO年龄	Age	CEO的年龄
		CEO学历	Education	高中及以下取1，大专、大学取2，研究生及以上取3
	公司基本特征变量	公司规模	Size	公司总资产的自然对数
		成长性	Growth	（期末总资产-期初总资产）/期初总资产
		公司上市年限	Comage	公司IPO以来的年限
		行业	Indus	按2012年修订的《上市公司行业分类指引》分为16个行业，取哑变量
		资产负债率	Lev	负债总额/资产总额
		年份	Year	2007—2016年度，取哑变量
		地域	Area	分东西部地区，东部地区取0，西部地区取1
	公司治理特征变量	股权集中度	First	第一大股东持股比例
		董事会规模	Board	董事会的人数
		CEO股权激励	Ceoh	CEO持股比例
		CEO薪酬水平	Salary	前三名高管薪酬的自然对数

四、实证分析

（一）描述性统计分析

1.关系嵌入的年度样本统计。表2是上市民营公司关系嵌入的年度样本统计，家人样本共3 542个，熟人样本共2 988个，外人样本共1 422个，合计7 952个样本。民营上市公司约45%的CEO由家族成员担任，尤其是创始人自己担任的情况比较多。其次是老乡、同事、同学等熟人担任CEO，比例约为38%。最少的是外人担任CEO，约占18%。民营企业家族化和拟家族化经营现象再次得到了验证。

表2 关系嵌入的年度样本统计

年份	家人	熟人	外人	合计
2007	75	158	70	303
2008	93	178	74	345
2009	144	202	80	426
2010	164	222	80	466
2011	248	254	102	604
2012	436	323	134	893
2013	545	391	169	1 105
2014	603	419	188	1 210
2015	603	411	241	1 255
2016	631	430	284	1 345
合计	3 542	2 988	1 422	7 952

数据来源：根据国泰安数据库、新浪财经、百度搜索等手动搜集整理。

2. 相关变量的描述性统计分析。从表3中可以看出，风险承担的均值是0.057，最大值为27.58，最小值为0。GUANXI的均值为1.733，与表2相符。公司规模的均值为21.61，增长率均值只有0.967，资产负债率的均值为0.412，所处地域均值为0.229，大部分为东部地区上市公司。从公司治理结构特征看，股权集中度均值为30.72，董事会平均人数是8.3个，CEO股权激励的均值是6.819，其薪酬水平的对数均值为14。从CEO个人特征看，绝大部分是男性，平均年龄位47.20岁，平均教育水平在大专和大学以上，高学历比较多。

表3 变量的描述性统计

变量	样本	均值	标准差	最小值	最大值
(1) RISK	7 952	0.057	0.552	0	27.58
(2) GUANXI	7 952	1.733	0.744	1	3
(3) Size	7 952	21.61	1.045	16.51	26.24
(4) Growth	7 952	0.967	29.28	-1	1 925
(5) Lev	7 952	0.412	0.757	0.00708	63.97
(6) Area	7 952	0.229	0.420	0	1
(7) First	7 952	30.72	16.34	0	89.99
(8) Comage	7 952	8.1088	5.46	2	26
(9) Board	7 952	8.344	1.538	3	18
(10) Ceoh	7 952	6.819	12.83	0	71.00
(11) Salary	7 952	14.00	0.867	0	17.41
(12) Gender	7 952	0.932	0.252	0	1
(13) Age	7 952	47.20	6.978	25	77
(14) Education	7 952	2.471	0.582	1	3

数据来源：根据国泰安CSMAR数据库以及手工搜集整理。

3.风险承担水平的分组比较。以风险承担水平的均值为参照点，将所有样本分成高风险承担组和低风险承担组，然后对两组变量进行均值差异比较，结果见表4。从表4中可以看出，高风险承担组和低风险承担组的GUANXI变量以及控制变量除董事会规模和CEO教育水平外，都有显著差异。

表4 高风险承担组和低风险承担组对比

变量	高风险承担组		低风险承担组		高低组T检验
	样本	均值	样本	均值	
GUANXI	1 440	1.890	6 512	1.700	0.19***
Size	1 440	21.22	6 512	21.70	−0.48***
Growth	1 440	3.290	6 512	0.450	2.84***
Lev	1 440	0.490	6 512	0.390	0.10***
Area	1 440	0.300	6 512	0.210	0.08***
First	1 440	26.78	6 512	31.59	−4.81***
Comage	1 440	9.620	6 512	7.770	1.85***
Board	1 440	8.330	6 512	8.350	−0.0200
Ceoh	1 440	4.910	6 512	7.240	−2.33***
Salary	1 440	13.76	6 512	14.05	−0.29***
Gender	1 440	0.920	6 512	0.930	−0.01*
Age	1 440	46.53	6 512	47.35	−0.82***
Education	1 440	2.470	6 512	2.470	0

注：*、**、***分别表示10%、5%和1%的显著性水平。

数据来源：根据国泰安CSMAR数据库以及手工搜集整理。

（二）变量的相关性分析

表5是对主要的变量进行Spearman相关性检验的结果。由结果可以看出，风险承担水平和关系嵌入显著正相关，其他变量之间的相关性系数都不大，方差膨胀因子（VIF）都在1.2以下，可以有效避免多重共线性的影响。

（三）初步回归结果

本文先对模型1采用混合OLS效应、固定效应进行F检验，p值为0，在1%的显著性水平拒绝原假设，选择固定效应模型。然后对模型1进行固定效应和随机效应的Hausman检验，p值为0.0002，在1%的显著性水平拒绝原假设，选择固定效应模型。因此，本文选择固定效应对模型1进行控制变量的逐步回归，结果见表6。

表5 相关系数表

	(1)	(2)	(3)	(4)	(5)	(6)	(7)	(8)	(9)	(10)	(11)	(12)	(13)	(14)
(1)	1													
(2)	0.04***	1												
(3)	-0.07***	0.05***	1											
(4)	0.04***	0.02**	0	1										
(5)	0.55***	0.06***	0.04***	0.0100	1									
(6)	0.06***	0.14***	-0.07***	0.0200	0.04***	1								
(7)	-0.05***	-0.23***	0.05***	0.0200	-0.06***	-0.09***	1							
(8)	0.05***	0.29***	0.19***	0.02**	0.11***	0.20***	-0.39***	1						
(9)	-0.05***	0.04***	0.17***	-0.04***	0	0.0100	-0.13***	0.0100	1					
(10)	-0.02*	-0.41***	-0.10***	-0.0100	-0.06***	-0.09***	0.34***	-0.34***	-0.11***	1				
(11)	-0.06***	-0.0100	0.41***	-0.0100	-0.02*	-0.17***	0.11***	0	0.08***	0.05***	1			
(12)	0.0100	0.03**	0	0	0	-0.02*	-0.09***	0	0.04***	0.0100	0.0200	1		
(13)	-0.0200	-0.03**	0.03***	-0.0100	-0.03**	0.0100	-0.02*	0.0100	0	0.09***	0.11***	0.04***	1	
(14)	-0.0100	0.0100	0.02*	0	0	-0.0100	-0.0100	0.05***	0	0.0100	0.08***	-0.03***	-0.12***	1

注：*、**、***分别表示10%、5%和1%的显著性水平。

数据来源：根据国泰安CSMAR数据库以及手工搜集整理。

表6有四个回归结果：回归1是单变量回归结果，可以看到风险承担与关系嵌入的系数是显著的，但熟人和外人的系数符号相反，意味着熟人相对于家人显著地提高了企业的风险承担水平，而外人相对于家人显著地降低了企业的风险承担水平。回归2加入了公司特征控制变量，GUANXI的回归显著性和符号同回归1；公司规模越大，企业风险承担水平越低；公司成长性越高，负债水平越高，企业风险承担水平越高；所处地区为西部的企业比东部的企业呈现出更高的风险承担水平，公司上市年限对企业风险承担水平的影响不显著。回归3在回归2的基础上加入了公司治理特征变量，只有董事会规模和CEO薪酬水平的系数显著为负，董事会规模越大，CEO薪酬水平越高，企业风险承担水平越低；其他变量与回归2结果一致。回归4在回归3的基础上加入了CEO的个人特征变量，回归4的结果没有改变回归3的结论，且CEO个人特征变量对风险承担水平的影响都不显著。

表6 初步回归结果

变量	(1) RISK	(2) RISK	(3) RISK	(4) RISK
2.GUANXI	0.058**	0.050**	0.048**	0.045**
	(2.28)	(2.38)	(2.19)	(2.05)
3.GUANXI	-0.080***	-0.094***	-0.101***	-0.100***
	(-2.77)	(-3.90)	(-4.01)	(-3.96)
Size		-0.033***	-0.025*	-0.024*
		(-2.68)	(-1.96)	(-1.90)
Growth		0.001***	0.001***	0.001***
		(3.59)	(3.54)	(3.52)
Lev		0.303***	0.304***	0.303***
		(45.08)	(45.10)	(45.07)
Comage		0.010	0.050	0.073
		(0.02)	(0.12)	(0.17)
Area		0.186**	0.186**	0.185**
		(2.26)	(2.25)	(2.23)
First			-0.000	-0.000
			(-0.33)	(-0.28)
Board			-0.020***	-0.020***
			(-3.14)	(-3.09)
Ceoh			-0.000	-0.000
			(-0.36)	(-0.25)
Salary			-0.020**	-0.019**
			(-2.09)	(-2.08)
Gender				-0.009
				(-0.24)
Age				-0.002
				(-1.30)
2.Education				-0.003
				(-0.07)
3.Education				-0.031
				(-0.66)
行业	不控制	控制	控制	控制
年份	不控制	控制	控制	控制
Constant	0.050***	0.489	0.665	0.699
	(3.57)	(0.48)	(0.66)	(0.69)
Observations	7 952	7 952	7 952	7 952
R-squared	0.004	0.328	0.330	0.330
Number of id	1 435	1 435	1 435	1 435
r2_a	-0.216	0.176	0.178	0.178
F	11.78	102.2	91.11	81.85

注：*、**、***分别表示10%、5%和1%的显著性水平。

数据来源：根据国泰安CSMAR数据库以及手工搜集整理。

从表6可以得出初步结论，当CEO为实际控制人的熟人时，比家人关系显著地提高了企业的风险承担水平；当CEO是外人时，比家人关系显著地降低了企业的风险承担水平。结果支持了假设1和假设2。

（四）进一步检验

1.关系嵌入变量的交互项回归检验。为了进一步检验实际控制人与CEO关系嵌入亲密度对企业风险承担行为的影响，本文引入了关系嵌入与公司规模、关系嵌入与成长性、关系嵌入与负债水平、关系嵌入与公司所处地域、关系嵌入与董事会规模、关系嵌入与CEO薪酬水平的交互项。回归结果见表7。

表7　　加入交互项的回归结果

	(5)	(6)	(7)	(8)	(9)	(10)	(11)
变量	RISK	RISK	RISK	RISK	RISK	RISK	RISK
2.GUANXI	0.684*	0.048**	0.082**	−0.009	0.454***	0.891***	1.000**
	(1.84)	(2.18)	(1.99)	(−0.35)	(4.69)	(3.34)	(2.47)
3.GUANXI	−1.785***	−0.101***	−0.166***	−0.034	−0.258**	−1.199***	−1.858***
	(−4.23)	(−4.01)	(−4.38)	(−1.19)	(−2.26)	(−4.05)	(−4.03)
Size	−0.032*	−0.025*	−0.015	−0.025**	−0.027**	−0.023*	−0.031*
	(−1.95)	(−1.96)	(−1.13)	(−1.97)	(−2.11)	(−1.85)	(−1.73)
Growth	0.001***	0.000	0.001***	0.001***	0.001***	0.001***	0.000
	(3.60)	(0.20)	(3.55)	(3.51)	(3.61)	(3.70)	(0.27)
Lev	0.308***	0.304***	0.159**	0.305***	0.305***	0.304***	0.186***
	(45.58)	(45.10)	(2.38)	(45.55)	(45.40)	(45.40)	(2.66)
Comage	0.154	0.050	0.069	−0.022	0.090	0.136	0.097
	(0.35)	(0.12)	(0.16)	(−0.05)	(0.21)	(0.31)	(0.22)
Area	0.206**	0.186**	0.181**	−0.012	0.173**	0.186**	0.006
	(2.50)	(2.25)	(2.20)	(−0.14)	(2.10)	(2.27)	(0.07)
First	−0.000	−0.000	−0.000	0.000	−0.000	−0.000	−0.000
	(−0.46)	(−0.32)	(−0.52)	(0.00)	(−0.51)	(−0.05)	(−0.27)
Board	−0.021***	−0.020***	−0.020***	−0.022***	−0.003	−0.020***	−0.003
	(−3.24)	(−3.13)	(−3.22)	(−3.39)	(−0.35)	(−3.18)	(−0.38)
Ceoh	−0.000	−0.000	−0.000	−0.000	−0.000	−0.000	−0.000
	(−0.41)	(−0.36)	(−0.29)	(−0.32)	(−0.35)	(−0.48)	(−0.44)
Salary	−0.019**	−0.020**	−0.020**	−0.020**	−0.020**	−0.016	−0.012
	(−2.08)	(−2.09)	(−2.19)	(−2.15)	(−2.13)	(−0.94)	(−0.63)
2.GUANXI#Size	−0.029*						0.011
	(−1.72)						(0.55)

续表

	(5)	(6)	(7)	(8)	(9)	(10)	(11)
变量	RISK	RISK	RISK	RISK	RISK	RISK	RISK
3.GUANXI#Size	0.078***						0.042*
	(4.00)						(1.96)
2.GUANXI#Growth		0.000					0.000
		(0.16)					(0.09)
3.GUANXI#Growth		0.000					0.000
		(0.18)					(0.13)
2.GUANXI#Lev			-0.080				-0.099
			(-0.96)				(-1.11)
3.GUANXI#Lev			0.148**				0.126*
			(2.20)				(1.80)
2.GUANXI#Area				0.183***			0.141**
				(3.36)			(2.55)
3.GUANXI#Area				0.408***			0.362***
				(8.01)			(7.07)
2.GUANXI#Board					-0.048***		-0.049***
					(-4.30)		(-4.41)
3.GUANXI#Board					0.019		0.012
					(1.44)		(0.86)
2.GUANXI#Salary						-0.061***	-0.057***
						(-3.19)	(-2.72)
3.GUANXI#Salary						0.078***	0.054**
						(3.73)	(2.35)
Constant	0.572	0.666	0.454	0.774	0.488	0.354	0.375
	(0.54)	(0.66)	(0.45)	(0.76)	(0.48)	(0.34)	(0.35)
行业	控制	控制	控制	控制	控制	控制	控制
年份	控制	控制	控制	控制	控制	控制	控制
Observations	7 952	7 952	7 952	7 952	7 952	7 952	7 952
R-squared	0.334	0.330	0.331	1 435	0.333	0.337	0.347
Number of id	1 435	1 435	1 435	0.337	1 435	1 435	1 435
r2_a	0.182	0.178	0.180	0.186	0.182	0.186	0.198
F	87.65	86.16	86.78	88.82	87.55	88.85	73.23

注：*、**、***分别表示10%、5%和1%的显著性水平。

数据来源：根据国泰安CSMAR数据库以及手工搜集整理。

回归5~10是加入了GUANXI变量与控制变量的单个交互项，回归11是加入了所有的交互项。从表7可以看出，自变量GUANXI的系数都很显著，熟人比家人显著地提高了企业的风险承担水平，而外人则显著地降低了企业的风险承担水平。再一次验证了假设。

回归5是加入了GUANXI变量和公司规模的交互项，且交互项的系数都很显著。公司规模与熟人对风险承担水平的影响是显著为负的关系，随着公司规模的扩大，熟人CEO比家人CEO显著地降低了风险承担水平，而外人CEO则显著地提高了风险承担水平。关系嵌入通过公司规模的变化对风险承担水平产生了不同的影响。

回归6加入了关系嵌入和公司成长性的交互项，交互项的系数不显著。关系嵌入对风险承担水平的影响与公司成长性无关。

回归7加入了关系嵌入与资产负债率的交互项，只有外人CEO的交互项显著为正，说明随着公司资产负债率的提高，外人CEO比家人CEO显著地提高了企业的风险承担水平，而熟人CEO则没有明显变化。

回归8加入了关系嵌入与地域的交互项，交互项的系数都显著为正，且主变量GUANXI和Area的系数不显著，说明关系嵌入对企业风险承担水平的影响与公司所处地域有很大关系。西部地区的熟人CEO和外人CEO比东部地区的家人CEO显著地提高了企业风险承担水平。我们还将按地域来分组做回归分析。

回归9加入了关系嵌入与董事会规模的交互项，只有熟人CEO的交互项显著为负，外人CEO的交互项不显著。随着董事会规模的扩大，熟人CEO比家人CEO显著地降低了风险承担水平。董事会对熟人CEO的监督和控制，制约了熟人CEO对风险承担的意愿。结论与Davis等（1997）的判断一致，一旦被董事会视为机会主义者（代理人）而被严格控制，管理者（管家）便会感到沮丧，难以与董事会形成一种有效的、合作的契约关系。

回归10加入了关系嵌入与CEO薪酬水平的交互项，系数都很显著，但熟人CEO和外人CEO通过CEO薪酬水平对企业风险承担水平的影响相反。CEO薪酬水平越高，熟人CEO与家人CEO相比显著降低了风险承担水平，外人CEO则比家人CEO显著提高了风险承担水平。

回归11在模型中加入了前述所有的交互项，回归的结果与前面的单个交互项的影响结果一致，且关系嵌入变量的系数很显著，依旧支持假设1和假设2。

2.分地区回归检验。从表7得到的结论可以看出，地域变量在关系嵌入对企业风险承担水平的影响方面起到了重要作用。我们再进一步按东西地区将民营上市公司样本分成两组进行回归检验，检验结果见表8。

表 8　　　　分组回归结果

变量	(12) 东部地区 RISK	(13) 西部地区 RISK
2.GUANXI	0.186***	1.039
	(3.27)	(0.69)
3.GUANXI	0.105	-6.126***
	(1.58)	(-3.74)
Size	-0.010***	0.013
	(-4.09)	(0.17)
Growth	0.001***	0.001
	(2.75)	(0.23)
Lev	0.043***	-0.012
	(4.56)	(-0.04)
Comage	0.000	0.077
	(0.91)	(0.09)
First	-0.000*	-0.003
	(-1.79)	(-0.87)
Board	0.000	-0.022
	(0.03)	(-0.61)
Ceoh	0.000	0.003
	(0.01)	(0.61)
Salary	-0.003	-0.090
	(-1.43)	(-0.94)
2.GUANXI#c.Size	-0.011***	0.051
	(-4.22)	(0.61)
3.GUANXI#c.Size	-0.013***	0.143*
	(-4.16)	(1.68)
2.GUANXI#c.Growth	-0.001	0.001
	(-1.56)	(0.12)
3.GUANXI#c.Growth	-0.001***	0.000
	(-2.79)	(0.03)
2.GUANXI#c.Lev	0.038***	-0.138
	(3.03)	(-0.40)

续表

变量	(12) 东部地区 RISK	(13) 西部地区 RISK
3.GUANXI#c.Lev	0.081***	0.281
	(6.56)	(0.95)
2.GUANXI#c.Board	-0.002	-0.126***
	(-1.55)	(-3.01)
3.GUANXI#c.Board	0.002	0.060
	(0.84)	(1.21)
2.GUANXI#c.Salary	0.005*	-0.058
	(1.79)	(-0.58)
3.GUANXI#c.Salary	0.009***	0.165
	(2.94)	(1.56)
行业	控制	控制
年份	控制	控制
Constant	-0.287***	0.897
	(-4.40)	(0.22)
Observations	6 128	1 824
R-squared	0.212	0.473
Number of id	1 136	315
r2_a	0.0244	0.345
F	30.96	32.07

注：*、**、***分别表示10%、5%和1%的显著性水平。

数据来源：根据国泰安CSMAR数据库以及手工搜集整理。

回归12和回归13分别为东部地区样本和西部地区样本，分别为6 128个和1 824个。回归结果显示，在东部地区和西部地区，关系嵌入对风险承担水平的影响机制和结果有很大区别。在东部地区的民营上市公司中，熟人CEO比家人CEO显著地提高了风险承担水平，外人CEO则没有明显影响。在西部地区的民营上市公司中，外人CEO比家人CEO显著地降低了风险承担水平，而熟人CEO则没有明显影响。

从关系嵌入的交互项来看，东部地区比西部地区的显著性更强，说明在东部地区的民营上市公司中，关系嵌入变量不仅对企业风险承担水平产生了影响，而且通过公司规模、公司成长性、资产负债率水平以及CEO薪酬水平影响了企业的风险承担水平。在西部地区的民营上市公司中，关系嵌入对风险承担水平的影响产生了非常显著的直接作用，其他交互作用并不十分明显。

（五）稳健性检验

1.内生性问题。实际控制人与CEO之间的关系嵌入与企业的风险承担水平可能存在双向因果关系，本文采用滞后一期的被解释变量重新做回归分析，回归结果与前面的研究结果一致。另外，我们采用工具变量法，用老乡和非老乡关系代表熟人和外人关系，检验结果仍然不变。

2.其他稳健性检验。为了检验文章实证结果的稳健性，我们采用了多种方法，包括：（1）对风险承担水平采用不同的代理变量，用净资产收益率代替总资产收益率重新计算标准差代表风险承担水平，用连续三年内的ROA最高值减去最低值代表风险承担水平，回归结果依旧稳健；（2）对样本进行随机抽样，重复前面的回归程序，结果依然无明显改变；（3）样本中老乡样本比较多，将老乡都视为熟人可能不符合现实，我们选择那些实际控制人籍贯与公司注册地址不一致的样本进行检验，回归结果依然支持本文假设。鉴于篇幅，不再展示回归结果。

五、结论

本文把民营上市公司实际控制人和CEO的关系嵌入分成家人、熟人和外人三类，然后比较这三类关系嵌入对企业风险承担水平的影响，发现熟人CEO相对于家人CEO显著提高了企业风险承担水平，而外人CEO则相对家人CEO显著降低了企业风险承担水平。再进一步检验发现，关系嵌入通过公司特征变量和公司治理变量增强或削弱了企业的风险承担水平。公司规模和董事会规模越小、CEO薪酬水平越低，熟人CEO越显著地提高了企业的风险承担水平；公司规模越大、资产负债率越高、CEO薪酬水平越高，外人CEO越显著地提高了企业的风险承担水平。

进一步将样本分东西部地区检验后，发现关系嵌入的影响在东部地区的民营上市公司体现为熟人CEO相对于家人CEO显著地提高了企业风险承担水平，外人CEO没有明显变化；在西部地区的民营上市公司体现为外人CEO显著地降低了企业的风险承担水平，熟人CEO没有明显变化。从关系嵌入和公司特征以及治理特征变量的交叉影响来看，东西部地区也有明显的不同。在东部地区样本中，交互项的影响比较明显，公司规模、成长性、资产负债率以及CEO薪酬水平与关系嵌入的类型互相作用于风险承担水平。而在西部地区样本中，关系嵌入类型与其他变量的相互作用对风险承担水平的影响不显著，但风险嵌入类型对风险承担水平的作用很显著。

本文的实证研究还发现CEO个人特征中的年龄、学历和性别对企业风险承担水平没有显著影响，原因可能是：（1）民营企业在选择经营者的过程中，信任比年龄、性别、学历这些特征更重要。关系越亲密，彼此的信任度就越高，实际控制人对经营者越放心，经营者也愿意主动承担更多的风险。(2) 在崇尚高学历的中国社会，很多经营者都通过函授、MBA、EMBA等提高自己的学历水平，统计结果发现绝大部分经营者都具有本科以上的学历。(3) CEO的性别差异比较大，绝大部分是男性，仅有的少部分女性中大多是实际控制人的女儿、配偶等。因此，CEO个人特征变量并没有多大作用，与很多文献的研究结论不一致。

本文的结论对考察中国企业高层的决策行为有一定的启示作用，投资者和监管层可以通过企业的用人机制来直观地判断企业的风险承担水平以及决策行为。本文也为社会学与公司治理的交叉研究提供了新视角，对公司治理和公司金融的本土化研究做出了增量贡献。由于本文的关系嵌入分类只是从客观的血缘、亲缘、地域、学情等关系方面来考察，仅是客观可得数据的分类，对朋友等心理层面的关系认可无法判断。如果要以心理认可的角度来区分熟人和外人，可能需要进行问卷调查，而问卷调查样本的可得性比较低。囿于研究技术的局限，这是目前本文研究能用的最好方法。当然，本文可能还存在其他的一些争议和不足之处，也是笔者继续研究的动力。

参考文献

[1] BOUBAKRI, COSSET, SAFFAR.The Role of State and Foreign Owners in Corporate Risk-taking: Evidence from Privatization [J]. Journal of Financial Economics, 2013, 108 (3): 641-658.

[2] PALMER, WISEMAN. Decoupling Risk Taking from Income Stream Uncertainty: A Holistic Model of Risk [J]. Strategic Management Journal, 1999, 20 (11): 1037-1062.

[3] FACCIO, MARCHICA, MURA.CEO Gender, Corporate Risk-taking, and the Efficiency of Capital Allocation [J]. Journal of Corporate Finance, 2016 (39): 193-209.

[4] PELTOMÄKI, SWIDLER, VÄHÄMAA. Age, Gender, and Risk-taking: Evidence from the S&P 1500 Executives and Firm Riskiness [C]. The Meeting of the Eastern Finance Association, 2015.

[5] KAHNEMAN, TVERSKY.Prospect Theory: An Analysis Of Decision under Risk [J]. Econometrica, 1979, 47 (2): 263-291.

[6] GERVAIS, GOLDSTEIN. Overconfidence and Team Coordination [J]. SSRN Electronic Journal, 2003 (8).

[7] LI, YI. CEO Hubris and Firm Risk Taking in China: the Moderating Role of Managerial Discretion [J]. Academy of Management Journal, 2010, 53 (1): 45-68.

［8］BAKER，WURGLER.Behavioral Corporate Finance：An Updated Survey［J］. National Bureau of Economic Research，2011（8）：357-424.

［9］余明桂，李文贵，潘红波. 管理者过度自信与企业风险承担［J］. 金融研究，2013（1）.

［10］钱先航，徐业坤. 官员更替、政治身份与民营上市公司的风险承担［J］. 经济学（季刊），2014（13）.

［11］戴娟萍，郑贤龙. 政治关联会影响企业风险承担吗？——来自民营上市公司的经验证据［J］. 财经论丛：浙江财经大学学报，2015（199）.

［12］ARIF，LEE.Aggregate Investment and Investor Sentiment［J］. Review of Financial Studies，2014，27（11）：3241-3279.

［13］HABIB，HASAN.Firm Life Cycle，Corporate Risk-taking and Investor Sentiment［J］. Accounting & Finance，2015（12）.

［14］余明桂，李文贵，潘红波. 民营化、产权保护与企业风险承担［J］. 经济研究，2013（9）.

［15］NAKANO，NGUYEN.Board Size and Corporate Risk Taking：Further Evidence from Japan［J］. Corporate Governance：An International Review，2012，20（4）：369-387.

［16］HAYES，LEMMON，QIU.Stock Options and Managerial Incentives for Risk Taking：Evidence from FAS 123R［J］. Journal of Financial Economics，2012，105（1）：174-190.

［17］曹崇延，吕玉枝. 股权激励与企业风险承担——基于CEO权力视角分析［J］. 上海管理科学，2015（37）.

［18］FRACASSI，TATE.External Networking and Internal Firm Governance［J］. Journal of Finance，2012，67（1）：153-194.

［19］刘晓霞. 从关系嵌入的角度看大股东代理成本——基于民营上市公司大股东与经营者关系的实证检验［J］. 系统工程，2016（3）.

［20］刘晓霞，饶育蕾. 代理能力与代理成本：一个关系嵌入的视角［J］. 财经问题研究，2013（1）.

［21］陆瑶，胡江燕. CEO与董事间的“老乡”关系对我国上市公司风险水平的影响［J］. 管理世界，2014（3）.

［22］连燕玲，贺小刚，张远飞，等. 危机冲击、大股东“管家角色”与企业绩效——基于中国上市公司的实证分析［J］. 管理世界，2012（9）.

［23］费孝通. 乡土中国［M］. 上海：观察社，1948.

［24］黄光国，胡先缙. 面子：中国人的权力游戏［M］. 北京：中国人民大学出版社，2004.

［25］杨国枢. 中国人的心理和行为［M］. 台北：桂冠图书股份有限公司，1993.

［26］TSUI，FARH，XIN.Management and Organizations in the Chinese Context［M］. London：Palgrave Macmillan，2000.

［27］REDDING.The Spirit of Chinese Capitalism［M］. Berlin：De Gruyter，1990：572-574.

［28］JENSEN，MECKLING.The Theory of the Firm：Managerial Behaviour，Agency Costs and Ownership Structure［J］. Social Science Electronic Publishing，1976，3（4）：305-360.

［29］BERKOVITCH，KIM.Financial Contracting and Leverage Induced Over-and Under-Investment Incentives［J］. Journal of Finance，1990（45）：683-692.

［30］MILLER，ROCK.Dividend Policy under Asymmetric Information［J］. Journal of Finance，1985，40（4）：1031-1051.

［31］MYERS，MAJLUF.Corporate Financing and Investment Decisions When Firms Have Information That Investors Do not Have［J］. Social Science Electronic Publishing，1984，13（2）：187-221.

［32］COLE，KANZ，KLAPPER.Incentivizing Calculated Risk-taking：Evidence from an Experiment with Commercial Bank Loan Officers［J］. Journal of Finance，2015，70（2）：537-575.

［33］NAGARAJAN，SIVARAMAKRISHNAN，SRIDHAR.Managerial Entrenchment，Reputation and Corporate Investment Myopia［J］. Journal of Accounting Auditing & Finance，1995，10（10）：565-585.

［34］ZWIEBEL.Dynamic Capital Structure under Managerial Entrenchment［J］. American Economic Review，1996，86（5）：1197-1215.

［35］NOVAES.Capital Structure Choice When Managers Are in Control：Entrenchment Versus Efficiency［J］. Journal of Business，2003，76（1）：49-82.

［36］李新春，黄焕明. 家族企业的控制权革命［J］. 学术研究，2002（11）.

［37］DAVIS，SCHOORMAN，DONALDSON.Toward a Stewardship Theory of Management［J］. Academy of Management Review，1997（22）：20-47.

［38］MCALLISTER.Affect-and Cognition-based Trust as Foundations for Interpersonal Cooperation in Organizations［J］. Academy of Management Journal，1995，38（1）：24-59.

［39］LANGFRED，MOYE.Effects of Task Autonomy on Performance：an Extended Model Considering Motivational，Informational，and Structural Mechanisms［J］. Journal of Applied Psychology，2004，89（6）：934.

［40］MAYER，GAVIN.Trust in Management and Performance：Who Minds the

Shop While the Employees Watch the Boss? [J]. Academy of Management Journal, 2005, 48 (5): 874-888.

[41] CLEGG, PORRAS. Trust as Networking Knowledge [J]. Asia Pacific Journal of Management, 2004, 21 (3): 345-363.

[42] MAYER, DAVIS, SCHOORMAN. An Integrative Model of Organisational Trust [J]. Academy of Management Review, 1995 (20): 709-734.

[43] DAS, TENG. The Risk-based View of Trust: A Conceptual Framework [J]. Journal of Business & Psychology, 2004, 19 (1): 85-116.

[44] 杨建君，张钊，梅晓芳. 股东与经理人信任对企业创新的影响研究 [J]. 科研管理，2012 (33).

[45] LARSON, STARR. A Network model of Organization Formation [J]. Entrepreneurship Theory & Practice, 1993, 17 (1): 1071-1078.

[46] 边燕杰. 关系社会学及其学科地位 [J]. 西安交通大学学报：社会科学版，2010 (30).

[47] COLES, DANIEL, NAVEEN. Managerial Incentives and Risk-taking [J]. Journal of Financial Economics, 2006, 79 (2): 431-468.

[48] 胡国柳，胡珺. 董事高管责任保险与企业风险承担：理论路径与经验证据 [J]. 会计研究，2017 (5).

[49] 叶德珠，胡梦珂. 宗教传统、法治化进程与企业风险承担 [J]. 财经问题研究，2017 (5).

[50] 李彬，郭菊娥，苏坤. 企业风险承担：女儿不如男吗？——基于CEO性别的分析 [J]. 预测，2017 (36).

[51] 苏坤. 管理层权力、产权性质与公司风险承担 [J]. 当代经济管理，2017 (39).

[52] PETERSON, OWENS, TETLOCK, et al. Group Dynamics in Top Management Teams: Groupthink, Vigilance, and Alternative Models of Organizational Failure and Success [J]. Organizational Behavior & Human Decision Processes, 1998, 73 (2/3): 272.

[53] 李乾文. 公司创业导向的差异分析——基于环渤海地区企业所有权差异的实证研究 [J]. 科学学研究，2007 (25).

[54] 王迪，王迎军，秦剑，等. 高层领导者心理资本和社会资本对企业绩效的影响研究 [J]. 管理学报，2015 (12).

（作者单位：湖南工业大学）

存款保险、制度环境与商业银行风险承担

——基于全球样本的经验证据

段军山　杨帆　高洪民

本文采用1999—2012年间全球93个国家共4 498家商业银行的面板数据作为样本，运用双重差分模型，分析显性存款保险制度对银行风险承担的影响，并分析国家监管、法律和政治环境对存款保险制度运行效果的影响。实证结果表明：存款保险制度在总体上确实产生了道德风险，使银行的风险承担增加，但这一效应会因不同国家的经济发达程度而异：在发达国家中，存款保险制度没有产生不良效应，而在发展中国家，存款保险制度明显地增加了银行的风险承担。监管、法律和政治环境与银行风险承担的关系研究表明，在发达国家中，三者均与银行风险呈正相关，意味着良好的制度环境有助于降低银行风险承担程度。而在发展中国家，只有监管环境呈现有益效应，监管、法律和政治环境与存款保险的交互效应才为负，意味着良好的制度环境有助于减轻存款保险的道德风险问题。

一、引言

银行风险承担一直是金融研究的热点议题，因为涉及银行体系的安全与稳健，从而影响金融稳定与经济增长（Allen and Gale，2001[1]；Barth et al.，2004[2]）。据国际货币基金组织（IMF）统计，自二十世纪七十年代以来，全球范围内共发生了147次系统性银行危机，危机在国与国之间的传染有愈演愈烈之势。因此，为尽可能消除银行危机，提高金融体系稳定性，各国政府一直重视自身金融安全网的构建，而建立存款保险制度是国际上盛行的应对银行危机的做法。美国是世界上最早建成存款保险体系的国家，其在1933年成立了联邦存款保险公司，确立了联邦意义上的存款保险制度。至2012年为

止，全球已经有110个国家设立了显性存款保险制度（Barth et al.，2013[3]）。然而，该制度自产生以来一直颇受争议，主要担忧在于存款保险制度会引发银行业道德风险问题。特别是在2007年金融海啸后，一些国家开始对金融业提供几乎全额担保的做法，再次引发对于存款保险产生不利影响这一观点的激辩。

从国外学者的研究来看，有部分学者认为，存款保险制度有助于降低银行风险，稳定金融体系。如Diamond and Dybvig（1983）[4]通过提出经典的DD模型，认为存款保险不但可有效预防挤兑，还可提供最优的风险共担方案，这一论述在Bernanke（1983）[5]对美国二十世纪三十年代大萧条时期银行挤兑的实证检验中得到进一步证实；Karels and McClatchey（1999）[6]发现采纳了存款保险的美国信用社有很好的稳定效果；Calomiris and White（1994）[7]，Demirgüç-Kunt and Kane（2002）[8]以及Demirgüç-Kunt et al.（2008）[9]等则指出存款保险对中小银行的稳健经营和成长有很好的帮助。在欧洲区域的研究方面，比较有代表性的研究来自Gropp and Vesala（2001）[10]，他们发现银行在存款保险制度建立以后采取更为谨慎的风险投资策略。也有学者持相反意见，认为存款保险引发道德风险，反而提升了银行风险承担。例如Kane（1989）[11]、Wheelock（1992）[12]均验证了存款保险和银行风险承担存在显著的正相关关系；Demirgüç-Kunt and Huizinga（2000）[13]研究发现存款保险弱化了市场纪律。Carapella and Di Giorgio（2004）[14]实证证明了存款保险引发道德风险；Ioannidou and Penas（2010）[15]分析了玻利维亚内部贷款评级数据，得出了在实施存款保险之后银行趋向更高风险贷款业务的结论。关于制度环境对存款保险的重要作用方面，Demirgüç-Kunt and Detragiache（2002）[16]发现在制度环境欠佳的国家存款保险显著地加剧了银行脆弱性；Cull et al.（2005）[17]发现引入存款保险制度后显著增加了信贷波动率，特别是在法律制度环境较差的国家。Anginer and Demirgüç-Kunt（2012）[18]发现存款保险在非危机期间提高了银行的风险承担程度，在危机期间则有助于保持银行业的稳定性。

从国内研究来看，国内学者对存款保险的讨论主要集中在道德风险问题上，大致形成了支持与反对中国建立存款保险制度的两方面观点。反对一方多半认为中国当前建立存款保险制度的时机还未成熟，比较有代表性的是曹元涛（2005）[19]、王国刚（2007）[20]等人；支持一方的专家学者从多个层面阐述了建立该制度的必要性，主要有苏宁（2007）[21]、卜强（2013）[22]等。此外，支持者并没有否认道德风险和逆向选择的可能性，进而从不同的角度提出防范存款保险不利影响的对策。一些学者从制度设计特征着手，如戴晓凤和尹伯成（2001）[23]、陆桂娟（2006）[24]均建议加强资本充足率监管、推行以风险为基础的资本要求和保险费率来防范道德风险。何光辉（2006）[25]则认为由市场内生决定的费率更能增加市场约束力。潘颖等（2003）[26]认为引发道德风险的因素不单单是源于存款保险，而且这类风险可通过稳健的外部约束机制得到有效控制。吴庆（2005）[27]提出施行审慎性监管有助于减轻道德风险的程度，确保存款保险制度长期稳定运行。汤洪波（2008）[28]认为提升存款保险制度运行效率的重要前提之一是银行公司治理水平的完善。

综合来看，国内关于存款保险制度对银行业风险承担影响的研究只是略有涉及，缺少从微观层面的大样本的实证研究，特别是对不同制度环境下存款保险与银行风险承担的关系的探讨更是空白。不同制度环境下存款保险对银行风险的影响有显著差异，探究存款保险制度如何改变存款人、银行和监管机构的动机，确保存款保险制度有效运行需要哪些条件（设计特征和制度环境），存款保险是否能有效提升整个金融系统的稳定性等已经十分迫切。中国《存款保险条例》已正式公布，并于2015年5月1日起正式实施。本文通过全球大样本研究，在理论和实证两方面考察监管、法律和政治制度环境对存款保险的影响，分析不同类型国家存款保险制度的运行效果，为中国完善存款保险制度及其有效运行提供借鉴和鲜活的经验依据。

本文的创新点主要体现在两个方面：一是研究视角的创新，目前国内还没有文献引入制度环境来探讨存款保险制度对银行风险承担之影响；二是研究方法的创新。首先，本文选取的样本涉及全球93个国家超过4 000家商业银行的面板数据，较之以往的样本，覆盖面更广，具有代表性；其次，本文主要采用双重差分（difference in differences，DID）模型，利用一个近似“自然实验”（natural experiment）的政策带来的横截面和时间序列的双重差分来确定政策的“处理效应”（treatment effect）。

本文余下结构安排为：第二部分主要是理论分析及研究假设的提出；第三部分是数据处理、变量选取及模型设定；第四部分汇报了实证结果；最后是本文结论。

二、理论分析与研究假设

（一）存款保险制度的功效与缺陷

存款保险制度的功效主要体现在两个方面：一方面，保障了中小额存款人的利益。因为相对于银行，中小额存款人处在弱势地位，包括权利弱势、信息弱势、替代弱势和心理弱势四个方面，存款保险机构相对于银行则处在一个强势地位，当投保银行出现流动性问题或破产倒闭时，存款保险机构就会启动应急救助措施。此外，存款保险机构的担保能在某种程度上减轻存款人信息不对称的劣势。这样，存款保险制度事实上成为存款人的一道风险屏障。另一方面，存款保险制度能避免大范围的银行挤兑，实现金融体系稳定。存款保险制度这一积极作用在发生金融危机和信用危机并可能引发传染性挤兑的时期显得尤为重要：一是存款保险制度使金融防线前移，提升金融市场效率。二是存款保险制度可增强社会公众对银行业的信心，预防挤兑风潮的发生。当银行危机发生时，存款保险制度提供了一个安全的资产，存款人因而并不急于从资不抵债的银行提取存款，减轻了银行破产的资产清算成本，从而降低了银行的破产概率（Marini，2003[29]）。存款保险制度的作用不仅表现在对存款人做出最后的补偿，更重要的是引导社会公众对存款的安全性做出合理的预期。三是存款保险制度有利于保护中小银行。存款保险制度建立后，中小银行变得更有竞争力，存款人不再单凭规模大小评判银行，避免存款过度流向大银行。

存款保险制度的缺陷也同样明显，尤其体现在制度环境较差的发展中国家，存款保险制度可能带来道德风险和逆向选择问题，必然导致客观的经济损失。因而，那些认同存款保险制度积极作用的学者，几乎也都承认该制度的可行性很大程度上取决于对道德风险与逆向选择的控制效果（Diamond and Dybvig，1983；Keely，1990[30]；Kaufmam，1996[31]）。道德风险内生于银行体系，而存款保险制度深刻地改变了存款人、银行和存款保险机构三者的激励和约束关系，因此可能加剧道德风险和银行体系的风险积累（Minsky and Kaufman，2008[32]）。首先，存款保险制度减弱了银行的市场约束。在存款保险制度建立之后，控制银行风险承担的职责转移到了监管机构和存款保险机构身上（Martinez-Peria and Schmukler，2002[33]；Demirgüç-Kunt and Huizinga，2004[34]；Karas et al.，2013[35]），存款人失去了对银行经营和风险状况监督的动机，继而减弱了银行的市场约束。具体来说，市场纪律的缺失极有可能影响银行的杠杆（Leverage）或者资本缓冲（Capital Buffer）。Bond and Crocker（1993）[36]的研究就曾表明，采用相等保费的存款保险制度将显著减少银行的资本缓冲；另外，存款保险制度增强了投保银行的风险偏好。在市场纪律缺失的情况下，银行可能以牺牲存款保险机构利益为代价把安全的资产投向高风险高利润的项目。如果该项目获得成功，大股东将获取超额的利润，但他们并没有为存款人支付对应风险溢价利率，银行的资金成本并不会随之增加（Merton，1977[37]；Keeley，1990；Pennacchi，2006[38]）。存款保险制度实质上对银行的冒险行为进行了补贴，投保银行发现承担高风险更能实现利润最大化，因此产生了道德风险（Wheelock and Kumbhakar，1995[39]）。尤其是当存款保险制度实行单一费率或者全额保险的情况下，银行甚至倾向于把流动性储备降到最优的水平之下，导致整体银行风险状况大大恶化；同时，银行监管当局与存款保险机构可能缺乏对经营不善的银行采取及时救济措施的动力。从监管当局的角度看，即便发生金融机构倒闭，最后也有存款保险机构兜底。从存款保险机构的角度看，基于其政府色彩以及非营利性质，可能存在监管容忍（Regulatory Forbearance）的情形。例如，为削减保险基金的支付，对问题银行采取容忍的态度，使得金融风险不断累积，最终为解决问题付出了更大的代价，导致整体经济效益下降（Dekle and Kletzer，2004[40]）。从逆向选择理论来看，存款保险制度吸引了众多问题银行，因为实际上是稳健的银行给问题银行提供了补贴（Wheelock and Kumbhakar，1995），即所谓单一保费情况下的劣币驱逐良币，保险“柠檬市场”出现。Wheelock and Kumbhakar（1995）在分析1910—1914年美国堪萨斯州自愿性存款保险制度下投保银行的随机样本后，发现拥有较低资本比率的银行（代表风险偏好的银行）更有可能在开始时就加入存款保险体系。自愿性存款保险制度比强制性存款保险制度更可能崩溃，堪萨斯州和美国其他州存款保险制度的结果充分说明了这一点。

基于理论和经验的两种观点难分伯仲，因此，本文提出第一对假设：

假设1A：总体上，存款保险制度提升了商业银行风险承担。

假设1B：总体上，存款保险制度降低了商业银行风险承担。

（二）监管、法律和政治等制度环境对存款保险制度运行效果的影响

存款保险制度确有其弊端，但这是否就意味着道德风险和逆向选择问题无法驾驭？答案是否定的。通过建立合理的激励机制，同时配以良好的制度设计和完备的国内制度环境，可以有效防范与控制存款保险制度的不利影响（Kane，2000[41]）。而且，在这些影响因素当中，国内制度环境又起着决定性作用，一个运作得当的存款保险制度，配上一个完备的法律体系，一个良好的政治体系，一个强健的银行监管体系，对金融体系和经济发展是十分有益的（Demirgüç-Kunt and Detragiache，2002）。

存款保险制度的运行效果取决于其收益与成本的大小。为了减轻存款保险带来的道德风险问题，存款保险机构和其他相关监督机构须介入银行的监督。基于银行的特性，一个强健的监管制度环境对存款保险制度效果的影响主要体现在以下三个方面（Kane，2000）：（1）信息透明度，即发现银行风险的能力，银行财务状况和风险承担的信息可及时真实地让存款人、监管机构和各利益相关主体获知。监管机构以及其他专业人员，有能力评估银行披露信息的真实性，防止或减少不实报告的出现。银行为了维持其市场价值，避免发生挤兑，自然会加强风险控制，从而有助于银行体系的稳定以及存款保险制度运行成本的节省。所以，信息更透明的环境会促使存款保险制度更有效地运行。（2）威慑力，即让银行相信所制定的规则将百分之百得以实施的能力，对有问题银行进行处置的监管人员有合法的权力基础，以及依法对问

题银行进行及时处理的决心。在信息透明度一定的前提下，威慑力与存款保险制度的有效性正相关。威慑力越强，存款人可以更加迅速地了解银行信息的内涵，并能在银行出现不利状况时采取有效行动；监管者发现问题越早，采取措施越及时，就越能预防银行危机的发生，以免在事发之后才进行补偿，更能保障存款人的利益。（3）责任性，即监管机构对危机所采取的行动并承担由此产生的后果。由于可能存在策略博弈行为，比如为逃避责任和上级的追究，或维护个人名声，监管人员只考虑当前利益，甚至出现隐瞒谎报危机等较为严重的情况，而忽略了长远的影响，这就需要银行监管机构具有一定法律上认可的自主权来支持自己的行动。基于以上分析，本文提出第二对基本假设：

假设2A：在监管制度较好的国家，存款保险制度降低了商业银行的风险承担。

假设2B：在监管制度较差的国家，存款保险制度提升了商业银行的风险承担。

对银行的监管不应仅限于官方的监管，私人债权人利益与银行维系得更加紧密，因此往往比公共监管者有更强的激励，政府应推动完备的保护投资者权利的法律，如包括财务和审计在内的信息披露制度以及破产法律制度。Barth et al.（2004）对44个国家超过200家银行样本的分析发现，在严格的监管制度下，中小投资者对大股东和高管谋取私利的顾虑并未能完全消除；相反，当实行更强健的私人监管政策时，银行的价值相应地提高，说明依法赋予私人部门对银行的监督权是一个比正规的监管更加有效的管理机制。然而，在一般情况下，即便有完善的投资者保护法律，中小股东仍然缺少监督复杂银行风险状况的能力，此时政府监管能在一定程度上防范银行内部人对资源的攫取。这表明政府监管与投资者保护法律事实上并不矛盾对立，政府监管强调对银行资本充足率的监管，同时赋予监管人员实施相关监管职能的权力，而投资者保护强调予以私人部门对银行的监督权。因此，两者互为补充，保证存款保险制度更有效地运行。据此，本文提出第三对假设：

假设3A：在投资者法律保护程度较好的国家，存款保险制度降低了商业银行的风险承担。

假设3B：在投资者法律保护程度较差的国家，存款保险制度提升了商业银行的风险承担。

在以往关于制度环境的讨论中，较少有涉及政治制度的研究。实际上，政治制度会通过两种渠道影响存款保险。其一，间接影响。不少学者认为，银行体系乃至金融体系是特定法律和监管制度之下的产物，而这些制度又是由政治或政治制度所决定的（Rajan and Zingales，2003[42]； Keefer，2008[43]；Roe and Siegel，

2011[44]），他们认为政府在发展金融市场时，极有可能考虑谨慎的金融法律规章、安全的财产和合约的权利，因为这些都具有敏感的政治动机，因而政治制度可以通过法律和监管制度影响存款保险。其二，直接影响。其主要包括下列几点：（1）政府效率，在较好的政治制度环境中，公务员的能力、政府提供公共服务的质量、履行政策的可信性以及公共部门之间的独立性等方面较优；（2）较健全的政治制度，有较好的政治权利自由、言论自由和新闻自由，这些权利实质上使得政府的行为受到有效监督，也使得信息机制更为透明；（3）政治制度跟贪污程度有很大的关系（Lederman et al.，2005[45]），而贪污程度大则将减少银行的贷款，也减少法庭上的信任以及增加借款人办理贷款所需缴纳的税款，因为上述原因使得银行的不确定性增加（Weill，2011[46]）；（4）政治制度越不健全，银行越容易成为政治人物自身利益最大化的工具（Caprio and Peria，2002[47]），例如国有银行常常因为选举而增加贷款（Dinc，2005[48]）；（5）政治制度与政治稳定有关，因此除了影响法律制度的稳定（例如银行合约的有效性），也将影响总体经济稳定（Rajan and Zingales，2003；Roe and Siegel，2011）；（6）政治制度也会影响企业资产被政府机关没收的概率（Glaeser et al.，2004[49]）。以上分析表明，良好的政治制度可能会使存款保险制度的缺陷得到有效抑制，据此，提出下面一对假设：

假设4A：在政治制度健全的国家，存款保险制度降低了商业银行的风险承担。

假设4B：在政治制度欠佳的国家，存款保险制度提升了商业银行的风险承担。

Kane和另外一批学者指出，一国的制度环境与经济发展水平（人均GDP）呈正相关，这揭示了并非经济发展水平与制度环境因素之间到底谁决定谁，而是经济发展水平和制度环境可能同时由其他一些被省略的变量决定。无论如何，经济发展水平都是一国制度环境的重要指标，对存款保险制度同样有着重要影响。据此，本文提出如下假设：

假设5A：在经济发展水平较高的国家，存款保险降低了商业银行的风险承担。

假设5B：在经济发展水平较低的国家，存款保险提升了商业银行的风险承担。

三、数据处理、变量选取和模型设定

（一）数据来源及说明

本文以Bankscope数据库为主，其被广泛认同为世界范围内的最主要的银行业数据集。Bankscope提供了全世界大多数国家近20年来银行资产负债表的明细。在国家选取方面，本文尽可能多地选择保留了那些在Bankscope开始搜集银行数据以前就已经建立了存款保险制度的国家（例如美国和德国）。存款保险影响的估计不应直接受到这些特殊国家样本观测的影响。相反，这些观测扩大了应用在估计过程中的控制组，有助于在整个研究区间平滑样本的规模和结构。为了增强结果的有效性，本文对仅限于在研究区间（1999—2011年）建立存款保险制度的国家子样本实施了回归分析。在陈述研究变量之前，有以下几点需要说明：

首先，本文的样本只包含商业银行，这些银行在行业中占比最高，是在存款保险框架下受影响的主要金融机构。其次，Bankscope给出了所列银行报表是合并报表（以C1和C2标记）或是非合并报表（以U1和U2标记）。当一家样本银行同时报告合并和非合并报表时，本文只保留非合并报表，以避免重复计算问题。此做法主要基于以下理由：跨国银行的分支机构受到的影响是基于所在主权国家存款保险制度环境，而不是基于母公司所在国家的制度环境。最后，将银行财务会计数据的极端值删除，使其值介于第1%至第99%分位之间。进一步地，排除以下样本：少于5个年度观测的银行，以及少于50个年度观测的国家。

最终，本文选择的样本涵盖了1999—2012年93个国家的商业银行财务会计数据，其中，23个国家在样本研究期间（1999—2012年）建立了存款保险制度。这个数据集包含了4 498家银行以及48 366个年度观测数据，其中银行最少的有5个年度观测数据，最多的有14个年度观测数据。

（二）变量选取

1.银行风险承担变量。由于本文使用的银行数据集是从银行的资产负债表中获得，而当中只有很少比例的银行是上市银行（4 498家中910家为上市银行）。因此，本文没有采用基于市场的风险指标（如股价波动率），而是考虑基于财务会计的风险指标。其次，除了美国的银行以外，其他国家银行的核心资本充足率（Tier 1）和总资本充足率（Total capital ratio）几乎都存在数据缺失。因此，本文使用不良贷款率（ILR）作为衡量银行风险承担的指标，这一指标的选取主要参照Shehzad（2010），其认为银行业与一般行业最大的不同，在于银行有存款人而一般行业没有，所以需进一步分析银行的贷款质量。另外，为增强结论的稳健性，本文也利用银行的违约概率指标——Z值（z-score）作为解释变量来研究存款保险对银行风险承担的影响。银行风险承担度量（Laeven and Levine，2009[50]；Demirgüç-Kunt and Huizinga，2010[51]；Beck et al.，2011）由三个指标构成，总资产回报率（ROAA）、权益比率（CAR）和总资产回报率标准差σ（ROAA），具体公式如下：

$$Z_t = (ROAA_t + CAR_t) / \sigma(ROAA_t) \tag{1}$$

以上指标均采用5年移动平均得出。当Z值越高时，表示银行违约的概率越低，破产倒闭的风险也越小。由于Z值有偏斜情形，本文参考Laeven and Levine（2009）的做法对Z值取自然对数将其正态化。

2.存款保险制度变量。本文存款保险制度变量的数据主要来自Barth et al.（2013）和Lé（2013）[52]，当一国具有显性的存款保险制度时，该值为1，否则为0。特别地，参照Lé（2013），以各国建立存款保险制度的年份作为该国存款保险变量0、1值的分界点。

诚如前文所述，每个国家的存款保险特征具有异质性（存款保险覆盖、共同保险机制等）。由于缺少这方面的数据，本文无法控制这些时变的特征变量，只能通过固定效应模型控制那些不随时间改变或者随时间改变缓慢的特征变量。因此，本文的主要目的在于研究独立于存款保险特征的存款保险变量对银行风险承担的影响。同时，本文认为在控制其他主要影响因素的情况下，存款保险制度的建立本身对银行风险承担具有最显著的影响，而其他存款保险的设计特征对最初的道德风险只有少量的边际影响。

3.其他制度环境变量。本文同样对其他制度环境在存款保险和银行风险承担关系当中所起的作用予以重视。存款保险带来的不良影响可能取决于所处制度环境的优劣，例如，良好的银行监管可以限制银行在当前的存款保险制度下参与过度的风险承担活动。本文考虑银行监管质量指数（supervisory quality index），其度量了监管机构是否有足够权力和执行力去限制和纠正银行的越权行为，例如监管机构有权力去替换银行的管理层。这些数据来自Barth et al.（2013）的银行业调查，这一系列调查分别在1999年、2002年、2006年和2011年。另外，监管制度的实施效果又与外部信息披露环境和合约执行环境紧密相关。因此，本文也考虑了一国政治制度和法律制度对存款保险实施效果的影响。具体写作中，本文使用Freedom house网站的政治权利（political rights）指标，作为我们衡量政治制度的指标（Acemoglu et al.，2005[53]）。这个指标主要衡量人民或政党如何自由地参与政治过程，指数范围由1至7，其值越高代表政治权利越高。而Glaeser et al.（2004）认为使用政治权利指标较能反映事前的政府限制行为，再者，我们衡量法律制度的指标为法律权利指数（legal rights index），主要用来衡量债权人及债务人的担保品及破产的法律保护指数，其范围介于1～10，其值越大代表担保品和破产保护越好（Djankov et al.，2007[54]）。

鉴于数据可得性以及国家制度的数据变化缓慢，本文1999—2001年的制度指标以1999年的数据来衡量，2002—2005年的制度指标以2002年的数据来衡量，2006—2010年的制度指标以2006年的数据来衡量，2011—2012年的制度指标以2011年的数据来衡量，直至新一期的调查数据可得为止再做补充。

4.控制变量。参照 Demirgüç－Kunt and Detragiache（2002）、Anginer and Demirgüç-Kunt（2012）以及 Lé（2013）等学者的做法，本文也选取了合适的控制变量来减轻遗漏变量的问题。

（1）银行层面控制变量。对于每个年度，选择以下银行层面的控制变量：银行规模（总资产的自然对数）、存款占比（总存款与总资产的比率）、杠杆率（负债与总资产的比率）、贷款损失准备金率（贷款损失拨备与净利息收入的比率）以及总资产收益率（ROAA）。同时，所有的金融变量只选取其概率分布第1至第99分位数的范围，以减轻极端值和潜在数据误差的影响。

（2）国家层面控制变量。由于银行业绩表现和存款保险受国家经济环境的影响，本文从世界银行的WDI数据库获取国家经济发展的变量，具体以人均GDP的自然对数衡量国家的经济总量，以GDP增长率衡量经济增长，以人口的自然对数衡量国家规模，以进口和出口的商品和服务价值占GDP的比重衡量全球经济一体化（Karolyi et al.，2011）。此外，从Financial Structure数据库得到的私人部门信贷与GDP的比率来控制不同的金融发展和金融结构（Beck et al.，2010[55]）。

（三）描述性统计分析

表1报告了各变量的描述性统计，除了总体样本之外，还依据国家经济发展程度的不同，将样本区分为发达国家和发展中国家。首先，在银行风险承担方面，发达国家相对于发展中国家，其银行不良贷款率（ILR）的值较小，Z值（LnZ）较大，表明发达国家拥有更好的贷款质量，银行倒闭的概率也较低。其次，在关键指标方面，存款保险制度（DI）在发达国家的平均值较高（0.99），如前文所述，存款保险在发达国家普遍存在。监管（SP）、政治（PR）和法律（LR）环境指标在发达国家均较高，说明发达国家相对于发展中国家通常拥有更好的制度环境。再次，在银行层面的控制变量方面，各指标的平均值在发达国家与发展中国家之间的差异不大，但发展中国家的标准误差更大，说明在银行监管标准国际化（特别是巴塞尔协议）的框架下，银行的安全性指标向稳健性的准则趋同发展，这一点在发达国家中得到较好体现，然而发展中国家银行发展仍存在较大分化。最后，从国家层面的控制变量的统计可以看出，发达国家和发展中国家的经济环境存在显著差异，发达国家的经济总量基数（LnGDP）较大，但发展中国家的经济增长速度更快，即所谓的“后发优势”。另外，发展中国家对外贸易依存度（TRADE）更高，发达国家的金融环境（CREDIT）则明显占优。

表1　变量说明和来源

变量名称	变量说明	数据来源
银行风险承担变量		
ILR	不良贷款率=不良贷款/总贷款，此比率是银行资产风险的标准指标	Bankscope
LnZ	对数化的Z值=Ln（（ROAA+CAR）/σROAA），主要衡量银行的破产概率，其值越高表示银行破产的概率越低	根据Bankscope数据自行计算整理
银行层面控制变量		
LnASSET	银行总资产（百万美元为单位）的自然对数	Bankscope
LnDEPOS	银行总存款（百万美元为单位）的自然对数	Bankscope
LEVER	银行总负债与总资产的比率	Bankscope
PROV	银行贷款损失拨备与净利息收入的比率	Bankscope
ROAA	银行总资产收益率	Bankscope
国家层面控制变量		
LnGDP	人均GDP（万美元为单位）的对数值，以2005年为基期	WDI
GROWTH	GDP的年增长率	WDI
LnPOP	总人口数（百万为单位）的自然对数	WDI
TRADE	进出口的商品和服务价值与GDP的比率	WDI
CREDIT	私人部门信贷与GDP的比率	WDI
制度变量		
DI	存款保险制度指标，当一国具有显性的存款保险时，该值为1，否则为0	Barth et al.（2008）；Lé（2013）
SP	监管制度指标，衡量监管机构是否有足够权力和执行力去限制和纠正银行的越权行为，其值0~16，越大表示监管质量越好	Barth et al.（2013）
PR	政治制度指标，衡量政治权利，主要考虑每年民众及政党参与政治活动的自由程度，数值范围由1（弱政治权利）至7（强政治权利），值越大表示政治环境越自由稳定	Freedom House网站
LR	法律制度指标，衡量债权人及债务人的担保品及破产的法律保护指数，其值范围介于1～10，其值越大代表担保品和破产保护越好	世界银行的Doing Business数据集

（四）模型设定

Ashenfelter and Card 于 1985 年开创了使用双重差分（difference in differences）进行政策研究的先河，此后这一方法在学术界中得到广泛应用。但差分和双重差分估计有效性的一个必要条件是政策变量是外生的，即与方程残差项之间不存在相关性。换言之，实验中若有样本不是被随机地选入处理组和控制组，那么应用“自然实验”进行政策评估的合理性就会受到怀疑。如果模型中有未被观测到的变量与因变量相关，而这些变量又同时影响到一个国家是否建立存款保险制度，那么未实施存款保险制度的国家的银行就不构成有效的控制组，因为处理组与控制组内在的风险承担变化趋势本来就可能存有差异。事实上，一国是否建立存款保险制度并不是完全随机的，而是与本国私人利益集团以及政治制度环境因素等相关（Demirgüç-Kunt et al.，2007）。为此，本文采用以下手段减轻解释变量可能存在的内生性问题：（1）从理论出发，加入了尽可能多的银行层面和国家层面的控制变量，以减轻遗漏变量偏误或内生性偏误；（2）本文采用银行层面的微观数据，即便政治博弈过程较为繁杂，作为市场主体的银行对一国是否建立存款保险制度的影响较小；（3）本文在处理组和对照组的选取上，除了使用总体样本回归以外，还选择那些法律、政治以及监管制度环境相当的国家子样本作为研究对象，尽量做到除实验变量（存款保险）以外两组真正可比。

本文最终采用双重差分模型，综合考虑本文的样本结构和双重差分模型的一些优势，主要包括：（1）本文样本的主要问题在于与日俱增的银行观测：一国在 Bankscope 数据库记录的银行数不断增加，特别是在 1999 年之前。这一缺陷可能会影响回归的结果，同时也是本文采用银行固定效应模型的主要动机。银行的增加和减少不可避免地造成数据的缺失，以致所得的样本为非平衡面板，在估计参数时对结果产生偏误，而固定效应模型估计参数时不会受到非平衡面板的影响，可很好地解决这一问题。（2）各国银行具有自身的异质性，固定效应模型则考虑了截面之间的差异，假定个体的回归方程有相同的斜率，但可有不同的截距。（3）尽管我们加入尽可能多的控制变量，仍无法完全避免遗漏变量的问题，使用双重差分模型的另一个好处是当不可观测变量中存在自选择效应时，可以更好地控制那些无法观测到的而又不随时间改变的变量对因变量的影响（Blundell et al.，1998[56]）。本文具体模型如下：

$$\text{Bank Risk Taking}_{ijt} = \alpha + \beta_1'\text{Bank Controls}_{ijt} + \beta_2'\text{Country Controls}_{jt} + \beta_3 DI_{jt} + \mu_i + \varepsilon_{ijt} \quad (2)$$

其中，$\text{Bank Risk Taking}_{ijt}$ 表示第 i 家银行在第 j 国家，其 t 年之下的风险承担度量，分别以不良贷款率（ILR）和 Z 值的自然对数（LnZ）表示。

$Bank\ Controls_{ijt}$={ LnASSET，LnDEPOS，LEVER，PROV，ROAA}，表示银行层面控制变量的向量组，$Country\ Controls_{jt}$ = {LnGDP，GROWTH，LnPOP，TRADE，CREDIT}，表示国家层面控制变量的向量组，DI_{jt}则是存款保险变量。α为模型常数项，β_1'和β_2'是系数向量组，而β_3则是我们主要关注的“存款保险效应”，μ_i为银行的固定效应项，ε_{it}为残差项。为进一步减轻可能存在残差自相关或异方差对回归结果的影响，本文采用的是聚类稳健的标准差（cluster-robust standard error）。

如前文所述，本文还将研究一国制度环境对银行风险承担及存款保险实施效果的影响，为达到此目的，本文将分别加入代表法律（LR）、政治（PR）和监管环境（SP）的指标（$Institutional\ Environment_{it}$）以及其与存款保险的交互项，构建如下模型：

$$Bank\ Risk\ Taking_{ijt} = \alpha + \beta_1'Bank\ Controls_{ijt} + \beta_2'Country\ Controls_{jt} + \beta_3 DI_{jt} + \beta_4 Institutional\ Environment_{jt} + \mu_i + \varepsilon_{ijt} \tag{3}$$

$$Bank\ Risk\ Taking_{ijt} = \alpha + \beta_1'Bank\ Controls_{ijt} + \beta_2'Country\ Controls_{jt} + \beta_3 DI_{jt} + \beta_4 DI_{jt} \times Institutional\ Environment_{jt} + \mu_i + \varepsilon_{ijt} \tag{4}$$

四、估计结果

（一）存款保险制度与银行风险承担的关系

表2和表3分别报告了使用不良贷款率（ILR）和Z值的自然对数（LnZ）为银行风险承担指标时，模型（1）的OLS（差分）参数估计值。ILR和LnZ是两个方向相反的指标，ILR越大表示银行风险承担越大，LnZ越大则表示银行风险承担越小。本文研究样本包括全球银行，并且依各国经济发展程度不同，将样本分为发展中国家和发达国家，如此分类样本主要是因为发达国家可能有较好的法规、监管制度及政治制度等，但其他发展中国家可能未必有这些特性，因此有必要以全球银行样本先行分析。

从表2的回归结果来看，总体上，存款保险（DI）与不良贷款率呈正相关，并在10%的水平上达到显著，符合假设1A，说明存款保险在总体上的确产生了一定程度的道德风险，以致银行过度承担风险。在分样本回归下，存款保险对银行风险承担却有不同的影响。在发展中国家样本中，存款保险提升了银行风险承担（DI系数为正且在10%水平上显著），在发达国家结果却不显著，这一结果大致符合假设5A和假设5B——在经济实力较差的国家，其制度环境也较恶劣，存款保险因而容易诱发道德风险，而在经济实力较强的国家，存款保险的不良影响可能被良好的监管、法律和政治制度环境所抑制。

表2　　银行ILR与存款保险的关系（差分估计）

变量名称	因变量：ILR		
	总体	发达国家	发展中国家
LnASSET	0.0051	−0.0041	0.0108**
	（0.0034）	（0.0024）	（0.0048）
LnDEPOS	−0.0036	−0.0057**	−0.0092*
	（0.0034）	（0.0025）	（0.0047）
LEVER	0.1011***	0.0592***	0.1251***
	（0.0101）	（0.0100）	（0.0147）
PROV	0.0520***	0.0543***	0.0530***
	（0.0026）	（0.0031）	（0.0043）
ROAA	−0.6520***	−0.5911***	−0.6579***
	（0.0472）	（0.0391）	（0.0731）
LnGDP	−0.0159***	−0.0129***	−0.0190***
	（0.0007）	（0.0031）	（0.0010）
GROWTH	−0.1680***	−0.1270***	−0.1740***
	（0.0126）	（0.0117）	（0.0181）
LnPOP	−0.0081***	0.0028***	−0.0111***
	（0.0004）	（0.0005）	（0.0007）
TRADE	−0.0082***	−0.0052***	−0.0178***
	（0.0017）	（0.0017）	（0.0032）
CREDIT	0.0050***	−0.0064***	0.0188***
	（0.0014）	（0.0016）	（0.0023）
DI	0.0016*	0.0022	0.0029*
	（0.0015）	（0.0026）	（0.0018）
_cons	0.4110***	0.2522	0.5051***
	（0.0156）	（0.3430）	（0.0219）
N	40 818	30 219	10 599
adj. R^2	0.286	0.316	0.154

注：*、**、***分别表示在10%、5%、1%的水平上达到显著，下同。

为了进一步确认结果的稳健性，本文选取Z值替代ILR作为因变量进行回归，由于Z值越大表示银行风险承担越小（与ILR相反），报告结果中符号应该与表2相反。表3的结果证实了这一点，存款保险（DI）在总体上与Z值呈负相关，并在1%水平上显著。而在发展中国家中，DI的系数显著为负，说明存款保险产生了一定程度的道德风险。在发达国家中，DI系数同样没有通过显著性检验，说明存款保险对其没有不良效应。

表3　　银行Z值与存款保险的关系（差分估计）

变量名称	因变量：LnZ		
	总体	发达国家	发展中国家
LnASSET	-0.2104***	-0.1625***	-0.1720***
	(0.0189)	(0.0405)	(0.0200)
LnDEPOS	0.2033***	0.1442***	0.1972***
	(0.0193)	(0.0415)	(0.0199)
LEVER	-2.5851***	-2.6473***	-2.8080***
	(0.0666)	(0.1201)	(0.0784)
PROV	-0.6413***	-0.8462***	-0.3883***
	(0.0217)	(0.0368)	(0.0258)
ROAA	5.9894***	7.3325***	4.8026***
	(0.4524)	(0.8696)	(0.5138)
LnGDP	0.1014***	0.9216***	0.0337***
	(0.0066)	(0.0553)	(0.0079)
GROWTH	-0.1270	-1.6385***	0.0042
	(0.1214)	(0.2326)	(0.1458)
LnPOP	0.0613***	0.0134	0.0770***
	(0.0046)	(0.0101)	(0.0053)
TRADE	0.2054***	0.0412*	0.3101***
	(0.0181)	(0.0292)	(0.0298)
CREDIT	0.2625***	-0.0575	0.1874***
	(0.0144)	(0.0540)	(0.0235)
DI	-0.1095***	-0.6657	-0.0456***
	(0.0162)	(0.0578)	(0.0175)
_cons	3.0540***	-3.3591***	2.9389***
	(0.119)	(0.519)	(0.144)
N	48 466	33 910	14 556
adj. R^2	0.204	0.148	0.176

存款保险变量系数的双重差分估计量见表4和表5。除了系数的大小有些微差异以外，表4和表5对整体、发达国家和发展中国家样本的固定效应面板模型设定的回归结果与表2和表3的结果一致。由于双重差分估计过程中运用固定效应模型消除了国家环境中不随时间变化的特征变量，差分和双重差分估计系数的接近进一步表明在控制了大部分可能与银行风险承担相关的控制变量之后，各国特定的不随时间变化的特征与它们是否建立存款保险没有系统性的关联，本次研究接近于自然实验。

表4 银行ILR与存款保险的关系（双重差分估计）

变量名称	因变量：ILR		
	总体	发达国家	发展中国家
LnASSET	0.0122	0.0021	0.0074
	(0.0091)	(0.0037)	(0.0117)
LnDEPOS	-0.0095	-0.0014	-0.0142
	(0.0091)	(0.0036)	(0.0115)
LEVER	-0.0302	0.0100	-0.0155
	(0.0201)	(0.0186)	(0.0290)
PROV	0.0332***	0.0371***	0.0303***
	(0.0033)	(0.0032)	(0.0045)
ROAA	-0.7489***	-0.5501***	-0.7222***
	(0.0644)	(0.0705)	(0.0905)
LnGDP	-0.0847***	-0.2201***	-0.0459***
	(0.0124)	(0.0130)	(0.0163)
GROWTH	-0.1478***	0.07289***	-0.1835***
	(0.0130)	(0.0117)	(0.0184)
LnPOP	0.0095	0.3341***	-0.1256***
	(0.0221)	(0.0175)	(0.0269)
TRADE	0.0211***	0.0997***	0.0101
	(0.0075)	(0.0123)	(0.0077)
CREDIT	0.0191	-0.0022	0.0181
	(0.0345)	(0.0027)	(0.0118)
DI	0.0086*	-0.0098	0.0021*
	(0.0051)	(0.0052)	(0.0013)
_cons	0.6701*	-4.1110***	2.7945***
	(0.3871)	(0.2954)	(0.4630)
N	40 818	30 219	10 599
adj. R^2	0.149	0.317	0.149

在银行控制变量方面，我们发现，总体上较大的银行资产规模（LnASSET）反而提高了银行的风险承担水平（Demirgüç-Kunt and Detragiache，2002；Barth et al.，2004；Laeven and Levine，2009）；拥有更多存款（LnDEPOS）的银行承担更低的风险，更为谨慎；杠杆率（LEVER）和贷款损失准备金率（PROV）的提升倾向于增加银行的风险承担；更好的盈利能力（ROAA）则有助于降低风险。在国家层面控制变量方面，银行风险承担与国家的经济总量（LnGDP）、GDP增长率（GROWTH）和进出口占比（TRADE）呈负相关，与其余变量的相关性则不甚显著。

表5　银行Z值与存款保险的关系（双重差分估计）

变量名称	因变量：LnZ		
	总体	发达国家	发展中国家
LnASSET	−0.2365*	−0.2511	−0.2417*
	(0.1662)	(0.6134)	(0.1648)
LnDEPOS	0.1831***	0.2182***	0.1572***
	(0.0264)	(0.0617)	(0.0255)
LEVER	−4.4702***	−5.3693***	−3.9536***
	(0.0950)	(0.2057)	(0.0979)
PROV	−0.0848***	−0.0820***	−0.0751***
	(0.0121)	(0.0193)	(0.0173)
ROAA	8.5732***	9.9631***	7.8940***
	(0.3527)	(0.7019)	(0.4115)
LnGDP	0.3701***	0.1685**	0.4110***
	(0.0341)	(0.0757)	(0.0449)
GROWTH	−0.2195***	−0.1114*	−0.2512***
	(0.0438)	(0.0675)	(0.0576)
LnPOP	0.2511***	0.3474	0.3655***
	(0.0530)	(0.0392)	(0.0692)
TRADE	0.0542***	0.0248	0.0542**
	(0.0198)	(0.0565)	(0.0217)
CREDIT	0.0246*	−0.0275	0.0747*
	(0.0126)	(0.0252)	(0.0420)
DI	−0.0436***	−0.0339	−0.0433**
	(0.0167)	(0.0302)	(0.0196)
_cons	−0.5482	0.1465	−2.5984**
	(1.0054)	(1.5213)	(1.2306)
N	48 466	33 910	14 556
adj. R^2	0.628	0.643	0.635

（二）存款保险、银行风险承担与其他制度环境的关系

从以上回归结果来看，存款保险制度在发达国家和发展中国家中的实施效果有较大差异，如前文所述，存款保险产生的不良效果很可能取决于国家所处制度环境，本部分将进一步证明这一点。

表2报告了加入了监管制度（SP）、政治制度（PR）和法律制度（LR）代理变量作为控制变量的回归结果，另外还考察了存款保险和其他制度变量的交互作用，为了简化起见，表2只报告了存款保险和其他制度变量的回归结果，其余控制变量的回归结果不再给出。结果显示，LR、PR和SP在发达国家样本的回归中均达到显著，并且系数符号为负，意味较好的制度环境有助于降低银行风险承担水平。而在发展中国家中，只有SP达到了显著，并且LR的系数为正。其中一个解释是，过度的债权人法律保护（LR）可能对银行风险承担产生“黑暗面”（dark side）的效果，即如果在违约时有强健的债权人保护，银行（作为债权人）会愿意贷款给信用评级低的借款人，从而倾向于增加银行风险承担（Houston et al.，2010[57]）。另一个重要发现在于，这些制度环境变量与存款保险的交互项大部分都达到了显著，并且符号为负，说明具有存款保险带来的不良影响可以通过改善其他制度环境来抵消。

值得注意的是，交互效应可能会掩盖或歪曲两个因子中任何一个因子的主效应（邓铸，2008）。为解决这一问题，本文分别将LR、PR和SP分为“大于样本平均值”和“小于等于样本平均值”两个子样本进行回归。结果如表3所示，当LR、PR和SP大于样本均值时，DI的符号显著为负，这意味着当制度环境质量较好时，存款保险制度的道德风险得到很好抑制，从而存款保险能降低银行风险承担水平。当LR、PR和SP小于等于样本平均值时，DI的符号显著为正，而当PR小于等于样本平均值时，DI的符号不显著。总的来说，表2和表3的结果均支持假设2至假设4，存款保险在监管、法律和政治制度环境较差的国家容易产生道德风险，而在制度环境较好的国家这一不利影响得到很好控制，从而保证存款保险制度高效地运行。

（三）稳健性检验

1.内生性检验。前文为解决存款保险制度（DI）与银行风险承担（ILR和LnZ）可能存在的内生性问题对模型作了一系列细致的设定。本节将对其进行严格的内生性检验。具体检验的方法为，分别以ILR和LnZ为因变量，被检验变量（DI）的滞后一期作为工具变量，利用面板工具变量（固定效应）法对被检验变量进行回归，然后进行豪斯曼-吴（Hausman-Wu）检验和戴维森-麦金农（Davidson-MacKinnon）检验，结果如表6所示，豪斯曼-吴F值和戴维森-麦金农F值在统计上均不显著，无法拒绝“解析变量为外生”的零假设，因此，重要解析变量存款保险制度的内生性确实得到有效控制。

表6 内生性检验

H0：解析变量为外生					
解析变量	工具变量	LnZ		ILR	
		Hausman-Wu	Davidson-MacKinnon	Hausman-Wu	Davidson-MacKinnon
DI_{ijt}	DI_{ijt-1}	4.7200	0.7310	11.0801	0.6605
		/0.9442/	/0.3925/	/0.4369/	/0.4164/

注：检验系数分别为豪斯曼-吴F值和戴维森-麦金农F值，“//”内为检验的p值。

2.实证样本选取问题。如前文所述，本研究选取了一个尽可能大的样本进行回归，以期获得一个结构稳定的控制组，此样本包含了在研究区间内存款保险制度变量没有发生变化的国家，包括在1999年以前就已实施存款保险制度的国家或者至2012年为止仍没有实施存款保险制度的国家。一个典型的稳健性检验利用一个结构相似的控制组或者子样本重新进行回归（Robert and Whited, 2011[58]），若回归结果存有差异，则先前实证得出的一般结论将引起质疑。因此，本节排除了在1999年以前就已实施存款保险的48个国家，重新进行回归。

结果如表7、表8所示，无论是不良贷款率（ILR）或是Z值（LnZ），对存款保险（DI）的系数符号与表4、表5一致，而系数大小略有下降，但不良贷款率作为因变量时，存款保险的系数变得不那么显著，可能与不良贷款在样本国家缺失较多造成标准误差上升有关，通过扩充样本可以减轻这一问题。总体来说，表7、表8的回归结果显示出使用不同控制组时的稳健性。

表7 银行ILR与存款保险的关系（子样本）

变量名称	因变量：ILR		
	总体	发达国家	发展中国家
LnASSET	0.0078	0.0085	0.0082
	(0.0066)	(0.0230)	(0.0069)
LnDEPOS	-0.0041	-0.0095	-0.0040
	(0.0065)	(0.0246)	(0.0068)
LEVER	-0.0223	-0.0076	-0.0206
	(0.0342)	(0.1289)	(0.0345)
PROV	0.0248***	0.0586***	0.0235***
	(0.0056)	(0.0181)	(0.0052)
ROAA	-0.7661***	-0.4020	-0.7660***
	(0.1170)	(0.3000)	(0.1190)
LnGDP	-0.0356	-0.2061***	-0.0338
	(0.0235)	(0.0642)	(0.0246)

续表

变量名称	因变量：ILR		
	总体	发达国家	发展中国家
GROWTH	-0.1633***	0.0394	-0.1608***
	(0.0220)	(0.0482)	(0.0237)
LnPOP	-0.1070***	-0.0052	-0.1033***
	(0.0333)	(0.0581)	(0.0359)
TRADE	-0.0409**	0.0171	-0.0493**
	(0.0189)	(0.0117)	(0.0235)
CREDIT	0.0237	0.0385*	0.0255
	(0.0196)	(0.0204)	(0.0260)
DI	0.0062	-0.0039	0.0082
	(0.0107)	(0.00526)	(0.0149)
_cons	2.3181***	2.1226***	2.2545***
	(0.5689)	(0.6471)	(0.6120)
N	6 161	476	5 685
adj. R^2	0.121	0.339	0.119

表 8　　**银行Z值与存款保险的关系（子样本）**

变量名称	因变量：LnZ		
	总体	发达国家	发展中国家
LnASSET	-0.2091***	-0.1362	-0.2020***
	(0.0287)	(0.0849)	(0.0287)
LnDEPOS	0.1490***	0.0511	0.1456***
	(0.0271)	(0.0987)	(0.0271)
LEVER	-3.8140***	-9.6767***	-3.7844***
	(0.1005)	(0.7221)	(0.1052)
PROV	-0.0590**	-0.0963*	-0.0580**
	(0.0234)	(0.0571)	(0.0246)
ROAA	7.9270***	7.5831***	7.8400***
	(0.6431)	(2.1980)	(0.6531)
LnGDP	0.3532***	-0.2081	0.3462***
	(0.0625)	(0.1620)	(0.0639)
GROWTH	-0.2645***	0.3141	-0.2765***
	(0.0657)	(0.2161)	(0.0678)

续表

变量名称	因变量：LnZ		
	总体	发达国家	发展中国家
LnPOP	0.3347***	0.6415***	0.3195***
	(0.0907)	(0.2110)	(0.0946)
TRADE	0.1111***	0.0434	0.1049**
	(0.0384)	(0.0437)	(0.0446)
CREDIT	-0.0583	0.1914	-0.0749
	(0.0597)	(0.1718)	(0.0697)
DI	-0.0455**	0.0175	-0.0471**
	(0.0176)	(0.0271)	(0.0206)
_cons	-1.8191	5.0025*	-1.6200
	(1.6351)	(2.6477)	(1.7044)
N	8 237	617	7 620
adj. R^2	0.624	0.786	0.625

3.不同的监管、法律和政治制度指标。表4列示了考虑不同制度指标的实证结果。如前文所述，本文使用的代表法律制度的法律权利指标只有2004年以后的数据，因此，参考La Porta et al.（1998）、Djankov et al.（2007）及Houston et al.（2010），本文用另一个法律指标——债权人权利（creditor rights，CR）来检验1999—2003年的情况。指标范围0至4，主要衡量公司破产时债权人受到的保护程度，分值越高代表有越好的债权人权利。在政治制度指标方面，本节使用来自Freedom House网站的“公民自由”指标（civil liberties，CL）代替先前的政治权利指标（PR），指数范围1至7，包含言论表达与信仰自由、社团组织的权利及自治权等方面的评价，分数越高代表有越好的公民自由。

此外，本文还引入一个“活动限制”指标（activity restrictions，AR）来代表监管制度，这一指标用来标识银行可以从事房地产投资、保险承销、承保和证券交易等方面的程度，数值范围从0至4，高数值说明限制更大（Barth，2003；Laeven and Levine，2008）。

通过表4我们不难发现，虽然加入了不同的制度指标，但当使用不良贷款率衡量银行风险承担时，其结果与表2相当一致。

4.考虑滞后期效果和2008年金融危机因素。第一，检视存款保险制度影响银行风险承担是否存在时间滞后效果。表9报告了解释变量采用一阶滞后的实证结果。不难发现，其估计结果与表2基本相同，所以存款保险制度对于银行不良贷款率的影响不存在时间滞后效果。

表 9 银行 ILR 与存款保险制度的关系（解析变量滞后一期）

变量名称	因变量：ILR		
	总体	发达国家	发展中国家
L.LnASSET	0.0201***	0.0044	0.0209***
	(0.0047)	(0.0050)	(0.0064)
L.LnDEPOS	−0.0113**	0.0011	−0.0161***
	(0.0047)	(0.0049)	(0.0062)
L.LEVER	−0.0057	0.0186	−0.0152
	(0.0195)	(0.0181)	(0.0286)
L.PROV	0.0373***	0.0396***	0.0324***
	(0.0028)	(0.0035)	(0.0041)
L.ROAA	−0.4705***	−0.3654***	−0.4152***
	(0.0643)	(0.0669)	(0.0933)
L.LnGDP	−0.0712***	−0.183***	−0.0549***
	(0.0104)	(0.0136)	(0.0141)
L.GROWTH	−0.1631***	0.0660***	−0.1394***
	(0.0120)	(0.0126)	(0.0173)
L.LnPOP	−0.0636	0.1864***	−0.1595***
	(0.0971)	(0.0192)	(0.0264)
L.TRADE	−0.0106*	−0.1334***	−0.0158*
	(0.0057)	(0.0141)	(0.0092)
L.CREDIT	0.0388	0.0171	0.0551
	(0.0306)	(0.0264)	(0.0520)
L.DI	0.0094*	−0.0051	0.0077*
	(0.0063)	(0.0038)	(0.0046)
_cons	1.7774***	−1.7543***	3.2568***
	(0.3071)	(0.3274)	(0.4615)
N	38 105	28 084	10 021
adj. R^2	0.152	0.298	0.117

第二，为了确保实证结果不受2008年全球金融危机影响，我们考虑删除样本区间2008年以后的数据。表10是以1999—2007年为样本区间的实证结果，大致与先前的结果相符合，但各系数的显著性明显提高，即存款保险制度仍是银行风险承担的重要决定因素。

表10　银行ILR与存款保险制度的关系（以1999—2007年为样本区间）

变量名称	因变量：ILR		
	总体	发达国家	发展中国家
LnASSET	0.0240*	0.0034	0.0240
	(0.0141)	(0.0032)	(0.0168)
LnDEPOS	-0.0291**	-0.0036	-0.0351**
	(0.0142)	(0.0032)	(0.0163)
LEVER	0.0570**	0.0389***	0.0503
	(0.0266)	(0.0120)	(0.0372)
PROV	0.0163***	0.0171***	0.0177***
	(0.0048)	(0.0039)	(0.0053)
ROAA	-0.3454***	-0.1677***	-0.4601***
	(0.0787)	(0.0454)	(0.1119)
LnGDP	-0.0898***	-0.0777**	-0.0757***
	(0.0205)	(0.0330)	(0.0284)
GROWTH	-0.2164***	-0.02445*	-0.1940***
	(0.0309)	(0.0142)	(0.0635)
LnPOP	-0.0839**	0.1550***	-0.1531***
	(0.0390)	(0.0579)	(0.0505)
TRADE	-0.0397*	-0.0073	-0.0577**
	(0.0212)	(0.0158)	(0.0280)
CREDIT	0.0402***	0.00113	-0.0012
	(0.0047)	(0.0022)	(0.0126)
DI	0.0011*	-0.0142**	0.0039*
	(0.0074)	(0.0062)	(0.0012)
_cons	2.4871***	-2.0785***	3.5690***
	(0.6055)	(0.7800)	(0.8876)
N	24 875	18 742	6 133
adj. R^2	0.121	0.062	0.155

五、结束语

本研究采用1999—2012年间全球93个国家共4 498家商业银行为样本，利用双重差分模型，分析了存款保险制度对银行风险承担的影响。此外，为了研究国家制度环境是否对银行风险承担及存款保险实施效果产生影响，本文加入了代表法律、政治和监管环境的指标以及这些指标与存款保险制度的交互项。其主要结果如下：

首先，存款保险制度在总体上确实产生了道德风险，使银行的风险承担增加，但这一效应会因不同的经济程度而异。在发达国家中，存款保险制度没有产生不良效应，而在发展中国家，存款保险制度明显地增加了银行的风险承担。其次，法律、政治和监管环境与银行风险承担的关系，在发达国家中，三者均与银行风险呈正相关，意味着良好的制度环境有助于降低银行风险承担程度。而在发展中国家，只有监管环境有这种有益效应。最后，进一步检视法律、政治和监管环境与存款保险的交互效应时，本文发现无论在发达国家还是发展中国家，大部分的交互项系数为负，意味良好的制度环境将有助于降低存款保险的道德风险问题，这一结论在之后的制度环境指标分类样本回归中得到进一步证实。

如今，中国已经建立存款保险制度，以上实证结论对中国存款保险制度的实施和完善具有一定的启示。存款保险制度的实施环境也是一个需要考虑的重要因素，这既需要借鉴国外理论和实证研究的重要成果以及该制度的实践检验，还需充分结合中国目前监管体系、银行治理、商业银行结构、金融和经济发展水平的现状进行完善和改进。在具体制度安排和风险防范方面，各国情况都不相同，不存在适合于全球的标准版本，中国应该根据自身发展和监管实际，对存款保险制度实施后的状况进行紧密跟踪，采取相应措施防范商业银行的逆向选择和道德风险，加强和完善制度建设，包括存款保险资格的存续期、存款保险覆盖面的提高、保险费率的分层分类确定及风险定价；存款保险基金的使用和资产有效管理等问题，但关键还应回到如何有效控制道德风险和逆向选择的问题上来。鉴于这一问题的重要性，在未来这一领域的研究需要继续深入。

参考文献

[1] ALLEN，GALE. Comparing Financial Systems [M]. Cambridge MA: MIT Press Books，2001（1）.

[2] BARTH，CAPRIO，LEVINE. Bank Regulation and Supervision：What Works Best? [J]. Journal of Financial Intermediation，2004（13）：205-248.

[3] BARTH，CAPRIO LEVINE. Bank Regulation and Supervision in 180 Countries from 1999 to 2011 [J]. Journal of Financial Economic Policy，2013（5）：111-219.

[4] DIAMOND，DYBVIG. Bank Runs，Deposit Insurance，and Liquidity [J]. The Journal of Political Economy，2013（4）：401-419.

[5] BERNANKE. Non-monetary Effects of Financial Crisis in the Propagation of the Great Depression [J]. American Economic Review，1983（73）.

[6] KARELS，MCCLATCHEY. Deposit Insurance and Risk-taking Behavior in

the Credit Union Industry [J]. Journal of Banking & Finance, 1999 (23): 105-134.

[7] CALOMIRIS, WHITE.The Origins of Federal Deposit Insurance [M]. // The Regulated Economy: a Historical Approach to Political Economy Chicago: University of Chicago Press, 1994: 145-188.

[8] DEMIRGÜÇ-KUNT, KANE.Deposit Insurance around the Globe: Where Does It Work? [J]. Journal of Economic Perspectives, 2002 (3): 175-195.

[9] DEMIRGÜÇ-KUNT, KANE, LAEVEN.Determinants of deposit-insurance Adoption and Design [J]. Journal of Financial Intermediation, 2008 (17): 407-438.

[10] GROPP, VESALA. Deposit Insurance and Moral Hazard: Does the Counterfactual Matter? European Central Bank.

[11] KANE. The S & L Insurance Mess: How Did It Happen? [M]. Washington: Urban Institute Press, 1989.

[12] WHEELOCK.Deposit Insurance and Bank Failures: new evidence from the 1920s [J]. Economic Inquiry, 1992 (30): 530-543.

[13] DEMIRGÜÇ-KUNT, HUIZINGA.Market Discipline and Financial Safety Net Design [J]. Social Science Electronic Publishing, 2000 (6).

[14] CARAPELLA, GIORGIO. Deposit Insurance, Institutions, and Bank Interest Rates [J]. Transition Studies Review, 2004 (11): 77-92.

[15] IOANNIDOU, PENAS.Deposit Insurance and Bank Risk-taking: Evidence from Internal Loan ratings [J]. Journal of Financial Intermediation, 2010 (19): 95-115.

[16] DEMIRGÜÇ-KUNT, DETRAGIACHE.Does Deposit Insurance Increase Banking System Stability? An Empirical Investigation [J]. Journal of Monetary Economics, 2002 (49): 1 373-1 406.

[17] CULL, SENBET, SORGE.Deposit Insurance and Financial Development [J]. Journal of Money, Credit and Banking, 2005 (37): 43-82.

[18] ANGINER, DEMIRGÜÇ-KUNT.How Does Deposit Insurance Affect Bank Risk: Evidence from the Recent Crisis [D]. World Bank Policy Research Working Paper, 2012.

[19] 曹元涛.隐性存款保险制度、显性存款保险制度与中国的选择 [J]. 经济学动态，2005 (6): 48-53.

[20] 王国刚.实施存款保险制度不宜操之过急 [J]. 国际金融研究，2007 (7): 59-65.

[21] 苏宁.存款保险制度设计：国际经验与中国选择 [M]. 北京：社会科学文献出版社，2007.

［22］卜强，张耀文，李佳.试论我国建立显性存款保险制度的基本构想［J］.甘肃金融，2013（2）：15-17.

［23］戴晓凤，尹伯成.论存款保险制度与银行的道德风险［J］.世界经济，2001（11）：45-48.

［24］陆桂娟.存款保险的经济学分析［J］.金融研究，2006（5）：113-130.

［25］何光辉.道德风险与存款保险额度的市场决定［J］.财经研究，2006（1）：73-83.

［26］潘颖，韩冰.存款保险与道德风险［J］.中国金融，2003（5）：24-25.

［27］吴庆.存款保险制度的风险及其防范［R］.国务院发展研究中心调查研究报告，2005（67）：1-9.

［28］汤洪波.存款保险制度与银行公司治理［J］.金融研究，2008（7）：154-159.

［29］MARINI.Bank Insolvency，Deposit Insurance and Capital Adequacy［J］.Journal of Financial Services Research，2003，24（1）：67-78.

［30］KEELEY.Deposit Insurance，Risk，and Market Power in Banking［J］.The American Economic Review，1990，80（5）：1 183-1 200.

［31］KAUFMAN.Bank Failures，Systemic Risk，and Bank Regulation［J］.Cato Journal，1996（16）：17-45.

［32］MINSKY，KAUFMAN.Stabilizing an Unstable Economy［M］.New York：McGraw-Hill，2008.

［33］MARTÍNEZ-PERIA，SCHMUKLER.Do Depositors Punish Banks for Bad Behavior? Market Discipline，Deposit Insurance，and Banking Crises［J］.Journal of Finance，2001，56（3）：143-174.

［34］DEMIRGÜÇ-KUNT，HUIZINGA.Market Discipline and Deposit Insurance［J］.Journal of Monetary Economics，2004（51）：375-399.

［35］KARAS，PYLE，SCHOORS.Deposit Insurance，Banking Crises，and Market Discipline：Evidence from a Natural Experiment on Deposit Flows and Rates［J］.Journal of Money，Credit and Banking，2013（45）：179-200.

［36］BOND，CROCKER.Bank Capitalization，Deposit Insurance and Risk Categorization［J］.The Journal of Risk and Insurance，1993（60）：547-569.

［37］MERTON.An Analytic Derivation of the Cost of Deposit Insurance and Loan Guarantees：An application of Modern Option Pricing Theory［J］.Journal of Banking & Finance，1977（1）：3-11.

［38］PENNACCHI.Deposit Insurance，Bank regulation，and Financial Ssystem Risks［J］.Journal of Monetary Economics，2006（53）：1-30.

[39] WHEELOCK, WILSON. Explaining Bank Failures: Deposit Insurance, Regulation, and Dfficiency [J]. The Review of Economics and Statistics, 1995, 77 (4): 689-700.

[40] DEKLE, KLETZER. Deposit Insurance, Regulatory Forbearance and Economic Growth: Implications for the Japanese Banking Crisis [D]. Cesifo Working Paper, 2004 (5): 61-102.

[41] KANE. Designing Financial Safety Nets to Fit Country circumstances [D]. Policy Research Working Paper, 2000.

[42] RAJAN, ZINGALES. The Great Reversals: the Politics of Financial Development in the Twentieth Century [J]. Journal of Financial Economics, 2003 (69): 5-50.

[43] KEEFER. Beyond Legal Origin and Checks and Balances: Political Credibility, Citizen Information, and Financial Sector Development [D]. Policy Research Working Paper, 2007.

[44] ROE, SIEGEL. Political Instability: Effects on Financial Development, Roots in the Severity of Economic Inequality [J]. Journal of Comparative Economics, 2011 (39): 279-309.

[45] LEDERMAN, LOAYZA, SOARES. Accountability and Corruption: Political Institutions Matter [J]. Economics & Politics, 2005 (17): 1-35.

[46] WEILL. How Corruption Affects Bank Lending in Russia [J]. Economic Systems, 2011 (35): 230-243.

[47] CAPRIO, PERIA. Avoiding Disaster: Policies to Reduce the Risk of Banking Crises [J]. Journal of Medical Genetics, 2002, 48 (12): 193-230.

[48] Dinç. Politicians and Banks: Political influences on Government - owned Banks in Emerging markets [J]. Journal of Financial Economics, 2005 (77): 453-479.

[49] GLAESER, PORTA, LOPEZ-DE-SILANES, et al. Do Institutions Cause Growth? [J]. Journal of Economic Growth, 2004 (9): 271-303.

[50] Laeven, Levine. Bank governance, Regulation and risk taking [J]. Journal of Financial Economics, 2009 (93): 259-275.

[51] DEMIRGÜÇ-KUNT, HUIZINGA. Bank Activity and Funding Strategies: the Impact on Risk and Returns [J]. Journal of Financial Economics, 2010, 98 (3): 626-650.

[52] LÉ. Deposit Insurance Adoption and Bank Risk-taking: the Role of Leverage [J]. SSRN Electronic Journal, 2013.

[53] ACEMOGLU, JOHNSON, ROBINSON, et al. Income and Democracy

[J]. National Bureau of Economic Research, 2005.

[54] DJANKOV, MCLIESH, SHLEIFER.Private Credit in 129 Countries [J]. Journal of Financial Economics, 2007 (84): 299-329.

[55] BECK, DEMIRGÜÇ-KUNT, LEVINE.Financial Institutions and Markets across Countries and over Time: the Updated Financial Development and Structure database [J]. The World Bank Economic Review, 2010 (24): 77-92.

[56] BLUNDELL, DUNCAN, MEGHIR. Estimating Labor Supply Responses Using Tax Reforms [J]. Econometrica, 1998 (66): 827-861.

[57] HOUSTON, LIN, LIN, et al.Creditor Rights, Information Sharing, and bank risk taking [J]. Journal of Financial Economics, 2010 (96): 485-512.

[58] ROBERTS, WHITED.Endogeneity in Empirical Corporate Finance [D]. Social Science Research Network Working Paper Series, 2011.

（作者单位：广东财经大学金融学院）

资本市场系统性风险的跨市场传导及防范研究

王雯　李滨　张金清　田英良

基于2006年9月1日至2017年8月1日数据，综合采用复杂网络与DCC-GARCH模型，探讨国内外极端风险事件（美国次贷危机与中国2015年股市异常波动）背景下系统性金融风险的跨境、跨市场风险传导效应。实证结果表明：金融市场间联动性存在逐渐增强的趋势，且系统性金融风险的跨市场传导效应显现出极强的时变性，极端风险的发生往往伴随着跨境、跨市场联动性的大幅增强。因此，建议监管部门根据风险的时变特征与空间传导路径灵活采取相应策略防范系统性风险的传导与扩散。

一、引言

防范系统性风险是资本市场永恒的主题。2015年中国股市的异常波动对境内资本市场的发展造成了深远的影响，相关负面影响至今仍未能全面消除。2016年中央经济工作会议明确提出，要把防控金融风险放在更加突出的位置（曾铮，2017[1]）。2017年全国金融工作会议强调防止发生系统性金融风险是金融工作的永恒主题。中国在金融市场上实行分业经营、分业监管的模式，侧重单项指标监管。面对规模大、层次多、交叉开放的复杂金融系统，单项指标监管难以把握和防控风险。跨地域、跨市场的传染与扩散，不足以对金融风险进行系统性的预警监测（赵雪瑾和张卫国，2016[2]）。因此，准确把握金融市场联动性与风险传导性是防范系统性风险、建立有效风险预警机制的前提。

立足于此背景，本文综合采用多种方法从跨地域、跨市场层面对金融风险动态传导机制进行理论逻辑演绎与实证分析。本文的研究既有助于监管部门政策的制定，又有助于市场参与者的资产配置和风险管理，具备较强的理论与现实意义。

二、文献回顾

（一）风险传导研究对象综述

研究对象方面，以往关于金融市场间关联性的研究分别从跨境与跨市场两个层面展开不同角度的论证。

对跨地域同市场风险传导机制的研究，国外学者大多聚焦于分析成熟发达经济体市场间的风险传导效应（Peng and Ng，2012[3]）。而近年来随着新兴经济体的崛起，关于新兴经济体的研究日益受到关注（Bekiros and Contagion，2014[4]）。国内学者对国际金融市场风险传导效应亦进行了较多研究，并重点关注了中国与外围金融市场联动性的变动趋势（吴昊和王智，2014[5]）。

对同地域不同市场间风险传导的研究亦有不同成果。Miller and Rattira（2009）[6]探究了股票市场、货币市场、债券市场、原油市场等金融子市场之间风险传导关系。徐国祥和李波（2017）[7]分析了中国股票、债券、外汇、货币市场等国内金融子市场之间的风险溢出关系。以往研究多从跨境或跨市场单一层面分析风险传导效应，而随着金融一体化进程和金融创新步伐的加快，各地区、金融市场、金融机构之间相互渗透与影响，形成广泛联动，风险因素可通过多种渠道进行扩散，实现跨境、跨市场交叉传导。因此，综合从跨境、跨市场甚至跨产品等多个层面分析风险的传导路径尤为必要。

（二）风险传导研究方法综述

在研究方法方面，针对跨市场风险传导效应的分析主要采用统计计量（黄志刚、耿庆峰和吴文平，2014[8]）、复杂网络（韩冬梅和王雯，2014[9]）和智能仿真（袁建辉、邓蕊和曹广喜，2011[10]）方法。实证分析方法各有优势与侧重。其中，统计计量方法可以从某一维度或层面对金融市场间的风险传导进行细致讨论，但难以从宏观视角进行系统性分析；现有基于复杂网络的研究大多以宏观基本面渠道作为关联建立网络，且多以静态复杂网络分析为主，无法刻画其动态演化特征。

（三）研究述评

现有研究成果已较为丰富，但某些研究的空缺也给本文留下了尝试空间。基于此，本文突破了以往的思路：一方面，综合刻画了不同时期、不同事件窗口下国际证券市场以及中国主要金融子市场间的联动性变化特征；另一方面，逐一分析了国内外金融危机前、中、后等不同市态下风险传导的异化现象。在研究方法方面，本文进一步探索了多种方法的组合应用，分别从宏观与微观、静态与动态维度，全面刻画了风险的跨境、跨市场传导规律。

三、模型构建

为了更准确地量化金融风险传染效应，本文采用多种模型方法的组合应用以克服单一模型的局限性。具体地，本文基于复杂网络理论对国际金融市场网络的宏观拓扑结构进行分析，并将其与刻画动态相关系数动态条件相关多元广义自回归条件异方差模型（DCC-GARCH，Dynamic Conditional Correlation GARCH）有机结合，揭示跨境、跨市场间的风险传染路径及其动态演变。我们的研究技术路线如图1所示。

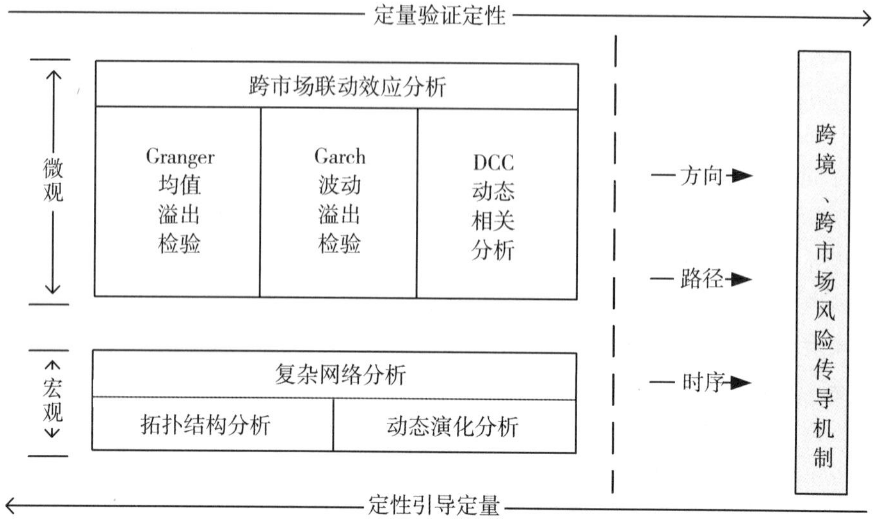

图1　风险传导实证分析技术路线

（一）国际证券市场复杂网络模型构建

全球经济一体化使世界各国金融市场紧密地融合在一起，形成复杂金融网络，本节旨在宏观把握国际金融网络的拓扑结构与动态演变规律，揭示不同节点国家金融市场间的复杂关系及各国在网络中的地位，为进一步制定有针对性的危机免疫策略提供一定的指导。

1.复杂网络构建

鉴于复杂网络模型在刻画复杂金融系统的优势，本部分基于该模型以世界主要经济体为节点，以各经济体金融市场间相关性为权边，构建国际金融市场复杂网络，并对不同市态下全球主要金融市场间的网络拓扑关系进行实证研究。

具体地，本文选取各主要经济体代表性指数为节点集，以其收益率序列间的相关系数为权边，构建国际证券市场网络。设$P_i(t)$为节点国家（地区）i在时间t的收盘价格，则收益率计算如下：

$$r_i(t)=100\cdot\ln\left(\frac{P_i(t)}{P_i(t-1)}\right) \tag{1}$$

对原始日收盘价格按式（1）处理，可得到n-1个收益率数据，组成收益率时间序列$R_i(t)=\{r_i(t)\}$，$t=(1,2,\cdots,n-1)$，$i=(1,2,\cdots,34)$。由于收益率序列大多呈现非正态分布特征，因此，本文选择Kendall's tau相关系数度量序列波动的相关性更为合理（韩冬梅和王雯，2014[9]）。

本文采用阈值法构建无向加权网络，即当两点间相关系数大于某预设阈值时，则在两节点间连边，相关系数即为连边权重；否则，认为两节点间无显著相关性，无须在两节点间连边。通过构造全球股指联动网络的最大扩张树（Maximum Spanning Tree，简称MST）进一步分析各节点市场间的聚类特征与风险传导特性。最大扩张树属于图形理论（Graph Theory）的一种，它的算法原理为：在所有可能的节点两两不交叉相连组成的图形中，选取其中一组连接路径，该路径使所有节点相连通，但不形成任何环，且节点之间的权重（绝对值）之和最大（Mantegna，1999[11]）。

2.网络拓扑指标概述

网络的宏观性能通常由聚类系数（Clustering Coefficient）和平均路径长度（Average Path Length）两项指标来描述（汪小帆、李翔和陈关荣，2006[12]）。其中，聚类系数测度网络节点间关联的密切程度，体现网络的密度；平均路径长度为网络中所有节点对之间距离的平均值，体现网络的连通性。映射到风险的跨市场传导中，则认为聚类系数代表风险传导的广度，平均路径长度代表的是风险传导的速度。

网络中任意两个节点i和j之间的距离l_{ij}为从其中一个节点出发到达另一个节点所要经过的连边的最少数目。定义网络的直径（Diameter）为网络中任意两个节点之间距离的最大值。即

$$D = \max_{i,j} \{l_{ij}\} \tag{2}$$

网络的平均路径L则为

$$L = \frac{2}{N(N-1)} \sum_{i=1}^{N-1} \sum_{j=i+1}^{N} l_{ij} \tag{3}$$

其中，N为网络节点数，不考虑节点自身的距离。

假设网络中的一个节点i有k_i条边将它与其他节点相连，这k_i个节点称为节点i的邻居节点，在这k_i个邻居节点之间最多可能有$k_i(k_i-1)/2$条边。节点i的k_i个邻居节点之间实际存在的边数N_i和最多可能有的边数$k_i(k_i-1)/2$之比就定义为节点i的聚类系数（汪小帆、李翔和陈关荣，2006），记为C_i。即

$$C_i = \frac{2N_i}{k_i(k_i-1)} \tag{4}$$

整个网络的聚类系数定义为网络中所有节点i的聚类系数C_i的平均值（Watts and Strogatz，1998[13]），记为C。即

$$C = \frac{1}{N} \sum_{i=1}^{N} C_i \tag{5}$$

显然，$0 \leq C \leq 1$。当C=0时，说明网络中所有节点均为孤立节点，即没有任何连边。当C=1时，说明网络中任意两个节点都直接相连，即网络是全局耦合网络（汪小帆、李翔和陈关荣，2006）。

Watts and Strogatz（1998）提出了小世界网络模型（Small-World Network），

该模型具有较小的平均路径长度和较大的聚类系数。当金融市场网络呈现小世界效应时，说明金融风险在网络中能够迅速传导，且个别影响力较大市场的巨幅波动能够更快、更广范地传导至其他市场。

（二）基于DCC-GARCH的跨市场联动模型构建

相关系数是反映市场之间联动的重要指标。为反映相关性的动态时变特征，本文借鉴Engle的方法，采用DCC-GARCH模型计算各子市场代表性指数间的动态条件相关系数。为消除时间序列的异方差现象，取前文所述价格指数的对数差分收益率进行建模。

其中，DCC-GARCH模型原理如下（Engle，2002[14]）：

$$r_t = \mu_t + \varepsilon_t \tag{6}$$

$$\varepsilon_t \mid \Omega_{t-1} \sim N(0, H_t) \tag{7}$$

$$H_t = D_t^{\frac{1}{2}} R_t^{\frac{1}{2}} D_t^{\frac{1}{2}} \quad (8) \quad R_t = \left(\operatorname{diag}(Q_t)\right)^{-\frac{1}{2}} Q_t \left(\operatorname{diag}(Q_t)\right)^{-\frac{1}{2}} \tag{8}$$

$$\left(\operatorname{diag}(Q_t)\right)^{-\frac{1}{2}} = \begin{bmatrix} \frac{1}{\sqrt{q_{11,t}}} & 0 & \cdots & 0 \\ 0 & \frac{1}{\sqrt{q_{22,t}}} & \cdots & 0 \\ \vdots & \vdots & \vdots & \vdots \\ 0 & 0 & \cdots & \frac{1}{\sqrt{q_{nn,t}}} \end{bmatrix} \tag{9}$$

$$q_{ij,t} = (1 - \lambda_1 - \lambda_2)\bar{\rho}_{ij} + \lambda_1 \tilde{\varepsilon}_{i,t-1} \tilde{\varepsilon}_{j,t-1} + \lambda_2 q_{ij,t-1} \tag{10}$$

其中，式（6）为条件均值方程；式（7）中$\{\varepsilon_t\}$是服从独立同分布的白噪声序列，Ω_{t-1}是$t-1$期以前所有可能获得的信息集合，H_t是标准化残差的条件协方差矩阵；式（8）是条件方差，Engle（2002）假设H_t服从该形式，其中D_t是从单变量GARCH模型产生的方差构成的对角阵，R_t为动态条件相关系数矩阵；式（9）中Q_t为单变量GARCH模型中标准化残差的方差-协方差矩阵；式（10）中，$\tilde{\varepsilon}_{i,t}$是标准化残差$\left(\tilde{\varepsilon}_{i,t} = \frac{\varepsilon_{it}}{\sqrt{h_{ii,t}}}\right)$，$\rho_{ij,t}$是$\tilde{\varepsilon}_{i,t}$、$\tilde{\varepsilon}_{j,t}$的相关系数，$\lambda_1$和$\lambda_2$是DCC系数，且$\lambda_1 + \lambda_2 < 1$（Engle，2002）。

四、实证分析

（一）复杂网络视角下国际金融市场拓扑结构及区域特征分析

1.国际股票市场复杂网络构建

本部分通过构建国际金融市场复杂网络，对不同市态下全球主要金融市场间的网络拓扑关系进行实证研究。对不同市态阶段的划分见表1。

表1 不同市态阶段划分

风险源	极端风险事件	不同市态阶段划分		
		危机前	危机中	危机后
国外	美国次贷危机	2006年9月—2007年10月	2007年10月—2008年11月	2008年11月—2009年12月
国内	中国2015年股市异常波动	2014年6月—2015年6月	2015年6月—2016年2月	2016年3月—2017年8月

由于加权网络能够更加直观、细致地反映各节点间相关性的强弱，本文构建以各经济体金融市场为节点的全连无向加权网络。按照地理位置，将世界经济体大致分为美洲、EMEA（Europe，the Middle East and Africa的字母缩写，为欧洲、中东、非洲三地区的合称）、亚太三大区域。鉴于数据的可得性，本文从三大区域中共选取来自47个主要经济体的48个代表性证券交易所为节点集（见表2），以指数收益率序列间相关系数为权边，构建国际证券市场网络。

表2 国际股票市场复杂网络节点集

地理区域	所选国家（地区）
美洲（7个）	美国、巴西、委内瑞拉、加拿大、智利、阿根廷、墨西哥
EMEA（29个）	英国、德国、法国、奥地利、西班牙、爱尔兰、挪威、芬兰、比利时、卢森堡、丹麦、南非、瑞士、意大利、荷兰、葡萄牙、希腊、俄罗斯、土耳其、波兰、匈牙利、瑞典、捷克、埃及、尼日利亚、以色列、黎巴嫩、沙特、阿联酋
亚太（12个）	日本、新西兰、韩国、越南、泰国、中国内地、新加坡、马来西亚、中国香港、菲律宾、印度、澳大利亚

具体地，搜集2006年9月1日至2017年8月1日的指数日收盘价数据。选择该样本区间的主要原因在于该阶段涵盖了美国次贷危机、中国2015年股市异常波动两次代表性重大危机，便于对危机时期的风险传染效应进行过程分析。计算各序列收益率，构建复杂金融网络，如图2和图3所示。

图2 危机前后国际股票市场复杂网络图

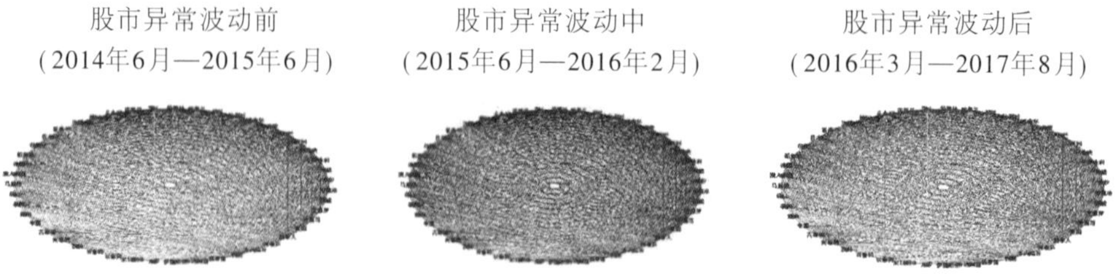

图3 股市异常波动前后中国股票市场复杂网络图

2.国际股票市场复杂网络分析

通过移动时间窗口，对48个样本国家（地区）不同时段下股票市场建立复杂网络模型，直观反映全球股票市场网络的演进情况。

（1）国际证券市场网络宏观结构分析。设置各节点间相关性阈值为0.45，建立无权网络，计算其平均路径长度与聚类系数，如图4所示。从网络拓扑结构可以看出：第一，全球主要股票市场联动总体呈现增强趋势，体现了全球金融一体化逐步深入的特征；第二，全球主要股票市场联动存在显著的时变特征，而极端风险的发生往往伴随着股票市场网络稠密性与连通性的急剧增强。

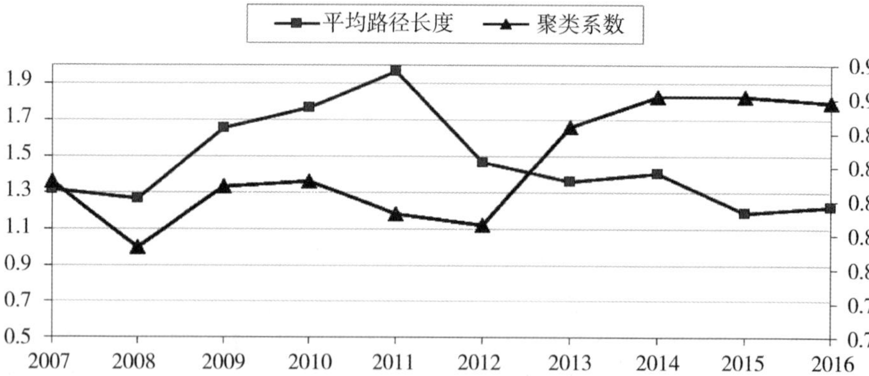

图4 全球主要国家（地区）股票市场网络拓扑指标

从图2至图4可见，在美国次贷危机、欧债危机及2015年中国股市异常波动期间网络更加稠密，网络连通性更强。分析危机期间的宏观金融环境可以得出，美国次贷危机与欧债危机时期，全球股市在共同的冲击下联动性显著增强；2015年大宗商品价格持续走软、美元加息等一系列事件对全球金融体系产生冲击的同时强化了金融市场间关联。结合图4网络拓扑指标，危机期间的全球金融网络符合小世界网络特性，网络连通性更强，风险能够在较大范围内快速扩散；而在形势相对稳定时期，网络较为稀疏，全球股市联动性下降，小世界性消失，风险能够较好地得到分散。因此，极端风险的发生往往伴随着股票市场网络稠密性与连通性的急剧增强，这一现象可作为系统性风险预警信号之一。

（2）股票市场复杂网络区域特征分析。图5（a）、（b）分别显示了2008年、2015年全球股指联动网络的最大扩张树，经分析得出以下结论：

其一，全球股票市场呈现出显著的空间集聚特征，形成美洲、EMEA、亚太三大区域聚类局面。欧、美金融市场间的相关性较强，亚洲市场间及亚洲市场和欧美市场间的相关性较弱。

其二，三大区域经若干关键节点国家（地区）串联在一起，形成全球股票市场的联动。美国、英德法与中国香港不但处于连接美洲、EMEA、亚太三大区域经济体的枢纽位置，同时也具有较强国际影响力，能够带动区域间与区域内国家（地区）金融市场的波动。

其三，各大区域内部国家（地区）相互影响作用更强烈。其中，亚太市场中，中国香港和韩国存在较强相关性；美洲市场中，加拿大和美国表现出了较强相关性；EMEA区域中，德国和法国之间表现出最强的相关性，而中国内地、阿根廷、土耳其等与国际市场联系微弱，独立性较强。

（3）中国内地股票市场国际联动性分析。长期来看，中国股票市场国际联动性呈现逐渐增强趋势。分阶段看，美国次贷危机前，中国内地股票市场对外开放程度不高，仅与中国香港相连接；2008年在金融危机的冲击下，中国与其他市场间联动急剧增强，并与多个国家（地区）市场存在联动关系；危机结束后，随着全球金融形势的稳定，中国内地市场与外围市场的联动性较2008年有所回落，仅与中国香港和新加坡有较强相关；但近年来，随着国际化进程的深化以及“一带一路”的开展，中国对外影响力不断增强，尤其在2015年，中国内地股票市场不仅与中国香港相连，也与周边亚太地区股票市场相连。

从风险传导路径来看：次贷危机与欧债危机时期，欧、美市场间存在直接的传导关系，而后风险经由新加坡市场、中国香港市场对亚洲市场造成间接影响；两次跨境危机下，中国香港市场始终是中国内地市场接受国际风险冲击的媒介（梁琪、李政和郝项超，2015[15]）。

3.结论

本节基于全球48个世界主要经济体的代表性股票指数的2006—2017年日收盘价数据，构建相关性网络，对国际金融市场的联动性进行研究。结果表明：第一，全球金融市场的联动存在显著的时变特征，危机期间联动性最强，危机后网络相对松散，但长期来看，联动性呈逐渐增强趋势，因此，国际间市场联动性的急剧增强可作为系统性风险预警的信号之一。第二，全球金融市场呈现出明显的空间集聚特征，形成美洲、EMEA、亚太三大区域聚类局面，其中美国、英法德、日本分别为各区域经济体的“资本风向标”，对各自区域内国家（地区）具有较强影响力，能够带动区域内其他国家（地区）金融市场的波动。第三，长期

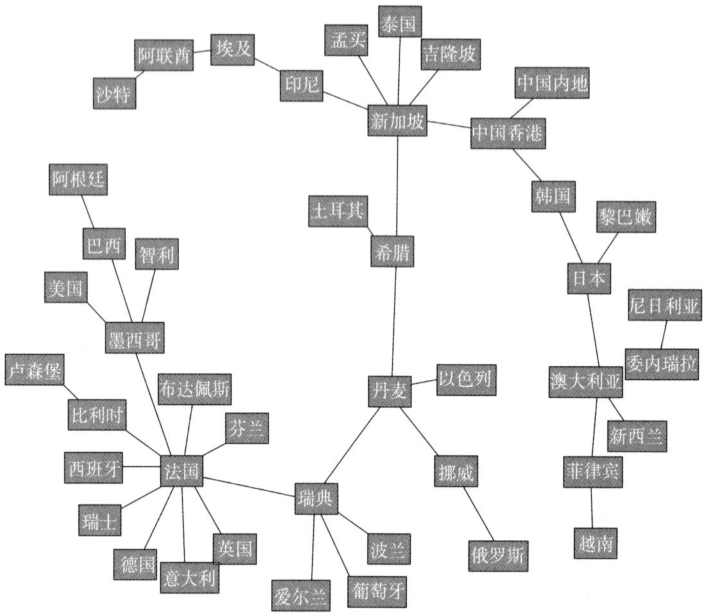

（a）2008年

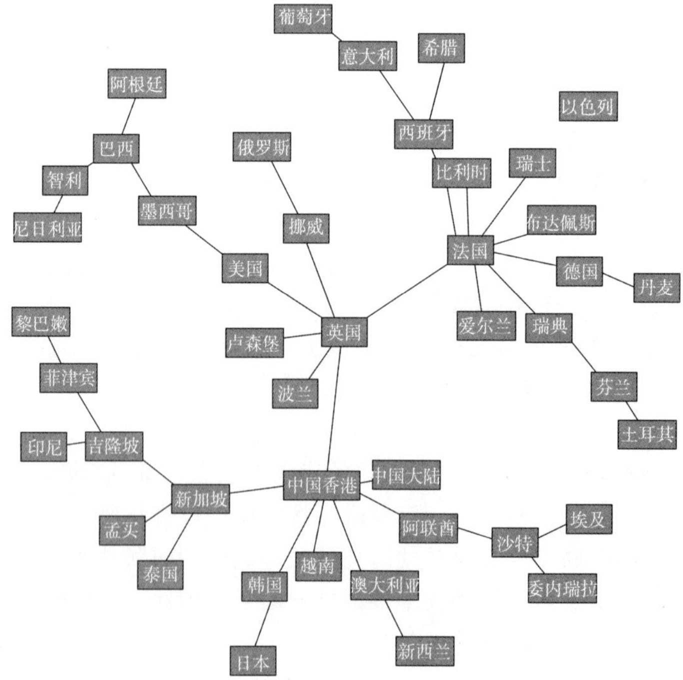

（b）2015年

图5　全球主要国家（地区）股票市场网络最大扩张树

以来，在金融稳定的形势下，中国内地金融市场相对独立，而在危机时期，则与外围市场联动性显著增强，会受到一定程度的外部冲击。第四，中国内地市场与中国香港市场联动性最强，中国香港市场始终是内地市场与外围市场互动的纽带。

（二）基于DCC-GARCH模型的金融市场间联动效应分析

受限于中国金融业的分业经营模式，以往研究大多忽略了风险在不同子市场间的交叉传染，且关于金融市场间的研究多从相关性、信息传递等方面展开不同角度的论证，从动态演进角度对不同市态下跨市场波动溢出效应研究较为鲜见，这也正是本节研究的目的与重点所在。因此，突破以往的思路，本文主要刻画不同事件窗口、不同市态下中国主要金融子市场间联动性的动态演化。

1.金融市场间联动模型构建

本部分基于DCC-GARCH模型，以美国次贷危机、中国2015年股市异常波动为背景，对危机前、中、后三种不同市态下中国主要金融子市场（股市、债市、汇市、商品期货市场（黄金、石油））间的动态相关关系进行实证研究；分别选取上证综指、中债国债总指数、人民币兑美元即期汇率、美国西得克萨斯轻质原油期货价格（WTI）、上海金交所黄金现货AU9999价格日数据表征中国股市、债市、汇市、原油、黄金五个代表性金融市场的价格变动情况。本部分样本期与前文一致，同样为2006年1月至2017年8月。

首先，基于各市场价格序列计算其收益率，对其进行单位根检验及自相关性检验。经检验，各序列平稳，具有负偏度及较高的峰度值，且波动聚集特征明显，符合GARCH类时间序列模型应用的前提条件。对于DCC-GARCH模型参数的选择，本文采用AIC准则（最小信息准则，可度量模型的复杂程度（参数个数因素）对模型拟合结果的影响程度，为避免过度拟合（Overfitting）通常优先考虑AIC值最小的模型），并保证模型估计后所得残差与其平方两序列不相关。最终，本文采用极大似然法估计DCC（1，1）-GARCH（1，1），分析各子市场间的动态相关结构。表3为所得到的两次危机冲击下中国各金融子市场间的动态相关模型估计结果。

表3 **DCC-GARCH模型参数估计结果**

	α	β	$\alpha+\beta$	p值
债市-股市	0.044592	0.457769	0.502361	0.0306
汇市-股市	0.101218	0.718121	0.819339	0.0836
黄金-股市	0.017588	0.955226	0.972814	0.0039
石油-股市	0.016501	0.927081	0.943582	0.0542

其中，模型中α值反映当前子市场波动对未来股票市场波动的影响，α值越大，则影响作用越大；$\alpha+\beta$值反映波动相关性的持久性特征，为保证模型的平稳、有效，$\alpha+\beta$值需小于1（且$\alpha+\beta$值越靠近1，波动相关性的持续时间越久，

若α+β偏离于1，则说明当前波动相关性是短暂的，持续性不强）。

由表3可以看出，各子市场与股票市场的ARCH项α和GARCH项β均满足α和β均大于0且α+β<1，能够通过显著性检验，即所构建的模型是稳定有效的，基于该模型所得的结论在一定程度上是可靠的。

2.跨市场联动效应分析

（1）各金融子市场间联动效应分析。结合以往学者关于金融市场间联动效应研究成果，解析DCC-GARCH模型动态相关性结果，并基于Granger因果检验对风险传导方向的把握，得出以下结论。

从图6所示风险传导路径来看，大宗商品市场、黄金市场、外汇市场对股票市场存在单向传导效应，能够直接影响股票市场价格；债券市场与股票市场、债券市场与外汇市场间存在双向传导关系，其中债券市场与股票市场危机时期传导效应最强。

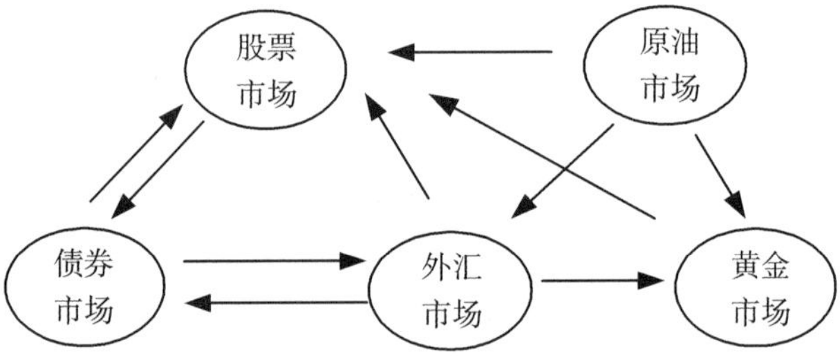

图6　跨市场风险传导路径

长期来看，金融危机显著强化了金融市场间的联动关系。危机前后各金融子市场间动态相关性存在较大反差，危机前市场间动态风险传导效应总体较弱，而危机后显著增强。因此，金融市场在受到危机冲击后，将呈现较强的外部传导效应，预期随着金融自由化改革的不断深入，风险的跨市场传导效应在受到较大冲击后将呈现出更加复杂多变的态势。

分阶段来看，各金融子市场间的动态相关关系具有显著的时变特征：第一，各金融子市场两两间的传导效应随市态的变化而改变。如金融危机前，仅存在股票市场到债券市场的单向传导关系，而金融危机后，不仅股票市场的风险可以传导至债券市场，债券市场同样可对股票市场产生影响。第二，单个子市场对其他子市场风险传导效应强度具有时变特征。如股票市场在危机前及危机持续期间对外风险传导效应显著加强，而在危机后急剧回落。第三，股票市场由于其丰富的参与主体及较高的市场流动性，表现出最高的风险外溢效应，且股市和债市间的风险传导效应显著强于其他市场。

（2）股票市场跨市场联动效应分析。本部分重点对股票市场与其他金融子市场（大宗商品市场、外汇市场、债券市场）间的联动性进行探讨。图7为不同市态下股票市场与各子市场的动态相关系数，便于直观地呈现股票市场与各子市场间的动态相关演进关系。

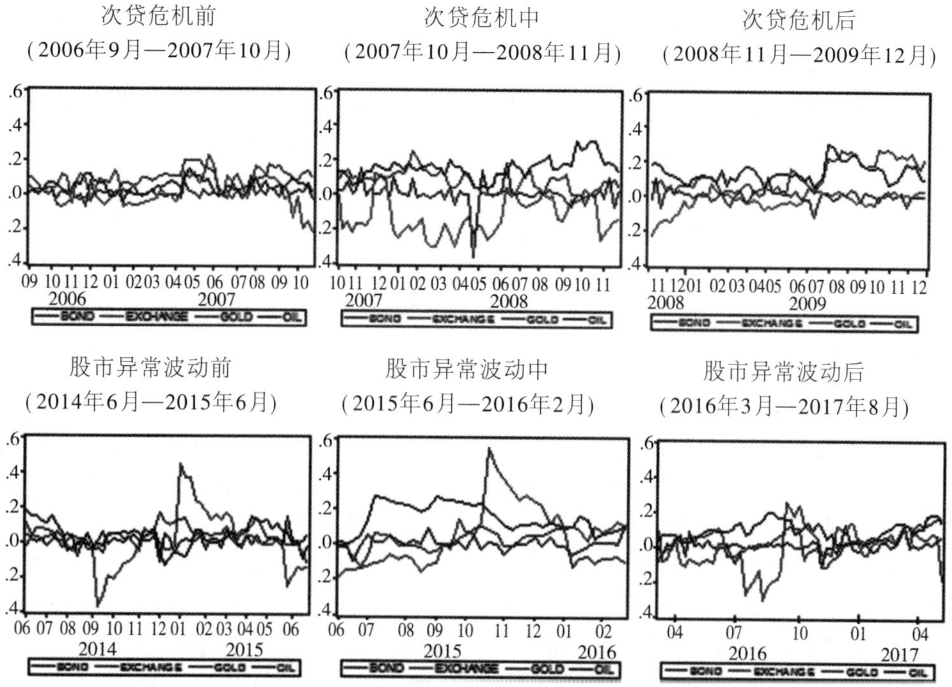

注："BOND"代表债券市场；"EXCHANGE"代表外汇市场；"OIL"代表原油市场；"GOLD"代表黄金市场。

图7　不同市态下股票市场与其他金融子市场动态相关系数图

如图7所示，各金融子市场间动态相关系数呈现出显著的时变特征，随着时间的推移而不断变化。其中，原油市场与股票市场大多时间呈动态的正相关关系；债券市场与股票市场相关性较弱，但波动较为频繁，且正、负相关交替转换明显；外汇市场、原油市场与股票市场相关性波动幅度最大；黄金市场与股票市场动态相关关系最为稳定。

分别对不同时期各市场与股票市场联动性特征分析如下：

首先来看债券市场。危机前，中国股票市场与债券市场间的动态相关系数绝对值较小，大致围绕0值微幅波动，说明在中国股票市场与债券市场间相关性较弱，分割现象明显。危机持续期间，动态相关系数呈现巨幅波动，且正负交替明显。相关系数的正负转换一定程度上反映了这一时期中国股票市场与债券市场间的资金转移。2008年美国次贷危机及2015年中国股票市场的灾难性下跌期间，股票市场风险加剧致使大规模资金抽离股市，流向收益相对更有保障的债券市场。因此，债券市场可作为股市危机的有效"避风港"（袁晨和傅强，

2010[16]）。一方面，2009—2011年正处于美国次贷危机与欧洲债务危机的“双危机”时期，动态相关系数达到峰值；另一方面，经过2008年美国次贷危机、欧债危机以及2015年股市异常波动的洗礼，中国证券市场的分割状况得到了一定的缓解，联动性逐年提升。

总之，长期来看，从美国次贷危机到国内股市异常波动时期，股票市场与债券市场间联动性依次增强；分时期看，危机前，联动性相对最弱，危机持续期间相关性波动幅度最大，而危机后相关性相对稳定，且相较危机前有所增强。

其次再看外汇市场。从全样本期检验来看，中国汇市和股市之间的相关性波动起伏较大，在［-0.4，0.6］范围内大幅波动，正负交替频繁，相关性均值不大；然而，近年来因中国股市逐渐开放和汇率改革的逐渐推进，动态相关性有明显增强趋势。

分阶段看，中国汇市与股市间的相关性具有显著的时变特征。人民币汇率弹性政策调整虽然不能改变中国汇市和股市间相关性较弱的总体特征，但能够对股票市场带来短期冲击效应（曹广喜、崔维军和韩彦，2014[17]）。

最后来看大宗商品市场。总体来看，股票市场与大宗商品市场相关性较弱，但整体呈上升趋势。其中，黄金市场与股票市场之间的联动性较弱，但长期保持稳定。一方面，稳定的相关性代表金融危机未对其关联性造成结构性冲击；另一方面，相关性较弱进一步验证了黄金的避险功能，可作为风险的分散渠道。原油市场与股票市场的相关性在金融危机的冲击下发生了结构性改变。危机前，股票市场与石油市场的相关性较弱且稳定，危机后两者联动性显著增强，这一反差反映了危机前后原油市场的“去泡沫”过程。

五、对策与建议

Xavier et al.（2015）[18]提出系统性风险具有时间维度与空间维度。基于此论点，本文分别从时间与空间维度，对系统性风险的全过程监控体系进行探讨，并将系统性风险的时间维度界定为风险传导过程；空间维度则主要考虑与跨地域跨市场传导相关的负外部性对系统性风险的推动作用。

从时间维度，由前文实证分析可知，中国跨境跨市场风险会随着经济形势的变化而表现出不同的传导效应，显现出很强的时变性，尤其是金融危机前后，金融市场间的风险联动效应与传导路径均有可能随之改变。危机时期，全球金融市场网络更加紧密，风险能迅速在全球范围内传导与扩散，需加强监管协调力度，密切关注风险的跨境、跨市场联动，削弱外部冲击；而在金融稳定时期，金融市场网络较为稀疏，联动性下降，能较好地分散风险，可加强跨境、跨市场互动，推进市场的对外扩容。

从空间维度，可重点关注金融市场中具有较高影响力的地区或金融子市场，充分考虑其风险态势和联动机制，建立阻断风险跨境传导的防火墙与预警线。

第一，宏观把握金融市场的联动程度。由实证分析可知，极端风险的发生往往伴随着跨境、跨市场联动性的大幅增强。监管机构可定期或按需测度金融市场联动性，配合系统性风险监测预警体系，及时发现不利变化，实现对系统性金融风险的预判。

第二，实时监测影响力较大地区以及金融子市场的风险状况。跨境风险传导方面，监管机构可实时跟踪中国香港、新加坡、美国、英法德、日本等国家或地区风险状况，在其金融市场发生风险事件时，及时采取措施防止其地域风险冲击中国金融市场。当出现风险的跨境传导时，建议监管机构充分考虑政策调控的时滞性，并利用风险传导过程的时间差，及时防范风险传导。跨市场传导方面，建议监管机构重点监控规模较大、参与主体较多、市场关联度高的金融子市场（中国人民银行南宁中心支行课题组，2017[19]），重点加强对股票市场的风险防范，完善股票市场危机处理机制，削弱股票市场风险的跨市场风险传导效应。另外，密切监控其他金融子市场的风险状况，开发涵盖子市场、跨市场的多层次风险监测预警体系。当子市场报警时，一是分析报警原因，及时采取针对性措施进行化解；二是分析联动机制，并持续监控未报警子市场风险状况，疏导或防范报警子市场风险向其他子市场的传导扩散，防止金融风险的升级与整体风险状态的恶化。

第三，加强国内外协同监管。首先，加强金融监管的国际合作。中国可充分发挥金融稳定理事会和巴塞尔委员会成员国作用，在跨境联合监管机制建设、参与国际监管活动、制定国际监管标准、推动信息共享等方面发挥应有的作用（巫卫专，2014[20]）。其次，尽快建立跨市场风险联防机制。可借鉴国际经验，在国务院金融稳定发展委员会协调下，结合各监管机构的职能划分，及时构建一个全面有效、主体明确的宏观审慎监管框架，并通过建立系统性金融风险监管协调机制、定期召开联席会议、加强交叉性金融产品风险监测信息共享等方式，提高金融联动防范和处置金融风险的及时性和有效性，实现分业监管体制内的共同监管。

参考文献

［1］曾铮.金融市场的风险处置［J］. 中国金融，2017（2）.

［2］赵雪瑾，张卫国.基于风险传染的中国金融子市场风险预警研究［J］. 预测，2016（3）.

［3］YUE，NG. Analysing Financial Contagion and Asymmetric Market Dependence with Volatility Indices via copulas［J］. Annals of Finance，2012，8

(1): 49-74.

[4] BEKIROS, CONTAGION. Decoupling and the Spillover Effects of the US Financial Crisis: Evidence from the BRIC Markets [J]. International Review of Financial Analysis, 2014, 33 (5): 58-69.

[5] 吴昊，王智.大陆、香港和台湾股票市场联动性的动态分析 [J]. 经济研究导刊，2014 (31) .

[6] MILLER, RATTI.Crude Oil and Stock Markets: Stability, Instability, and Bubbles [J]. Energy Economics, 2009, 31 (4): 559-568.

[7] 徐国祥，李波.中国金融压力指数的构建及动态传导效应研究 [J]. 统计研究，2017 (4) .

[8] 黄志刚，耿庆峰，吴文平.人民币即期汇率与境内外远期汇率动态相关性研究 [J]. 金融经济学研究，2014 (1) .

[9] 韩冬梅，王雯.复杂网络视角下的国际证券市场结构特征分析 [J]. 复杂系统与复杂性科学，2014 (11) .

[10] 袁建辉，邓蕊，曹广喜.模仿式羊群行为的计算实验 [J]. 系统工程理论与实践，2011 (31) .

[11] MANTEGNA. Hierarchical Structure in Financial Markets [J]. The European Physics Journal, 1999, 11 (1): 193-197.

[12] 汪小帆，李翔，陈关荣.复杂网络理论及其应用 [M]. 北京：清华大学出版社，2006.

[13] WATTS, STROGATZ. Collective Dynamics of “Small World” Networks [J]. Nature, 1998 (6): 393, 440-442.

[14] ENGEL. Dynamic Conditional Correlation: A Simple Class Multivariate GARCH Models [J]. Journal of Bussiness & Economic Statistics, 2002, 20 (3): 339-350.

[15] 梁琪，李政，郝项超.中国股票市场国际化研究：基于信息溢出的视角 [J]. 经济研究，2015 (4) .

[16] 袁晨，傅强.我国金融市场间投资转移和市场传染的阶段时变特征 [J]. 系统工程，2010 (5) .

[17] 曹广喜，崔维军，韩彦.人民币汇率弹性调整对我国汇市与股市关系的影响——基于长记忆 VAR-(BEKK) MVGARCH 模型 [J]. 数理统计与管理，2014 (6) .

[18] FREIXAS, LAEVEN, PEYDRÓ. Systemic Risk, Crises, and Macroprudential Regulation [M]. MA: MIT Press, 2015.

[19] 中国人民银行南宁中心支行课题组.金融市场风险交叉传染机制与防控

策略研究——基于医学SIRS传染病模型［J］. 南方金融，2017（2）.

［20］巫卫专.中国系统性金融风险的测度与监管研究［D］. 南昌：江西财经大学，2014.

（作者单位：复旦大学应用经济学博士后流动站；中泰证券股份有限公司风险管理部）

人民币汇率在岸与离岸变动关系研究

鲁万波　王彦锋　亢晶浩

基于2010—2017年的外汇市场日交易数据，通过使用向量自回归模型、向量误差修正模型和多元DCC-NGARCH-t模型研究在岸人民币即期、远期市场，香港离岸即期、远期市场和离岸人民币无本金交割市场之间的价格溢出效应和波动率的联动效应。实证发现，离岸人民币无本金交割市场在价格溢出效应中占主导地位，且独立性最强，不受其他市场的影响；在岸远期市场独立性最弱，容易受到离岸市场价格的影响；人民币汇率在岸市场与离岸市场中的波动相关性不同，离岸市场间的波动相关性更大；虽然香港人民币市场发展时间最短，但香港市场对在岸市场仍存在价格和波动的影响。建议在汇率与利率市场化的过程中，通过推进多层次外汇市场的基础建设、丰富市场交易品种和优化市场参与主体结构，逐步形成一个完善有效的中国人民币外汇市场。

一、引言

随着全球经济贸易的发展，中国的金融市场逐渐走向成熟，人民币汇率的相关投资工具和投资方式也呈多样化的态势发展。中国完成人民币自由汇兑，开放资本账户是中国经济顺应全球化趋势发展的必由之路。2010年7月中国香港人民币离岸市场正式成立以来，人民币离岸市场经历了初步形成阶段和成长阶段，其中在岸和离岸人民币市场发展呈现出两个明显的趋势：一是在岸人民币汇率形成机制改革不断推进；二是离岸人民币市场扩大，离岸业务种类不断丰富。在人民币国际化的背景下，资本可以通过跨境贸易人民币结算、人民币直接投资、人民币证券投资和人民币贷款等方式在在岸和离岸市场流动，两个市场的汇率反馈机制初步形成，并随着人民币汇率弹性的不断增大，两个市场相互渗透也日益加深。然而，在中国开放资本账户，汇率逐步自由化后，必然会受到国际金融经济带来的更多影响。因此，研究在岸与离岸人民币市场间的影响关系，厘清人民币在岸与离岸汇率信息的传递方式，掌握人民币汇率的定价权，则是在开放资本账户和人民币自由兑换前需要考虑的问题，不仅可以为中国相关部门制定合理的人民币管制制度和应对人民币国际化进程中面临的潜在风险提供理论分析和决策参考，也能够为实现党的十九大提出的“健全货币政策和宏观审慎政策双支柱调控框架，深化利率和汇率市场化改革，健全金融监管体系，守住不发生系统性金融风险的底线”提供解决思路。目前人民币汇率涉及的市场主要包括在岸人民币即期（CNY SPOT）市场、在岸人民币远期（CNY DF）市场、香港离岸人民币即期（CNH SPOT）市场、香港离岸人民币远期（CNH DF）市场和离岸人民币无本金交割（NDF）市场。

本文研究人民币汇率在岸与离岸市场两个方面的变动关系，首先是人民币在岸与离岸市场价格溢出效应，其次是人民币在岸与离岸市场波动溢出效应。在研究汇率间价格影响关系时，采用的是向量自回归（VAR）模型基础下的脉冲响应函数，向量误差修正（VEC）模型，以及VEC基础下的格兰杰因果检验。对于价格波动溢出的研究，本文采用NGARCH与DCC结合的多元DCC-NGARCH-t模型研究人民币汇率在五个市场间的波动关系，考虑了波动之间的动态相关性，进而全面分析人民币在岸与离岸市场汇率的变动关系。

二、文献综述

随着国家之间贸易往来的日趋频繁，汇率变化越来越受到关注，学者们开始对汇率及其波动关系进行研究。国外研究普遍认为汇率在岸市场是信息传导的中心，掌握着汇率的定价权。Chatrath et al.（1996）[1]运用VAR-GARCH方法实证分析多国汇率现货和期货交易量与汇率价格波动关系，发现汇率期货价格会随着交易量的增加而变大。Zivot（2000）[2]运用协整方法研究了即期汇率和远期汇率的关系。Izawa（2006）[3]发现人民币离岸无本金交割远期并不能影响人民币在岸即期价格。Colavecchio and Funke（2008）[4]发现人民币离岸无本金交割远期汇率对亚洲其他国家汇率产生了显著的波动溢出影响效应。Ding et al.（2014）[5]通过对CNY SPOT、CNH SPOT和NDF市场分析发现，前两者之间不存在价格溢出关系，但是CNY SPOT与NDF市场之间存在价格引导关系。

在国内关于在岸与离岸汇率文献中，代幼渝和杨莹（2007）[6]认为人民币汇率在岸市场与离岸市场存在长期协整关系，同时人民币汇率实际价格与利率平价理论决定价格存在不同。徐剑刚等（2007）[7]发现人民币离岸NDF汇率对在岸人民币汇率有单向价格溢出效应，但两者并未存在波动溢出效应。严敏和巴曙松（2010）[8]实证研究证明，人民币离岸无本金交割市场是人民币外汇市场的信息中心，发挥汇率价格领导作用。伍戈和裴诚（2012）[9]实证分析了人民币在岸与离岸涉及的三个外汇市场影响关系，发现人民币在岸市场与香港人民币离岸市场的信息影响力有所增加。贺晓博和张笑梅（2012）[10]发现，自2010年以来香港人民币离岸市场对人民币在岸市场的影响力在不断增强。徐晟等（2013）[11]分析了不同交易期限下境内外人民币远期市场之间的联动关系，发现短期交易品种中，离岸NDF远期外汇市场和在岸远期外汇市场之间表现出联动关系和双向波动溢出效应。陈文慧（2013）[12]通过对CNY SPOT市场、CNH SPOT市场和NDF市场的分析，发现NDF市场的价格和波动溢出效应能力最强，CNH市场最弱，CNY居于两者之间。阙澄宇和马斌（2015）[13]发现汇率收益率波动均表现出一定的非对称效应，不同外汇市场之间存在波动溢出和均值溢出效应。杨帆（2015）[14]实证分析了人民币在岸与离岸市场汇率的引导效应和波动溢出效应，结果表明，在岸市场汇率对离岸市场的引导效应更显著，而离岸市场对在岸市场的波动溢出效应更突出。郑联盛和董裕平（2016）[15]研究发现，自“8·11”汇改以来，人民币离岸市场汇率频繁波动引发在岸市场的汇率波动，并形成了人民币汇率的贬值预期，人民币定价更多受到人民币离岸市场的影响，这种趋势已经对维持汇率稳定和金融稳定造成了负面冲击。吴远远和赵啟麟（2017）[16]实证分析了在岸与离岸人民币汇差影响因素，发现两地汇差受汇率预期、两地市场投资者风险偏好差异、两地利差、人民币汇率政策调整和鼓励人民币回流政策影响显著。

综上所述，自2010年8月香港离岸市场建立以来，CNH SPOT市场和CNH DF市场均达到了令人瞩目的规模，与其他人民币市场的联动作用也在不断增强，因而全面考察包括香港离岸市场在内的人民币外汇市场中各市场价格及波动，特别是全面分析人民币在岸与离岸市场汇率的价格及波动溢出效应、动态条件相关关系，将进一步丰富和发展现有研究。

三、在岸与离岸市场的价格溢出关系

（一）模型设计

VAR模型常用于估计联合内生变量的动态关系，并且它不以严格的经济理论为基础。本文使用VAR模型研究在岸汇率与离岸汇率五个市场之间的脉冲响应关系。此外，本文还采用VEC模型基础下的格兰杰因果检验对在岸汇率与离岸汇率五个市场之间的价格溢出关系进行实证分析。在远期市场中，一年期远期合约的交易量较大，交易比较活跃，所以本文选择一年期远期代表各个远期市场。本文对五个外汇市场建立VAR模型如下：

$$\begin{pmatrix} CNY12_t \\ CNY_t \\ CNH12_t \\ CNH_t \\ NDF12_t \end{pmatrix} = \begin{pmatrix} c_1 \\ c_2 \\ c_3 \\ c_4 \\ c_5 \end{pmatrix} + A_1 \begin{pmatrix} CNY12_{t-1} \\ CNY_{t-1} \\ CNH12_{t-1} \\ CNH_{t-1} \\ NDF12_{t-1} \end{pmatrix} + \cdots + A_p \begin{pmatrix} CNY12_{t-p} \\ CNY_{t-p} \\ CNH12_{t-p} \\ CNH_{t-p} \\ NDF12_{t-p} \end{pmatrix} + \begin{pmatrix} \varepsilon_{1t} \\ \varepsilon_{2t} \\ \varepsilon_{3t} \\ \varepsilon_{4t} \\ \varepsilon_{5t} \end{pmatrix} \tag{1}$$

其中，CNY为人民币在岸即期汇率，CNY12为人民币在岸一年期远期汇率，CNH为香港离岸即期汇率，CNH12为香港离岸一年期远期汇率，NDF12为无本金交割一年期远期汇率；$A_1, A_2, \cdots, A_p$为待估参数矩阵。

VEC是施加约束的VAR模型，它的滞后期比无约束VAR模型少一期，对所有人民币汇率变量建立VEC模型，其模型形式如下：

$$\begin{pmatrix} \Delta CNY12_t \\ \Delta CNY_t \\ \Delta CNH12_t \\ \Delta CNH_t \\ \Delta NDF12_t \end{pmatrix} = \begin{pmatrix} c_1 \\ c_2 \\ c_3 \\ c_4 \\ c_5 \end{pmatrix} + \begin{pmatrix} \alpha_1 ecm_{1t-1} \\ \alpha_2 ecm_{2t-1} \\ \alpha_3 ecm_{3t-1} \\ \alpha_4 ecm_{4t-1} \\ \alpha_5 ecm_{5t-1} \end{pmatrix} + \Gamma_1 \begin{pmatrix} \Delta CNY12_{t-1} \\ \Delta CNY_{t-1} \\ \Delta CNH12_{t-1} \\ \Delta CNH_{t-1} \\ \Delta NDF12_{t-1} \end{pmatrix} + \cdots + \Gamma_{p-1} \begin{pmatrix} \Delta CNY12_{t-p+1} \\ \Delta CNY_{t-p+1} \\ \Delta CNH12_{t-p+1} \\ \Delta CNH_{t-p+1} \\ \Delta NDF12_{t-p+1} \end{pmatrix} + \begin{pmatrix} \varepsilon_{1t} \\ \varepsilon_{2t} \\ \varepsilon_{3t} \\ \varepsilon_{4t} \\ \varepsilon_{5t} \end{pmatrix} \quad (2)$$

其中，ecm_{it-1}是误差修正项，反映变量之间的长期均衡关系；α_i表示当变量之间的均衡关系偏离长期均衡时，将其调整到均衡状态的调整速度，i=1，…，5；$\Gamma_1, \cdots, \Gamma_{p-1}$为待估参数矩阵。

（二）数据说明与描述

香港离岸市场2010年8月基本成形，本文的样本范围为2010年10月5日至2017年6月30日。将日期不能匹配的交易数据剔除，最终得到1 600个日交易数据，数据来源于彭博数据库。五个外汇市场的汇率变动趋势如图1所示。由图1可见，各外汇市场人民币汇率变动趋势基本保持一致。2011年以前，即期汇率普遍在远期汇率之上，说明人们对人民币有一个升值预期；从2012年开始，即期汇率普遍在远期汇率之下，说明人们对人民币有一个贬值的预期。中国人民银行于2012年4月宣布在岸人民币对美元中间价浮动区间由之前的每日5‰扩大到每日1%。浮动区间的扩大使人民币汇率的波动幅度加大。同年欧债危机爆发，外商对国内市场投资减少，对人民币的需求下降使得人民币对美元的汇率一路下跌，并且波动常常触及1%的涨跌停限制。这种情况持续到2014年初，直到欧洲、美国相继推出新量化宽松政策，人民币汇率才止跌回升。2015年8月11日，央行发布完善人民币汇率中间价的声明，当天人民币大幅度贬值，造成汇率大幅度向上跳跃。

图1 五个外汇市场的汇率变动趋势

表1给出了五个市场数据的基本描述统计量。可见，五个市场的平均值相差不大，都在6.4附近，但它们的波动情况不同。其中，CNH市场的波动最大，CNY12市场的波动最小。这也与人民币在岸市场采取资本流动管制和有管理的

浮动汇率制度相关，而离岸市场则是与市场供求关系定价相符合。由ADF单位根检验可知，所有原始时间序列为非平稳序列，而它们的一阶差分序列均为平稳序列，为一阶单整序列。

表1 五个市场数据的基本统计量

	均值	标准差	偏度	峰度	JB统计量	ADF检验	一阶差分ADF检验
CNY12	6.4461	0.2287	1.0760	3.5344	327.7942	0.5444	-41.4308^{***}
CNY	6.3810	0.2345	0.7896	2.678	173.1630	0.2167	-38.85433^{***}
CNH12	6.4918	0.2621	1.0813	3.4586	325.8234	0.4751	-42.0486^{***}
CNH	6.3826	0.2342	0.7155	2.5984	147.265	0.2689	-26.0480^{***}
NDF12	6.4638	0.2790	1.1812	3.3513	380.3194	0.7232	29.4473^{***}

注：***表示在1%的显著性水平下拒绝原假设，原始序列的ADF检验在三种情形下都是非平稳的，在此只列出不含趋势和截距项的值，一阶差分序列列出不含趋势和截距项的值。

（三）实证结果分析

根据BIC准则，5个变量VAR模型（1）的最优滞后阶数为2，进一步对五个外汇市场时间序列进行Johansen协整检验，在5%的显著水平下，至多存在一阶协整的迹统计量为65.8112，P值为0.0000，至多存在二阶协整的迹统计量为26.2116，P值为0.1225。因此，在5%的显著水平下，说明5个变量间存在二阶协整关系。

经检验，VAR模型10个根的倒数都位于单位圆内，所以VAR（2）模型是稳定的。接下来，我们在VAR（2）模型的基础上进行广义脉冲响应分析。因为在岸市场采取的是资本流动管制与有管理的浮动汇率制度，而离岸市场依据的是市场供求关系，所以本文重点分析在岸市场受离岸市场的脉冲响应。其脉冲响应结果如图2所示。

由图2可知，当离岸市场受到一个正向冲击时，都会对在岸市场产生正向的冲击，离岸远期受到正向冲击时，对在岸远期的冲击最大，在30期之后仍未收敛到0；离岸即期市场和离岸无本金交割远期对在岸远期的冲击在两期之后缓慢减弱。离岸远期市场对在岸即期市场和在岸远期市场的影响相似，在三个离岸市场中对在岸即期的影响最大，并且随着时间持续增强；离岸即期市场和离岸无本金交割远期对在岸即期的冲击在第二期之后呈现缓慢增强的趋势。从图2还可以看出，离岸远期市场受到冲击后，对在岸远期产生的影响要比对在岸即期产生的影响大，即CNY12更容易受到离岸远期市场的影响。

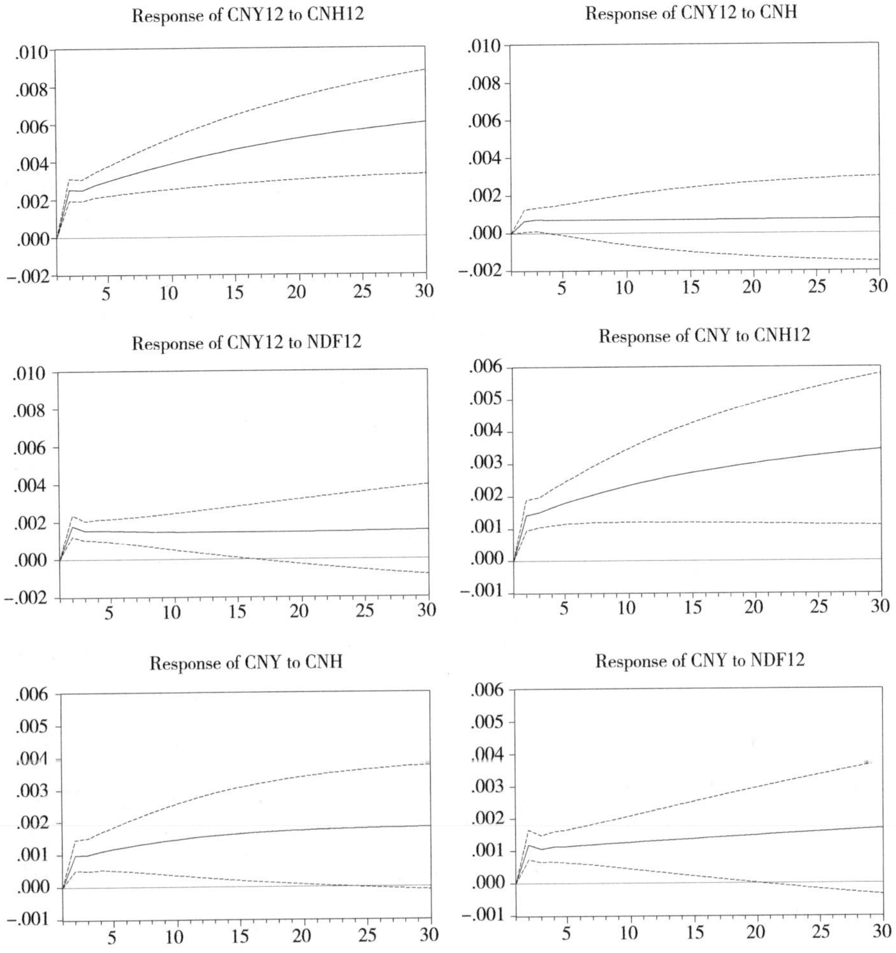

图2　在岸市场受离岸市场的脉冲响应

5个时间序列都是一阶单整，它们通过了协整检验，但外汇市场之间的短期变动需要用VEC模型来描述。我们在协整的基础上利用5个变量建立VEC模型。由于VEC模型的滞后阶数是相应VAR模型最优滞后阶数减1，因此建立滞后阶数为1的VEC模型，其估计结果见表2。

在5%的显著水平下，对于CNY12修正方程，第一个误差修正项系数，D（CNY（–1））、D（CNY12（–1））、D（NDF12（–1））的系数都显著，这说明CNY12、CNY、NDF12的上一期变动对CNY12的短期变动有影响，而CNY12自身的上一期变动系数显著，表明CNY12上一期变动会对自身短期变动产生影响。对于CNY修正方程，第二个误差修正项系数，D（CNH12（–1））、D（CNH（–1））和D（NDF12（–1））的系数都显著，说明NDF12、CNH12和

CNH　　　　　　　　的

表2　　VEC模型估计结果

	D（CNY12）	D（CNY）	D（CNH12）	D（CNH）	D（NDF12）
CointEq1	-0.0261*** (-3.1160)	-0.0027 (-0.3960)	0.0240* (1.9511)	0.0031 (0.3078)	-0.0020 (-0.1740)
CointEq2	-0.0060 (-0.3886)	-0.0323*** (-2.5961)	-0.0133 (-0.5884)	0.0603*** (3.2665)	-0.0047 (-0.2213)
D（CNY12（-1））	-0.3143*** (-9.8804)	-0.0237 (-0.9110)	-0.0189 (-0.4047)	-0.0136 (-0.3557)	-0.0754* (-1.7063)
D（CNY（-1））	0.1848*** (3.9083)	-0.1383*** (-3.6153)	0.0405 (0.5836)	0.0681 (1.1992)	0.0314 (0.4781)
D（CNH12（-1））	-0.0507 (-1.2203)	-0.0852** (-2.5315)	-0.3265*** (-5.3496)	-0.2033*** (-4.0723)	0.0022 (0.0381)
D（CNH（-1））	0.0834* (1.8523)	0.1144*** (3.1367)	0.0723 (1.0929)	0.0394 (0.7277)	0.0799 (1.2774)
D（NDF12（-1））	0.2350*** (6.7332)	0.1481*** (5.2431)	0.2870*** (5.5980)	0.2123*** (5.0636)	0.0391 (0.8059)
C	0.0002 (0.5191)	0.0000384 (0.1627)	0.0002 (0.5191)	0.0001 (0.2876)	0.0003 (0.7242)

注：D（）表示对数据进行一阶差分。小括号内数值为估计参数的t值。*、**、***分别代表参数估计在10%、5%、1%的水平下显著。

上一期变动对CNY的短期变化具有影响，而CNY自身的上一期变动系数显著，表明CNY上一期变动会对自身短期变动产生影响。对于CNH12修正方程，误差修正项系数均不显著，而D（NDF12（-1））的系数显著，表明NDF12的上一期变化对CNH12的短期变动具有显著影响，而CNH12自身的上一期变动系数显著，表明CNH12上一期变动会对自身短期变动产生影响。对于CNH修正方程来说，第二个误差修正项系数、D（CNH12（-1））和D（NDF12（-1））的系数都显著，表明CNH12和NDF12的上一期变化对CNH的短期变动具有显著影响。对于NDF12方程来说，误差修正项系数均不显著且D（CNY（-1））、D（CNY12（-1））、D（CNH12（-1））、D（CNH（-1））各系数都不显著，说明NDF市场的独立性很强，不受其他市场影响。

综合来看，CNY12和CNY是独立性比较弱的市场，易受到其他市场显著影响。NDF12的影响力最强，对其他市场都会产生影响，且独立性最强，不受其他市场影响。

接下来对这五个外汇市场的价格进行格兰杰因果检验，结果见表3。

表3 VEC结构下的格兰杰因果检验

	原假设	卡方统计量	P值	结论
CNY12	CNY不是CNY12变动的原因	14.7248	0.0006	拒绝
	CNH12不是CNY12变动的原因	6.6513	0.0359	拒绝
	CNH不是CNY12变动的原因	3.6891	0.1581	接受
	NDF12不是CNY12变动的原因	42.9168	0.0000	拒绝
CNY	CNY12不是CNY变动的原因	1.0881	0.5804	接受
	CNH12不是CNY变动的原因	6.0301	0.0490	拒绝
	CNH不是CNY变动的原因	16.8202	0.0002	拒绝
	NDF12不是CNY变动的原因	27.3655	0.0000	拒绝
CNH12	CNY12不是CNH12变动的原因	2.3578	0.3076	接受
	CNY不是CNH12变动的原因	0.5606	0.7555	接受
	CNH不是CNH12变动的原因	1.7010	0.4272	接受
	NDF12不是CNH12变动的原因	34.3384	0.0000	拒绝
CNH	CNY12不是CNH变动的原因	0.1411	0.9319	接受
	CNY不是CNH变动的原因	13.0105	0.0015	拒绝
	CNH12不是CNH变动的原因	17.9263	0.0001	拒绝
	NDF12不是CNH变动的原因	28.1352	0.0000	拒绝
NDF12	CNY12不是NDF12变动的原因	3.0448	0.2182	接受
	CNY不是NDF12变动的原因	0.3814	0.8264	接受
	CNH12不是NDF12变动的原因	0.3391	0.8440	接受
	CNH不是NDF12变动的原因	1.8555	0.3954	接受

在CNY12的格兰杰方程中，CNY、CNH12、NDF12格兰杰因果检验在5%的显著性水平下都拒绝原假设，说明CNY、CNH12与NDF12是CNY12的格兰杰原因，对其有预测能力。在CNY的格兰杰方程中，CNH、CNH12和NDF12格兰杰因果检验在5%的显著性水平下都拒绝原假设，说明CNH、CNH12和NDF12是CNY的格兰杰原因。在CNH12的格兰杰方程中，NDF12的格兰杰因果检验在5%的显著性水平下拒绝原假设，说明NDF12是CNH12的格兰杰原因。在CNH的格兰杰方程中，CNH12、CNY和NDF12格兰杰因果检验在5%的显著性水平下都拒绝原假设，说明CNH12、CNY和NDF12是CNH的格兰杰原因。在NDF12格兰杰方程中，所有格兰杰检验在5%的显著性水平下都不拒绝原假设，说明其他市场不是NDF12市场的格兰杰原因。

综上所述，人民币离岸市场与在岸市场相互影响，但离岸市场的价格溢出效应要强于在岸市场，其中NDF市场的价格溢出效应是人民币外汇市场中最强的，对在CNY12、CNY、CNH12、CNH市场的价格有显著的引导作用。另外，CNH12的价格溢出效应较强，其对CNY、CNH市场会产生影响；CNY12的价格溢出效应最弱，只会对它自身产生影响。

四、在岸与离岸市场间的联动性

（一）模型设计

相关研究表明，关于金融时间序列，不仅存在价格溢出效应，还存在波动溢出效应。目前研究波动溢出的模型主要包括BEKK、CCC和DCC，这些模型的差别主要是条件方差矩阵形式不同。DCC是CCC的发展，改变了CCC相关系数为常数的设定，常用于多元时间序列波动建模。金融资产收益率波动大多有波动聚集和异方差的现象，GARCH模型常用来刻画单一金融资产的波动。根据汇率数据走势，使用更为一般的非线性和非对称GARCH模型刻画汇率波动更为合适。

Hentschel（1995）[17]综合给出了一组GARCH模型，包含了常用的对称和非对称的GARCH模型，它体现了条件方差方程中的残差分解可以被不同的残差项和残差的波动项影响，体现信息冲击曲线的平移和旋转——小的冲击所带来的非对称性体现在信息冲击曲线的平移上，大的冲击所带来的非对称性体现在信息冲击曲线的旋转上。Hentschel（1995）的GARCH模型形式为：

$$\sigma_t^{\lambda} = \omega + \sum_{j=1}^{q} \alpha_j \sigma_{t-j}^{\lambda} (|\varepsilon_{t-j} - \eta_{2j}| - \eta_{1j}(\varepsilon_{t-j} - \eta_{2j}))^{\delta} + \sum_{j=1}^{p} \beta_j \sigma_{t-j}^{\lambda} \tag{3}$$

其中，σ_t为标准差，ε_t为随机扰动项。在上述GARCH模型中，非对称性主要通过两个方面来体现：一种是信息冲击曲线的平移，由参数η_{2j}决定；另一种是信息冲击曲线的旋转，由参数η_{1j}决定。当参数取不同的值时，可得到不同的非线性和非对称GARCH模型：

1. 当$\lambda = \delta = 1, |\eta_{1j}| \leq 1$时，为Schwert（1990）提出的AGARCH模型；

2. 当$\lambda = \delta = 2, \eta_{2j} = 0$时，为Glosten et al.（1993）提出的GJRGARCH模型；

3. 当$\lambda = \delta = 1, \eta_{2j} = 0, |\eta_{1j}| \leq 1$时，为Zakoian（1994）[18]提出的TGARCH模型；

4. 当$\lambda = \delta, \eta_{1j} = \eta_{2j} = 0$时，为Higgins and Bera（1992）[19]提出的NARCH模型的NGARCH模型形式；

5. 当$\lambda = \delta, \eta_{2j} = 0, |\eta_{1j}| \leq 1$时，为Ding et al.（1993）[20]提出的APGARCH模型。AGARCH模型的非对称性体现在对信息冲击曲线的平移和旋转上，它能较好地体现冲击对条件标准差的影响。在一般的GARCH模型中，较大的条件方差往往会带来更大的波动，而在AGARCH模型中，条件方差是一次幂，可以规避较大的条件方差带来的更大影响。此外，当残差服从具有尖峰的分布时，

AGARCH模型在过滤条件方差时具有更高的效率。GJRGARCH、TGARCH、APGARCH的非对称性体现在对信息冲击曲线的旋转上，在资本市场上，它能体现负的信息冲击所带来的影响大于相同强度的正的冲击所带来的影响。NGARCH模型为非线性模型，它可以刻画杠杆效应与波动率动态的非线性。

我们通过极大似然估计法得到以上GARCH模型中各具体模型的参数估计值，选择刻画数据最好的模型，从而得到标准化的残差。为刻画汇率之间的波动溢出效应和动态条件相关特性，我们进一步建立DCC模型（Engle，2002）[21]，汇率收益率向量的条件方差矩阵为：

$$H_t = D_t R_t D_t \tag{4}$$

其中，D_t为对应标准化方差组成的对角阵，R_t为变量间的相关系数矩阵。R_t可以表示为：

$$R_t = J_t Q_t J_t,\ \ Q_t = (1-\psi-\gamma)\bar{Q} + \psi Q_{t-1} + \gamma\mu'_{t-1}\mu_{t-1},\ \ \bar{Q} = \frac{1}{T}\sum_{t}^{T}\mu'_{t-1}\mu_{t-1} \tag{5}$$

上式中，Q_t为正定矩阵，μ_t表示标准化残差向量，而$\bar{Q}$是由标准化残差得到的无条件方差矩阵；β和ψ则是待估参数，且$\gamma > 0, \psi > 0, \gamma + \psi < 1$。

（二）数据说明与描述

本文每个外汇市场的汇率收益率采用对数收益率$r_t = 100 \times (\ln P_t - \ln P_{t-1})$，其中$P_t$为t时刻该市场汇率的价格。各外汇市场收益率序列的描述统计量见表4。从均值来看，各个市场中人民币汇率在选择样本区间内处于升值状态，通过ADF检验可知收益率序列均为平稳性序列，通过LM检验，发现五个收益率序列均有显著的GARCH效应。根据偏度、峰度、JB统计量发现收益率序列的分布不服从正态分布，有尖峰厚尾的特点，因此本文选择使用扰动项服从t分布建立模型，其密度函数为：

$$f(x) = \frac{\Gamma(\frac{v+1}{2})}{\sqrt{v\pi}\,\Gamma(\frac{v}{2})}(1+\frac{x^2}{v})^{-\frac{v+1}{2}} \tag{6}$$

其中，v为自由度。

表4 **外汇市场收益率序列的描述统计量**

变量	均值	标准差	偏度	峰度	JB统计量	LM检验	ADF检验
CNY12	0.0026	0.1914	0.9203	14.7507	14766.3263	212.1084***	-11.5592***
CNY	0.0008	0.1489	0.8941	21.3226	30591.1754	82.3851***	-11.1174***
CNH12	0.0032	0.2611	0.1665	15.0215	15086.2518	144.0246***	-10.4429***
CNH	0.0016	0.2181	0.6731	24.0236	38680.8038	87.6440***	-11.2842***
NDF12	0.0042	0.2464	1.5876	34.7908	81535.4233	39.9359***	-10.2029***

注：***代表参数估计在1%的水平上显著；LM检验滞后阶数为12阶。

（三）实证结果分析

2015年8月11日人民币大幅度贬值，从而使汇率的收益率波动大幅度变化，一般的GARCH模型很难捕捉到这方面信息，因此本文选择使用非线性和非对称的GARCH（1，1）模型来拟合数据，（3）式中各模型的参数估计见表5。

表5 模型的参数估计

		CNY12	CNY	CNH12	CNH	NDF12
TGARCH	ω	0.0084** (0.0356)	0.0020 (0.1097)	0.0047*** (0.0046)	0.0046*** (0.0041)	0.0026** (0.0199)
	α	0.1734*** (0.0000)	0.2706*** (0.0000)	0.1231*** (0.0000)	0.1632*** (0.0000)	0.0948*** (0.0000)
	β	0.8379** (0.0000)	0.8191*** (0.0000)	0.8940*** (0.0000)	0.8623*** (0.0000)	0.9215*** (0.0000)
	η_{11}	−0.0518 (0.5722)	−0.0169 (0.8025)	−0.1382 (0.1608)	−0.0718 (0.4201)	−0.2336** (0.0429)
	v	3.4546*** (0.0000)	3.1462*** (0.0000)	3.7283*** (0.0000)	3.6528*** (0.0000)	3.7636*** (0.0000)
GJRGARCH	ω	0.0014* (0.0941)	0.0005 (0.4290)	0.0008*** (0.0070)	0.0006*** (0.0032)	0.0003** (0.0117)
	α	0.1632*** (0.0050)	0.2025*** (0.0000)	0.0778*** (0.0008)	0.1306*** (0.0000)	0.0481*** (0.0015)
	β	0.8230*** (0.0000)	0.7965*** (0.0000)	0.9115*** (0.0000)	0.8650*** (0.0000)	0.9439*** (0.0000)
	η_{11}	−0.0144 (0.8332)	0.0068 (0.8956)	−0.1656** (0.0448)	−0.0834 (0.2208)	−0.2279** (0.0242)
	v	3.5815*** (0.0000)	3.6942*** (0.0000)	3.8129*** (0.0000)	3.7309*** (0.0000)	3.8241*** (0.0000)
APGARCH	ω	0.0049 (0.1373)	0.0037 (0.1469)	0.0016 (0.1544)	0.0017 (0.1002)	0.0014 (0.1527)
	α	0.1718*** (0.0001)	0.2530*** (0.0000)	0.0989*** (0.0007)	0.1507*** (0.0000)	0.0826*** (0.0008)
	β	0.8415*** (0.0000)	0.8194*** (0.0000)	0.9056*** (0.0000)	0.8665*** (0.0000)	0.9293*** (0.0000)
	η_{11}	−0.0365 (0.6632)	−0.0367 (0.6211)	−0.1504* (0.0823)	−0.0736 (0.3336)	−0.2303** (0.0384)
	δ	1.2636*** (0.0000)	0.8071*** (0.0000)	1.5961*** (0.0000)	1.4994*** (0.0000)	1.2736*** (0.0000)
	v	3.5069*** (0.0000)	3.1485*** (0.0000)	3.7922*** (0.0000)	3.7109*** (0.0000)	3.7946*** (0.0000)

续表

		CNY12	CNY	CNH12	CNH	NDF12
NGARCH	ω	0.0049 (0.1411)	0.0035 (0.1507)	0.0020 (0.1048)	0.0017* (0.0935)	0.0018 (0.1382)
	α	0.1736*** (0.0001)	0.2549*** (0.0000)	0.1175*** (0.0000)	0.1563*** (0.0000)	0.1013*** (0.0000)
	β	0.8397*** (0.0000)	0.8197*** (0.0000)	0.8962*** (0.0000)	0.8654*** (0.0000)	0.9175*** (0.0000)
	λ	1.2737*** (0.0000)	0.8217*** (0.0000)	1.4601*** (0.0000)	1.4690*** (0.0000)	1.1982*** (0.0000)
	v	3.5021*** (0.0000)	3.1375*** (0.0000)	3.7231*** (0.0000)	3.6876*** (0.0000)	3.7085*** (0.0000)
AGARCH	ω	0.0071*** (0.0023)	0.0020* (0.0920)	0.0048*** (0.0028)	0.0046*** (0.0039)	0.0026** (0.0204)
	α	0.1710*** (0.0000)	0.2750*** (0.0000)	0.1238*** (0.0000)	0.1658*** (0.0000)	0.0948*** (0.0000)
	β	0.8482*** (0.0000)	0.8159*** (0.0000)	0.8912*** (0.0000)	0.8625*** (0.0000)	0.9215** (0.0000)
	η_{11}	0.2420* (0.0564)	0.0163 (0.8188)	−0.0610 (0.5395)	−0.1621* (0.0816)	−0.2337** (0.0443)
	η_{21}	−0.4067*** (0.0002)	−0.0398 (0.1878)	−0.1168** (0.0116)	0.1248*** (0.0054)	0.0002 (0.9948)
	v	3.5009*** (0.0000)	3.1430*** (0.0000)	3.7140*** (0.0000)	3.6407*** (0.0000)	3.7636*** (0.0000)

注：（）表示被估计参数的P值；*、**、***分别代表参数估计在10%、5%、1%的显著性水平下显著。

从表5可以看出，TGARCH、APGARCH在拟合CNY12、CNY、CNH12、CNH收益率时，在5%的显著水平下，非对称项系数均不显著；GJRGARCH在拟合CNY12、CNY、CNH收益率时，在5%的显著水平下，非对称项系数均不显著；AGARCH在拟合CNY时，非对称项系数在5%的显著水平下都不显著；NGARCH在拟合五个外汇市场收益率时，非对称项系数均在5%的置信水平下显著。从上面的估计结果可以看出，五个外汇市场的波动率具有非线性波动的特点，因此，本文采用NGARCH作为建立DCC模型的第一步。对NGARCH拟合数据所得的残差进行GARCH检验，发现均不存在GARCH效应，说明NGARCH（1，1）模型很好地过滤了自相关性。通过NGARCH模型提取各序列的标准化残差进行下一步的DCC-NGARCH建模。DCC-NGARCH-t模型的参数估计见表6。

表6　DCC-NGARCH-t模型参数估计

γ	ψ	v
0.0512*** (11.3782)	0.9095*** (108.1403)	5.0100*** (24.7059)

注：（　）内的数值表示被估计参数的t值；***代表参数估计在1%的水平下显著。

由表6可知，DCC模型的参数均在5%的显著性水平下显著，DCC的参数ψ反映了动态相关系数的持续性的大小，DCC的参数γ表示的是上期随机波动对动态相关系数的影响，ψ越大表示上期相关系数与本期越接近，γ越大表示随机波动对本期动态相关系数影响越大。从参数估计中可以看出，动态相关系数有90.95%的影响来自前期的动态相关系数，有5.12%的影响来自随机波动的影响。

接下来分析外汇市场间的相关系数的变化情况，如图3所示。从图3可以观察到，外汇市场间的相关系数的大小与波动各不相同。特别是在2015年8月11日当天，市场间的动态相关系数都有一个明显的向上跳跃，之后向下波动，说明央行发布汇改消息之后，动态相关系数波动幅度比汇改之前明显加大。表7给出了2015年8月11日之前和2015年8月11日之后各外汇市场动态相关系数的描述性统计。从表中我们发现，2015年8月11日汇改之后，各外汇市场动态相关系数的波动幅度明显加大，最大值都达到了0.98以上，特别是在CNH12、CNH、NDF12外汇市场之间，最小值也都达到0.51以上，在所选取的时间段内，有一半的时间它们之间的相关系数都达到了0.84以上，其中CNH12与CNH两个市场表现出最强的相关性，这说明三个市场之间存在着较强的联动性；我们同时发现，汇改之后，CNY12市场与NDF12市场，CNY市场与CNH12市场，CNY市场与NDF12市场的相关性相较于汇改之前显著增强。

总体来说，人民币汇率在岸与离岸市场的波动情况不同，离岸市场间的波动相关性较大，在岸与离岸市场间的波动相关性较小，说明在岸与离岸市场的一体化程度不够高（由于人民币在岸市场采取的是资本流动管制与有管理的浮动汇率制度，而离岸市场则是依据市场供求定价，不同的定价机制与市场自由程度可能是造成这个差异的原因）。香港离岸市场像是这三个市场间的桥梁，与每个市场都有较强的波动相关性，然而对于香港离岸市场自身而言，与离岸NDF的波动相关性要强于与在岸人民币市场的波动相关性。

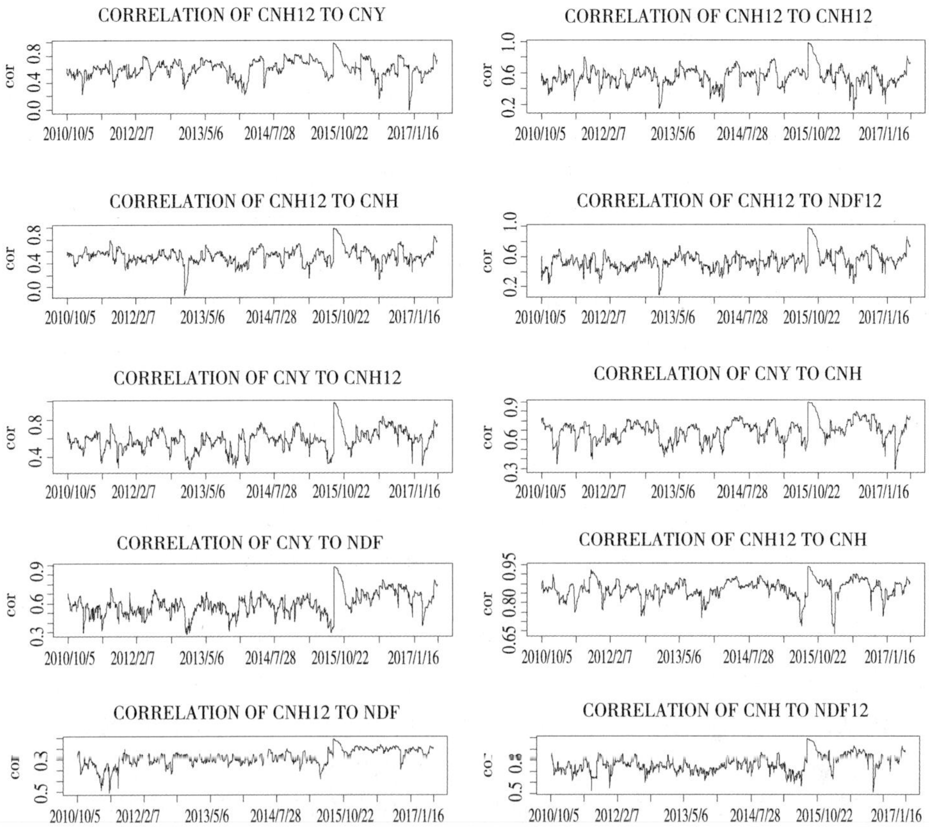

图3 人民币汇率市场间动态相关示意图

表7 各外汇市场动态相关系数描述性统计

	2015年8月11日之前			2015年8月11日之后		
	最小值	中位数	最大值	最小值	中位数	最大值
CNY12与CNY	0.2177	0.6054	0.8275	-0.0172	0.6086	0.9874
CNY12与CNH12	0.1469	0.5640	0.8041	0.1277	0.5514	0.9853
CNY12与CNH	-0.1321	0.5265	0.7814	0.1131	0.5430	0.9882
CNY12与NDF12	0.0967	0.5300	0.7493	0.2420	0.5920	0.9840
CNY与CNH12	0.2593	0.5744	0.7688	0.3014	0.6490	0.9831
CNY与CNH	0.3455	0.7012	0.8554	0.2865	0.7347	0.9966
CNY与NDF12	0.2789	0.5635	0.7641	0.3529	0.7054	0.9845
CNH12与CNH	0.6760	0.8728	0.9739	0.6367	0.9014	0.9923
CNH12与NDF12	0.4939	0.8042	0.9161	0.7061	0.8951	0.9942
CNH与NDF12	0.5255	0.7423	0.8710	0.5161	0.8441	0.9921

五、结论与建议

本文使用VAR、VEC和多元DCC-NGARCH-t模型研究了在岸人民币即期和远期市场，香港离岸即期和远期市场，离岸人民币无本金交割市场之间的价格溢出效应和波动溢出效应。通过以上实证分析得出如下结论：

1.在岸人民币远期市场在价格溢出方面，主要作为价格信息的接受者，容易受离岸市场的影响，独立性较弱，其中离岸人民币无本金交割市场的价格溢出效应是人民币外汇市场中最强的，在岸人民币远期的价格溢出效应是最弱的；在波动联动方面，离岸市场间的波动相关性较大，离岸与在岸市场间的波动相关性较小。

2.人民币离岸NDF市场在价格溢出方面占主导地位，分别对其他四个市场具有价格溢出效应，并且其独立性是五个市场中最强的。同时，在波动联动方面，其与在岸即期市场、离岸即期市场和离岸远期市场均有较高的相关性。

综上所述，人民币在岸外汇市场以及香港离岸市场都是要求在真实贸易基础上进行交易的，而离岸NDF市场却不受这项约束，这也说明在岸人民币市场与离岸香港人民币市场有真实交易套期保值避险需求的企业为多，而离岸人民币NDF市场则更多的是投机机构，市场更加活跃。并且，由于资本管制人民币不可自由兑换，因此本土在岸市场无法反映真实供求，信息优势无法体现出来。这就需要我们进一步加快在岸市场的建设，保证人民币信息中心的地位。

根据以上实证结果，我们提出如下完善人民币在岸与离岸市场的建议：

1.完善在岸市场，促进资本账户进一步开放。各国外汇市场发展的历史经验表明，离岸与在岸市场要相互联合而非分割才能壮大在岸市场的发展。目前在岸人民币市场产品的种类与服务都与离岸市场有一定差距，因此有必要加快汇率制度的改革，扩大汇率的浮动区间，发挥市场在价格决定方面的作用。同时，还应该允许更多符合条件的机构和个人参与外汇市场。开放资本项目的具体措施有：开放证券项目资本，允许境内主体投资境外证券，进一步开放境外主体境内证券市场上市限制，允许外资进入境内市场；改进债务与债权管理方式，方便直接投资，简化汇率兑换的手续，放宽个人直接投资与外商直接投资。

2.扩大各离岸人民币回流通道以及供给量。要扩大香港离岸市场的需求就需要更多地以人民币为计价货币进行对外贸易，鼓励使用人民币在香港直接投资和贷款；同时，鼓励企业机构发行以人民币计价的金融产品，加大国际影响力，促进企业走出去和海外布局。扩大人民币的回流渠道（不仅包括贸易渠道和投资资本市场渠道，还包括发展人民币计价的债券渠道），完善市场之间的货币互换协议。

3.提高在岸外汇市场的软硬件实力。金融服务的硬件系统基础主要包括产品种类、网络安全系统、支付结算系统等。软件系统基础主要是专业化的服务、健全高效的法律监管和合理的相关制度。对比离岸市场，人民币在岸市场无论是在金融产品多样性、市场自由度方面，还是服务的专业化方面都存在较大差距，而香港离岸人民币市场作为人民币离岸市场建设的关键节点，仍需要进一步增加交易机构的数量，同时强化支付结算系统的互联互通。

参考文献

［1］ CHATRATH， RAMCHANDER， SONG. The Role of Futures Trading in Exchange Rate Volatility ［J］. Journal of Futures Markets，1996，16（5）：561-584.

［2］ ZIVOT.Cointegration and Forward and Spot Exchange Rates ［J］. Journal of International Money and Finance，2000，19（6）：785-812.

［3］ IZAWA.An Empirical Hypothesis on the Renminbi NDF in HongKong Market ［J］. Discussion Paper Series，2006（9）：75-79.

［4］ COLAVECCHIO， FUNKE. Volatility Transmissions between Renminbi and Asia-Pacific On-shore and Off-shore US Dollar Futures ［J］. China Economic Review，2008，19（4）：635-648.

［5］ DING， TSE， WILLIAMS. The Price Discovery Puzzle in Off-shore Yuan Trading： Different Contributions for Different Contracts ［J］. Journal of Futures Markets，2014，34（2）：103-123.

［6］ 代幼渝，杨莹.人民币境外NDF汇率、境内远期汇率与即期汇率的关系的实证研究［J］. 国际金融研究，2007（10）.

［7］ 徐剑刚，李治国，张晓蓉.人民币NDF与即期汇率的动态关联性研究［J］. 财经研究，2007（9）.

［8］ 严敏，巴曙松.境内外人民币远期市场间联动与定价权归属：实证检验与政策启示［J］. 经济科学，2010（1）.

［9］ 伍戈，裴诚.境内外人民币汇率价格关系的定量研究［J］. 金融研究，2012（9）.

［10］ 贺晓博，张笑梅.境内外人民币外汇市场价格引导关系的实证研究——基于香港、境内和NDF市场的数据［J］. 国际金融研究，2012（6）.

［11］ 徐晟，韩建飞，曾李慧.境内外人民币远期市场联动关系与波动溢出效应研究——基于交易品种、政策区间的多维演进分析［J］. 国际金融研究，2013（8）.

［12］ 陈文慧.人民币国际化进程中不同市场汇率动态关联性研究——基于VAR-MGARCH-BEKK模型的分析［J］. 区域金融研究，2013（10）.

［13］阙澄宇，马斌.人民币在岸与离岸市场汇率的非对称溢出效应——基于VAR-GJR-MGARCH-BEKK模型的经验证据［J］.国际金融研究，2015（7）.

［14］杨帆.人民币国际化进程中在岸与离岸市场汇率联动研究［J］.统计与决策，2015（19）.

［15］郑联盛，董裕平.离岸人民币定价权及其对在岸人民币的影响［J］.国际金融，2016（3）.

［16］吴远远，赵啟麟.人民币在岸市场和离岸市场汇差影响因素实证研究［J］.价格理论与实践，2017（10）.

［17］HENTSCHEL. All in the Family Nesting Symmetric and Asymmetric GARCH Models［J］. Journal of Financial Economics，1995，39（1）：71-104.

［18］ZAKOIAN. Threshold Heteroskedastic Models［J］. Journal of Economic Dynamics and Control，1994，18（5）：931-955.

［19］HIGGINS，BERA. A Class of Nonlinear ARCH Models［J］. International Economic Review，1992，33（1）：137-158.

［20］DING，GRANGER，ENGLE. A Long Memory Property of Stock Market Returns and a New Model［J］. Journal of Empirical Finance，1993（1）：83-106.

［21］ENGLE. Dynamic Conditional Correlation：A Simple Class of Multivariate Generalized Autoregressive Conditional Heteroskedasticity Models［J］. Journal of Business and Economic Statistics，2002，20（3）：339-350.

（作者单位：西南财经大学统计学院）

第四部分：金融合作与监管

“新金融”的创新与监管

邱亿通

“新金融”作为一种金融生态和金融服务产品及模式，专注于中小微企业、“三农”以及中低收入者，强调使用技术的方式和大数据的能力，其本质是基于新的金融体系而产生的大数据信用体系。有效利用“新金融”的理念和模式能够加快信用积累速度，有效降低金融服务的门槛和成本，减少物理网点和营业时间的限制，并最终解决金融服务的“最后一公里”和“最后一步路”问题。

针对假借普惠金融名义实施非法集资、金融诈骗活动以及互联网科技的灵活性与金融的严谨性存在的冲突，可成立金融风险监测防控中心；进一步将常规整治工作做细、做扎实；设立举报平台，发挥社会监督的作用；建立定期风险报告和培训机制；加强消费者教育；探索建立首席风险官制度，以加快“新金融”模式的成熟和完善。

一、“新金融”的内涵和特点

“新金融”是在互联网和信息技术革命推动下，伴随着移动化、大数据、云计算技术的兴起而出现的新的金融生态和金融服务产品及模式，是金融业发展的新领域。

在2016年的G20杭州峰会上，中国与其他G20成员共同制定了《G20数字普惠金融高级原则》，提出利用数字技术降低成本，扩大金融服务的覆盖面，提高金融服务的可得性和包容性，深化金融服务的渗透率，促进普惠金融。作为实现数字普惠金融的重要载体——“新金融”的定义可以细化为以下三个“新”：第一个“新”是专注于中小微企业、“三农”和中低收入者；第二个“新”是用技术的方式、用大数据的能力，去构建一个更加透明、开放、包容的金融服务体系；第三个“新”是基于新的金融体系而产生的大数据信用体系。

二、“新金融”的意义和作用

传统金融行业中的“二八定律”（20%的客户带来80%的资源）在“新金融”领域并不适用。新金融服务的对象是那个长尾，也就是80%的客户，多数人从中受益，给社会带来一种平等、普惠的效应。

“新金融”的数字技术变革为普惠金融的规模化带来了真实的可能性，移动互联改变了触达用户的成本和效率，大数据、人工智能、云计算的结合，深刻地改变着了解用户、甄别风险的成本和效率；同时，数字技术也加快了信用积累速度。有效利用“新金融”的理念和模式能够加快信用积累速度，有效降低金融服务的门槛和成本，减少物理网点和营业时间的限制，有助于推动解决金融服务的“最后一公里”和“最后一步路”问题。

三、“新金融”发展出现的问题

值得注意的是，“新金融”作为数字技术和普惠金融相结合的产物，在取得一系列成绩的同时，也带来了一些新风险。一方面，一些机构假借普惠金融的名义，依靠技术手段从事非法集资、金融诈骗或违规经营等活动；另一方面，互联网科技属性与金融属性间存在文化冲突。互联网科技文化既代表着“新”也代表着“快”，讲究的是“赢者通吃”“唯快不破”，资本的期待和残酷的竞争，导致落后别人一秒就有可能失去竞争卡位，这与金融行业恰好相反。金融行业的本质决定了其相对保守的文化，金融行业的复杂性在于金融活动是一种跨期交易安排，对社会生活的影响巨大，而这种影响在短期内难以发现，金融风险具有隐蔽性、滞后性等特征，因此金融行业在开展业务时特别强调审慎。“新金融”的特色是将互联网科技的灵活性与金融的严谨性相结合。如果不能平衡好二者之间的关系，则可能会因为步子迈得过快而跨出“合规”的边界。金融风险，主要依靠企业自身在坚持客户价值第一的前提下去降低，调和上述两种不同文化的张力，努力形成一种“正反合式”的螺旋上升，这也是“新金融”能否健康地走下去的关键。

四、广州在促进“新金融”规范发展方面的初步实践

全国金融工作会议提出了服务实体经济、防范金融风险、深化金融改革三项任务，“新金融”可以说是集这三项任务于一身。首先，“新金融”是服务实体经济的非常好的方式、方法，特别是针对小微企业融资贵、融资难的痛点，能够比较精准地解决问题。其次，“新金融”潜在的风险较高，必须采取措施认真防范。最后，“新金融”对于传统金融体系而言，是很大的改革和创新。广州市一直以来高度重视“新金融”的监管问题，近年来也做了一些探索和实践，主要包括以下六个方面：

1.成立广州金融风险监测防控中心。广州金融风险监测防控中心成立于2017年8月，是由广州市金融工作局指导广州商品清算中心试点建设的重大金融基础设施，是一家集监测、预警、防控为一体的专业化金融风险监测防控机构，也是全国地方政府中第一家金融风险监测防控中心。中心成立以来，接待了全国政协

专题调研组、人民银行总行金融消费者权益保护局、湖南省金融办、宁夏金融局、大连金融局、大庆金融办、上海浦东新区金融服务局、深圳前海管理局等超过40批来中心考察学习的各地代表。2017年6月，防控平台正式运行，截至11月14日，防控平台已对广东省内19 818家类金融企业开展了风险排查和监测预警，其中，发现高危企业38家、高风险预警企业420家、重点监测企业142家以及异常名单企业121家。排查涉及广州市企业7 257家，范围覆盖广州市11个辖区、9个行业，包括地方交易场所、网络借贷信息中介机构、私募股权基金、融资租赁公司、小额贷款公司、融资担保机构和其他业态（包括线下理财、股权众筹等地方金融业态），发现非正常企业102家，占全市总排查企业的1.41%。由此可见，平台在防范地方金融风险中发挥了重要作用。

2.进一步将常规整治工作做细、做扎实。首先，进一步完善现场检查方案和流程，制定指引现场检查工作的规范性文件，建立日常监管的现场检查工作制度；其次，加强现场检查，将现场检查与委托检查相结合，聘请第三方对广州市互联网金融进行现场检查，延伸检查触角，扩大检查广度与深度，形成“全覆盖、无遗漏”的现场检查机制；最后，根据检查结果，对从业机构区分情节轻重进行分类处置，对违规情节较轻的机构进行不定期检查，对违规情节较为严重的机构进行定期排查和24小时严密跟踪，以形成立体式风险防控网络，全力化解、妥善处置金融风险问题。

3.设立举报平台，发挥社会监督作用。针对互联网金融违法违规活动隐蔽性强的特点，为更好地发挥社会监督的作用，广州互联网金融协会推出了互联网金融举报信息平台，群众可通过电话、网站、微信公众号等渠道，对互联网金融从业机构的违法、违规行为进行如实举报，为整治工作提供线索。

4.建立定期风险报告和培训机制。充分发挥行业协会的职能，一方面，由各行业协会每月对相应“新金融”业态进行风险扫描和分析，形成风险定期报告机制，及时处置潜在的风险隐患；另一方面，由行业协会每季度组织高管人员进行业务培训，不断强化守法、合规的经营意识。

5.加强消费者教育。发展“新金融”就是要让更多的社会公众能够享受到现代金融带来的便利，但金融消费者普遍存在认知上的偏差。因此，广州市多次组织金融知识进校园、进社区等金融知识宣传教育活动，致力于营造“卖者有责、买者自负”的经营氛围。

6.探索建立首席风险官制度，以加快“新金融”模式的成熟和完善。从2017年下半年开始，我们积极研究探索在市内重点金融领域建立和推行首席风险官制度，以建立健全内部风险控制，确保在重点领域、重点企业不发生系统性金融风险。

（作者单位：广州市金融工作局）

中国与白俄罗斯货币金融合作：基础、挑战与对策建议

王霞　杨宝霞

在中国、白俄罗斯两国就推进“一带一路”建设已展开密切合作的背景下，加强中国与白俄罗斯货币金融合作日益迫切。基于此，本文从良好的政治关系、密切的经贸合作基础、日益增长的投资合作等五个方面分析了中国与白俄罗斯货币金融合作的基础，探讨了两国货币金融合作的现状及面临的挑战，提出了进一步推动经贸合作，促进两国经济协调发展、完善区域金融基础设施建设、建立货币金融合作机制等对策建议。

一、引言

白俄罗斯是最早支持“一带一路”倡议的国家之一，也是欧亚大陆桥的重要通道，在推进欧亚经济合作方面具有特殊的地缘优势。作为“一带一路”建设的重要节点，白俄罗斯有望成为中国企业进军欧洲的桥头堡。中国、白俄罗斯两国就推进“一带一路”建设已展开了密切的合作，中白高层互访频繁，2015年和2016年两国元首实现互访，年均会晤两次。2015年由30多名白俄罗斯副部长级代表组成的代表团访华。2016年中国官方访白团组数量突破100个。中国在白俄罗斯修建了海外最大的工业园——中白工业园。2015年5月，中国国家主席习近平提出，“将中白工业园园区项目打造成‘丝绸之路经济带’上的明珠和双方互利合作的典范”。在中白两国经济联系日益密切的背景下，加强货币金融合作具有重要意义：第一，可以推动中白经贸合作不断深化，对中国“一带一路”倡议的实施起到重要的促进作用；第二，有利于推动人民币的区域化，提升人民币的国际地位，摆脱区域发展的“美元陷阱”；第三，在危机时期，中白货币金融合作有利于维持区域金融环境的稳定性，采取协调一致的政策应对危机。目前，中国与白俄罗斯的货币金融合作已经起步，但能否进一步深化、面临哪些障碍、该如何加以解决尚需研究。本文即立足于此，在对中白货币金融合作的基础及现状进行分析的基础上，针对双方货币金融合作面临的障碍，提出推进双方货币金融合作的对策建议。

二、文献综述

区域货币金融合作以Mundell（1961）[1]的开拓性研究为开端，欧元的诞生、全球经济一体化的发展及国际金融危机的屡次爆发，使区域货币金融合作日益成为国际货币金融领域的一个重要研究方向。目前相关文献主要聚焦于欧洲货币合作（Krugman，1993[2]；Bayoumi and Eichengreen，1997[3]；Frankel and Rose，1997[4]；张树亮，2011[5]）与东亚货币金融合作（戴金平，2004[6]；孙杰，2007[7]；张宇燕和张静春，2008[8]；Kwan，2011[9]；吴晓霞，2009[10]；李晓，2011[11]；刘亮，2013[12]；刘文和刘婷，2013[13]；翁东玲和张若谷，2015[14]）。2008年国际金融危机的发生及“一带一路”倡议的提出，关于中国与中亚货币金融合作的研究开始增多（秦放鸣、张飘洋和孙庆刚，2015[15]；王倩、王龑和胡颖，2014[16]；朱显平和张建政，2015[17]；程贵，2015[18]；张劲波、张伟进和张江洋，2015[19]），关于中国与其他国家之间双边货币金融合作的研究也开始出现，如关于中俄货币金融合作（刘军梅，2010[20]；郭晓琼，2017[21]）、中哈货币金融合作（玉素甫·阿布来提和玛依拉，2015[22]；高丽，2016[23]；刘亚辉和蒙永胜，2017[24]）、中印货币合作（马先仙和杨文武，2013[25]）等。

总体而言，现有文献对区域货币金融合作进行了较为深入的研究，并为开展中国与白俄罗斯的货币金融合作研究奠定了坚实的基础。但现有研究成果大多聚焦多边货币金融合作方面，对中国与其他国家之间双边货币金融合作的研究很少，对中国与白俄罗斯之间货币金融合作的研究成果还没有。此外，现有文献主要基于最优货币区理论对不同区域或不同国家之间的货币金融合作进行可行性分析或路径研究，但欧元区实践中面临的问题及东亚货币合作的困境都说明，区域货币一体化并不一定是货币金融合作的最终目标或唯一目标。尤其对于现阶段的中国来说，货币金融合作的目标定位于如何在既有的组织框架内更好地谋求人民币的区域化乃至国际化，更有现实意义及长远价值。本文的创新之处主要体现在两个方面：一是首次对中国与白俄罗斯的货币金融合作问题进行探讨；二是从货币国际化及最优货币区理论的双重视角探讨中国与白俄罗斯的货币金融合作问题。

三、中国与白俄罗斯货币金融合作的基础

（一）良好的政治关系

中国与白俄罗斯于1992年1月20日开始建交，并签署了《中华人民共和国政府和白俄罗斯共和国政府经济贸易合作协定》。近年来，中白两国高层交流十分密切。2013年白俄罗斯总统卢卡申科和中国主席习近平把两国关系提升到新的水平，建立了全面战略伙伴关系。2014年两国高层领导进行了多次相互访问。2014年1月，中白双方共同宣布并推进实施《中白全面战略伙伴关系发展规划

（2014—2018）》，并建立副总理级政府间合作委员会，统筹推进中国-白俄罗斯工业园（以下简称“中白工业园”）和经贸、投资、高科技、金融等领域的合作。2014年9月两国召开了政府间合作委员会首次会议，2015年两国元首举行了3次会谈。2017年是中国和白俄罗斯建交25周年，卢卡申科高度评价白中关系的发展并指出，中白两国友谊源远流长，双方在政治、经济、人文等领域合作成果显著，中白友谊是“全天候友谊”。此外，2017年上半年，白俄罗斯在两国建交25周年的框架下先后举办了白中科技合作研讨会等活动，并发行了以两国国徽图案为主题的纪念邮票。2017年4月，全国人大常委会委员长张德江对白俄罗斯进行正式友好访问，并签署了全国人大与白俄罗斯国民会议合作的联合声明。

（二）密切的经贸合作基础

中白经济具有较强互补性。白俄罗斯拥有较高的科技水平和科研能力，投资环境良好，白俄罗斯农业较为发达，大型农机产品、农产品等在中国有良好的市场前景；中国在改革开放的历程中积累了资金和生产、技术、管理经验，特别是在轻工业、电子产业、高科技产业等领域优势突出。

两国在贸易、投资和经济技术等领域合作潜力巨大。在两国政府和相关部门的推动下，当前中白双边进出口贸易额呈稳定增长趋势，中国日益成为白俄罗斯重要的贸易伙伴国。两国进出口贸易额从2010年的12.72亿美元上升到2016年的15.24亿美元，其中2014年达到18.49亿美元。中国占白俄罗斯进出口贸易总额的比重从2010年的2.11%上升到2016年的3%，其中从中国进口占白俄罗斯进口总额的比重从2010年的2.28%上升到2016年的3.97%，对中国出口占白俄罗斯出口总额的比重从2010年的1.88%上升到2015年的3.79%。日益频繁的经贸合作为区域货币金融合作的开展奠定了坚实的基础。2010—2016年中国对白俄罗斯进出口贸易额及占比见表1。

表1　**中国对白俄罗斯进出口贸易额及占比（2010—2016）**　单位：亿美元

年份	中国与白俄罗斯进出口总额	白俄罗斯进出口总额	中国占比	中国对白俄罗斯出口总额	白俄罗斯进口总额	中国占比	中国从白俄罗斯进口总额	白俄罗斯出口总额	中国占比
2010	12.72	601.68	2.11	7.96	348.84	2.28	4.76	252.83	1.88
2011	13.04	871.78	1.50	7.04	457.59	1.54	5.99	414.19	1.45
2012	15.83	924.64	1.71	9.20	464.04	1.98	6.63	460.60	1.44
2013	14.52	802.26	1.81	8.71	430.23	2.02	5.81	372.03	1.56
2014	18.49	765.83	2.41	11.11	405.02	2.74	7.39	360.81	2.05
2015	17.60	569.52	3.09	7.50	302.91	2.48	10.11	266.60	3.79
2016	15.24	508.78	3.00	10.89	274.64	3.97	4.35	234.14	1.86

资料来源：根据wind数据库整理计算而得。

（三）日益增长的投资合作

中国与白俄罗斯之间已建立起双边投资关系，但以中国对白俄罗斯投资为主，白俄罗斯对中国的投资很少。且从近年来看，中国对白俄罗斯的投资总体上呈现快速增长趋势，其中直接投资额从2010年的0.1922亿美元增长到2016年的1.6094亿美元，占白俄罗斯外资直接投资净流入的比重从2010年的1.37%增长到2016年的12.93%。2011年在白中资企业共有27家，2016年年初这一数字增至191家。中国成为白俄罗斯的重要资本来源国。此外，中国对白俄罗斯对外承包工程金额相对较大，2010—2015年累计为52.7188亿美元，其中2013年高达16.4638亿美元。2010—2016年中国对白俄罗斯投资状况见表2。

表2　**中国对白俄罗斯投资状况（2010—2016）**　单位：亿美元

年份	对外承包工程金额	中国对白俄罗斯直接投资	白俄罗斯对中国直接投资	中国对白俄罗斯净投资额	白俄罗斯外商直接投资净流入总额	中国占比
2010	4.8876	0.1922	0.001	0.1912	13.934	1.37
2011	4.0511	0.0867	0.0664	0.0203	40.024	0.05
2012	5.6693	0.435	0	0.435	14.636	2.97
2013	16.4638	0.2718	0.0019	0.2699	22.461	1.20
2014	11.7515	0.6372	0.0004	0.6368	18.62	3.42
2015	9.8955	0.5421	0	0.5421	16.523	3.28
2016	—	1.6094	0.0004	1.6090	12.444	12.93

资料来源：根据wind数据库整理计算而得。

（四）两国较高的经济开放度

根据最优货币区理论，一国经济对外开放度是影响国际货币合作的重要因素。本文用对外贸易依存度衡量一国的对外开放程度。根据表3可知白俄罗斯对外开放程度很高，2010年以来对外贸易依存度都超过1；中国的对外贸易依存度2010年以来不断下降，但均高于0.3，处于中等水平。就这个标准来说，长期来看，两国的经济开放度比较符合组成货币区的条件，货币合作空间较大。

表3　**中国与白俄罗斯对外贸易依存度（2010—2016）**

年份	2010	2011	2012	2013	2014	2015	2016
中国（%）	49.24	48.33	45.17	43.29	41.04	35.73	32.91
白俄罗斯（%）	108.96	145.95	146.14	109.76	100.63	104.29	107.26

资料来源：EPS数据库以及作者的计算。

（五）较为完备的法律基础

中国和白俄罗斯已签署80多个条约，其中最重要的条约有《经贸合作协定》

《投资保护协定》《避免双重征税协定》《鼓励和相互保护投资协定》《进出口商品质量保证协定》《知识产权保护协定》《中国与白俄罗斯 WTO 双边市场准入协议》《中国与白俄罗斯关于相互承认完全经济地位的谅解备忘录》《和平利用原子能合作协定》《本币互换协议》等。这些协议为双边政治、经贸及货币金融合作的长期发展奠定了法律基础。

四、中国与白俄罗斯货币金融合作的现状

近年来，白俄罗斯政府积极发展对华关系，也很期待来自中国的金融支持；白俄罗斯稳定的政治和社会环境、优越的地理位置对中国也产生了较大的吸引力。中白货币金融合作不断深化，主要表现在以下几个方面：

（一）货币合作

在进行区域货币合作的过程中，货币互换协议的签订对初级阶段的货币合作来说是一个重要的措施，它能够应对合作区域内短期流动性不足的现象，以维护本地区金融稳定，同时在双边贸易和对外投资中具有投融资便利、规避汇率风险及降低汇兑成本等功能。

2007 年 9 月，白俄罗斯成为欧洲和独联体地区率先把人民币作为国际储备货币的国家。2009 年 3 月 11 日，中国人民银行和白俄罗斯共和国国家银行宣布签署双边货币互换交易协议《中白双边本币结算协议》，协议有效期 3 年，协议互换规模为 200 亿元人民币 / 8 万亿白俄罗斯卢布，双方承诺将这些资金用于双边贸易，这意味着两国在结算时停用美元，改用本国货币（不超额兑换）。央行表示，此举的目的是通过推动双边贸易及投资促进两国经济的增长。2015 年 5 月 10 日，中国与白俄罗斯共和国国家银行续签了规模为 70 亿元人民币/16 万亿白俄罗斯卢布的双边本币互换协议，协议有效期 3 年，经双方同意可以展期。双边本币互换协议将促进白俄罗斯和中国企业发展双边贸易和投资，推动本币结算，促进两国经济增长。

（二）区域金融双边合作

随着中国与白俄罗斯在贸易流通、基础设施建设等领域的合作日趋紧密，两国在金融合作方面也取得了一些进展，主要表现为跨境设立金融机构、跨境业务合作、信贷合作、监管合作等双边合作及多边合作。

1. 在跨境设立金融机构方面。白俄罗斯银行与 51 家中国银行有着代理关系，于 2007 年在北京设立了代表处，并积极与“巨石”中白工业园开展合作，目前已就在中白工业园内开设白俄罗斯银行分行达成了协议。但目前尚无中资银行在白俄罗斯设立分支机构。

2. 在跨境业务合作方面。中白两国金融机构已在政策性金融和商业性金融领域展开了较为广泛的合作。白俄罗斯银行为实现人民币结算开设了直接账户，白

俄罗斯天然气工业银行与白俄罗斯银行都与银联国际建立了合作关系，目前其旗下ATM和商家均已受理银联卡，并在推动白俄罗斯本地发卡、推广银联创新产品和服务等方面开展合作。此外，建立中白投资基金的工作也正在进行。

3.在信贷合作方面。为促进中国与白俄罗斯双边贸易及白俄罗斯基础设施和中小企业发展，中国进出口银行和国家开发银行给白俄罗斯提供了大量贷款，其中中国进出口银行在中白信贷合作中的比重达83%，10年来成功实施了电力、建材生产和基础设施建设等领域的一系列项目。2017年9月12日，中国出口信用保险公司与白俄罗斯银行签署了《中国出口信用保险公司与白俄罗斯银行的框架合作协议》，旨在通过携手搭建融资保险平台，为中白两国间大型项目和贸易提供综合性融资解决方案。此外，白俄罗斯银行与中国的金融机构在工业、能源、交通、中小企业和其他领域的白中联合投资项目的融资中也建立了合作关系。

4.在金融监管合作方面。近些年，为防范、化解金融危机和弱化国际投机资本的负面影响，各国之间普遍加强了双边和多边的监管合作。中国和白俄罗斯也已就此开展了一定的合作并取得了初步的成果。2007年5月，中国银监会与白俄罗斯国家银行在北京共同签署了两国跨境银行监管合作谅解备忘录，中白两国监管当局同意在信息交换、市场准入和现场检查等方面加强合作。2014年1月，中国证监会与白俄罗斯共和国财政部在北京签署了《证券期货监管合作谅解备忘录》。监管合作谅解备忘录的签署，对于进一步加强双方在证券期货领域的监管交流合作、促进双方资本市场的健康发展均具有重要意义，标志着双方证券监管机构的合作进入了一个新的阶段。

（三）区域金融多边合作

中国与白俄罗斯之间的多边货币金融合作主要依托于上海合作组织。上海合作组织自2001年建立以来，已经从一个单纯的安全合作组织发展成为集政治、经济、人文、安全、能源、交通等多领域合作于一身的地区性国际组织，目前其成员方有中国、俄罗斯、哈萨克斯坦、吉尔吉斯斯坦、塔吉克斯坦、乌兹别克斯坦。金融合作是上海合作组织经济合作的重要组成部分。白俄罗斯虽然只是上海合作组织的对话伙伴，但在上海合作组织框架内，中国与白俄罗斯的货币互换协议签署得最早，额度也最大。此外，中国政府也向白俄罗斯提供了一些优惠贷款。

五、中国与白俄罗斯开展货币金融合作面临的挑战

虽然中国与白俄罗斯之间已经进行了一些货币金融合作，但目前双方的合作仍处于初级阶段，不像东亚货币金融合作那样深入。此外，在双方合作中还面临着以下挑战：

（一）经济发展水平差距较大

中国与白俄罗斯经济发展水平差距较大，且在不断扩大。如表4所示，2010年中国GDP总量是白俄罗斯的109倍，2016年扩大到236倍。从增长率来看，2010—2016年中国GDP年均增长率是8.1%，而白俄罗斯只有1.57%，且在2015年、2016年出现负增长。从相对指标看，中国人均GDP在2014年以前小于白俄罗斯，2015年、2016年由于白俄罗斯经济下滑，2015年起中国人均GDP超过白俄罗斯，2016年中国人均GDP是白俄罗斯的1.63倍，差距也越来越大。经济差距的大小直接影响着区域经济合作的步伐及区域政策协调的难度，进而影响到区域货币金融合作的深化。一方面，经济差距扩大导致经济合作基础变得薄弱，制约区域合作的深化与双边协议的落实，进而不利于两国货币金融合作的顺利开展；另一方面，经济差距扩大也导致两国的发展需求不同，货币政策目标迥异，增大了区域政策协调的难度，进而影响到货币金融合作的稳步推进。

表4 **中国与白俄罗斯GDP一览表（2010—2016）**

年份	白俄罗斯			中国		
	GDP（亿美元）	人均GDP（美元）	GDP增长率（%）	GDP（亿美元）	人均GDP（美元）	GDP增长率（%）
2010	552.2	6 029.40	7.74	60 400	4 560.51	10.6
2011	597.3	6 519.23	5.50	75 350	5 633.80	9.48
2012	632.7	6 940.16	1.50	85 610	6 337.88	7.75
2013	730.9	7 978.87	1.07	96 070	7 077.77	7.68
2014	761.03	8 318.51	1.72	104 820	7 683.50	7.27
2015	546.1	5 949.11	−3.89	110 650	8 069.21	6.9
2016	474.33	4 986.50	−2.6	111 990	8 123.18	6.7

资料来源：根据wind数据库整理而得。

（二）白俄罗斯卢布汇率波动剧烈

白俄罗斯实行浮动汇率制度，近年来由于政府政策失误、自身经济结构和国内贸易结构不合理，导致国际收支账户一直出现逆差，外汇储备大量减少，汇率变动剧烈，卢布不断贬值，并于2011年5月下旬至6月初爆发了一次金融危机，白俄罗斯卢布对美元汇率由2011年5月23日的3 155：1下降至2011年5月24日的4 930：1，此后，白俄罗斯卢布汇率一路下跌，从2011年年底的4 974.6：1跌至2016年年底的19 902：1，5年间跌幅达300%（如图1所示）。汇率不稳定，一方面影响双方的经贸和投资，进而影响金融合作；另一方面对双方货币政策决策和执行能力带来挑战，对两国管理汇率的能力也带来挑战。

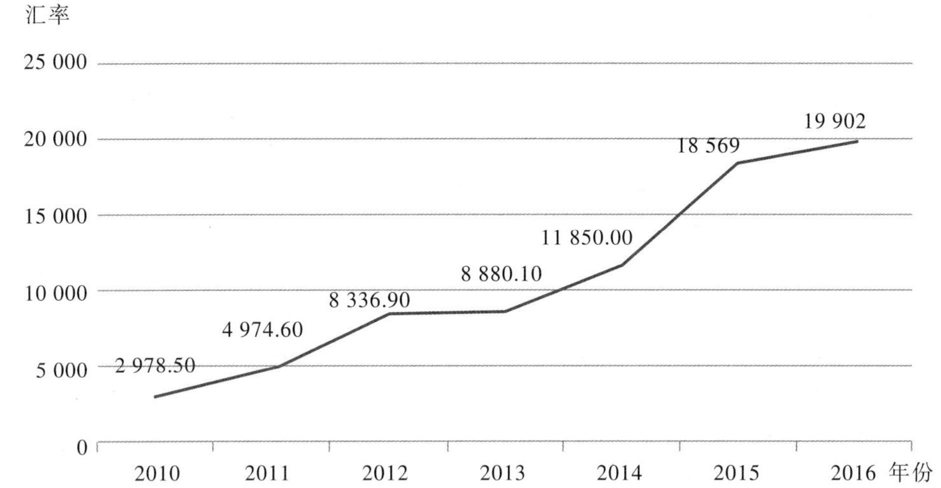

图1　白俄罗斯卢布汇率走势图（2010—2016）

资料来源：EPS数据库。

（三）白俄罗斯通货膨胀较为严重

近年来，白俄罗斯通货膨胀较为严重，且波动幅度较大。如图2所示，2008—2016年，白俄罗斯通货膨胀率平均为23.31%，其中2010年最低，为7.74%，而2011年、2012年分别高达53.23%、59.27%，虽然从2013年以来开始下降，但2016年依然高达11.84%。较高的通货膨胀率不利于货币稳定，对两国的贸易、投资以及货币金融合作有较大的影响。

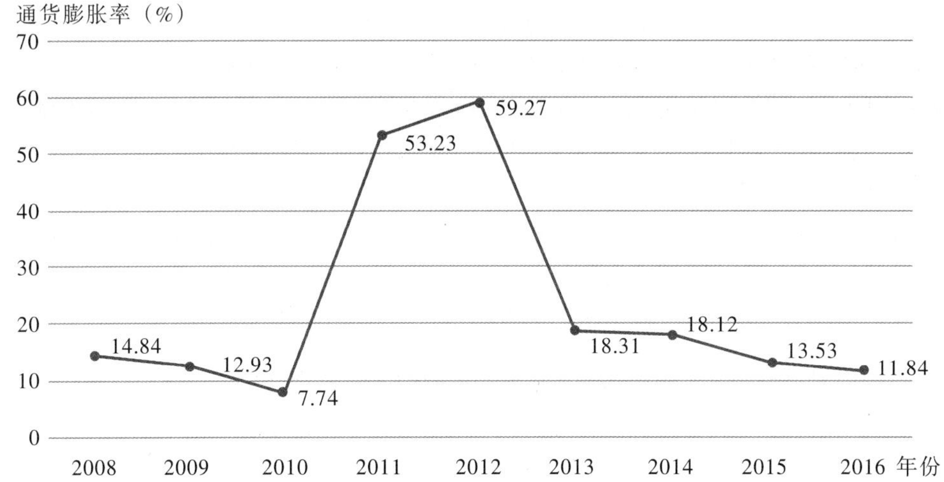

图2　白俄罗斯通货膨胀率（2008—2016）

资料来源：EPS数据库。

（四）金融发展差距较大

比较中国与白俄罗斯之间的金融发展，可以发现它们在金融基础设施、金融经营管理体制、金融服务水平等方面存在较大差距，具体表现在：

1. 白俄罗斯金融基础设施不完善。完备的金融基础设施是深化区域金融合作的基础，也是提升金融服务质量的保障。目前，白俄罗斯的金融基础设施发展滞后，信用卡、支票、电子转账等工具的使用还不够普遍，与中国的对接不够顺畅。这就需要加强中国和白俄罗斯金融基础设施的互联互通。

2. 白俄罗斯金融经营管理体制僵硬，国内金融机构的活力不足，相互间资金流动比较弱，而中国的金融机构经营管理越来越开放，参与的国际竞争越来越多，资金流动频繁。这也是中国和白俄罗斯深化金融合作必须面对的问题。

3. 白俄罗斯金融服务水平较低。近年来，中国金融体系的金融产品越来越丰富，金融服务水平不断提升，而白俄罗斯金融产品较少，创新不足，商业保险体系不发达，整体服务水平较低，使得中国与白俄罗斯进行金融业务对接的难度增加。

（五）地缘政治层面的竞争

中国在欧亚空间的地位使得无论是西方国家还是俄罗斯，都将中国视为地缘政治对手。2015年1月1日，俄罗斯与哈萨克斯坦及白俄罗斯于2010年联合成立的欧亚关税同盟转变并扩大为欧亚经济联盟，目前包括俄罗斯、白俄罗斯、哈萨克斯坦和亚美尼亚、吉尔吉斯斯坦5个成员方。根据《欧亚经济联盟条约》，俄白哈三国将在2025年前实现商品、服务、资本和劳动力的自由流动，终极目标是建立类似于欧盟的经济联盟，形成一个拥有1.7亿人口的统一市场。与此同时，俄罗斯一直在试图建立以欧亚经济联盟为基础的货币联盟，采用共同的货币。在这种情况下，俄罗斯自然会想方设法阻挠外来经济势力的渗透。此外，白俄罗斯油气资源缺乏，依赖俄罗斯进行油气供应，而且从俄罗斯进口能源还能使白俄罗斯获得可观的额外收入。因此，白俄罗斯经济在一定程度上受制于俄罗斯。这使中国与白俄罗斯之间的货币金融合作面临着种种障碍。

（六）金融合作机制尚未建立

随着中白两国政治、经贸合作的深化和发展，两国在货币金融领域的合作方面取得了一定进展，但目前两国货币金融合作更多地停留在具体项目和金融业务层面的合作，两国间金融合作机制尚未建立，更没有金融合作的整体战略部署。

六、加强中国与白俄罗斯货币金融合作的对策建议

中白货币金融合作是一项漫长而复杂的工程，需要逐步推进。具体建议如下：

（一）进一步推动经贸合作，促进两国经济协调发展

要充分利用现有的合作机制与平台，逐步加深中国与白俄罗斯的经济合作；

发挥中白两国各自的资源与产业优势，不断扩大两国的利益交汇点，促进两国经贸往来与技术合作，缩小两国经济发展的差异，为两国货币金融合作奠定基础。

（二）完善区域金融基础设施建设

1.设立服务区域建设的融资平台。完善金融机构组织体系建设，设立服务区域经济发展的银行、证券、保险、信托等机构，为区域道路互联互通、贸易投资提供资金支持，促进中国和白俄罗斯的货币金融合作；加强银行卡网络建设，构建金融风险防范体系，推进人民币债券发行等方面的合作；进一步改善银行服务，为两国企业的投资、生产、贸易等提供便捷的金融支持。

2.建立跨境支付结算体系。积极建立统一、安全、高效的多边支付结算体系，既满足丝绸之路经济带建设过程中中白双方金融机构互设、经贸投资、人员往来的金融需求，也有利于扩大人民币的使用范围、降低双方贸易投资的汇率风险与结算成本。

3.加强跨境征信体系合作。加强中国与白俄罗斯征信管理部门的交流，在征信市场发展、征信机构监管、信用评级标准、征信风险防范、保护信息主体合法权益等方面开展深入合作，逐步推进信用信息的共享范围、共享方式与共享内容，进一步增进跨境征信合作的深度与广度，为双方货币金融合作奠定基础。

（三）建立货币金融合作机制

1.建立政府层面中白金融合作机制。将金融合作作为基础性条款写入各类中白合作协议；进一步丰富中白双方官方和半官方层面的金融合作；进一步促进政策性金融机构、开发性金融机构的对白业务合作。

2.建立健全稳定汇率的相关机制。维持双边汇率的稳定是两国汇率合作的基础，也是建立稳定汇率机制的第一步。为此，中白双方首先应保持自身汇率的相对稳定，尤其是白俄罗斯应大力发展经济，稳定白俄罗斯卢布汇率；其次，中白双方应加强对汇率政策的协调，建立健全相应的汇率机制，促进双边汇率的稳定。

3.建立政策协调机制。以“丝绸之路经济带”建设为契机，借助丝路基金、亚洲基础设施投资银行以及上海合作组织等交流平台，加强金融合作与交流，进一步深化中白金融组织体系、调控体系与监管体系等方面的合作，建立金融合作议事机制、金融合作协调机制，深化中白两国的货币金融合作。

4.建立紧急救援机制。中白两国通过建立紧急救援机制形成合力，提升应对金融危机冲击的能力，避免危机时陷入经济衰退，共同维护两国的金融稳定。

（四）推动人民币在白俄罗斯的国际化

加强人民币在白俄罗斯的流通与使用。在中白货币互换的基础上协商建立货币直接挂牌交易试点，推进中白两国跨境贸易的人民币结算和人民币直接投资，有序推动人民币与银联卡在当地的结算支付，逐步扩大银联卡的发行范围，不断丰富人民币金融交易的品种和类型。

（五）促进“丝绸之路经济带”与欧亚经济联盟的对接

尽管有竞争，但“一带一盟”在重塑欧亚大陆格局、改变国际经济制度、重构世界秩序等核心目标上也具有一致性。促进“丝绸之路经济带”与欧亚经济联盟的对接，有利于中白经贸合作及货币金融合作。2015 年中俄签署的《关于“丝绸之路经济带”建设和欧亚经济联盟建设对接合作的联合声明》指出：“促进扩大贸易、直接投资和贷款领域的本币结算，实现货币互换，深化在出口信贷、保险、项目和贸易融资、银行卡领域的合作。通过丝绸之路基金、亚洲基础设施投资银行、上海合作组织银联体等金融机构，加强金融合作。”该声明为中白货币金融合作指明了方向和路径，是中白货币金融合作努力的目标。

参考文献

［1］MUNDELL R A.Theory of optimal currency areas［J］. American Economic Review，1961，Vol.51：657-665.

［2］KRUGMAN P. Lessons of massachusetts for EMU［M］. New York：Cambridge University Press，1993.

［3］BAYOUMI T，EICHENGREEN B. Ever closer to heaven? An optimum-currency-areas index for european countries［J］. European Economic Review，1997，Vol.41：761-770.

［4］FRANKEL J A，ROSE A K. The endogeneity of the optimum currency area criteria［J］. NBER Working Paper 5700，1997.

［5］张树亮. 欧元区货币一体化的贸易效应考察［D］. 天津：天津财经大学，2011.

［6］戴金平. 东亚的货币金融合作的经济政治基础分析［J］. 南开经济研究，2004（3）.

［7］孙杰. 深化亚洲金融合作的途径：日本的作用和影响［J］. 世界经济与政治，2007（5）.

［8］张宇燕，张静春. 货币的性质与人民币的未来选择［J］. 当代亚太，2008（4）.

［9］KWAN C H. The theory of optimal currency areas and the possibility of forming a Yen Bloc in Asia［J］. Journal of Asian Economics，2011，Vol.11：94-106.

［10］吴晓霞. 东亚货币合作研究［D］. 吉林：吉林大学，2009.

［11］李晓. 东亚货币合作为何遭遇挫折？——兼论人民币国际化及其对未来东亚货币合作的影响［J］. 国际经济评论，2011（11）.

［12］刘亮. 东亚区域货币合作研究［D］. 武汉：武汉大学，2013.

［13］刘文，刘婷. 后金融危机时期中日韩货币合作研究［J］. 东北亚论坛，2013（2）.

［14］翁东玲，张若谷. 国际货币体系改革进程中的东亚金融合作——兼论中国的策略选择［J］. 亚太经济，2015（6）.

［15］秦放鸣，张飘洋，孙庆刚. 基于经济周期同步性的中国与中亚国家金融合作可行性研究［J］. 新疆财经大学学报，2015（2）.

［16］王倩，王龑，胡颖. 丝绸之路经济带加强货币金融合作的经济基础和可行性分析——基于SVAR模型的研究［J］. 西南金融，2014（12）.

［17］朱显平，张建政. "上海合作组织"框架下的中国与中亚国家金融合作目标及途径［J］. 东北亚论坛，2015（3）.

［18］程贵. 丝绸之路经济带国际核心区货币金融合作的困境及其破解［J］. 经济纵横，2015，（11）.

［19］张劲波，张伟进，张江洋. 中国与中亚诸国货币合作的经济基础分析［J］. 经济经纬，2015（1）.

［20］刘军梅. 中俄金融合作：历史、现状与后危机时代的前景［J］. 国际经济合作，2010（1）.

［21］郭晓琼. 中俄金融合作的最新进展及存在的问题［J］. 欧亚经济，2017（4）.

［22］玉素甫·阿布来提，玛依拉. 中国与哈萨克斯坦金融合作探析［J］. 亚太经济，2015（2）.

［23］高丽. 丝绸之路经济带视角下的中哈金融合作研究［J］. 新疆财经大学学报，2016（3）.

［24］刘亚辉，蒙永胜. 深化中哈货币金融合作的可行性分析［J］. 新疆财经大学学报，2017（2）.

［25］马先仙，杨文武. 后金融危机时代中印货币合作探析［J］. 南亚研究季刊，2013（4）.

（作者单位：兰州财经大学中国西北金融研究中心；兰州财经大学金融学院）

证券监管转型与功能监管研究

张军[1]　杜征征[2]　光越[3]

后危机时代，随着国际金融新格局的出现，各国金融监管政策也出现了一些重大调整和改进。习近平总书记在“十三五”规划建议中指出：“现行监管框架存在着不适应中国金融业发展的体制性矛盾”。为了促进资本市场持续健康发展，中国证券监管必须进行相应的转型。本文结合国内外证券监管的有关理论，分析了中国证券监管体系存在的问题，提出了完善中国证券监管运行机制、提高证券监管治理水平的建议。

一、研究背景

党的十八届三中全会《中共中央关于全面深化改革若干重大问题的决定》（以下简称《决定》）提出要全面转变政府职能，大力激发市场活力，充分发挥市场在资源配置中的决定性作用，这是中国证券期货市场发展的大背景。《决定》进一步提出，健全多层次资本市场体系。中国在2003年提出建立多层次资本市场体系，经过10年的金融体制改革，金融体系取得了快速发展，多层次资本市场体系初步形成，其体现在“新三板”服务范围不断扩大，债券市场、期货市场等产品日益丰富，证券行业经过综合治理，实力得到很大提升等方面。在金融产品创新日益加速的今天，中国的机构监管模式难以适应要求，因此证券监管模式必须向功能监管转型。如何有效实现证券监管转型是一个亟待研究的重大问题。

金融创新日益加速，金融行业服务实体经济的力度有待加强。面对新形势，证券监管应该对此做出及时回应。中国证监会在2014年2月已经进行了机构改革，将发行、上市、机构、基金和期货等部门进行了整合，同时增设债券、私募、创新业务和“打非”等部门，贯彻了“功能监管”和“一事一管”的要求，初步体现了机构监管向功能监管、多头监管向统一监管过渡的趋势。本文在深入分析中国证券期货市场发展和监管的制度背景的基础上，借鉴国际金融监管改革经验，研究中国证券监管的现状、取得的成绩和存在的问题，分析中国证券监管转型的机制和路径，提出提高证券监管效率、实现证券监管功能转换的保障措施。

二、文献综述

传统的证券监管重点是证券监管的经济功能，其奠定了现代证券监管的三大理论，包括公共利益论、“俘虏论”和监管经济学。证券市场的常态是信息非均质。有学者认为政府干预是解决不对称信息问题的必然手段，同时信用制度和声誉机制也可以缓解信息不对称问题。在市场不完全的状态下，为提高资源配置效率和保护投资者的权益，就需要从市场外部寻找力量——依靠证券监管的介入达到新的均衡点。因此证券监管的基本目标是纠正“市场失灵”，保护投资者权益，确保市场体系公开、透明、有效，提高市场效率，从而可以发挥证券市场应有的风险分散和风险交换功能（张宗新和朱伟烨，2007[1]）。

传统的金融监管组织结构理论的核心是分业监管，功能型金融监管组织结构理论认为金融监管体系构建的基础是金融产品。随着中国金融结构的演变和金融创新的加速，许多学者探讨了由机构监管向功能监管转变的必要性（黄韬，2011[2]），也有学者认为二者存在相辅相成的关系（廖凡，2012[3]）。以目标为基础的双峰监管模式是金融监管改革的目标和方向（于永宁，2011[4]），现阶段宜采取牵头式的机构监管和功能监管相结合的综合监管模式，待条件成熟时将监管模式过渡到统一监管模式。

应将证券市场监管纳入金融市场监管体系，其运行需要与金融市场高效运行的内外部环境相协调，包括三个层次：第一，金融监管模式的选择；第二，金融监管的独立性；第三，金融机构和证券监管的关系。监管治理是指建立一种结构和机制，使监管机构更好地进行监管决策，履行好委托人赋予的监管职责。从监管治理的角度研究监管决策机制和行为始于20世纪90年代中期对电力、公共服务等领域监管的研究。为加强对金融监管有效性的研究，有学者在借鉴的基础上首次提出金融“监管治理”的概念，拓展和深化了监管治理的概念范畴，从行业结构、法律框架及价格管制细节等方面详细阐述了独立监管和监管治理的基本原理，认为监管治理系统对公众的理解力以及实业的业绩有影响作用。

三、中国证券监管发展现状分析

（一）后危机时代中国证券市场发展

中国证券市场发展时间较短，证券市场处于“新兴加转轨”阶段，市场上存在种种不规范行为，给监管带来了挑战。目前的监管存在着碎片化、分割式监管的倾向，而且监管部门内部存在条块分割的问题，党的十八届三中全会提出的国家治理体系和治理能力现代化的要求，为证券监管功能转型带来了新的机遇并提出了更高要求。

1.证券市场发展较快，结构有所优化。2016年年底，中国股市总市值49.1万亿元，相比发生了金融危机的2008年年底的12.1万亿元增长了约3倍。2013年，债券市场共发行人民币债券36.1万亿元，同比增加54.2%，相比2008年全年的7.3万亿元增长了约4倍；社会融资总量中，债券融资占比从2008年的7.9%提升至2016年的19.9%。综合来看，无论是直接融资占比，还是债券占比都有了一定程度的提高，融资结构问题有了一定程度的改善。央行在《金融业发展和改革“十二五”规划》中提出，“十二五”期间非金融企业直接融资占社会融资规模的比重将提高15%以上。

2.多层次资本市场建设提速。近年来多层次资本市场体系初步形成，主板市场、中小板和创业板市场、新三板市场和地方股权交易市场等分别服务于不同的客户群体。加快建设健全高效的多层次资本市场体系，有利于实现资本市场服务实体经济的目标，缓解企业融资难的问题，是中国经济结构战略调整和产业升级的内在要求。

3.金融创新进度加快。2012年的券商创新大会给券商业务松绑，极大地促进了证券业的发展，之后各项创新手段源源不断地推出。2014年5月9日，国务院发布“新国九条”，为证券行业发展提供了更广阔的业务空间，促使其能更好地服务于实体经济。从目前的情况来看，尽管原创性的创新措施较少，但资本市场呈现良好的发展态势，越来越多的券商从简单的通道业务向专业化、综合化服务提供商转变。融资融券、股票质押回购、约定式购回等创新业务亦在蓬勃开展，未来业务产品线亦会愈来愈丰富。此外，值得一提的是互联网金融给整个证券市场创新带来了较为深远的影响，金融行业与互联网行业的融合是大势所趋，这也是市场在资源配置中起决定性作用的充分体现。创新步伐的加快，倒逼制度建设逐步推进；金融创新步伐不断加快，众多金融机构不断追求监管套利，对各国金融监管和金融安全提出了挑战；衍生金融工具的不断退出，交易规模与实体经济关联度不断下降，这些都对金融监管提出了严峻挑战。美国次贷危机的爆发也与过度金融创新存在密切关系，因此金融监管制度需要不断完善。

不过，从证券市场发展与宏观经济的发展对比来看，并没有体现出两者之间“晴雨表”的紧密关系，某些阶段甚至出现了较大程度的背离。中国经济规模已经超过日本，全球排名仅次于美国，金融总量增长迅速。5年来，A股市场对外开放稳步推进，国际社会对A股市场的认同感和参与度进一步提升。2014年，沪股通开通；2016年年底，深股通开通；2017年6月，A股被成功纳入大摩MSCI新兴市场指数，标志着A股日益成为全球资本配置的重要组成部分。但从市值上看，经过几年的发展，中国股票市场在全球的排名有所下滑。综合危机后的这几年，在各国股票市场的表现中，中国A股垫底，投资者损失较大，财富效应灭失，而同期的美国标准普尔500指数屡创新高。

中国资本市场融资功能不稳定，资本市场服务实体经济与居民的能力相对较弱，企业融资难的问题并没有得到根本性缓解，投资者投资渠道狭窄、投资工具匮乏的现象依旧存在。

总体而言，中国证券市场处于“新兴加转轨”阶段，虽然后危机时代的资本市场发展取得了一定的成就，但市场波动性较大，市场参与者和公众的满意度普遍不高，违法违规现象还比较普遍，制度建设远远落后于市场发展等，这些方面与中国目前证券监管能力不足有密切关系。另外，资本市场发展的内在要求也给证券监管带来了巨大的挑战。

（二）中国证券监管体系现状

中国证监会设在北京，设主席1名，副主席4名，纪委书记1名（副部级），主席助理2名；其内设18个职能部门，1个稽查总队，3个中心；根据《证券法》第14条的规定，证监会还设有股票发行审核委员会，证监会在省、自治区、直辖市和计划单列市设立36个证券监管局，及上海、深圳证券监管专员办事处。

2014年，证监会发行监管部、创业板发行监管部合并为发行监管部；上市公司监管一部、上市公司监管二部合并为上市公司监管部；期货监管一部、期货监管二部合并为期货监管部；机构监管部、基金监管部合并为证券基金机构监管部。新设立公司债券监管部、创新业务监管部、私募基金监管部、打击非法证券期货活动局，形成了目前的组织结构。

证监会是三会当中成立最早的一个，2003年4月，银监会成立，标志着中国金融业分业监管的格局正式形成，一行三会构成了中国金融监管的主体。《中华人民共和国证券法》（以下简称《证券法》）是规制和监管资本市场的主要法律，按照《证券法》的授权，证监会的监管范围包括股票、企业债券、国债、证券投资基金、证券衍生品种，以及证券公司、证券投资基金管理公司。中国证券市场的发展，遵循政府主导和推动的强制性制度变迁路径，实行的是政府主导型的监管体制。中国的证券市场监管经历了地方政府主导、地方政府与中央政府共同主导、中央政府主导三个时期。与之相适应，交易所自律监管的权利和空间，相继经历了宽松期、收缩期、萎缩期和恢复期四个不同阶段。中国证券监管经历了从最初的证监会和中央银行分管到由证监会统一管理、由地方和中央监管到中央集中统一垂直管理的过程，2005年修订的《证券法》最终确立了以中国证监会集中统一管理为主，证券交易所和证券业协会自律管理为辅的监管体制。在金融监管的划分上，有功能监管与机构监管两种类型。目前，按机构类型划分监管权限仍是中国目前的主导模式。

（三）中国证券监管存在的不足

虽然中国资本市场发展的时间较短，但是资本市场发展的速度非常迅速，金融监管体制也在不断完善，因此在发展过程中存在很多不规范的问题。同时，后危机时代，国际金融监管出现的一些新趋势，对中国金融监管体系以及金融机构的生存发展也产生了重要的影响。

1.侧重于事前审核。中国证券监管中长期存在“重审批、轻监管”的倾向，证券监管部门的“主营业务”是审核审批。在证券发行中，新股发行定价的行政色彩浓，不能充分发挥市场机制的作用，监管部门对股票上市的把关并不严格，在实质审核、证券承销的通道制度等方面都存在证券监管机构的过度干预，部分公司可能通过造假进入股市。在上市监管中，投资者不关注承销商声誉，尤其是中小板、创业板公司，一旦造假上市成功，不仅企业会以低成本融到大量资金，而且公司老板、高层管理者也会暴富，他们通过套现，留下空壳退市，把损失留给投资者承担。

2.投资者保护水平低，监管处罚效率低。中国资本市场一直只进不出，使资本市场处于“亚健康”的状态，这也导致了资本市场一直萎靡不振，这与证券监管执法效率低有很密切的关系。虽然近几年来中国证监会严厉查处了万福生科造假案、光大证券乌龙指事件等，天丰节能、恒顺电气也相继被查处，北大荒、欣龙控股等被立案，证券监管执法执行力度不断加大，立案数量逐年增长，但是仍然无法有效遏制资本市场违规案件高发的态势，对证券违法违规行为缺乏必要的监督和约束，效率低于国际平均水平。在事中监管上，与业绩预告违规相关的处罚或与其他违规相关的处罚没有发挥降低后续几年相关违法行为的作用，监管处罚的效果并不理想，而且案件查处难度大、查处时间长的问题依然存在。

3.机构监管存在盲区。机构监管容易出现盲区，随着经济的快速发展和技术的不断更新，金融交易和业务结构变得更加复杂和不透明，金融机构的跨行业、跨市场联系更加紧密、复杂，日益繁复的、频繁的市场创新和日益复杂的创新产品，使得单纯依赖信息披露来保护投资者利益已经不够充分。随着现代金融产品复杂性的加大，投资者越来越难以对其潜在的风险进行识别。金融市场的不确定性和波动的加剧，对风险定价和风险管理能力提出了更高的要求。因此单纯的机构监管已经无法适应要求，容易导致盲区的存在，进而使得金融风险聚集。

4.退市监管效果差。在退市监管上，现有的退市制度缺少对投资者权益的保护措施，退市对于投资者来说是一种裸退，公司一旦退市，所有损失都由投资者自己来承担。企业退市之后，很可能面临破产，这又会涉及职工的安置问题，其困扰着地方政府，可能影响社会治安。2012年发布的《创业板股票上市规则》中正式推出了创业板退市制度，但是实际退市公司的数量有限。

5.自律监管效果差。由于中国的证券市场发展历程与国外存在较大差异，因此中国的自律监管没有相应的传统和经验。在权力的定位上，政府职能的定位和自律组织的地位是影响中国证监会与证券业协会权力配置的主要因素。2006年修改后的《证券法》虽更加明确了证券业协会在自律监管中的主导作用，但是在实践层面依然存在证券业协会的独立性不强、自律监管权狭窄的情况，没有实现二者的互补。

（四）影响中国证券监管的因素分析

随着中国经济改革的深入进行，市场将在资源配置中发挥决定性作用，这为证券期货行业发展带来了新的机遇，也给证券监管带来了新的挑战。中国资本市场存在的问题是制度性问题，要进行全方位的制度性改革。资本市场和证券监管受到中国经济、政治社会发展大环境的影响，因此深入分析中国证券监管的影响因素对证券监管功能转型具有重要意义。

1.不断完善的国家治理。国家治理的完善，为证券监管提供了良好的制度条件。目前，中国民间的非政府组织的作用还没有充分发挥。社会治理要以有效的方式激发其活力，需要民间组织的参与。目前，中国的自律组织在证券监管治理中发挥的作用有限，这与中国当前国家治理的现状分不开。需要摒弃以往政府部门单打独斗来应对日益复杂和多变的资本市场违规行为的思路，充分发挥自律组织的作用，形成政府和社会组织的良好互动，降低监管成本，提高监管效率。这样也会对构建良好的社会治理体系起到促进作用。

2.经济发展进入新的增长期。改革开放以来，中国经济连续三十余年的持续高速发展，使得中国经济总量达到了世界第二位。但中国是世界上人口最多的国家，人均GDP近7 000美元，考虑到地区发展水平有较大差异，中国仍然处于社会主义初级阶段。由于中国经济规模和经济发展已经处在一定水平，因此经济潜在增速下行，中国的经济增长速度将会下降。目前，中国经济发展阶段的特征是三期叠加，即增长速度进入换挡期，结构调整面临阵痛期，前期刺激政策处于消化期。考虑到中国经济发展的巨大潜力，其保持较长时期的中高速增长还是较有把握的，因此长期来看中国的资本市场长期利好。

中国经济发展处于新阶段，为证券市场发展提供了重要的机会，人口规模和经济发展为证券市场的发展提供了坚实的基础。但是经济发展新阶段也给证券监管带来了新的挑战。国有企业改革深入进行，部分改革可能会涉及垄断企业，给资本市场带来了发展机遇，但是国有上市公司兼并重组涉及诸多相关部门，可能会导致内幕交易等违规行为，这将给资本市场监管带来巨大挑战。此外，利率市场化等金融改革深入进行，中国经济越来越融入世界，国际经济金融形势发展对中国经济的影响以及资本市场发展的影响也将越来越大，可能会导致未来的金融风险，因此审慎监管应该成为未来需要关注的重要内容。中国经济金融化趋势在未来可能加速进行，如何处理好实体经济和虚拟经济的关系是一个关系到中国经济长远发展的根本性问题，同时在这一过程中需要处理好金融创新和风险防范的关系，既不能因噎废食，又不能出现脱离实体经济的过度创新，防止其导致类似美国次贷危机的严重后果。就目前中国资本市场发展现状来看，资本市场服务实体经济的功能有待强化。另外一个不容忽视的趋势是中国人口的老龄化趋势在不断加速，这对中国经济的长期发展将产生长远的重要影响，中国的劳动力供给将会产生巨大变化，其将会影响中国的产业结构和消费结构，受到最大影响的将会是劳动密集型产业的发展，创新的驱动作用越发重要，资本市场投资者结构也将发生重大变化。因此如何发挥资本市场服务实体经济发展的作用以及创新对经济的促进作用将对证券监管转型提出新的挑战。

3. 政府监管理念的升级。中国证券市场设立之初，肩负了为国有企业排忧解难的特殊使命。这使得在监管权的设计与行使中，监管者较多考虑政治与经济，对依规则办事考虑得相对较少，这使得监管制度和市场存在冲突。中国资本市场发展的曲折历程，说明必须尊重市场，否则将会受到经济规律的惩罚。大量减少行政审批后，政府管理要由事前审批更多地转为事中事后监管，实行“宽进严管”。加强事中事后监管，发现问题就必须叫停、处罚。事后监管则是“自己要下去”，到现场了解情况，实施监管。

2013年保护投资者的“国九条”，以及2014年5月9号国务院印发的《关于进一步促进资本市场健康发展的若干意见》（亦称“新国九条”，以下简称《意见》），意义深远，意味着中国对资本市场功能的重新定位和认识。作为国务院印发的文件，“新国九条”从顶层设计的角度为资本市场的改革和健康发展指明了方向。“新国九条”提出，到2020年，基本形成结构合理、功能完善、规范透明、稳健高效、开放包容的多层次资本市场体系。《意见》明确提出，要加快建设多渠道、广覆盖、严监管、高效率的股权市场，规范发展债券市场，拓展期货市场，着力优化市场体系结构、运行机制、基础设施和外部环境，实现投融资工具丰富、交易方式多样、风险管理功能完备、场内场外和公募私募协调发展。其主要亮点如下：第一，切实保护投资者的合法权益；第二，重点发展多层次股权投资市场，壮大主板、中小企业板市场，创新交易机制，丰富交易品种；第三，给私募市场以明确的法律地位（《意见》第一次提出培育私募市场，建立健全私募发行制度）；第四，提高上市公司质量，引导上市公司完善法人治理结构，对欺诈发行的上市公司实行强制退市；第五，积极稳妥地推进股票发行注册制改革。但关键问题还在于如何将其落实到位，如何贯彻执行“新国九条”还需要做更多努力。

四、国际经验借鉴

（一）国外证券监管发展历程与经验

1. 国际证券监管改革的趋势。后危机时代，国际金融监管改革初步呈现如下趋势：一是国际金融监管治理架构发生变革，发展中国家积极地参与其中；二是宏观审慎监管制度不断强化，完善宏观审慎政策框架已成为危机后国际金融改革的主要方向；三是金融监管范围扩展至所有具有系统重要性的金融机构、市场和工具，同时加强对影子银行、对冲基金和OTC衍生品以及信用评级机构的管理，完善相关法律法规；四是监管从严的趋势逐渐显现，主要监管机构均加强了对资本充足率、流动性以及信息披露等方面的监管。

总体来说，不同国家的监管模式有趋同的趋势。发达经济体市场监管体制，已经由分业经营转向混业经营的一元监管模式，法、德等欧盟主要国家的证券监管体制近年来已发生显著变化，并且在政府干预的介入下，迈向综合监管模式、妥善地保留自律管理的传统等方面体现出一定的趋同性，但又仰赖不同的制度资源形成各自不同的监管体制。监管机构的改革要与国情相适应，一国采用何种监管模式应该充分考虑到金融监管模式与该国的金融市场发展状况的一致性，这种一致性体现在随着金融市场混业程度的加深，金融监管模式也遵循机构监管——功能监管——综合监管——双峰监管的调整路径。以经济合作与发展组织（OECD）为代表的发达市场经济国家的监管治理理念认为实现有效监管治理包括监管政策、监管工具和监管机构三个相互关联的要素。OECD各国根据经济和金融形势的发展趋势，结合本国国情，进一步完善了各自的监管治理理念，并在实践层面采取了应对措施，取得了良好的效果。危机后国际监管机构监管资源动态见表1。

表1 **危机后国际监管机构监管资源动态**

监管机构名称	危机后动态	监管机构人员数			
		2010年	2009年	2008年	2007年
美国证监会（SEC）	2011财年，SEC预算增长12%，可新增380名雇员；2011年2月17日，SEC主席夏皮罗在向国会作证时称，实施《多德-弗兰克法案》大约需新增770人	3 748	3 816	3 656	3 511
美国期监会（CFTC）	2011年3月3日，CFTC主席金斯勒称2012财年的预算应相当于雇用983名员工的费用，以实施《多德-弗兰克法案》；2012财年，CFTC拟新增300名雇员	688	498	449	437
英国金融服务局（FSA）	2010年9月，FSA宣布拟新增460人，到2011年3月底监管人员总数为3 150人，相比2006年的2 100人，增加50%	2 690	2 800	2 730	2 535
德国金管局（BaFin）	2010年11月25日，BaFin宣布2011年新增244人，增幅超过20%	—	1 829	1 716	1 693
香港证监会（SFC）	2011年3月2日，香港证监会拟新增61个职位数，使总人数达到648人	587	501	478	442

从上表中可以看出，后危机时代国际金融监管机构普遍在适当增加监管资源，同时也在合理配置监管资源。第一，适当增加监管资源。SEC在危机后新成立5个部门，包括举报者办公室、投资者保护办公室、信用评级办公室、少数族裔和妇女参与办公室、市政证券办公室。因此，美国证监会增加了770人的编制，占原有编制的22%。除了继续得到划拨的财政预算外，美国证监会还成立了储备基金，每个财政年度可以从中获得1亿美元的特别经费，从而确保有足够的监管资源来吸引并留住优秀人才。由此可见，美国金融改革法案改善了危机前创新过度而监管不足这一状况，在充实监管资源的同时，也强化了资本市场的监管，改进和完善了对系统风险的监控与防范。第二，合理配置监管资源。如BaFin监督大约2 700个银行，800家金融服务机构，但其雇员只有2 000人左右；FSA虽然要负责对拥有一百多万名员工的英国金融业的全面监管，但其机构的现有雇员仅为3 000多人，这主要依靠其先进的监管手段，从而降低监管成本、提高监管效率。

2.美国的证券监管发展历程和经验。20世纪30年代前，美国政府对金融业的干预和限制都很少；金融危机后，美国国会通过《格拉斯-斯蒂格法》，将投资银行和商业银行分离，以拯救濒于崩溃的金融业，形成了分业经营、分业监管的格局。

美国拥有层次分明、功能完善的证券交易体系，其较为完善的证券监管体系发挥了至关重要的作用。美国本土公司在美国境内IPO，一般必须在联邦与州两个层面同时注册（联邦或州豁免注册的情形除外），即双重注册制。联邦注册制主要涉及信息披露，而各州的证券发行监管一直以来普遍实行实质审核，这样可以控制证券的投资风险。这是完整的美国本土公司IPO监管制度。因此美国的双重注册制审核中充满了实质审核。

从美国的证券交易委员会的内部设置（如图1所示）来看，美国的证券监管注重独立性，总体来说部门保持稳定，但是在次贷危机后也增设了投资者权益保护等有关部门，此外还注重监管权力的制衡性。证券交易委员会所有职员的行为都受对外披露的适用于所有政府部门的职业道德法规和由该委员会内部具体规定的监管条例的制约，制定这些法规和监管条例的目的是防止发生利益冲突。证券交易委员会要求所有理事和工作人员详细披露个人财务利益并报告涉及证券业务的金融交易。

3.英国的证券监管发展历程和经验。1997年英国成立了全能型的金融监管服务局（FSA），以便更好地适应金融结构的变迁。2009年7月，英国财政部在发布的《改革金融市场》报告中，提出了金融监管改革的计划和方案，维持了既有的三方（英格兰银行、财政部和金融服务局）监管体制，并将重点放在建立正式合作机制和扩大金融服务局的职权上。2011年后形成了“准双峰”式监管，新成立的金融政策委员会将专门负责宏观审慎监管，新成立的审慎监管局和金融行为监管局履行金融服务局原有的微观审慎监管职能。从改革方案看，宏观审慎监管正在加强，各类监管协调机制的重要性凸显。英格兰银行被赋予全面监管的权力，在微观审慎监管层面采用“双峰监管”模式，加强对金融消费者的保护，并建立特殊处理机制以应对突发事件。英国的证券监管体制带来的启示有：监管分工与协作的和谐统一；完善混业经营的法律环境；加强金融监管机构的独立性，强化监管人员的综合素质。

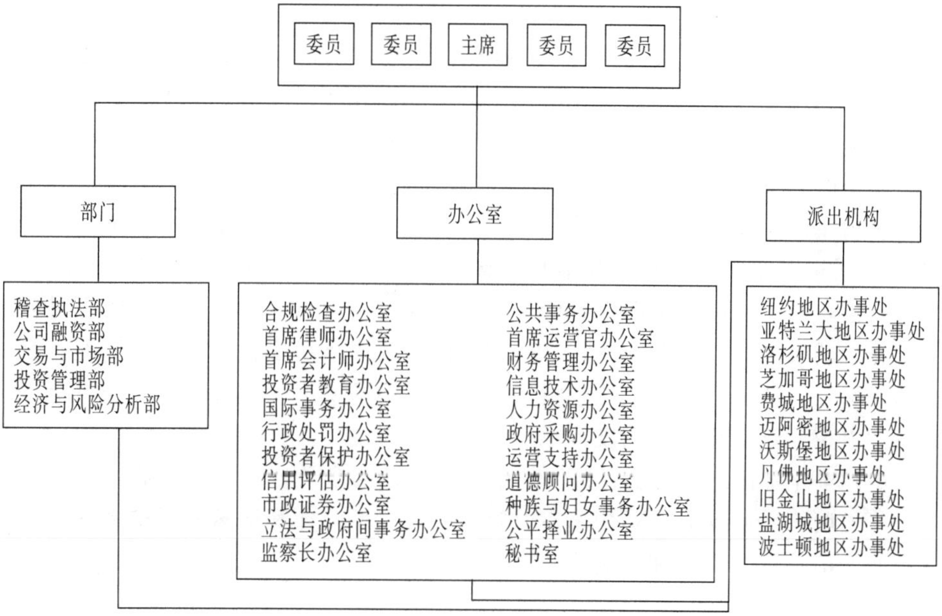

图 1　美国证监会组织结构图

（二）对中国的借鉴意义

中国资本市场发展历程比较短，尚未形成有效监管的治理观念，中国目前的监管为狭义的“政府监管”范式，忽视了其他社会群体的作用。在国家治理体系和国家治理现代化的背景下，显然无法适应要求。为了建设监管治理体系，应该借鉴近年来国际上兴起的回应性监管理论，构建政府与非政府合作型监管新范式，树立“大监管”理念，并从构建多方合作机制、行业和企业自我监管、分级监管等方面推进监管治理体系建设。因此借鉴发达国家监管治理及监管改革的先进经验，对于实现有效监管，提高监管治理水平有重要的现实意义。在证券监管体制保持稳定的前提下，不断推进改革，转变监管理念，规范与发展并举。

1.优化监管模式。中国证券市场发展时间不长，法律法规还不健全，实行的是集中型的监管模式，为了进一步推进国内证券体制的发展与完善，必须正确认识证券市场“新兴加转轨”的发展阶段，证券市场还不能适应经济发展的需要，存在较大风险，其制度体系还不发达、不完善、不成熟；重塑理念，把保护投资者利益放在首位。针对新兴市场的契约不完备，进一步完善证券市场的法律法规体系；进行政府职能的准确定位，有效界定政府的行为边界；防止证券监管权力滥用；转变证券监管方式，证券监管应该回归监管主业，监审分离；不断克服监管模式的主要缺陷，主动加强与银行、保险等监管机构的沟通与协调，提高监管效率，为监管模式进一步改革积累经验奠定基础；培育市场契约精神和信用机制，把平等救济的契约精神贯彻到证券立法中，推进司法公正等方面的健康发展。

2.强化信息披露监管，提高监管透明度。良好的信息披露从某种意义上来讲是资本市场的基石。证券监管部门也应该提高自身透明度。对于提高金融监管透明度的做法，IMF给出了一个指导性的意见（The MFP Code，1999），即MFP准则。在MFP准则中，监管“透明度”是指金融监管机构在通俗易懂、容易获取和及时的基础上让公众了解政策的目标、监管机构和框架、监管政策决定及其原理，让金融监管部门的有关数据和信息，以及机构的责任范围容易为公众所知晓。其重点在于：澄清金融监管机构的作用、责任和目标；金融监管机构制定和实施金融政策的过程；公众获得金融政策信息的难易程度；金融监管机构的责任和诚信保证。监管透明度应该包括：监管机构的透明度、监管决策的透明度、监管行为以及监管结果的透明度等。

由图2可以看出，转型经济体的金融监管透明度普遍偏低，发达经济体的金融监管透明度普遍偏高，美国负责监管银行业、保险业和证券业的机构都对外披露它们的信息分享机制和磋商程序。

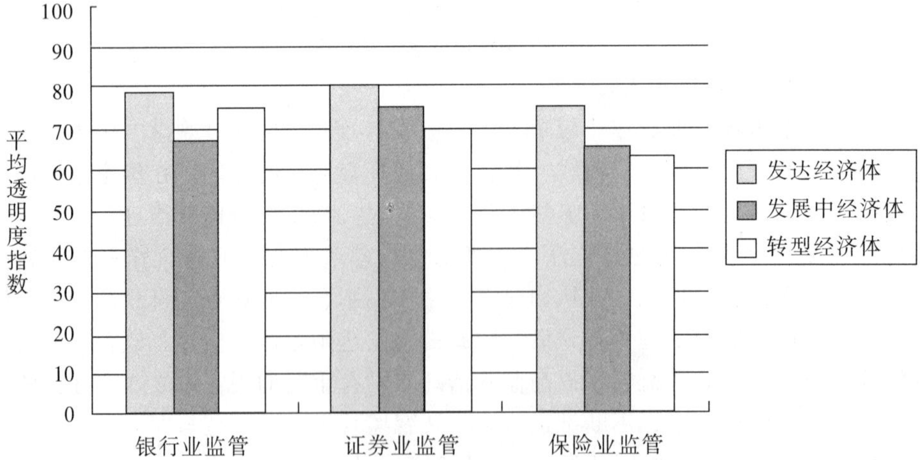

图2　不同经济体金融监管透明度比较

3.加强问责，强化约束机制。完善金融监管还需要处理好如何监督监管者的问题，应该采取多种直接和间接的手段来实现对证券监管机构和员工的约束。完善的金融监管机构的自体问责是问责制度的重要组成部分，应该建立监管成效监督评价考核机制，并应该将问责惩罚机制纳入金融监管绩效考核中，积极营造有利于内、外部的环境，促使员工付出完全的努力。对于如何有效监督证券监管者的问题，美国的经验是采取多种间接的手段来实现对监管机构的约束。

4.完善证券执法机制。影响中国证券市场发展的因素中很重要的一条就是证券监管不力、执法不严，导致投资者权益得不到有效保护。在20世纪90年代，投资者权益保护难以得到法律的支持，直到2001年10月，最高人民法院发布了《关于涉及证券民事赔偿案件暂不予受理的通知》。2002年1月15日，最高人民法院下发通知，指示各级人民法院正式受理证券市场因虚假陈述引发的民事侵权赔偿纠纷案件。证券民事赔偿诉讼解冻，但受理案件的前提是证监会的处罚决定。与国外相比，中国对证券投资者的保护力度不够，严重影响了投资者对资本市场发展的信心。虽然这与中国经济发展阶段和资本市场不完善存在一定关系，但更重要的是中国的证券投资法规不完善，当然这也与中国的监管部门在一定程度上忽视证券监管执法存在密切关系。此外，还存在着监管部门的俘获问题，如部分案件在处理过程中久拖不决。监管部门执法手段单一，获得的执法权与国外相比存在较大差距。针对以上问题，中国证券监管部门应该将“运营重心”从事前把关向事中、事后监管转移。采用直接处罚和间接处罚并进的方式促进上市公司等责任主体进行整改，并减少国家对证券市场治理的过度干预，但要保持应有的执法。此外，还需要升级相应的监管技术，提高证券监管执法的及时性，增强威慑力，进一步保护投资者利益。

5.进一步发挥自律组织的作用。中国证券业协会成立于1991年，但是其成立之后没有发挥自律作用，直到2002年召开的证券业协会第三次会员大会才首次将协会的职能定义为自律、服务和传导，才开始发挥其自律作用。证券业协会的自律监管范围从证券从业人员延伸到证券行业执业标准和执业规范，从会员管理延伸到市场管理运作。2005年修订后的《证券法》第176条对证券业协会的地位和职责进行了详细规定。在此基础上，2007年1月，证券业协会第四次会员大会审议通过了新的《证券业协会章程》《证券业协会会员管理办法》，这进一步明确和强化了证券业协会的自律监管权。

国外证券监管制演进的顺序是自律监管在前，政府监管在后。而中国的证券业是先有市场监管，后有自律监管，自律监管的发展严重滞后于市场。市场监管不仅能够保障安全、防范风险，而且还能够抑制过度竞争，确保市场的稳定、高效和有序。市场自律则是以相关行业规范准则以及道义劝告等方式进行管理。正确处理好政府监管与市场自律的关系；逐步使基于信息披露的事后责任追究机制成为市场治理的重心；制定更多可选用的备用性规则；重视并加强交易所、行业协会、中介机构对不当行为的制约作用；强化诉讼机制，使司法成为解决证券民事争议与复查证券监管行为的主要途径。对证券市场而言，过多的国家干预具有消极意义。

富有效率的证券监管体制应该是政府监管与自律管理的有机结合，政府监管与自律管理各自的优缺点决定了这两者之间是一种相互依赖与补充的关系，虽然两者的侧重点有所不同，但是市场规范的主导价值定位决定了新兴证券市场必须在政府监管与自律管理之间努力寻求最好的结合点。可以初步设想新兴市场的均衡监管模型：一是基于监管效率的适度均衡监管。适度均衡监管是补充市场和弥补市场缺陷，而不是取代市场的内在功能。政府对证券市场进行监管的目标，应定位在改善市场失调和其他市场缺陷，从而形成市场增进效应。二是证券市场适度均衡监管的制度安排。确立谨慎性监管政策导向，合理界定适度均衡监管的内容。证券市场天然具有契约不完备和市场不完全的属性，因此自律监管的加强有利于将诚实守信的契约精神融入公司治理结构中，强化行业协会对券商、会计师、律师等的自律监管，规范其服务行为。

证券业协会与证监会在监管权力方面应该进行合理配置。证券业协会解决纠纷的机制包括调解和仲裁，及时发现并解决问题，预防证监会的最终处罚无法执行的情况发生，而证监会解决纠纷的机制包括提起诉讼、严格查处违法行为等；对证券公司的监管，证券业协会应该建立会员数据库，动态跟踪，为审慎监管提供信息支持，而证监会应该对证券公司实行审慎监管；在市场创新方面，证券业协会的监管权力包括与证券交易所等组织合作主导市场创新，进行新产品的市场调查，对新产品进行自律监管，而证监会的监管权力包括审批新产品论证方案，随时关注创新产品的运行情况，在其严重影响市场秩序时采取措施；在场外市场监管方面，证券业协会应该是该市场主要的监管者，包括对主办券商、挂牌公司信息披露方面的监管，为未来场外市场的形成奠定基础，而证监会主要负责宏观监管，审批自律规则，通过监管证券业协会间接监管场外市场，但保留对券商、挂牌公司和交易的直接监管权 。

6.加强行为监管。金融行为监管是保障金融体系稳健有效的重要内容，它提出了所有金融机构需要遵守的标准并强制其执行。从次贷危机后的国际金融监管新趋势来看，各国金融监管机构在强化审慎监管的同时也加强了行为监管，以全面评估金融机构风险。为此，中国金融监管机构应将审慎监管与行为监管紧密结合，不但要完善对机构、业务、产品的审慎监管，同时还要加强行为监管，以更全面地掌控风险。应该增加消费者和投资者服务部等部门以建立起与利益相关者之间的互动机制，帮助其解决在金融服务消费与金融投资中所遇到的问题，增强监管机构在消费者保护方面的职能与作用。

金融行为的监管范围主要是商业行为监管。具体监管的行为包括金融机构与零售消费者的行为、金融市场机构的内部管理（如文化、治理和内控）以及金融机构与消费者和客户的交易等。监管增强了市场的一体性，保障了投资者的利益，遵照监管原则提升了服务的有效性；监管提供了市场交易的基础设施，如交易所。尽管审慎监管和金融行为规范监管在制度和机构上是分开的，但两个机构间的协调与合作依然至关重要，因为很多监管事项，如金融诚信问题，跨越审慎和商业行为规范两个维度。为此，两个监管机构——证券监管部门和央行之间需要有一个正式协议来规范双方的协调合作。制定行之有效的证券监管法规，加大对证券违规行为的判罚力度；规范证券从业人员的职业操守，彻底消除证券从业人员个人和亲属的炒股行为。

7.提高监管独立性。世界各国都比较重视监管机构的独立性问题，良好的监管治理标准也要求处理好监管者与政府之间的关系，这涉及监管机构主管人员的任命与免职情况、监管机构的融资渠道以及由谁来批准融资计划；在何种情况下，监管者承担的顾问任务多于其承担的决策任务。中国的证券监管独立性存在较大的提升空间，中国目前存在的众多证券监管问题都与证券监管机构的独立性不强有很密切的关系。美国SEC为独立机构，拥有权威地位，不隶属于总统、国会、最高法院或任何一个行政部门。证券交易委员会在法律规定的范围内，行使其职权，不受上述机构的指挥。而且一般而言，国外证券监管机关的职能较为单一。例如，美国证券交易委员会的宗旨是寻求最大的投资者保护和最小的证券市场干预，限制证券活动中的欺诈、操纵、过度投机和内幕交易等活动，维护证券投资者、发行者、交易者等各类市场参与者的正当权益，通过一个公开而公平的投资信息系统，促成正确的投资选择和最佳的资源配置。因此，中国资本市场发展过程中存在的诸多问题都与证券监管部门独立性不强有密切关系，在资本市场发展的目标是为国企脱贫解困服务的时候，很难设想会有较高水平的投资者保护和证券监管部门独立性。因此，在中国现有国家治理体系下，稳步提高证券投资部门的独立性，同时加强问责，对于提升证券监管水平具有重要意义。

8.优化部门设置。金融监管机构内部组织架构也对金融监管及其治理的有效性产生了积极的作用。金融监管机构的设置是否合理、高效，在很大程度上影响监管成本和监管效率。合理设置监管机构，健全完善监管制度，优化配备监管人员，是降低监管成本最直接、最见效的手段。一个良好的金融监管机构内部组织架构可以对其本身形成有效的问责，权力制衡的压力是符合成本收益原则的。

中国证监会的组织机构设置有部分是和美国类似的，除了中国证监会负责期货监管业务外，在美国，SEC负责信用评级业务，而在中国其是由中国人民银行负责的。此外，美国还比较注重员工权益保护，设置了少数民族和女性保护办公室以及平等就业机会办公室，体现了美国的整体价值取向。美国的部门设置包括经济和风险分析部，这有利于加强宏观审慎监管，这是中国今后应该借鉴的地方。此外美国的内部审计机构独立性比较强，对于制约内部不当行为可以发挥重要作用。在中国现行体制下，改革监察局隶属体制的难度比较大，应该考虑进一步增强监察局的权威性和职权，以增强证券执法的公平、公正，赢取社会支持，从而提高证券监管的权威性。与美国SEC相比，中国的证券监管机构的立法、司法权力比较弱，这也体现在部门设置上，这是我们今后需要努力完善的地方。

9.积极发挥内审部门的作用。在健全内审体系、强化内部控制上，英美等发达国家的金融监管机构都有符合良好公共部门治理原则要求的内审体系，内审部门具有较高的地位和独立性，直接向审计委员会和总裁（或董事长、总经理）报告，除提供审计意见和建议外，不参与其他部门的任何工作。为确保监管资源配置的合理有效，内部审计的对象涵盖所有部门和所有工作环节，审计内容除了财务管理外，更多的是绩效审计、业务审计和合规性审计，如审计监管部门的监管工作程序是否符合《监管手册》的要求、对相关政策的把握是否准确、对被监管机构的风险评级是否合理、对新风险是否及时察觉并采取适当措施、对被监管机构违规行为的判断是否恰当以及处罚依据是否充分等。同时，还要对监管机构的各项政策及内部管理制度进行审核，对监管人员的行为进行专项审计，检查员工《行为守则》以及各项内部规章的落实情况。

五、政策建议

中国证监会为了贯彻党的十八届三中全会的决定以及2014年5月9日国务院颁布的“新国九条”，正在积极进行监管改革转型，贯彻了功能监管的思路，但需要考虑中国国情对功能监管的影响，注意监管改革的次序问题、承受能力，处理好证券市场改革、发展、稳定间的关系。在国家治理体系和国家治理能力现代化的背景下，需要改变原有的单向、线性的简单管理思维，充分发挥各证券市场参与主体的能动性，平衡好自律和监管的关系，实现监管转型的政策配套措施的系统性，积极促进证券行业和资本市场的健康发展，为早日建成功能完备的多层次资本市场体系奠定基础，从而为完善国家治理做出积极贡献。

金融监管治理及相关理论的重要意义是对现代监管理念的革新：其一，对金融安全的维护和金融监管的有效性不仅是传统监管思想基于监管者是无所不能的与监管者总是对的的前提下的对被监管者的单向监管，如相对严格的审慎监管标准、市场准入标准以及对被监管者违反审慎监管标准的惩罚措施与责任追究等，更重要的是金融监管者本身要拥有高质量的监管水平及良好的治理结构，这已成为一国金融稳定与安全的重要变量之一。其二，就金融监管而言，推行单一的被监管者良好的公司治理并不能解决金融监管中存在的一些问题，由此出发的视野已经被证明是狭隘的。治理应该是一项全景式的工程，其不仅要包括良好的私人部门治理，还应该包括政府（公共部门）治理以及就金融管理部门而言的金融监管者的监管治理，三者缺一不可。

但是，一种经济制度或理论，其内容和构成除了其基本的核心框架之外，还受到外部环境等一系列约束条件的制约。这种制度或理论可能在一些国家适用，而不适用于另一些不同经济环境的国家。金融监管治理机制及其相关理论在中国亦存在着与西方发达国家所不同的生存环境，需要结合中国国情加以分析研究及应用。

在金融全球化趋势下，中国金融监管所面临的制约主要表现在：政府主导的公共管理模式、行政权力本位以及传统行业监管模式的金融监管体制；同时又面临着金融全球化背景下金融混业趋势和激烈的国际金融竞争的挑战。中国的金融监管需要引入和提升全面监管治理理念，其中应该包括金融监管的法制化以及金融监管治理应当是与金融机构公司治理、政府治理同等重要的治理范畴等。因此，在结合中国金融监管国情的基础上，全面分析中国金融监管治理机制的优劣所在，并加以改善，是目前不容忽视的重要一环。

（一）完善证券监管运行机制，有效提高证券监管治理水平

1.优化监管模式，更加注重保护消费者权益。探索处理好加强服务和放权的关系、推动金融创新与防范风险的关系；将合规性监管与风险性监管相结合，以合规性监管为前提，风险性监管为主，二者并重。处理好放松审核和加强事后监管的关系；加强与被监管者的互动，广泛动员各方力量参与市场、建设市场、维护市场，构建伙伴共赢、开放多元、有序互动的监管格局，充分发挥会计师事务所等组织的作用。建立与完善消费者保护等基础制度，并对其安排予以公开。金融消费者保护制度的建立、完善与透明，可以填补中国金融消费者只能通过消费者协会来解决相关金融服务消费中所遇到的问题的空白，具有重要意义。英国金融服务局在2001年成立的金融巡视员服务公司的做法值得借鉴，该机构专门处理金融产品的消费者投诉，为金融产品的消费者提供了一个替代性的争议解决制度。鉴于中国现有的监管法律在消费者保护方面的薄弱情况，有必要修改包括《消费者权益保护法》《证券法》等在内的有关消费者保护的法律法规。

2.更新监管手段，丰富处罚方式。丰富监管工具，综合运用各种手段，从短期整治转向持续执法。促进案件来源线索多元化，目前案件主要来自媒体报道、信访和交易所上报等途径，渠道过于狭窄且不畅通。提升监管技术，更加注重依赖信息技术实施监管，提高对违法分子的威慑力。证监会查处的案件数量将成倍增长，但监管资源却很难做到同步增加，因此必需不断提高有限监管资源的使用效率。证监会稽查部门有必要积极探索、大胆创新监管方式，坚持平等对待各类市场主体，提高包括友好协商、民间调解、行政调解、仲裁、诉讼等全方位的解决机制的使用频率。

3.推动证券行业宏观审慎监管。中国的证券行业在经过三年的综合治理后，

经营状况得到较大好转，证券行业得到了快速发展，但是国际金融界具有重大影响力的五大投行纷纷遭受重创甚至倒闭，其中雷曼兄弟破产更是次贷危机的重要导火索，证明加强证券行业宏观审慎监管具有重要意义。考虑到证券行业的顺周期特征，应该考虑引入逆周期资本监管以及压力测试等措施，加强对规模巨大的公司的现场监管等。

4.从立法层面强化自律组织功能。在监管模式中存在的问题：法律对证券交易所的性质、地位规定不明确。证券交易所缺乏应有的独立性，政府是交易所的直接发起人和设计者，交易所不是证券市场参与者自发组建的，因此政府可以通过控制交易所的人事安排掌握交易所的管理大权，证监会直接控制证券交易所的经营大权和日常事务管理。证券交易所自律监管权力不足，监管手段缺失，证券交易所对违规行为只有报告权，并无调查权。因此，应该出台措施推动证券交易所、有关协会的自律监管作用的进一步发挥，促进并完善上市公司和证券行业公司的治理，在权力配置上应该克服部门利益，下放审批权限，并且采取措施以做到及时足额下放。另外建议在下一步修改《证券法》时给证券交易所和证券业协会更大的授权。

5.进一步减少行政审批项目。2012年中国证监会共取消22项行政审批项目，下放10项，此外还取消了3项非许可类行政审批项目。自2001年全面启动行政审批制度改革工作至2012年年底，中国证监会已分6批累计取消136项行政审批项目。2012年中国证监会行政许可及信息公开申请受理服务中心投入运行，基本实现行政审批项目审核流程和进度的全节点公开，进一步健全了行政审批服务体系。2014年证监会公布取消3项行政审批项目，包括证券公司专项投资审批、证券公司借入次级债审批、境外期货业务持证企业年度外汇风险敞口核准。但是我们也要看到，目前证监会行政许可审批项目数为53项，非行政许可项目数为10项，共计63项，在所有部委中排在第三位。参考美国经验，部分审批项目可以交给自律组织，这样可以解放有限的监管资源，提高监管效率。

6.提高透明度。证监会应该提高自身的透明度，实行政务公开，在将预算等信息进行公布的基础上，证监会等应该在相关网站上增加监管政策说明、即将出台的监管政策的征询意见稿等，提高决策科学化水平，增强快速反应能力，减少监管政策变动对市场的干扰。促进上市公司提高信息披露水平和信息披露要求，为保护投资者权益奠定基础。监管治理机制的透明度建设应当成为各个金融监管当局今后加强建设的重点工作之一。建议以立法的形式规定金融监管部门在提高透明度方面的责任，并公布监管部门工作人员的责任范围。通过向公众披露必要的监管信息，介绍现代的金融产品，揭示金融消费中的风险，提高消费者的消费质量以及有效回避风险，从而更好地维护自己的利益。这也是“以消费者为本”的思想的集中体现。建立一个合适的监管问责制度，并公布这样的制度安排，可以使大家清楚地看到什么是监管尽职，什么是监管失职。这对于规范和引导监管人员的监管行为来说是很有意义的。

7.增强监管工作的可预见性。目前由于市场对证券监管的信心不足，导致在监管过程中为了树立信心，实施“刚性监管”，侧重短期整治，强调“从重从快”，这与建设法治国家、完善国家治理的趋势不符，也影响了资本市场的健康发展，今后应该进一步稳定监管预期，提高监管运行的稳定性，监管程序向公正、透明、严谨、高效转变。

8.提高监管技术。证券交易日益信息化，证券违规行为日益高科技化，部分人员采用了“算法交易”“程序交易”等手段牟取暴利，导致查处难度加大。监管部门应该积极提高自身技术，充分利用计算机系统进行案件搜集等工作，争取实现动态监控，降低监管成本，提高监管效果。

（二）推动证券监管功能转型的保障措施

中国证券监管虽然已基本具备良好监管治理的形式，但也存在不足之处，需要从责任性、透明度、独立性、监管操守等方面进一步完善。为了解决上述问题，证券监管必须实现转型，以贯彻落实党中央、国务院加快政府职能转变的重大决策，提高证券监管治理水平，完善国家治理。为了实现证券监管转型的目标，必须采取相应的保障措施。

1.注重监管转型的顶层设计。制定中国证券监管发展的长期规划，针对中国证券市场发展的主要矛盾确定证券监管重点，在这一过程中需要充分吸收投资者等社会各界的意见。进一步加强统筹协调，同时鼓励系统各单位结合实际，勇于探索，积累经验进行推广。借鉴英美等国的经验，调动地方政府的积极性，给予地方证监局更大的授权。适时微调中国的证券监管模式，进一步强化自律组织的权力和责任，在具体方式上应该支持行政和解执法模式，支持集体诉讼，支持做空机制，从而降低监管成本，促进社会资源的最优配置，提升中国证券行业的竞争力，完善多层次资本市场体系，争取早日把中国建成资本市场强国。

2.完善绩效考核，加强问责。在各业务部门加强问责，完善监管机构内部员工绩效考核机制。提升证券监管从业人员的职业荣誉感和工作积极性。建议借鉴美国证券交易委员会的经验，向财政部门申请特别基金，在加强考核的基础上增加职工薪酬，建立专业技术人员职称系列，增加专业人员薪酬增加通道，以增加对优秀人才的吸引力。

此外，可以通过设立一个较大范围的问责委员会的方式来解决问责主体的广泛性和代表性问题。问责委员会人员部分来自证券监管部门内部，同时加入来自金融领域的专家以及证券业协会与消费者协会的人员，适当补充（金融）法学方面的专家。委员会下设办公室，其作为委员会的常设办事机构，具体承办问责的日常工作。定期（半年或一年）对监管机构的业绩以及监管人员的尽职程度进行评价。

同时，改进部门设置。建立合适的监督委员会、审计委员会、薪酬委员会，共同构成监督管理层，使得监管机构的问责机制和内控制度得以有效实施。建立监管机构内部有效的权力制衡控制机制是实现监管机构监管权力的有效制约和防止权力滥用的基础条件，制衡机制的存在是保持独立性的前提条件。因此，中国金融监管基本法律应当规定监管机构内部控制的基本制度框架。

3.提高人员素质。提高人员素质是监督独立性的重要保证。实行科学监管必须拥有高素质的监管队伍，拥有一支高素质的干部队伍是实行科学监管的重要基础。随着金融行业的快速发展，金融创新不断加速，金融创新和违规之间的界限日趋模糊，这对证券监管人员的综合素质提出了挑战。良好的金融机构监督独立性需要大量高素质的复合型金融监管人才。证券监管部门应该不断加强人员培训，优化从业人员的知识结构，积极引进“外脑”，特别是通过金融机构的高端从业人员对监管人员进行培训，促进监管人员知识结构的更新，全面掌握金融行业的专业知识，培养复合型人才。改进人员招聘机制，尽量减少直接从应届生中招收新员工，应该更多地从金融从业人员中招募监管的新生力量。完善证券监管人员的退出机制，防止人员无序流动带来的利益输送，增加冷却期，监管部门人员离职后，不能立即到相关行业就职，防止“期权”腐败。同时注意加强员工在岗培训，这既是提高员工监管能力和监管效率的有效途径，也是加强员工职业操守教育、强化员工合规意识的有效方式。

4.提高独立性。美国证券交易委员会具有较高的独立性、准司法权和立法权，这为其有效实施其监管职责奠定了基础。在中国现有体制下，证监会难以取得和美国证券交易委员会类似的独立性。但是应该争取在立法权、司法权方面得到更大的支持，进一步提高证监会的独立性。中国由于证券市场发展的路径与国外存在较大差异，因此受到的利益集团政治影响更大，在现有体制下，应该谋求更大授权，强化证监会的查处职能。在高层监管人员任免上，应该基于一套合理、完善、透明的免职制度，考虑可否由独立的专家委员会来提名，交由全国人大通过，在这样的制度下，监管者享有在任期上的安全性，从而能在需要的时候采取准确、及时、有力的监管行动，还应该固定其任期。

5.完善内部控制。提高内部审计部门的独立性，完善相关内部控制制度，制定手册，实现反腐倡廉制度体系落地。设置内部稽核机构，建立监管人员职业道德考核体系，监督监管人员的日常行为。推动建立金融机构内部控制的稽核评价制度。2012年11月，财政部发布《行政事业单位内部控制规范（试行）》，该规范自2014年1月起执行，证监会应该以此为契机，进一步提高内部控制水平，加强权力之间的相互制衡，在进一步规范经济活动业务层面活动的基础上，逐步提高单位层面的内部控制水平，强化反腐倡廉制度体系的建设。此外,还应该加大对监管部门的审计监督力度，并将审计结果公开透明化，这可以从外部给予监管部门压力，使得监管部门的预算情况透明，从而促使其能更有效地使用宝贵的金融资源，来开展高效合理的监管工作。

6.建立有效的激励约束机制。建立合理的薪酬制度。现在的金融监管部门的工资收入与被监管机构相比，应该是偏少的，其后果是：其一，容易产生懈怠心理和不满情绪；其二，不能够吸收到足够多的优秀监管人才，监管质量得不到大幅度提高；其三，监管工作人员容易被某些被监管机构俘获，产生与独立监管不相容的监管偏向政策的出台。

任职期满后一定期限内不得去与其利益相关的被监管单位任职，以期从一定程度上解决监管俘获问题。建立合适的问责制度，合适的问责制度在提高监管机构独立性的合法性的同时，也是对其权力合理的约束。问责制是独立性成立的必要条件。独立程度越高，问责制度就越重要。

7.建立合适的监管者保护制度。如果缺乏相应的制度保障，金融监管者可能会被责任问题所束缚，而不能更有效地独立行事。巴塞尔银行监管委员会提倡对善意行为免责，且为多数国家所采用。但是法律保护银行监管者，并非免除银行监管者所有行为的责任。首先，在实行对监管者保护的所有国家，只有保护对象行使权力、履行职责的职务行为能够享受法律保护。权力和职责可以是法定的，也可以是依法授予的。至于行为，既包括作为，也包括不作为。进而言之，免责还必须符合法定的主观心理标准。大多数国家对善意监管行为免除责任，除非证明存在恶意，行为人即使有一般过失甚至重大过失，也无须承担责任。少数国家要求银行监管者对有重大过失的行为承担责任，个别国家则要求银行监管者就一般过失承担责任，即使行为出于善意或者没有恶意。

8.完善监管政策决策机制。建立和完善监管政策的参与制度与听证制度，加强有关监管复议与投诉的透明度建设。现代“治理”理论中有关“善治”的思想给予我们的启发之一就是民众广泛参与政府活动 。一个有着广泛民众基础的政府必将是强有力的政府。监管工作也是如此，让更多的利益相关者（如被监管金融机构、金融服务消费者、金融投资者等）参与监管决策的过程，增加监管部门与利益相关体的“磋商”机会，这对于保持一个稳定的金融市场来说是很有必要的。听证制度则可以从某种程度上使监管部门的决策过程更加透明化，使监管决策更加科学化。公开的听证可以使更多的公众对政策制定的前因后果有一定的了解，而不至于产生盲目猜测，从而引起市场的动荡。同时，要使监管复议的整个过程透明化，主要是对申请、受理、审理、决定和执行的条件的规定、过程以及结果的透明化；投诉亦是如此。这样才能使原先的分歧在透明化的机制下得到比较完美的解决。

参考文献

［1］张宗新，朱伟烨．证券监管、执法效率与投资者保护——基于国际经验的一种实证分析［J］．财贸经济，2007（11）．

［2］黄韬．中国金融市场从“机构监管”到“功能监管”的法律路径心［J］．法学，2011（7）．

［3］廖凡．金融市场：机构监管？功能监管？［J］．金融市场研究，2012（6）．

［4］于永宁．金融监管模式的博弈与选择［J］．山东大学学报，2011（4）．

（作者单位：北京物资学院商学院；国开证券股份有限公司研究部；北京物资学院研究生部）

自贸区投资银行的制度框架

——借鉴美联储早期法律制度

罗元化

目前中国各地自贸区在金融改革方面陆续取得了新的突破，但面对复杂的经济局面以及在维护金融稳定的压力下，金融领域的制度设计还需不断创新。本文在借鉴美联储早期法律制度建立和演变的基础上，尝试创设中国自贸区投资银行这一新的金融机构，并对其营业原则、组织架构等方面进行制度框架设计，以期为中国自贸区金融创新提供新的思路。

一、中国自贸区发展现状

自2013年上海自贸试验区成立以来，中国自贸试验区在金融改革方面取得了系列突破。从自由贸易账户（FT账户）到外汇管理负面清单等系列举措为自贸试验区的经济发展提供了金融支持。但是从2016年11月浦东新区金融服务局与国家统计局浦东调查队开展的上海自贸区金融创新试点企业满意度调查反馈来看，该区金融创新及开放程度还不够，还需不断努力改进。以融资便利性为例，调查的数据显示，在获取银行贷款方面，跨境经营企业面临的困难依次是境外经营时间较短、银行不敢介入、信用等级不够和缺乏抵押。大部分受访者认为自贸区现有的金融政策在解决跨境面临的融资困难时“有一定帮助”，在所有受访者中占63.9%，认为“有较小帮助”的受访者比例为19.4%，仅有8.3%的受访者认为“有较大帮助”；在资金自由流通方面，有40.5%的受访者认为FT账户的自由汇兑程度“一般”，认为“不太好”和“很差”的共占14.9%，选择“较好”的占39.2%，仅有2.7%的受访者认为“很好”（刘航，2017[1]）。

贸易与金融从来都是不可分割的，国际贸易需要国际化的金融服务，从订单的确定到将货物送达对方的过程中的每一个环节都离不开金融业务；同时，国际贸易还存在汇率风险、在途风险等多种风险因素。当前中国已经对跨境资金流动管理政策进行了相应的调整，对境外投资也加强了宏观管理引导，未来或许还有新的政策变化。在目前国内经济形势下，中国需要创设一个既能满足维护国内金融稳定的需求，又能促进自贸区事业发展的全新机构。因此，在借鉴美联储前期法律制度的基础上，本文尝试提出自贸区投资银行这个概念，以迎合时代的需求。

二、自贸区投资银行设计思路

自贸区投资银行由各个自由贸易国家及地区的金融机构投资认股成立，主要为自由贸易全链条提供包括投融资、保险、基金、债券等全方位的金融服务。这与美联储的成立是为了避免经济危机频发是一个道理。20世纪初，华尔街投机盛行导致股票价格飞涨。道琼斯指数在1904—1906年翻了一番（Jerry，2002[2]）。1907年10月22日，由于参与联合铜业公司投机失败，纽约第三大信托公司Kinckerbocker Trust Company遭到挤兑，并最终关门歇业（West and Craig，1977[3]）。挤兑风波蔓延到其他金融机构，许多中西部地区的金融机构也纷纷赶来华尔街提取自己的存款。一夜之间，银行门前排满了前来取款的人们。后来经过摩根等私人银行家集团的努力，危机终于有所好转。主要依靠私人银行集团筹措的资金使形势得到了控制，1908年股票市场增长了45%（Jerry，2002）。这次危机使“设立中央银行充当最后贷款人，为会员银行提供紧急贷款，以满足市场的流动性需求”成了理所当然的逻辑。自由贸易需要各参与国金融机构的协同努力，共同为贸易提供便利的金融环境。但是，若是以不同的金融机构为主体提供不同的服务，则会导致其因立场不同，而采取不同的经营策略。自贸区投资银行的成立则整合了这些不同金融机构的共同利益——只要自贸金融业务开展得好，作为股东都可以分享利润。

1913年《联邦储备法案》开创了一种新的中央银行制度。根据1913年《联邦储备法案》的规定，财政部长、农业部长、通货监理官组成筹备委员会负责联邦储备体系的筹建工作。该委员会将美国大陆地区划分为8—12个区划，并通知该区划内的银行机构按自身资本总额的6%认购本地区联邦储备银行的股份并成为会员银行。会员银行将一定比例的存款作为储备无息存放在地区联邦储备银行，以备不时之需。地区联邦储备银行负责管理辖区内会员银行的储备，为这些会员银行提供贴现等服务，是银行的银行。通过这样的制度设计，避免了美联储与商业银行等金融机构之间的业务竞争，使得美联储能够长时间存在。由于各国对于金融机构的法律管制相对较为严格，对非本土金融机构的营业限制也较多。据此，一些法律管制范围内的业务，可以考虑由作为自贸区投资银行股东的金融机构以会员身份开展。这样就为自贸区投资银行拓展业务范围减少了阻碍。关于区划问题，则可以与中国签订自由贸易协定的不同国家及地区为参考，更有针对性地开展工作。

在对会员的监管方面，则可以参考1933年6月16日《1933年银行法》的内容（Federal Reserve Board，1934[4]）。该法对联邦储备法案的许多条款作了重要的修改，在一定程度上影响了整个联邦储备系统的制度设计。在该法案颁布之前，各地区联邦储备银行在发放贷款方面拥有很大的权限。该法案修订了《联邦储备法案》第4条的规定，强化了联邦储备委员会对联邦储备银行信用的控制。其中最明显的就是该法案规定各联邦储备银行要严格履行联邦储备委员会及相关法律法规的要求，审慎经营，确保自身的稳定性，注重金融业与商业、农业等经济领域的协调发展。该法案还要求各联邦储备银行要随时掌握其会员银行的资产负债情况及重大的业务活动。在发现会员银行滥用贷款权力时，应及时上报联邦储备委员会。委员会经过调查后，有权吊销其会员资格并进行相应的处罚。同时被修订的还有《联邦储备法案》第11条。该条规定在得到6张赞成票的情况下，允许联邦储备委员会规定各联邦储备地区内银行用于发放证券与债券贷款的资金比例。这就避免了银行资金大量流入证券市场和债券市场，导致泡沫的产生，危害实体经济。由此考虑，自贸区投资银行可以通过限制会员资格等手段，保证其开展的业务都是为了促进自由贸易，而非资金转移或者逃避税收等。

在业务的开展方面，自贸区投资银行采取公司化经营，严格区分股东会、董事会、经营管理层的权责；为了保证业务的顺利开展，还应设立咨询委员会。这与美联储设立联邦顾问委员会类似。美联储联邦顾问委员会由各地区联邦储备银行各自推荐一人共同组成。该委员会每年至少在华盛顿会晤4次。其有权就当下经济形势与联邦储备委员会进行沟通商讨，并就贴现率、公开市场操作、联邦储备券的发行、黄金及证券的买卖等与联邦储备系统有关的问题发表意见和建议（Federal Reserve Board，1915[5]）。这种制度安排不仅使美联储出台的政策更加可行与准确，也使各地区的利益诉求能够通过这个会议得到表达。同时，法案规定地区联邦储备银行董事会由3名参股银行的代表（A类）、3名工农商界的代表（B类）及3名由联邦储备委员会指定的公共利益代表（C类）组成。各地区联邦储备银行的行长只能从C类委员中产生。通过这样的安排，美国联邦储备系统的制度设计能够平衡各方利益，将美国社会各方面的资源都整合到美国联邦储备系统中来，为美联储今后的发展及其政策目标的实现奠定了基础（Federal Reserve Board，1915）。

美联储公开市场委员会的制度设计也可作为适当的借鉴。根据规定，美联储公开市场委员会由12家联邦储备银行各指派一人构成。公开市场委员会应每年召开不低于4次的会议。联邦储备委员会各委员有权参与会议。会议做出的决定对每个联邦储备银行均有效。联邦储备银行可以不采取会议决定的方式，但是若要采取公开市场操作，则必须遵守会议的决定，不能违反决议的要求（Federal Reserve Board，1934）。1934年6月19日法案新增了《联邦储备法案》第13B条款。该条款规定在特殊的情况下，经联邦储备委员会同意后，联邦储备银行可以向工业及商业公司提供贷款或购买其债券，但前提条件是确保资金安全。同时，该工业公司或商业公司无法通过传统渠道获得资金支持以扩大再生产或再经营。该法案还要求每个联邦储备银行在其联邦储备地区内建立工业咨询委员会。该委员会由3~5名经验丰富的人员构成，他们将审查相关的业务内容，向联邦储备委员会提供参考意见（Federal Reserve Board，1935[6]）。

《1935年银行法》明确了位于华盛顿的联邦储备理事会与各地区联邦储备银行的关系，强化了联邦储备理事会在整个经济系统中的作用和地位。同时，该法还改组了公开市场委员会，规定该委员会由联邦储备理事会7名理事及5位地区联邦银行代表组成，并更名为"联邦公开市场委员会（FOMC）"。这种变化使得联邦储备理事会的权力大增。新法规定联邦储备理事会有权调整会员银行的准备金率，有权定期审查联邦储备银行制定的贴现率。联邦储备理事会还有义务保留其相关政策及公开市场操作的相关记录文件，并在其年度报告中提交国会（Board of Governors of the Federal Reserve System，1936[7]）。尽管，具体的机构设计不同，但是美联储关于业务开展的理念可以为自贸区投资银行所借鉴，使自贸区投资银行更加公开、透明、高效和准确。

三、自贸区投资银行设立中的几个具体问题

1.融资便利

自贸区概念落地后，各地自贸区建设均取得了颇多成绩，尤其是在探索资金的自由流通以促进自由贸易方面取得了不少突破。但是随着美联储加息及国际经济形势的变化，中国外汇储备一度流失严重。为了维护经济的稳定，我们对外汇的管理再次严格起来。上海自贸区FT账户结售汇政策也受此影响，有企业反映FT账户结售汇的流程不仅变得更为复杂、不确定，而且耗费的时间甚至超过区外普通账户，给企业经营带来诸多不便。甚至有个别参加新型国际贸易试点的跨国公司反映，由于对未来政策缺乏稳定预期，它们已经关闭了自贸区的经营场所，将原来放在自贸区的业务全部重新搬回新加坡、中国香港等地（刘航，2017）。尽管这些情况属于个别现象，但是自由贸易、资金自由流通与金融安全和稳定的关系需要我们认真琢磨。

自贸区投资银行因为其股东来自不同国家和地区，手握不同币种资源，或许可以在融资便利与中国金融安全之间找到平衡。而且，与中国签订自由贸易协定的国家及地区都希望看到一个币值稳定、经济稳健的中国。因此，除了通过各国央行之间各种协议的渠道外，自贸区投资银行这个平台可以充分发挥市场的力量，让金融市场的参与主体充分创新。

2.业务重点向东盟等与中国签订自由贸易协议的国家及地区倾斜

2014年中国已经成为东盟第一大进口来源地和第一大出口目的地，而东盟

也成为中国第一大进口来源地和第三大出口目的地（王力，2016[8]）。自贸区应该成为现有自贸协议落地的排头兵。而在金融制度方面，则应该积极地吸引这些国家和地区的金融机构参与到自贸区金融业务中来。自贸区投资银行恰好提供了这个平台。尽管目前与中国签订自贸协议的国家和地区大部分属于发展中国家，但是正如北美自由贸易区的发展一样，中国通过与自由贸易伙伴们的共同努力也能实现共同富裕，尤其当下西方发达国家在世界贸易规则制定中有意为难中国，无端制造难题，我们更应该尝试开拓新的蓝海。

3.配合亚投行，推进“一带一路”建设

亚投行是中国倡导发起的重要国际金融机构，其业务范围主要面向基础设施建设。与亚投行不同，自贸区投资银行更注重商品及服务交易领域的投融资等金融服务。在“一带一路”倡议的背景下，自贸区投资银行可以与亚投行形成良性互动，因为只有繁荣的商贸活动才会催生对于基础设施建设升级的需求；反之，良好的基础设施将促使商贸活动更加繁荣。因此，自贸区投资银行在战略层面应该与亚投行相互配合，发挥最大效用，促进地区经济繁荣。

四、启示与建议

从为应对流动性的恐慌而建立美国联邦储备系统，到应对大萧条而对美联储制度进行重大调整，美联储早期的法律制度演变彰显了其为稳定金融、促进经济发展而不断调整的逻辑。自贸区投资银行这个概念的提出只是第一步，重要的是如何保证其在日后能够从容面对各种可能出现的现实情况，而这也是本文以美联储为研究借鉴对象的原因。美联储如何能做到在复杂的经济变化中主动完善法律制度、维护金融稳定、促进经济发展？

第一，美联储的制度设计为各方利益提供了交流平台或博弈平台，设定了多方博弈的机制。美联储是一个由位于华盛顿的联邦储备委员会、地区联邦储备银行及会员银行机构组成的三层系统。联邦储备委员会的组成及其各专门委员会的制度设计保证了各利益集团、部门行业及地区的诉求能够得到充分的考虑；12个地区联邦储备银行则平衡了地区间的利益；而其董事会中A、B、C三类董事的构成更是充分体现了对会员银行机构利益、实体经济部门利益及公共利益的协调。

第二，美联储的制度设计让其拥有强大的实力来干预经济。这种强大体现在其巨量的储备及多样的调控手段上。美联储的会员制度使其将大部分的金融资源整合到美联储系统中，强大的金融资源使美联储成了维护金融稳定的中流砥柱。美联储还先后发展演变出包括法定准备金率、贴现率以及公开市场操作等在内的多种调控手段，能够对金融稳定实施有效干预。

第三，美联储特殊的所有制形式有效保证了公共利益和私有银行利益之间的平衡。通过系统的法律制度设计，位于华盛顿的美国联邦储备委员会能够有效对私有性质的地区联邦储备银行及会员银行机构实施管控，保证美联储政策的一致性和有效性。而会员银行的退出机制则使得美联储在政策制定的时候必须考虑到私有银行的利益，否则就会引起州银行退出美联储系统。

自贸试验区是我们改革开放路上的又一次出发，吸收借鉴国内外经济建设经验能够启发我们的思维。相信美联储的制度设计能够在某种程度上启发自贸区金融创新工作，并最终产生符合我们具体实际的诸如自贸区投资银行类的新金融机构，服务实体经济，促进经济不断向前发展。

参考文献

［1］刘航．上海自贸区金融创新试点企业感受度调查报告［J］．统计科学与实践，2017（5）．

［2］MARKHAM J W. A Financial History of the United States［M］. New York：M. E. Sharpe，Inc，2002.

［3］WEST R C. Banking Reform and the Federal Reserve，1863-1923［M］. Ithaca：Cornell University Press，1977.

［4］Federal Reserve Board. The 20th Annual Report of the Federal Reserve Board Covering Operations for the Year 1933［Z］. Washington D. C.：Federal Reserve Board，1934.

［5］Federal Reserve Board. The 1st Annual Report of the Federal Reserve Board for the Period Ending December 31，1914［Z］. Washington D.C.：Federal Reserve Board，1915.

［6］Federal Reserve Board. The 21st Annual Report of the Federal Reserve Board Covering Operations for the Year 1934［Z］. Washington D. C.：Federal Reserve Board，1935.

［7］Board of Governors of the Federal Reserve System. The 22nd Annual Report of the Board of Governors of the Federal Reserve System Covering Operations for the Year 1935［Z］. Washington D. C.：Board of Governors of the Federal Reserve System，1936.

［8］王力．中国自贸区发展报告（2016）［M］．北京：社会科学文献出版社，2016.

（作者单位：四川大学历史文化学院；西南财经大学）

国际企业间资本流动及资本项目货币兑换管制

——一种复式收付分析方法

满一兴

运用“收”“付”对微观层面的企业资产负债表和宏观层面的国际收支平衡表进行分析，构建了一个全面分析资本流动的框架：“收”“实”入“内”、“付”“虚”出“外”，资本流入；“收”“虚”入“内”、“付”“实”出“外”，资本流出。这一框架不仅适合分析封闭经济条件下一国之内的企业间资本流动，同时也适合分析开放经济条件下宏观层面的不同国家间资本转移的国际资本流动。正是在此基础上，自然诞生了反映开放经济条件下微观层面的不同国家的不同企业之间资本转移的新概念——国际企业间资本流动。最后，在分析了不同货币制度条件下宏观层面的国际资本流动和微观层面的国际企业间资本流动的一致与背离及其对货币供给总量影响的基础上，提出了必须对资本项目货币兑换进行管制的政策建议。

一、引言

中国自1978年实行改革开放政策以来，已经从一个几近完全封闭的经济体发展成为一个高度开放的经济体而融入到了世界经济体系之中。正是在这个过程中，世界经济发展多次受到经济危机的干扰，影响巨大的莫过于最近20年来发生的两次经济危机，即1997年始发泰国的亚洲金融危机和2008年因次级债危机引发的美国金融海啸。然而，不断开放的中国经济基本上没有受到这些经济危机的显著干扰，原因何在呢？国内外经济理论界与实务界较为一致的意见是：迄今为止，中国仍然没有完全放开资本管制。中国人民银行行长周小川在第31届（2015）国际货币与金融委员会系列会议上，首次正式提出中国实行的是资本项目有管理可兑换，而不是完全或自由可兑换，可以说，有管理可兑换的提出是中国汲取多次国际经济金融危机教训之后对中国资本项目管制与可兑换实践的总结和概括。实行有管理可兑换有助于打破资本项目开放魔咒，不仅对中国货币兑换改革具有指导意义，对其他发展中国家也具有普遍适用性。

由此可见，资本项目货币兑换管制是必要的。可是，其理论根据是什么呢？为此必须重新认识货币、资本和资本流动等一些基本概念在开放经济体系中的含义。

在一个独立的封闭经济体内，资本流动只可能发生在不同的微观经济主体之间，并且作为“资本的最初的表现形式”的货币对于宏观经济主体不具实质意义；而在一个开放经济体系中，资本流动首先必定发生在两个不同的宏观经济主体之间，并且实物货币或信用货币对于宏观经济主体具有了实质的但不同的意义，因为此时的两个宏观经济主体类似于单一封闭经济体内的两个微观经济主体。然而，资本流动的具体承担者仍然是不同的两个宏观经济主体中的众多微观经济主体，但由于实物货币或信用货币在开放经济体系中对于宏观经济主体和微观经济主体的意义并不一致，宏观经济主体之间的资本流动并不等于微观经济主体之间的资本流动的简单加总①。因此，研究开放经济体系中的资本流动问题，仅有“国际资本流动”这个宏观层面的术语是不够的，迫切需要另一个微观层面的术语——国际企业间资本流动。

本文运用独创的复式收付分析方法（满一兴，2017）[1]，构建了一个可以全面分析多个层面资本流动的框架。本文首先以企业资产负债表为基础，分析了最简单的封闭经济体内的企业间资本流动；进而以国际收支平衡表为基础，分析了开放经济体系中的宏观经济主体之间的资本流动——国际资本流动；然后，另一个描述开放经济体系中微观经济主体之间资本流动的新术语——国际企业间资本流动——非常自然地诞生了；最后，在分析了不同货币制度条件下宏观层面的国际资本流动和微观层面的国际企业间资本流动的一致与背离及其对货币供给总量影响的基础上，提出了必须对资本项目货币兑换进行管制的政策建议。

二、企业间资本流动：基于资产负债表的收付分析

1494年11月出版的“现代会计之父”卢卡·帕乔利的《簿记论》，是世界上第一本系统论述复式簿记原理及其运用方法的著作。该书第十二章中写道：“为了理解如何将财产目录中的内容记入分录账和分类账，你必须学会使用另外两个术语。一个称为‘现金’，另一个称为‘资本’。现金指的是你手头现有的货币，

① 在一个独立的封闭经济体内，对于宏观经济主体而言，无论实物货币还是信用货币，仅是“经济的一层面纱”，即“货币是虚的”，各微观经济主体生产的最终产品和提供的服务才是“实”的；在开放经济体系中，对于参与到经济交易中的各宏观经济主体而言，实物货币则不再是“虚”的，而是“实”的，信用货币则仍然是“虚”的。对于微观经济主体而言，无论在封闭经济体系中还是开放经济体系中，无论实物货币还是信用货币，则总是“实”的。

而资本则表示你现在拥有的全部财产的总金额”（卢卡·帕乔利，2009）[2]。卢卡·帕乔利的这一记述，使得“资本”这一概念得以深入人心。日本会计学家黑泽清在其著作《改订簿记原理》中写道：“在复式簿记出现以前，世界上不存在所谓‘资本’的概念。或者说，倘若没有复式簿记，就没有‘资本’的出现”（卢卡·帕乔利，2009）。

本文认为，卢卡·帕乔利的这一记述，标志着复式簿记方法从银行业的“不自觉”运用发展到了其他行业（最先是商业）中的“自觉”运用。因为最初的银行业务主要是替人保管货币，每一笔业务均涉及不同的两个主体，不采用复式簿记方法不足以将账目记录得清晰而完整；而在普通工商业运营过程中，特别是业主投资之始，业主所投资企业必然归其本人所有，如果不将业主所投资企业当作一个经济主体，结果就会只有一个经济主体，业主的投资并不构成一笔交易；因此，只有将业主投资的企业当作一个经济主体，业主投资企业这一行为才能被当作一笔经济交易，即业主“付”出“现金”给企业，同时“收”到企业出具的代表业主权益的“资本”证书（对接受投资的企业而言，则是“收”到“现金”，“付”出“权益”证明）。

由此可见，没有“资本”账户的设置便无法进行复式记录，而一旦有了“资本”账户，复式记录便得以实现；更为重要的是，当代的会计主体假设思想已蕴含其中，这正是本文所运用的复式收付分析方法的起点。

（一）资产负债表的“左”“右”之分

最简明的企业资产负债表可分为左、右两大部分，如图1所示。左边为资产，右边为负债与权益。这是当今全球财务会计理论对资产负债表的经典设计与划分。对于任一独立的会计主体（经济交易双方中的一方）而言，资产可视为资金运用，负债与权益可视为资金来源；并且任何资产的获得必有其来源，这是资产负债表必然平衡的基础。

<table>
<tr><td rowspan="2">资产</td><td>负债</td></tr>
<tr><td>权益</td></tr>
</table>

图1　资产负债表的结构

（二）资产负债表的“内”“外”之分

1.会计主体假设。会计主体假设规定了会计核算的空间范围和利益界限。会计信息系统所加工的数据和提供的信息并非漫无边际，而是局限于特定的、具有独立性或相对独立性的主体之内。如果以一个独立核算的企业为会计主体，那么，会计信息系统所处理与提供的信息就必须是与该企业相关的；那些与特定企业无关的信息，则不属于该会计主体信息系统所核算的范围。此外，会计主体假设的提出，也要求对会计核算主体与所有者利益界限进行明确区分。

一般认为，将会计建立在每一个经营主体（主要指企业）的基础上，要求会计只反映涉及该主体的资产、负债、所有者权益、收入与费用等交易或事项，须将该主体的经济活动与其他主体的经济活动、企业的经济活动与企业所有者的私人经济活动严格区分开来。

2.资产负债表的“内”“外”之分。根据会计主体假设，经济交易记录和会计核算的主体应是一个独立核算的企业。该企业拥有或者控制着因过去的交易或者事项形成的、预期会给企业带来经济利益的资源，就是资产。这些资产处于企业（会计主体）的内部。

负债一般被定义为“企业过去的交易或者事项形成的、预期会导致经济利益流出企业的现时义务”，这是一个基于会计主体的描述；企业的每一笔负债必定有一确定的债权人，会计主体的负债也就是债权人的权益。所有者权益则是指企业资产扣除负债后由所有者享有的剩余权益。对于会计主体而言，债权人和所有者均为外部人，均是为企业正常经营提供资金来源的主体①。

综上所述，在资产负债表中，以某一确定的会计主体（企业）为空间界限，资产属于“内”的范围，负债（债权人权益）和所有者权益属于“外”的范围，发生在“内”“外”之间和发生在“内部”的经济交易，均可由会计主体运用复式记账方法准确记录下来。

（三）资产负债表的“实”“虚”之分

资产负债表又称财务状况表，是反映会计主体在某一特定时点的资产、负债和所有者权益及其构成情况的财务报表。从总体存在形式上看，资产总是以各种各样的实体形式存在，如现金、存货、厂房、机器设备、土地等；而负债和所有者权益则是以各种各样的书面经济交易凭证，即以虚拟形式存在，如借款合同、债券、股票等②。

因此，资产为“实”，负债和权益为“虚”，并且资产与负债和权益是一体两面，所有的实体资产必然有对应的权益所有者；换句话说，所有的资产（“物”）必为某“人”（债权人、所有者）所有，故资产与负债和权益的对立统一同时还是“物”与“人”的对立统一。

简言之，分为“左”和“右”的企业资产负债表又是“内”和“外”、“实”

---

① 企业所有者对于会计核算主体而言是“外部人”，从字面意义上理解有些令人费解，但这是复式会计核算技术的内在要求。首先，若不将所有者设定为外部人，则复式簿记就失去了存在的前提，因为经济交易必须有两个主体才能得以发生；卢卡·帕乔利在其《簿记论》第十二章中记述的“一个称为‘现金’，另一个称为‘资本’”的两个术语即是明证。其次，在当代经济全球化背景下，大型股份公司不断由国内向全球扩展，与之相应的所有权与经营权分离程度亦变得越来越大，所有者直接参与企业经营管理的程度越来越低，所有者作为“外部人”的身份也就越来越明显。

② 有三种特殊情况须进行说明：其一，世界各国采用无实物支撑的信用货币制度仅仅几十年的时间，黄金、白银曾长期作为实体货币存在。其二，资产的存在形式也可以是虚拟的，如用现金换得的其他企业的股权，但这不影响总体上资产以实体形式存在的性质；当一企业的绝大部分资产是以贷款合同、债券、股票等虚拟形式存在的时候，该企业本身的性质则已发生根本性改变，即由一实体企业变成了一金融企业。其三，负债、所有者权益的存在不必然地都有实际的书面证明存在，有的可能是口头协议，有的可能是依商业惯例而发生并存在，如应付账款之类的负债。

和“虚”的有机结合体。

（四）企业间资本流动

卢卡·帕乔利在其《簿记论》中引入了资本这一术语并对其含义进行了说明，“资本则表示你现在拥有的全部财产的总金额”；然而，这并不是一个严谨的资本定义。当今，资本通常被理解为“投资于企业用以进行生产并赚取利润的货币”或者“用来生产产品的产品，即不包括被生产的产品在内的各种生产要素，如机器、厂房、土地等”。如果从实物的角度，并结合企业资产负债表来看，这两种理解实际上是一致的，货币和各种实际资源均在资产负债表的左边，由于在市场经济条件下，（一国的）货币作为（国内）一切商品的等价物，货币可以非常方便地变成实物，因此可以说，货币（现金）和实物生产要素均是资本。

但是，“资本”这一名词在卢卡·帕乔利的《簿记论》中直接处于“现金”的对立位置；现代企业资产负债表中，由权益资本和债务资本构成的“总资本”亦在其右边，处在“货币和各种实物资产”的对立位置；此外，日常意义上的资本概念更是令人迷惑难解，经济学理论中“资本”的概念一般指资产负债表左边的“实”的资产，而金融学理论中“资本”的概念一般则指资产负债表右边的“虚”的债权和所有权，正如已故著名经济学家保罗·A.萨缪尔森在其畅销全球的入门经济学教材《经济学：基础分析》（第一版）中指出的那样，“日常的‘资本’概念可能有10种不同的意义”。

跳出资本概念的窠臼，从卢卡·帕乔利的“资本”与“现金”的对立出发，以企业资产负债表的“内”与“外”、“实”与“虚”两重二分法为基础，运用“收”“付”两个符号，则可对企业间资本流动进行全面、准确的阐释。

顾名思义，资本流动应该是货币或实物资源从一个主体控制之下转移到另一个主体控制之下。对于得到资本的主体而言是资本流入，对于失去资本的主体而言是资本流出；但这里的资本流入（流出）仅涉及任一主体的资产负债表的左边（“内”“实”一边），资产负债表的右边（“外”“虚”一边）没有涉及。在对资产负债表进行“内”“外”以及“实”“虚”两重二分的基础上，用“收”“付”两个符号可以全面地描述资本的流入与流出如下：第一，资本流入：“收”“实”入“内”、“付”“虚”出“外”；即企业收到货币（现金）或各种实物资源的同时，需要付出“债券”等表示债权债务关系的凭证给债权人，或者付出“股票”等表示所有权关系的凭证给所有者。第二，资本流出：“收”“虚”入“内”、“付”“实”出“外”；经济交易仍然发生在企业（会计主体）与债权人和（或）所有者之间，但收、付的对象刚好与资本流入时相反。

需要说明的是，以上的资本流入与资本流出仅是对某一特定微观主体的单方面描述。实际上，当资本流入方有资本流入时，必定有对应的资本流出方的资本流出：在收到资本流入方的“虚”的债券或股票的同时，一定要付出“实”的现金或其他实物资产；反之亦然。

总而言之，对于某一确定的会计主体而言，资本流动是“收”与“付”、“实”与“虚”、“内”与“外”三维同步运动的结果，“收”“付”是会计主体的行为体现，“实”“虚”是资本流动的载体，“内”“外”则限定了资本流动的空间范围。

本文以经济交易相对简单且易于理解的商品流通企业为例，具体说明资本流入与资本流出的表现。

1.企业成立。当一投资人投入一笔资金注册成立一商品流通企业时，对于被投资的企业而言，自然是有了资本流入，因为企业“收”到“实”的货币资金入“内”，而这笔新投入的资金立即可以被企业自主自由地运用；同时，企业须“付”给投资人“虚”的权益证明出“外”，因为作为所有者的投资人相对于记账会计主体而言是外部人，他在完成投资程序之后便失去了投入到企业内部的资金的使用权。

当企业正式投入运营之后，因资金不足而需要进行债务融资，如向银行借款、发行债券等，这时与投资者投入资金时一样，企业“收”到“实”的现金（银行存款）入“内”，同时须“付”出“虚”的借款合同、债券等出“外”给债权人，资本流入企业。

2.企业的日常购销业务。企业在得到投资人或债权人的资本投入后，需要购买相关的固定资产、机器设备以及待销售存货等，这时，企业在“收”到“实”的资产入“内”的同时，必须相应地“付”“实”的现金出“外”，即“收”“实”入“内”、“付”“实”出“外”，资本总量不会变化，发生改变的是资本存在形式，总体上没有资本流入（流出）。

如果企业在“收”入有关“实”的资产入“内”的同时，并没有“付”相应的“实”的现金或其他资产出“外”，即企业的相关资产是赊购回来的，则企业对外负债增加，理论上应“付”给对方“虚”的债务证书，因此便是“收”“实”入“内”、“付”“虚”出“外”，有了资本流入。

企业出售商品存货的情形刚好与购入时相反（相对），“收”到“实”的现金入“内”，“付”出“实”的商品存货出“外”，仍然是“收”“实”入“内”、“付”“实”出“外”，总体上没有资本流入或流出（这里暂时不考虑有利润实现的情况）。

如果企业在“付”出有关“实”的商品存货出“外”的同时，并没有“收”到相应的“实”的现金或其他资产入“内”，即企业的商品存货是赊销出去的，企业增加了对外债权，理论上应“收”到由对方出具的“虚”的债务证书，因此便是“收”“虚”入“内”、“付”“实”出“外”，有了资本流出。

3.企业给债权人支付利息、给股权人支付股利。在计算机和网络技术出现以前，传统的债券一般由两部分组成：正券和副券（息票）。债券发行人支付利息时会收回相应的副券（息票）。企业将经营成果（利润）以现金形式向股东派发时，事先须根据股东所持股份比例准确核算并填制和派发股利证书，之后股东凭股利证书到企业领取现金股利[①]。对于企业而言，这两种形式的现金流出，均符合“收”“虚”入“内”、“付”“实”出“外”的原则，即资本流出了企业，因为企业可以运用或支配的资金减少了。

4.债券和股票的二手交易、债权转为股权。当持有企业发行的债券或股票的投资者将债券或股票出售给第三方，或者在双方同意后债权人转换为股权人，这时对企业资本不产生任何影响；因为这些交易全部发生在企业外部，而且没有资本流入或流出企业，只是债券和/或股票发行企业须变更相关的债权人或股权人信息。

由此可见，用“资产负债表”明确资本流动主体之后，只有一级市场交易才会引起真正的企业间资本流动，二级市场交易仅为投资者提供了一个流动性交易场所。

5.企业结业清算。如果企业决定解散，首先得用“内”部的“实”际资源偿还所有的债务，剩下的资产再按比例分配给股东；与此同时，须收回债权人持有的“虚”的债券和股东持有的“虚”的股票，即“收”“虚”入“内”、“付”“实”出“外”，资本全部流出，企业不再存在。

（五）小结

不论有无资本流动，“收”“付”总是有，亦会涉及“内”“外”；对于一个确定会计核算主体而言，区分资本流动是否发生的关键是，只有“实”和“虚”、“内”和“外”同步（同时涉及资产负债表的左、右两边）时才会有资本流动，即表现为“收”“实”入“内”且“付”“虚”出“外”，资本流入；“收”“虚”入“内”且“付”“实”出“外”，资本流出。

如果资本只是单方面“内”部“实”的变动（局限在资产负债表左边），或者单方面“外”部“虚”的变动（局限在资产负债表右边），则不会出现资本流动。

需要强调的一点是，“虚”的资本（债券类债务证明和股票类股权证明）仅仅是“实”的资本的价值记录，“流动”的资本本身必须是可以脱离于“虚”的价值记录而存在的“实”的资本；在微观层面的企业间资本流动中，既包括现金，也包括一般的实物资产。

---

① 息票和股利证书是融入资本企业给资本提供者支付回报的一种（虚的）书面承诺，之所以债券的息票可以在发行债券的同时给予债权人，是因为这一回报在债务合同签订之时就可以事先确定下来；而给予所有者的回报必须在企业取得经营成果并经过一系列复杂程序后才能确定下来；企业没有经营成果的话，根本不存在给予所有者回报的问题。换言之，股利的派发与否、派发的具体金额均无法事先确定下来。这是债务资本和权益资本两者之间存在巨大差别的突出体现。

三、国际资本流动：基于国际收支平衡表的收付分析

当资本流动超出一国的经济领土范围之时，原来国内企业间的资本流动便发展成了国际资本流动。由于国际收支平衡表是运用复式记账原理和方法，对某个时期一个国家（或地区）的居民与非居民之间的交易进行记录和汇总的统计报表，很好地反映了报表编制国与世界其他各国之间的经济交易情况；而且，最基本的国际经济交易仍然发生在两个主体（国家）和两个客体（两种商品）之间，因此，可以继续用“收”与“付”、“内”与“外”、“实”与“虚”三组符号作为分析工具考察国际资本流动。

（一）国际收支平衡表概述①

表 1 是《国际收支和国际投资头寸手册》第六版（BPM6）（International Monetary Fund，2009）[3] 国际账户示例中的国际收支部分（按照习惯，本文仍称之为国际收支平衡表），表中数据是假定的而不是真实的统计数据，目的仅为对国际收支平衡表的表式进行说明。

1.国际收支平衡表项目简介。国际收支是某个时期内居民与非居民之间的交易汇总统计表，在2009年IMF出版的《国际收支和国际投资头寸手册》第六版（BPM6）中，国际收支平衡表是以国际账户的国际收支和国际投资头寸两部分之一出现的（见表1）。

国际收支总体上由经常账户、资本账户和金融账户三大部分构成。

经常账户显示的是居民与非居民之间货物、服务、初次收入②和二次收入的流量。

---

① 国际货币基金（IMF）2009年正式出版的《国际收支和国际投资头寸手册》第六版（BPM6）是在前五版、名称为《国际收支手册》的基础上修订而成的，因考虑到世界各国对使用资产负债表数据兴趣的增加而将国际投资头寸加进了书名，报表则由之前的唯一的国际收支平衡表变成了主要由国际收支和国际投资头寸构成的国际账户。对应于普通工商企业的财务报表，在BPM前五版中通称的国际收支平衡表相当于一张试算平衡表，包含损益表和资产负债表两大部分内容，经常账户部分相当于损益表，资本和金融账户部分相当于资产负债表，但记录的不是流量数据而是存量数据；BPM6中独立的国际投资头寸表，则是包括了期初期末的存量数据以及期间流量数据的扩大的资产负债表，而且还增加了一个“国际投资头寸净额”项目，这完全是出于复式记账法的平衡需要；在普通工商企业的资产负债表编制过程中，存在同样的一个纯技术性的步骤，即将暂记性的收入类账户和费用类账户的余额同时结转至本年利润账户，然后将本年利润账户的差额结转至资产负债表中的永久性科目“未分配利润”中，实质上是企业因经营所得而增加（或减少）的所有者权益。详细资料可登录IMF官方网站（www.imf.org）下载BPM6参阅。由于本文关注的焦点在“国际资本流动”，而国际投资头寸主要是两个时点上存量数据的静态反映，且其变动情况已包含在国际收支中，因此仍以传统上的国际收支平衡表作为分析的起点。

② 初次收入反映的是机构单位因其对生产过程所作的贡献或向其他机构单位提供金融资产和出租自然资源而获得的回报。其分为两类：一是与生产过程相关的收入。雇员报酬是向生产过程投入劳务的收入。对产品和生产的税收和补贴也是有关生产的收入。二是与金融资产和其他非生产资产所有权相关的收入。财产收入是提供金融资产和出租自然资源所得的回报。投资收益是提供金融资产所得的回报，包括股息和准公司收益提取、再投资收益和利息。

财产收入和投资收益被归类在经常账户中而不是资本账户以及金融账户，是一个容易使人产生疑惑的问题，但实际上是非常正确的做法。资本账户和金融账户中能产生收益的实物财产和金融财产的存续期至少在一年以上，其交易是一次性的；而收益是连续发生的，和财产本身有明显的区别。经常账户的英语表达是current accout。The Little Oxford Dictionary（《牛津英语小词典》）对current一词作为形容词的释义为“belonging to present time； happening now； in general circulation or use”。这是经常账户的真正含义。

另外，财务会计中资产负债表与损益表的关系也可以说明这个问题。资产类、负债类和所有者权益类科目是永久性科目，而损益类（收入、费用）科目是暂记性科目，须定期结转至资产负债表中。

表1　　国际收支平衡表概览

国际收支	贷方	借方	差额	差额
经常账户				
货物和服务	540	499	41	41
初次收入	50	40	10	10
二次收入	17	55	−38	−38
经常账户差额			13	13
资本账户				
非生产非金融资产的取得/处置	0	0		0
资本转移	1	4	−3	−3
资本账户差额			−3	−3
净贷出（+）/净借入（-）（来自经常账户和资本账户）				10
金融账户（按职能类别）	金融资产净获得	负债净产生		
直接投资	8	11		
证券投资	18	14		
金融衍生产品（储备除外）和员工认股权	3	0		
其他投资	20	22		
储备资产	8			
资产/负债变化总额	57	47		
净贷出（+）/净借入（-）（来自金融账户）			10	10
误差与遗漏净额				0

注：本表出自本文作者所著《国际收支和国际投资头寸手册》第六版（BPM6）第12页，数字金额单位详见该书。

资本账户显示的是，居民与非居民之间非生产非金融资产和资本转移的贷方分录和借方分录。它记录非生产非金融资产的取得和处置，例如，向使馆出售的土地，租赁和许可的出售，以及资本转移，即一方提供用于资本目的的资源，但该方没有得到任何直接经济价值回报。

金融账户显示的是，金融资产和负债的获得和处置净额，反映了对非居民的净贷款和净借款是如何获得资金的。

误差与遗漏净额是一个残差项。尽管国际收支账户总体上是平衡的，但在实践中，由于源数据和编制的不理想，会带来不平衡问题。这种不平衡是国际收支数据的一个常见特点，被称为误差与遗漏净额。

2.国际收支平衡表数据的记录方法。在作为国际收支基础的复式记账会计制度下，每笔交易的记录由两个分录组成，贷方分录合计金额与借方分录合计金额相等。

在经常账户和资本账户中，贷方记录出口、应收初次收入、应收转移和非生产非金融资产处置；借方记录进口、应付收入、应付转移和非生产非金融资产的获得。

在金融资产和负债交易的情况下，采用“金融资产净获得”和“负债净产生”两个术语。金融账户项目按净额分别对每项金融资产和负债进行记录（它们反映的是一个会计期间内所有贷方分录和借方分录的变化）。采用“金融资产净获得”和“负债净产生”两个术语突出了金融账户对国际投资头寸的影响。这些术语的使用还简化了数据解释。正变化表明资产或负债的增加，负变化表明资产或负债的减少。但在解释贷或借概念下的增加或减少时，要看这种增加或减少是指资产还是负债（借记资产是增加，借记负债是减少）。尽管对于金融账户交易，不强调借记和贷记的表述方式，但其对于确保会计恒等关系至关重要。例如，从概念上说，一个贷项总是与对应的借项相匹配，后者不是涉及一项资产的增加，就是涉及一项负债的减少。

3.国际收支平衡表数据的收付记录法（满一兴，2017）。若用“收”“付”作为记账符号来记录国际收支平衡表数据，各项数据的记录就会变得非常直观、具体和易于理解。在经常项目中，商品出口就是“付”出商品，同时“收”入外汇；商品进口则是“收”入商品，同时“付”出外汇；服务贸易情况相近，只是与“收”入（“付”出）外汇资产相对应而“付”出（“收”入）的不再是有形的商品，而是无形的服务。在资本项目中，金融资产净获得，一定是在“收”入金融资产的同时，须“付”出各类实际资产；负债净产生，一定是在“付”出债务证书的同时，“收”到了各类实际资产。

另外，对于实物商品而言，收是增加、付是减少；对于金融资产而言，仍然是“收”为增加、“付”为减少；而对于债务和权益证书来说则刚好相反，“收”回债务和权益证书意味着债务和权益减少、“付”出债务和权益证书意味着债务增加。因此，“收”“付”并不是简单地等于“增”“减”，需要视“收”“付”的具体对象而定；但由于非常直观且符合经济交易实际，理解起来十分容易，不存在任何困难；不像“金融资产净获得”“负债净产生”两个术语那样，说起来拗口，理解时也不易掌握。

（二）黄金作为世界货币条件下的国际资本流动[①]

在布雷顿森林体系垮台以前，黄金被世界上许多国家作为货币金属，是国家间债权债务关系结清的最终手段。当一个国家进出口贸易出现大额逆差时，可以通过输出实物黄金进行支付清算。

如果设定世界各个国家间的每笔经济交易都须独立地用黄金进行支付，则可

① 在当今各国主权货币均为信用货币的条件下，国际资本流动形式发生了变化。由于实物“黄金”既作为国内货币又作为世界货币条件下的国际资本流动更易于把握，因此笔者本着由“实”到“虚”的逻辑先对“黄金”作为世界货币条件下的国际资本流动进行分析。

以非常清楚地观察到资本在各个国家间流动的情况。以下是关于国际收支平衡表中的商品出口、商品进口、直接投资和证券投资四种典型经济交易的分析。

1.商品出口的同时，可以立即收回黄金。与企业销售商品一样，"收""实"入"内"、"付""实"出"外"，没有资本流动；换句话说，一国"用商品换回黄金"的出口交易，只是一国内部物质财富（资本）存在形式发生了改变。

2.商品进口的同时，必须立即支付黄金。与企业购入商品一样，仍然是"收""实"入"内"、"付""实"出"外"，没有资本流动；与一国出口商品相对，"用黄金换回商品"的进口交易，仍然只是一国内部物质财富（资本）存在形式的改变。

3.直接投资。无论用黄金（货币资金）或用实物资本进行投资，接受投资的一方必须付给投资方一份权益证书，对于接受投资国而言，"收""实"入"内"、"付""虚"出"外"，实实在在地发生了资本流入。与之相对，投资输出国则出现了实实在在的资本流出。

4.证券投资。投资者欲投资外国有价证券，首先需获得外国货币；由于黄金可以作为货币在世界上通用（用黄金可以换得任何一个国家的货币），因此，投资者只需向外国出口一定数量的黄金或一定金额的本国货币，即可换得相应数量的等值外国货币，在接受投资国政策允许的情况下，投资其有价证券就与其国内居民投资相当。这样，投资输出国"收""虚"入"内"、"付""实"出"外"，资本流出；接受投资国"收""实"入"内"、"付""虚"出"外"，资本流入。

因此，当实物黄金作为货币在世界各国流通时，商品出口对应着黄金进口，商品进口对应着黄金出口，均表现为"收""实"入"内"、"付""实"出"外"，而且每笔交易均"收""付"相抵，自动平衡，故没有资本流动，只是一国内部财富（资本）存在形式发生了变化；而直接投资或证券投资，则是实物资本的进/出口与虚拟资本（各种债权和所有权凭证）的出/进口相伴而行，对资本输入国而言，"收""实"入"内"，"付""虚"出"外"；对资本输出国而言，"收""虚"入"内"，"付""实"出"外"，两个国家（经济体）之间出现了实实在在的资本流动。

（三）世界各国主权货币均为信用货币条件下的国际资本流动

当今世界各国，基本上都采用独立的、不与任何实物挂钩的信用货币体系。货币作为一个国家主权象征的最突出特征是，货币发行集中于一国的中央银行，不允许任何外国货币在本国境内流通。当一国向另一国出口货物或服务而收到外国企业或居民支付的外国货币或其他支付工具时，该国企业或居民所拥有的实质上只是一种代表一定索偿权的"虚"的债权凭证，除非被立即用于进口商品和服务；反之亦然。当两国之间发生纯粹的货币资金交易时，则表现为两种"虚"的债权（债务）凭证的交换。因此，在主权货币均为信用货币条件下，国际资本流动形式已经发生改变，与实物黄金既可以作为一国国内货币、又可以作为世界货币条件下的国际资本流动形式不再相同；但是，利用“收”与“付”、“实”与“虚”、“内”与“外”三组符号，仍然可以还原当代国际资本流动的本质。

1.商品出口。假定一国出口商收回的是外国货币；由于外币无法直接在国内使用（最直接、最快捷的办法只能是立即存放在货币发行国的金融体系中），因此，实质上只是收到外国进口商给付的一张债务凭证（对出口商而言则为债权凭证，是一种资产[①]）；从宏观层面的国家视角来看，则是“收”“虚”入“内”，“付”“实”出“外”，发生了资本流出。

假设一国出口商收到的是本国货币，从宏观层面的国家视角看，仍然是资本流出。这是因为，外国进口商用以支付的本国货币来源无非两种渠道：一是之前本国企业或居民因进口商品或劳务而支付给对方的款项；二是本国金融机构向外国发放了贷款。本国进口支付意味着债务增加，现在因出口商品而收回本币则结清了部分债务，债务减少即是资本流出；本国向外国发放贷款之初，本国得到对方的一纸借款合同，对方得到本国的信用货币则必须存放本国，不存在资本流动；只有当本国向对方出口商品和服务、对方用之前所借款项支付时才会出现真正的资本流出。

2.商品进口。假定一国进口商用本国货币进行支付；由于本国货币不允许在对方国内流通，对方手上得到的实质上只是国内进口商给付的一张债务凭证，对方运用此笔资金的最直接、最快捷的办法是立即存放在进口国的金融体系之中。结果是，从宏观层面的国家视角看，“收”“实”入“内”，“付”“虚”出“外”，出现了资本流入。

假设进口企业不能用本币支付，必须用外币支付，则国内进口商必须用本币向国内的出口商、商业银行等购得外币（资产）以支付给外国出口商；商业银行如果外币资金短缺，则可以向中央银行购买，但前提是国内的工商企业、商业银行以及中央银行等机构事先已通过各种方式获得各种外币（资产）存货。进口商与国内的出口商、商业银行以至中央银行之间的资金交易的最终结果是，原先未结清的外国所欠债务因为国内的进口而得以结清。债权减少即为资本流入，且具体表现为进口的增加。

3.直接投资。在各国货币均为信用货币条件下，如果是以实物资本进行投资，接受投资的一方应付给投资方一份权益证书，对于接受投资的一方而言，“收”“实”入“内”，“付”“虚”出“外”，此时，从宏观层面的国家视角看，发生了实实在在的资本流入。与之相对，投资国则发生了实实在在的资本流出。

---

① 出口企业可以将手头的外币（资产）卖给进口商或者国内的商业银行而获得本币；商业银行因外币（资产）占用本币资金过多时，最终可以将外币（资产）卖给中央银行获得本币资金。但是，出口企业与国内的进口商、商业银行以至中央银行之间的资金交易，只是以外币（资产）为交易对象且不断换手引起的国内资金流动，外国进口商欠下的债务仍然没有结清，宏观层面的资本流出事实并没有发生改变。

如果投资方最初的投入并非实物资本，而是货币资本，至少在投资资本金到账的那一刻，从接受投资国的宏观层面看，实际并没有任何资本流入，因为直接投资接受方在付出“虚”的权益证书的同时，收到的仍不过是一张“虚”的债权证书而已，而且只能存放在投资方所在国家的金融体系之中。

这时，直接投资接受方可以用两种方式处理收到的“虚”的债权证书：一是直接投资接受国如果允许其将外币资金兑换为本币资金，从微观层面的企业视角看，得到了可以在其经济领土范围内随时变成“实”的资本的国内货币，但从宏观层面的国家视角看，并没有外部资本流入，只是内部经济交易主体之间的债权债务关系发生了变动，原来企业持有的对外“债权”证书转移给了国家；二是如果所在国不允许企业直接将外币资金兑换为本币资金，企业只能利用外币资金在世界市场上购买正常生产经营所需的各种实际资源；这时从接受投资国家的宏观层面看，进口增加，资本流入。

4.证券投资。信用货币条件下的跨国证券投资，是指一国的某些机构或居民个人将自己拥有的资金兑换成外国货币，然后在外国的有价证券交易市场投资外国的股票、（中）长期债券、货币市场工具以及金融衍生产品（如期货、期权）等有价证券。由于各国的信用货币一般不允许在他国流通，在货币兑换的一瞬间，任何接受投资国得到的只是“虚”的债权证书、付出的也只是“虚”的债务证书，输出投资国的状况刚好相对/相反。此时，总体上没有任何实质的资本流动在两国间发生，结果是输出投资国不受任何影响，因为接受投资国得到的外国货币，第一时间只能将其存放在货币发行国的商业银行或投资其国债等；而接受投资国则存在被动增发货币的压力。当输出投资国调回资金时，整体状况没有太大改变，两国间仍然没有实质的资本流动发生。如果将输出投资国的输出资金与调回资金两次交易结合起来看，不考虑两国货币之间兑换比率的改变，当投资者的收益为正并撤回资金时，则接受投资国必须支付比先前更多的外币资产。多支付的外币资产从何而来？最简单的情形就是将以前出口所得而未全部用来进口的一部分外币资产无偿地支付给对方。

5.储备资产[①]。储备资产是由货币当局控制，并随时可供货币当局用来满足国际收支资金需求，用以干预汇兑市场并进而影响货币汇率以及用于其他相关目

---

① 在黄金同时作为一国主权货币和世界货币以及未设中央银行的前提下，黄金作为一种潜在的资本分散在企业和居民手中，因此不可能出现“储备资产”这一概念。当一国向世界其他国家的出口多过从其他国家进口时，该国的黄金存量会增加，但没有资本流动，因为增加的黄金存量是用本国资源换回的，仅仅是财富存在形式发生了变化；换言之，无论出口还是进口，都不涉及资本总量的变动。只有本国向外国进行直接投资（不能即时换回等值资本），并且只能得到相应的“虚”的所有权证书作为回报时，才会有资本流出；反之亦然。这时，如果进出口贸易（不包括直接投资项下的实物资本）处于平衡状态，即因进出口贸易相应的黄金流出流入刚好相等，可以明显地观察到，用黄金进行对外直接投资就会减少国内的黄金存量，接受外国的黄金直接投资则会增加国内的黄金存量。

在黄金同时作为一国主权货币和世界货币并设立了中央银行的前提下，中央银行的储备资产可以只是单一的黄金储备，且其来源无非政府税收结余、不足值货币发行或用其他实际资源与民间交换等。当出口超过进口以及接受外国直接投资的时候，国内（包括中央银行）的黄金存量就会增加；反之亦然。

的（例如，维护人们对货币和经济的信心，作为向外国借款的基础）的对外资产。储备资产必须是外币资产和实际存在的资产，不包括潜在的资产。一经济体的储备资产主要有货币黄金、特别提款权（SDRs）、在国际货币基金组织（IMF）的储备头寸及其他一些储备资产（如外国货币和存款、对其他货币当局的债权等）。

一国的储备资产中，除了货币黄金是实际资源之外，其余的都是以对外国的债权形式存在的，是“虚”的资产。这些“虚”的债权的主要来源是国内企业出口超过进口而最终卖给货币当局并积累起来的；换句话说，储备资产中的“虚”的部分是用本国实际资源换来的。储备资产的存在是一国资本流出多过资本流入的结果。一国拥有一定数量的储备资产是必需的，但超出合理部分的储备资产则是一种闲置的资源。

综上所述，主权货币均为信用货币条件下的国际资本流动与黄金等实物货币条件下的国际资本流动在形式上存在显著差别。世界各国主权货币均为信用货币条件下，由于各国均不允许外国货币流通，若因货物出口而得到外国货币的一国居民或企业无法将其便利地转换成实际资源，只能卖给潜在的进口商或国内商业银行等金融机构，因此，从宏观层面的国家视角看，商品和服务的出口意味着资本流出，商品和服务的进口则意味着资本流入。直接投资中以实物完成的部分是真实的资本流动；以外国货币资金投入的部分并没有资本流动，只有将外国货币用于进口后才真正实现资本流入。发生在两个经济体之间的证券投资，则仅仅是信用货币之间的相互兑换，并不对双方国家的实际资本产生任何影响。一国货币当局的储备资产是资本流出超过资本流入的结果。

总而言之，在各国主权货币均为信用货币的前提下，净出口就是净资本流出，资本项目中只有以实物形式实现的直接投资才是真正的资本流动；然而，实物形式的直接投资已包括在净出口之中。

四、国际企业间资本流动

（一）国际企业间资本流动的含义

前文对企业间资本流动和国际资本流动的分析，分别是以微观的企业和宏观的国家作为记录主体而展开的；然而，在分析企业间资本流动时有一个隐含的前提：企业间资本流动是在一个主权国家范围之内发生的。这是因为，只有在一个主权国家范围之内，全国流通的信用货币才能视同实物并具备转换成各种实物资本（资源）的能力；与此同时，国内企业间资本流动并不会改变一个国家的资本总量，因为某一企业的资本流入必定是另一企业的资本流出。

类似地，在分析国际资本流动时也有一个隐含的前提：在国际资本流动发生之时，全球资本总量保持不变，一个国家的资本流入必定是另一个国家的资本流出；但是，由于不存在单一的世界货币，当一个国家的资本流入另一个国家时，必须以实物（包括实物货币）形态完成，真正的资本流动最终都体现为商品的进出口。

国际企业间资本流动，顾名思义，是指一个国家的企业资本从本国流出，并且流入到另一个国家的企业内；换言之，某国企业的资本流入不是来源于本国，而是来源于另一国家的另一企业。一个国家的企业，可以通过接受外国企业的直接投资（实物投资或货币投资），或者通过在外国有价证券市场发行股票和（或）债券，为企业在全球市场运营筹集资本（金）。与一国之内企业间资本流动的显著区别是，非实物形态的资本（货币资本）流动，必须进行货币兑换；只有将一国的货币兑换成另一国的货币之后，才能投资到资本接受国并转换成其他形式的资本；如果各国货币均为实物货币，货币兑换的重点就是改变货币的外形①；如果各国货币均为信用货币，则接受资本流入的企业必须通过外汇交易市场卖出外国货币才能得到本国货币。

国际企业间的货币资本流动通过货币兑换之后就会变得与一国之内的企业间资本流动有些相似，仍然是："收""实"入"内"、"付""虚"出"外"，资本流入；"收""虚"入"内"、"付""实"出"外"，资本流出。但由于货币兑换的必然存在，国际企业间资本流动对各自国家的影响却有别于国内企业间资本流动，而且还因货币制度的不同而有所差别。

（二）国际企业间资本流动和国际资本流动的一致与背离

一个国家的资本总是分散在众多的企业（和居民）手中，企业（和居民）的资本之和就是该国的资本总量，国际资本流动当然是由各个国家的企业（和居民）具体承担。当一个国家接受另一个国家投资而有资本流入时，资本流入国的资本总量应该增加，资本流出国的资本总量应该减少。那么，国际企业间资本流动总和是否就等于国际资本流动总和呢？

由于国际企业间资本流动中除实物形式的直接投资外，必定涉及货币兑换问题，而在不同的国际货币体系中，对于微观经济主体而言不存本质差异的货币，对于宏观经济主体而言却有着不同的意义，因此，微观层面的国际企业间资本流动与宏观层面的国际资本流动之间的关系就会有不同的表现。

1.假定世界各国均以黄金作为主权货币，黄金同时也就是世界货币，各国货币之间的兑换便表现为货币外观形式的改变。商品的进/出口在理论上均应有对等的货币金属的出/进口，任一国家，无论从微观层面的企业视角还是从宏观层面的国家视角看，贸易项目是自动平衡的，均为"收""实"入"内"、"付""实"出"外"，不存在资本流动；只有资本项目，无论是实物形态的直接投资，

① "作为铸币的货币，同作为计算货币的货币一样，有地方性和政治性，讲不同的国家语言，穿不同的民族服装"，见马克思恩格斯全集第十三卷，中译本，《政治经济学批判》，第97页。

还是货币形态的有价证券投资，一方为“收”“实”入“内”、“付”“虚”出“外”，有资本流入，另一方刚好相反，“收”“虚”入“内”、“付”“实”出“外”，有资本流出。因此，在采用黄金等实物作为货币的时代，国际企业间资本流动与国际资本流动是一致的。从一国的国际收支平衡表去观察，资本项目能准确反映国际资本流动（以及国际企业间资本流动）的情况。

然而，因一个经济体内存在许许多多的企业，若考虑到一个经济体内存在二级资本市场，当外国资本流入时，针对某一特定企业而言，国际企业间资本流动和国际资本流动则有可能出现不一致的情况，因为某一特定企业只是在获得直接投资或者在一级资本市场融资时才有真正的资本流入。若是一国向外国投资者开放本国二级资本市场，如债券市场和股票市场，这时候发行债券和股票的企业并不会得到新的资本补充，只是其债权人和股权人由原来的国内投资者变成了外国投资者，原国内投资者持有的有价证券变成了现金。因此，从宏观层面的国家视角看，二级资本市场的外国投资者确实带来了资本流入，但原债券和股票发行企业并未得到额外的资本。

简言之，若黄金等实物作为世界货币，一级资本市场的国际企业间资本流动和国际资本流动是一致的，二级市场的国际企业间资本流动和国际资本流动则出现了背离。

2. 世界各国主权货币均为信用货币条件下，由于商品进/出口不再有对等的实际资源的出/进口，因此，从宏观层面的国家视角看，商品的进/出口表现为资本的流入/流出；但从各国企业的微观层面看，仅仅是企业资本（资产）的形式发生了改变，不存在资本流入/流出。换言之，国际收支平衡表经常项目出现了国际资本流动与国际企业间资本流动的背离。

如果一国企业接受另一国企业的实物投资，对资本流入国而言，不论是宏观层面的国家，还是微观层面的企业，均为“收”“实”入“内”、“付”“虚”出“外”，有资本流入；与之相对，资本流出国在宏观层面和微观层面，均为“收”“虚”入“内”、“付”“实”出“外”，有资本流出。在这种情况下，国际资本流动和国际企业间资本流动是一致的。同时，资本流入仍体现为商品进口，资本流出仍体现为商品出口。

如果一国企业接受另一国企业的货币资金投资，无论是资本流出国企业将其拥有的本国货币通过外汇市场转换成资本流入国货币之后进行投资，还是资本流入国企业得到资本流出国企业的货币资本之后通过外汇市场转换成本国货币，从资本流入国微观层面的企业角度看，“收”“实”入“内”，“付”“虚”出“外”，有资本流入；从资本流出国微观层面的企业角度看，“收”“虚”入“内”，“付”“实”出“外”，有资本流出。然而，从资本流出国和资本流入国宏观层面的国家视角看，两种不同信用货币的兑换，实质是发生在各自国家内部的企业、居民以及政府之间的经济交易，仅仅引起一国内部企业、居民等微观经济主体之间债权债务关系的变更，不会导致两个国家之间债权债务关系的变更，因此，不存在任何资本流入或流出；换言之，就国际收支平衡表资本项目下货币形式的直接投资而言，国际企业间资本流动和国际资本流动出现了背离，对于微观层面的企业而言有（货币）资本流动，但对于宏观层面的国家而言却没有任何资本流动。

因此，在世界各国主权货币均为信用货币条件下，国际收支平衡表中经常项目和资本项目均出现了“名实不符”的现象，经常项目记录的是真正的国际资本流动，资本项目中只有实物直接投资才是真正的国际资本流动的反映；对于宏观层面的国家而言，资本项目中的金融交易根本不存在实质国际资本流动，它反映的只是微观层面的企业间金融交易。

更进一步，同样考虑到外国货币资本流入一经济体内有价证券交易的二级市场，结果便是，原债券或股票发行人并不能得到新的货币资本补充，但原来的国内投资者因向外国投资者卖出债券或股票而收回了现金，债权或股权转移到了外国投资者手上。此时从原债券或股票发行人这一特定主体的角度来看，和宏观层面的国家一样，并未得到新的外国资本补充，国际企业间资本流动和国际资本流动出现了一致。

（三）小结

上文以企业资产负债表和国际收支平衡表作为出发点，利用“实”和“虚”、“内”和“外”、“收”和“付”三组符号，分别分析了企业间资本流动和国际资本流动；当确定资本流入或流出的主体之后，资本流入一定是“收”“实”入“内”、“付”“虚”出“外”的三位一体运动；与之相对，资本流出一定是“收”“虚”入“内”、“付”“实”出“外”的三位一体运动。

当然，以国际收支平衡表作为出发点分析国际资本流动，是将一个国家作为一个整体而进行的宏观分析，但真正实现资本流动的仍然是各个国家的无数微观企业和个人，因此，本文提出了一个全新的概念——国际企业间资本流动。考虑到世界货币制度的演进以及一级资本市场和二级资本市场的差别，国际企业间资本流动和国际资本流动并不完全等同，而是部分地呈现出一致或背离。

在世界各国均采用黄金等实物货币制度的前提下，当确定融资企业为资本流动主体之后，一级市场中的国际企业间资本流动和国际资本流动是一致的，微观层面的企业和宏观层面的国家均有资本流入；但二级市场中的国际企业间资本流动和国际资本流动则是背离的，即微观层面的企业没有资本流入，宏观层面的国家有资本流入。

在世界各国均采用信用货币制度的前提下，当确定融资企业为资本流动主体之后，一级市场中的国际企业间资本流动和国际资本流动是背离的，微观层面的企业有资本流入，宏观层面的国家没有资本流入；但二级市场中的国际企业间资本流动和国际资本流动反而是一致的，即微观层面的企业和宏观层面的国家均没有资本流入。

如果将一国的微观企业看成一个共同体[①]，国际企业间资本流动和国际资本流动的关系则主要与货币制度有关，即：在实物货币制度条件下二者是一致的；在信用货币制度条件下二者是背离的。换言之，在开放经济条件下，实物货币和信用货币对于微观层面的企业而言，均为可用于生产的实际资源；对于宏观层面的国家而言，则实物货币为实际资源（能方便地用于国内流通），信用货币则不过是“虚”的外国债务凭证而已。

五、资本项目货币兑换管制的必要性

从一个国家的宏观层面看，不论采用的是实物货币制度还是信用货币制度，不论因商品和服务贸易或投资交易的净结果有无引致资本在不同国家间的流动，只要两个国家间发生货币兑换，两国的货币供给一定会发生某些变化；但不同货币制度条件下因国际资本流动引发的货币兑换活动对各个国家货币供给的影响存在着显著差异。

（一）黄金作为世界货币条件下国际资本流动对各国货币供给的影响

1.商品进出口。商品出口国用货物换得黄金，国内黄金增加，（潜在）货币供给上升。商品进口国则用黄金换得货物，国内黄金减少，（潜在）货币供给下降。如果一国的商品出口与商品进口刚好相等，处于贸易平衡状态，则货币收支，即因为贸易引起的黄金进出口同样处于平衡状态，该国的货币供给总量不会受到影响。

2.直接投资。如果投资方用实物资本进行直接投资，则不会对双方国家的货币供给产生影响；如果投资方用货币（黄金）投资，则资本流入国的黄金存量增加，（潜在）货币供给上升；资本流出国的黄金存量减少，（潜在）货币供给下降。

3.证券投资。对双方国家货币供给的影响效果与用货币（黄金）进行直接投资一样。由此可见，当实物黄金作为货币在国际经济交易中发挥媒介作用时，货币与商品的运动方向是相反的，因此，商品出口和商品进口虽然不会引起资本流动，但会影响到交易双方国家的货币供给；如果一国的出口（进口）超过进口（出口），即出现了贸易顺（逆）差，该国的（潜在）货币供给总量会增加（减少），从而物价跟随上涨（下跌），并进一步导致汇率贬值（升值），直至达到黄金输出（入）点，并最终达到（理论上的）贸易平衡；而当作为“资本的最初的表现形式”的货币被用来进行跨国投资时，这时的资本运动与货币运动是同向

① 企业共同体，全部企业仍以独立主体存在；企业整体，则企业的独立性不再存在，而变成了一个宏观概念。

的，而且同时影响资本输入国和资本输出国两个国家的货币供给，并且对两国货币的汇率产生较大的冲击[①]，最终须通过两国间的货币金属进出口达致全面平衡。

4.储备资产。由于黄金既是国内货币，又是世界货币，一个国家不必要积累专门的用于对外支付清算或其他用途的储备资产。

（二）主权货币均为信用货币条件下国际资本流动对各国货币供给的影响

1.商品进出口。假定货款由进口商用其本国货币支付，出口商收到的外国货币无法在国内使用，只能存放在对方的金融体系中；因此，进口商所在国家的货币供给不会发生变化，出口商所在国家的货币供给则会受到出口商处置其外币资产方式的影响。若出口商能在国内找到相应的进口商并卖掉其外币资产，则不会对其国内货币供给产生影响；当然，从国家宏观层面上看，仅就此两笔交易而言，出口与进口亦达到平衡。若出口商无法找到对外币有需求的进口商，而只能向其本国商业银行等金融机构卖出其外币资产并获得本币资产，则出口商所在国家的货币供给就会被动增长。

假定进口商用出口商国家的货币支付所欠出口商的货款，则出口商所在国家的货币供给不会受到影响，进口商所在国家的货币供给则会因进口商的资金来源方式而受到不同的影响。如果进口商的外币资金是用本国货币向本国出口商购买得到，则该国货币供给并不会受到影响；同样地，从国家宏观层面上看，仅就此两笔交易而言，出口与进口达到了平衡。若进口商无法找到有外汇出售的出口商，而只能向其本国商业银行等金融机构用本币资金买入外币资产后向外国出口商支付，则进口商所在国家的货币供给就会被动收缩。

2.直接投资。如果投资方投资的是实物资本，则不对双方国家的货币供给产生影响；如果投资方投入资本为其本国货币资金，且不必向资本投入国要求兑换货币，而是用作未来的商品进口资金，则与实物资本投资无别，对两国货币供给不产生影响；若该投资者将其对资本投入国而言为外币的资金兑换成资本投入国的货币，则资本投入国的货币供给就会被动增长；而这时投资者本国的货币供给仍然保持不变，因为只是资金的所有者变成了资本投入国的某个机构，资金本身仍然在投资者本国的金融体系中。

3.证券投资。由于双方国家均不允许对方国家货币在本国流通，各国证券交易必须用各国本币计价；因此，一国投资者欲在另一国家的有价证券市场进行交易，最基本的条件就是将自己拥有的以本国货币计价的资金（资产）兑换成对方国家的货币资金（资产）。此刻，主动兑换货币的投资者所在国家的货币供给不

① “如果这种输出是以贵金属的形式进行的……一定会影响贵金属输出国的货币市场，从而影响其利息率，因为这是贵金属，而贵金属直接是借贷的货币资本，是整个货币制度的基础。它也会直接影响汇兑率”。见卡尔·马克思，《资本论》（中译本），第三卷，第653页，北京：人民出版社，1975年6月，第1版。

会受到任何影响，因为只是投资者的资产所有权转移到了对方的某个机构（或居民）手中，但不会脱离本国的金融体系，而接受投资一方所在国家的货币供给则会被动增加。当最初的外国投资者获得盈利撤回资金时，接受投资一方所在国家的货币供给又会出现急剧收缩，而对方国家的货币供给仍然不会受到太大影响[①]。

4.储备资产。一国货币当局拥有的储备资产，除了货币黄金以外，其余均以外币存款等形式存在；从资产来源看，货币当局拥有的储备资产，只能是以投放国内货币而从国内居民、出口企业等手上换回，本质上是国内资本流出的一部分，同时也是国内基础货币供给增加的渠道之一。

显而易见，由于货币的“虚化”，即实物货币变成了信用货币，加之各国对货币主权的坚守，“虚化”的信用货币不能再像实物货币一样，必要时可以通过与普通商品进出口一样实现跨国自由流动；因此，与商品进出口相伴的货币运动不再与商品的运动方向相反，而是相同，商品进（出）口实质上就是资本流入（出）。如果商品进出口双方不存在货币兑换需求，两国的货币供给状况就不会发生变动。但收到外币货款的出口商一旦有必要将其兑换为本币，则出口商所在国家的货币供给会被动增加；反之，需要用外币进行支付的进口商若最终只能从国家外汇储备中换得外汇资金，则进口商所在国家的货币供给就会被动收缩。

此外，由于货币的“虚化”，众多微观经济主体纯粹以货币资金形式实现的跨国投资活动，对于宏观经济主体而言，实质上不存在资本流动，因为货币本身不能跨国流动；而要实现资本流动，直接投资的货币资本部分必须变换成商品，然后出口到对方才能达到投资目的，这时不会对双方国家的货币供给产生影响；而要实现跨国有价证券投资，不可避免地需要进行货币兑换，此时，金融资本输出国的货币供给不会受到影响，而金融资本输入国的货币供给则会被动增加。

概括起来，主权货币均为信用货币条件下的国际资本流动，若没有货币兑换发生，则双方的货币供给均不会受到影响，而在货币兑换发生后，也只有其中一方（货币资本输入国）的货币供给受到影响。由于历史方面的原因，当今国际货币体系中只有少数国家的货币被广泛地用作国际清算货币和大多数国家的外汇储备资产计价货币，因此，这些少数货币发行国国内的货币供给就会较少地受到货币兑换的影响，其他大多数国家则无可避免地受到货币兑换的直接影响。

（三）信用货币条件下资本项目货币兑换管制的必要性

由于黄金非货币化的原因，世界各国货币由“实”的金属货币变成了“虚”的信用货币，当代国际资本流动的形式已经发生本质变化。黄金非货币化之前，国际商品贸易相当程度上是一种“物物交换”，不会引起国际资本流动，只有直

---

① 如果发生货币兑换的两个国家实行的均是浮动汇率制度，并且不存在中央银行干预，集中且大量的货币兑换必定会引起汇率剧烈波动。

接投资与证券投资才会引起国际资本流动，国际收支平衡表中的资本项目真实地体现了资本流动的状况；黄金非货币化之后，货币由“实”变“虚”，国际资本流动的情况正好颠倒过来，商品出口意味着资本流出，商品进口意味着资本流入，纯粹的资金流动（货币兑换）则不产生任何实质的资本流动，国际收支平衡表中的资本项目可说是“名不副实”。

换言之，在实物黄金等作为世界货币的前提下，各国货币只是名称不同，实质上是平等的；黄金非货币化之后，各国货币则不再处于平等地位，“物价—现金流动机制”的运行条件不复存在。因此，不论是实质上已成为资本流动载体的经常项目（含直接投资在内的实物商品运动），还是不存在任何资本流动的资本项目，如果任由纯粹的货币自由兑换进行，处于优势地位国家的货币就可以在自身不太受影响的情况下给其他国家货币供给造成频繁的冲击，成为世界金融不稳定的源头。对于货币处于劣势地位的国家而言，为维持国内物价和本币汇率的相对稳定，不仅须对实质已成为资本项目的经常项目的货币兑换，而且更须对资本项目的货币兑换进行适当管制。

1.应将保持经常项目平衡设定为一国宏观经济外部平衡的基本目标。当一个国家的经常项目处于平衡状态，即商品和服务的出口总值等于商品和服务的进口总值，或者说净出口为零，这时该国的各微观主体间的外汇供给与外汇需求刚好相等，不论货币兑换有无必要，该国的货币供给理论上不会受到影响。当然，这是一种非常理想的状态，这时需要管制的不是货币兑换本身，而是需要对商品和服务进出口进行必要的指引和调节，因为单纯依靠汇率变动这一市场力量本身来调节并实现目标是难以做到的，何况实际经济运行过程中汇率还会受到外汇供需之外的其他因素影响。

当一个国家的经常项目出现顺差，即商品和服务的出口总值大于商品和服务的进口总值时，从宏观层面看，这个国家是将更多的资源（资本）转换成了货币形式的财富。在实物（黄金）货币制度下，这个国家的（潜在）货币供给立即增加。在信用货币制度下，如果经常项目顺差国的货币是国际储备货币，即该国与其他国家间的进出口贸易结算货币主要是该国自己的货币，顺差国的货币供给不会有太大的变动；如果经常项目顺差国的货币不是国际储备货币，从宏观层面看，该顺差国以某种或某几种国际储备货币计价的资产就会增加。如果这些以外币计价的资产是由分散独立的微观企业拥有，则该国的货币供给不会发生变化，只有在微观企业没能将其拥有的外币资产经由外汇市场交易全部转换成本国货币的前提下，仍然继续通过该国的金融体系进行兑换之时，最终这些外币资产就会变成该国中央银行的官方储备，对价则是相应的基础货币发行，该国的货币供给总量就会扩大。

当一个国家的经常项目出现逆差，即商品和服务的进口总值大于商品和服务的出口总值时，从宏观层面看，这个国家是在用完与本国出口总值相等的所有外汇（即全部转变为实际资源）之外，还应该通过贸易信贷等方式得到了更多的来自外国的实际资源（资本）。经常项目逆差对一国货币供给的影响则刚好与经常项目顺差对一国货币供给的影响相反，当一国货币并非国际储备货币时，该国的微观企业如果不能从外汇市场上得到足够多的外币资产用以支付进口货款，最终的外汇供给只能来源于官方储备减少，对价则是相应的基础货币回笼，该国的货币供给总量就会收缩。

因此，当一国经常项目出现顺差或者逆差，即处于不平衡状态时，不仅需要对商品和服务进出口本身进行适当的调节和指引，努力使之恢复平衡状态，而且需要对货币兑换进行适当的管制，以避免国内货币供给受到冲击。

通常情况下，一个国家总希望能处于经常项目顺差状态，而不希望处于经常项目逆差状态，这是因为，在一个国家与其他国家的经济交往中，减少顺差总比减少逆差要容易些；换言之，增加进口总比增加出口要容易些，因此，在一定程度上顺差国家比逆差国家承受的压力要小，但代价是较多的本国实际资源没有用在国内，反而是被外国使用。经常项目逆差国总是面临着清偿债务的压力，而清偿债务的最终手段仍然是商品和服务出口，与经常项目顺差国相较而言难度更大。

2.应将直接投资作为资本项目中引导和发展的重点。在信用货币制度条件下，从一国宏观层面上看，在国际收支平衡表的资本项目中，只有直接投资活动才会引起真正的资本在不同国家间的运动，同时还不会对一国或他国的货币供给造成影响，因此，直接投资应成为一个国家吸引外国资本过程中引导和发展的重点。

对于以货币资本形式进行的直接投资，亦应鼓励投资者将资本金更多地用于进口机器设备、原材料等，对其直接将外币资本金兑换成本币的交易应严格管制，因为这种纯粹的货币兑换根本就没有带来宏观层面上的资本流入。

由于以实物形式实现的直接投资必定反映在一国的经常项目之中，因此，当一国因接受较多直接投资而导致经常项目逆差时，只要这些外国直接投资项目具有在投产后生产和提供出口商品和服务的能力，短期的经常项目逆差就是可以接受和短期维持的。

3.应对不包含任何实物内容的纯粹的国际企业间金融交易实行严格管制。在信用货币制度条件下，纯粹的国际企业间金融交易，如一国股票市场向外国投资者开放，除了引起一国货币供给的迅速变化以外，在宏观层面上并没有实际资本流动。当外国资金流入并进行货币兑换之时，会立即引起该国货币供给扩张；当外国资金流出并进行反向的货币兑换时，则会立即引起该国货币供给收缩。

需要说明的是，这种信用货币制度条件下的外国资金流入流出，如果将其看成两笔独立的经济交易，确实没有引起实际资本在两个国家间的流动，只是引起初始资金流入国家的货币供给的急剧扩张与收缩，而且初始资金流出国家的货币供给有可能保持不变。但是，当将两笔交易结合起来观察时，如果初始资金流出国在资金流回之时有赚，从该国宏观层面上看，仍然是有资本流入的，这既可以从该国负债减少的角度来理解，也可以从资产增加（进口）的角度来理解①；反之亦然。

以上是一个国家对涉及货币兑换的国际经济交易进行适当管制的三项基本原则。为了达到应有的效果，还应将经常项目和资本项目联合起来进行管制，因为在实际操作中，资本项目的货币兑换完全可以隐藏在经常项目交易中完成。这是反对货币兑换管制或者认为货币兑换管制不会有效的学者经常用来进行辩护的一个重要理由。但本文认为，有无必要对货币兑换进行管制和货币兑换管制是否有效，完全是两个不同的问题，不能简单地混同在一起。

六、结论与讨论

长期以来，国际企业间资本流动被简单地理解成了国际资本流动。本文分析表明，在世界各国均采用实物货币制度条件下，国际企业间资本流动总和就是国际资本流动总和，二者表现出相当程度上的一致，不对二者进行明确区分无关紧要；但在当今世界各国均采用信用货币制度的条件下，国际企业间资本流动和国际资本流动之间出现了显著背离，对二者进行明确区分已变得十分重要。这是因为，一国国际收支平衡表中的资本项目所记录的国际企业间的金融资本交易，从宏观层面的国家视角观察，实际上没有任何资本流动；反而是经常项目交易（包括以实物形式完成的直接投资）才是真正的国际资本流动。这样，“威廉姆森之谜”（约翰·伊特韦尔等，1996）[4]便自然破解，信用货币条件下的金融资本流动仅是微观层面的国际企业间资本流动，宏观层面的国际资本流动只能是实际资本的流动；换句话说，宏观层面的净资本流出与净出口是同一关系。

在当今世界各国均采用信用货币制度的条件下，将开放经济条件下的微观层面的国际企业间资本流动和宏观层面的国际资本流动区分开来，不仅可以给一个国家为保持物价稳定和汇率稳定而对货币兑换进行必要管制提供理论基础，而且还能为重新理解因世界货币制度从实物货币制度演变为信用货币制度后的国际经济理论和实务问题提供全新的思路。如什么是真正的国际收支平衡、不可能三角的可能性究竟是什么、统一的区域货币是否就是一种特定的固定汇率制度、货币

① 如果不考虑汇率变动和货币兑换管制的影响，因在外国证券市场上获利，则可换回更多之前被外国拥有的本国货币；本国货币之所以被外国拥有，从宏观层面的国际资本流动视角看，只能是用本国货币向外国支付了进口商品和服务的款项，现在通过有价证券交易收回了比之前的本金更多的本币，首先是对外国的负债减少，其次是之前支付的一部分进口商品和服务的款项又收了回来，换句话说，在没有支付对价的情况下获得了一部分外国商品和服务。

自由兑换与金融危机的国际传染之间存在怎样的关联等相关问题，均可以本文对国际资本流动和国际企业间资本流动的区分为基础展开进一步的深入研究和探讨。

参考文献

[1] 满一兴. 复式记账符号新论 [M] //中国会计理论研究丛书.会计史专题（2015）. 北京：经济科学出版社，2017.

[2] 帕乔利. 簿记论 [M]. 林志军，李若山，李松玉，译. 上海：立信会计出版社，2009.

[3] International Monetary Fund, 2009. Balance of Payments and International Investment Position Manual. IMF Multimedia Production Division.

[4] 伊特韦尔，米尔盖特，纽曼. 新帕尔格雷经济学大辞典（第一卷：A-D）[M]. 北京：经济科学出版社，1996.

（作者单位：华南农业大学经济管理学院金融系）